D1750637

Dieses Buch ist Eigentum der Via-Claudia-Realschule Königsbrunn		020
Schuljahr	Name, Vorname	Klasse
05/06	Anna Tonler	8c
07/08	Simonetta Sermoneta	8c
09/10	Isabella Kretschmer	8d
10/11	Sedanur Kavak	8c
12/13	Lisa Schmid	8b
13/14	Celina Beck	8d
14/15	Luca Siroh	8e

Physik 8 II/III
Newton

Rupert Ernhofer
Karl-Heinz Lutz
Dietmar Steiner
Holger Wolfshöfer

Oldenbourg

Das Papier ist aus chlorfrei gebleichtem Zellstoff hergestellt, ist säurefrei und recyclingfähig.

© 2003 Oldenbourg Schulbuchverlag GmbH, München
www.oldenbourg-bsv.de

Das Werk und seine Teile sind urheberrechtlich geschützt. Jede Verwertung in anderen als den gesetzlich zugelassenen Fällen bedarf deshalb der schriftlichen Einwilligung des Verlags.

1. Auflage 2003 R E

Druck 07 06 05 04 03
Die letzte Zahl bezeichnet das Jahr des Drucks.
Alle Drucke dieser Auflage sind untereinander unverändert und im Unterricht nebeneinander verwendbar.

Umschlagkonzept: Mendell & Oberer, München
Umschlag: Iris Steiner, München
Layout: Elke Rohleder, Berlin
Herstellung: Doris Haßiepen
Grafik: Detlef Seidensticker, München
Satz: Tutte Druckerei GmbH, Salzweg-Passau
Druck: Stalling GmbH, Oldenburg

ISBN 3-486-02918-5

Inhalt

OPTIK

1 Ausbreitung des Lichts
1.1 Wie wir Gegenstände sehen können – *Lichtquellen – Lichtempfänger* 6
1.2 Warum die Taschenlampe gerade leuchtet – *Lichtbündel – Lichtstrahl* 7
1.3 Warum man für einen Scherenschnitt genau eine Lichtquelle braucht – *Der Schatten* 12
1.4 Wenn der Mond das Licht ausschaltet – *Von den Mondphasen zur Sonnenfinsternis* 14
1.5 Auch das Licht braucht Zeit – *Die Lichtgeschwindigkeit* (Zusatzinformation) 16

2 Optische Linsen und Instrumente
2.1 Immer im Brennpunkt – *Optische Linsen* 18
2.2 Maßgeschneiderte Bilder von Objekten – *Optische Abbildung an dünnen Linsen* 21
2.3 Bilder mit Papier und Bleistift vorhersagen – *Bildkonstruktion an dünnen Linsen* 24
2.4 Zusammenhang zwischen Bild- und Gegenstandsweite 26
2.5 Warum die Natur variable Linsen erfunden hat – *Das menschliche Auge* 28
2.6 Wie man ein Bergpanorama auf ein Foto kriegt – *Der Fotoapparat* 34
2.7 Wie man sich den Mond ins Wohnzimmer holt – *Das Fernrohr* 41

MECHANIK

1 Länge als physikalische Grundgröße
1.1 Die ersten Zentimeter in physikalischer Fachsprache – *Die Länge* 46
1.2 Wie man den Durchmesser eines Haares bestimmt – *Die Längenmessgeräte* 50
1.3 Wie man durch cleveres Messen an Genauigkeit gewinnt – *Die Messfehler* 52

2 Kraft als physikalische Grundgröße
2.1 Kräfte werden an ihren Wirkungen erkannt 56
2.2 Wer ist stärker? – *Wir vergleichen Kräfte* 59
2.3 Auf die Wirkung kommt es an – *Bestimmungsstücke einer Kraft* 61
2.4 Eine Kraft, die Körper fallen lässt und den Mond auf seiner Bahn hält – *Gravitation, Schwere, Gewichtskraft* 63
2.5 Wir messen Kräfte – *Die Einheit der Kraft* 68
2.6 Wer gewinnt beim Fingerhakeln? – *Das Gleichgewicht von Kräften* 73
2.7 Eine Kraft kommt nie alleine – *Das Wechselwirkungsgesetz* (Zusatzinformation) 75

3 Masse
3.1 Warum auch fleißige Menschen träge sind – *Das Trägheitsgesetz* 79
3.2 Eine feste Größe für jeden Körper – *Die Masse* 82

4 Die ganze Welt besteht aus Teilchen – Das Teilchenmodell
- 4.1 Der Aufbau der Körper aus Teilchen 87
- 4.2 Die Eigenbewegung der Teilchen 90
- 4.3 Wir schätzen die Größe der Teilchen ab (Zusatzinformation) 92
- 4.4 Merkmale fester, flüssiger und gasförmiger Körper 94

5 Dichte
- 5.1 Jeder Körper braucht Platz – *Die Volumenmessung* 99
- 5.2 Ist Eisen wirklich schwerer als Holz? – *Die Dichte* 103
- 5.3 Warum 1 nicht gleich 1,0 ist! – *Die Messgenauigkeit bei abgeleiteten Größen* 115

6 Reibung
- 6.1 Rutschen will gelernt sein! – *Die Reibung* 120
- 6.2 Kann man die Reibungskräfte verändern? – *Das Reibungsgesetz* 125
- 6.3 Wenn der Reifen haftet, bleibt man in der Spur – *Beispiele für das Auftreten von Reibungskräften* . 129

7 Arbeit, Energie, Leistung
- 7.1 Was tun, wenn die Kraft nicht reicht? – *Der Flaschenzug* 133
- 7.2 Die schiefe Bahn führt nicht nur abwärts – *Die schiefe Ebene als Kraftwandler* 137
- 7.3 Nichts als Arbeit – *Die Arbeit als abgeleitete physikalische Größe* 139
- 7.4 Warum man sich vor Arbeit nicht drücken kann – *Der Wirkungsgrad* 143
- 7.5 Wo sich Energie überall verstecken kann – *Energie, Arten der Energie* 145
- 7.6 Energie geht nicht verloren – *Energieumwandlung, Energieerhaltung* 148
- 7.7 Energie strömt von einem Ort zum anderen – *Die physikalische Größe Leistung* 152

MECHANIK DER FLÜSSIGKEITEN UND GASE

1 Druck in Flüssigkeiten und Gasen
- 1.1 Nichts als Druck – *Einführung des Drucks* 156
- 1.2 Wir messen den Druck – *Definition der physikalischen Größe Druck* 159

2 Der Schweredruck
- 2.1 Zwanzigtausend Meilen unter dem Meer – *Der Schweredruck* 166
- 2.2 Wirkungen und Anwendungen des Schweredrucks 170

3 Druck in Gasen
- 3.1 Wir leben auf dem Grund eines Luftozeans – *Der Luftdruck* 175
- 3.2 Beispiele und Anwendungen für die Wirkung des Luftdrucks 180

4 Der Auftrieb
- 4.1 Eine Kraft, die Auftrieb schafft – *Das Archimedische Gesetz* 189
- 4.2 Hier irrte Galilei – *Die Ursache der Auftriebskraft* 194
- 4.3 Wie Unterseeboote wieder auftauchen können – *Sinken, Schweben, Steigen, Schwimmen* . 197

Projekte 205
Stichwortverzeichnis 206

OPTIK

OPTIK

1 Ausbreitung des Lichts

1.1 Wie wir Gegenstände sehen können – *Lichtquellen – Lichtempfänger*

6.1 Wohin geht das Licht?

Verfolgt man das Gespräch der beiden „Helden" in der nebenstehenden Bildserie, so ist jedem von uns klar, dass die Theorie der beiden so nicht stimmen kann.

Wie lässt es sich aber dann erklären, dass wir Körper – so bezeichnen wir in der Physik Gegenstände unserer Umgebung – sehen können? Es ist klar, dass wir zum Sehen eine Lichtquelle – in der Bildserie ist dies die Kerze – benötigen. Es gibt aber auch andere Lichtquellen, z. B. die Sonne oder Glühlampen. Allgemein bezeichnen wir *Lichtquellen* als *selbstleuchtende Körper*.

Die Sonne ist unsere wichtigste Lichtquelle. Durch atomare Vorgänge werden dort sehr hohe Temperaturen erreicht, was mit Lichtaussendung verbunden ist. Dies gilt für alle Fixsterne, die jedoch weiter entfernt sind als die Sonne, sodass ihr Licht für uns keine große Bedeutung hat.

Nicht ganz so hohe Temperaturen erreicht die Wendel einer Glühlampe, was jedoch noch zur Aussendung von Licht ausreicht. Auch in Flammen liegen aufgrund der Verbrennung so hohe Temperaturen vor, dass Licht abgestrahlt wird. Man bezeichnet in der Physik das Aussenden oder Abstrahlen von Licht als *Lichtemission* oder *Emittieren von Licht* (lat. emittere ≙ aussenden).

Neben Lichtquellen, deren Lichtaussendung auf hohe Temperaturen zurückzuführen ist, gibt es noch Leuchtstoff- und Glimmlampen, die sich im Betrieb nicht wesentlich erwärmen. Man bezeichnet deren Licht auch als „kaltes" Licht. Die Lichtemission ist hier auf elektrische Leitungsvorgänge im Füllgas zurückzuführen, die unter Umständen auch eine Färbung des Lichts hervorrufen können. In vielen elektrischen Geräten kommen so genannte *Leuchtdioden* (kurz **LED** für **l**ight **e**mitting **d**iode) zum Einsatz, die ebenfalls „kaltes Licht" emittieren. Licht dieser Art wird auch von Glühwürmchen emittiert, bei denen ein chemischer Vorgang zur Lichtemission führt.

Eine Lichtquelle anderer Art sind *Laser* (**l**ight **a**mplification by **s**timulated **e**mission of **r**adiation), deren Funktionsweise an dieser Stelle nicht geklärt werden kann. Laser senden ein besonders intensives Licht aus, welches zur Steuerung von Maschinen, Übermittlung von Nachrichten und in der Medizin Verwendung findet.

Die meisten Körper sind jedoch keine Lichtquellen. Wir bezeichnen sie deshalb als *nicht selbstleuchtende Körper*. Beispiele sind: der Karton des Bucheinbands, eine Folie für den Tageslichtprojektor oder das Butterbrotpapier, in welchem dein Pausenbrot verpackt ist.

> **Versuch**
>
> *Ein Karton, eine Folie für den Tageslichtprojektor und Butterbrotpapier werden vor eine Taschenlampe gehalten.*

Ausbreitung des Lichts

Beobachtung

Das Licht der Taschenlampe wird
- vom Karton nicht,
- vom Butterbrotpapier abgeschwächt und
- von der Folie fast vollständig durchgelassen.

ERGEBNIS

▶ Wir unterscheiden in der Physik
undurchsichtige Körper,
durchscheinende Körper und
durchsichtige Körper. ◀

Bei der durchsichtigen Folie kannst du im Hintergrund die Lichtquelle sehen. Dies ist möglich, weil das von der Lichtquelle emittierte Licht in dein Auge gelangt.
Damit wir einen nicht selbstleuchtenden Körper sehen können, muss auch von ihm Licht emittiert werden, das anschließend in unser Auge gelangt. Dies ist möglich, weil der Körper zunächst Licht aufnimmt – man sagt, er absorbiert Licht (lat. absorbere ≙ verschlucken) – und es anschließend wieder teilweise emittiert. Auch durchsichtige Körper absorbieren Licht. Dies zeigt sich z. B. in Wasser. Mit zunehmender Tiefe wird es dort dunkler.
Den Vorgang der Absorption mit anschließender teilweiser Emission von Licht bezeichnet man kurz als Lichtreflexion (lat. reflectere ≙ rückwärts biegen).

AUFGABEN

1. Stelle dir vor, du beobachtest in einer sternklaren Vollmondnacht einige Wölfe in den einsamen Wäldern Kanadas. Erkläre, warum es den Wölfen möglich ist, den Mond zu sehen.
Warum ist es dir möglich, die Wölfe in der Vollmondnacht zu sehen?

2. Am Sternenhimmel kannst du neben dem Mond noch weitere nicht selbstleuchtende Körper erkennen. Welche sind dies? Nenne zwei Beispiele.

7.1 Wolfsrudel

1.2 Warum die Taschenlampe gerade leuchtet – Lichtbündel – Lichtstrahl

„Ernie, vielleicht werden die Batterien der Taschenlampe schwach?", so könnte der Titel des nebenstehenden Cartoons lauten. Was meinst du zu diesem Ausspruch? Breitet sich Licht in einem Bogen aus, wenn es von einer „schwächelnden" Lichtquelle ausgesandt wird?

Versuch 1

Mit einer Taschenlampe wird die gegenüberliegende Wand eines abgedunkelten Zimmers beleuchtet.

7.2 Schwache Batterie?

Beobachtung

Wir erkennen einen runden Lichtfleck an der Wand. Den Lichtverlauf zwischen Taschenlampe und Wand können wir jedoch nicht beobachten.

ERGEBNIS / Grundwissen

▶ Trifft Licht nicht in unser Auge, so ist es unsichtbar. ◀

Die Lage des erzeugten Lichtflecks lässt uns allerdings vermuten, dass der Verlauf des Lichts im Cartoon nicht richtig wiedergegeben ist. Dies wollen wir noch genauer untersuchen.

Versuch 2

Wir nehmen einen nach unten geöffneten Plexiglastrog und stellen in diesen eine glimmende Räucherkerze. Der mit Rauch gefüllte Trog wird von außen mit einer Taschenlampe beleuchtet.

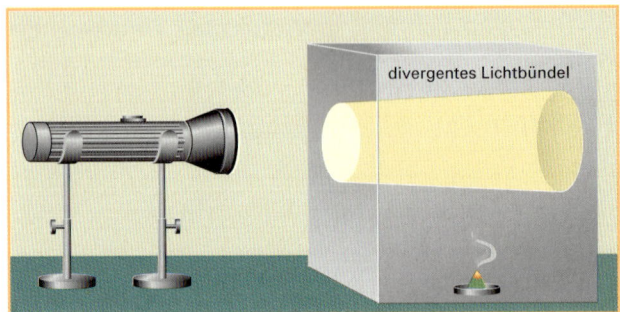

8.1 Zu Versuch 2

Beobachtung

Im Trog ist ein kegelförmiger Bereich sichtbar, weil die Rauchteilchen im Trog, welche vom Licht der Taschenlampe beleuchtet werden, einen Teil dieses Lichts in unser Auge reflektieren.

ERGEBNIS

▶ Jede Lichtquelle emittiert kegelförmige Lichtbündel. ◀

Die Größe dieser Lichtbündel ist abhängig von der Lichtquelle und anderen Einflüssen, auf die wir später eingehen werden. Eine brennende Kerze beispielsweise erhellt den ganzen Raum um die Flamme herum.
Auseinander laufende Lichtbündel, wie wir sie bei der Taschenlampe oder der Kerze beobachten können, bezeichnen wir in der Physik als divergente Lichtbündel (divergere ≙ auseinanderneigen).
Es besteht jedoch auch die Möglichkeit, Licht zu bündeln:

Ausbreitung des Lichts

Versuch 3

In die Mitte des rauchgefüllten Trogs aus Versuch 2 wird ein wassergefüllter Rundkolben – das ist ein kugelförmiges Glasgefäß – gestellt.

Wir beleuchten den Trog erneut seitlich mit der Taschenlampe.

9.1 Zu Versuch 3

Beobachtung

Nachdem das Licht der Taschenlampe den Kolben durchlaufen hat, ist eine Verengung des Lichtbündels erkennbar.

ERGEBNIS

▶ Ein sich verengendes Lichtbündel bezeichnen wir als konvergentes Lichtbündel (lat. convergere ≙ zusammenneigen). ◀

Versuch 4

Der Trog in Versuch 3 wird nun so verschoben, dass er den Rundkolben berührt. Wir beleuchten den Kolben aus kürzest möglicher Entfernung und vergrößern anschließend langsam die Entfernung der Taschenlampe zum Trog.

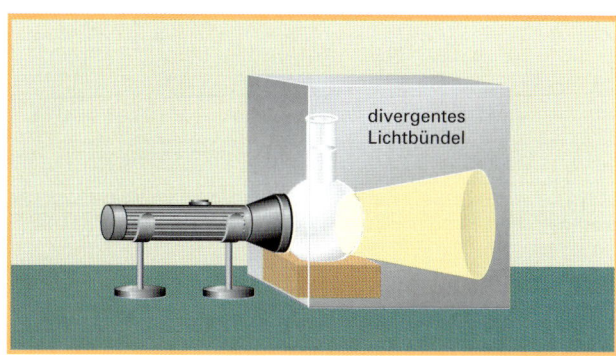

9.2 Zu Versuch 4

OPTIK

Beobachtung

Das anfangs divergente Lichtbündel verengt sich so weit, bis ein *zylinderförmiges Lichtbündel* sichtbar wird. Entfernen wir die Lampe noch weiter vom Trog, so erkennen wir ein konvergentes Lichtbündel.

ERGEBNIS

▶ Ein zylinderförmiges Lichtbündel bezeichnen wir als *paralleles Lichtbündel*. ◀

Versuch 5

An die beleuchtete Seitenfläche des Trogs aus Versuch 4 stellen wir nun Pappkarten mit immer kleineren kreisförmigen Öffnungen, deren Mittelpunkte auf einer Geraden liegen. Die Entfernung der Lampe zum Trog wählen wir dabei so, dass wir ein paralleles Lichtbündel erhalten.

Beobachtung

Die parallelen Lichtbündel werden immer dünner, behalten aber ihre Zylinderform bei.

ERGEBNIS / Grundwissen

▶ Licht breitet sich in Luft geradlinig aus. ◀

Eine Lichtquelle, die uns ein sehr dünnes Parallelbündel zur Verfügung stellt, ist der bereits erwähnte Laser:

Versuch 6

Das Laserlichtbündel durchläuft einen rauchgefüllten Trog. Danach füllen wir den Trog mit Wasser, dem einige Tropfen Seifenlösung beigegeben worden sind.

Laserstrahlen sind gefährlich für das Auge! Deshalb ist bei Experimenten mit Lasern besondere Vorsicht geboten.
Das Laser-Gefahrensymbol fordert uns zu erhöhter Achtsamkeit auf.

10.1 Zu Versuch 6

Beobachtung

Das Laserlichtbündel verläuft in beiden Fällen geradlinig.

ERGEBNIS

▶ Licht breitet sich in allen durchsichtigen Stoffen geradlinig aus. ◀

Einen einheitlichen, durchsichtigen Stoff bezeichnet man in der Physik als homogenes optisches Medium.
Wie du weißt, wird die Erde von der Sonne beleuchtet. Das Licht durchquert dabei einen stofflosen Raum, den wir Vakuum nennen. Auf welchem Weg das Licht dabei das Vakuum durchquert, können wir im folgenden Versuch nachweisen:

Versuch 7

In einer Vakuumglocke – das ist ein Glasgefäß, aus dem die Luft entfernt werden kann – wird ein weißer Pappkarton befestigt. Nach dem Evakuieren (Abpumpen der Luft) lassen wir das Laserlichtbündel am Karton entlang streifen.

Beobachtung

Wir erkennen eine gerade rote Linie auf dem Karton.

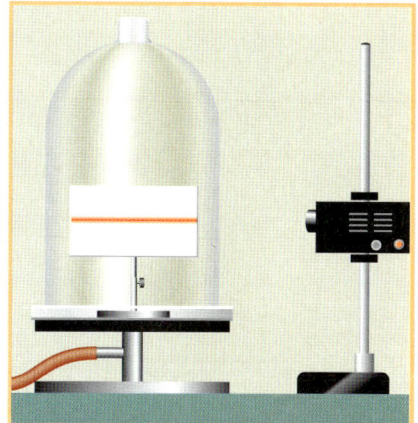

11.1 Zu Versuch 7

Implosionsgefahr!

ERGEBNIS / Grundwissen

▶ Licht breitet sich im Vakuum geradlinig aus. ◀

Die gerade Linie, die wir beim Versuch 7 beobachten konnten, veranlasst uns dazu, ein sehr dünnes, paralleles Lichtbündel wie das des Lasers zeichnerisch durch eine gerade Linie darzustellen.
Die Idealisierung eines sehr dünnen, parallelen Lichtbündels durch eine gerade Linie nennen wir Lichtstrahl.

AUFGABEN

1. *Die nebenstehende Abbildung 11.2 zeigt, wie Astronauten die Erde sehen. Warum erscheint der Weltraum dunkel, obwohl offensichtlich die Sonne scheint?*

2. *Paul zeigt Egon ein Foto (Abb. 11.3), das er an einem sonnigen Herbstmorgen im Wald aufgenommen hat.
Paul sagt zu Egon: „Ich habe Sonnenstrahlen fotografiert."
Egon meint, dass dies nicht möglich ist. Warum hat Egon Recht?
Was hat Paul dann fotografiert?
Warum konnte Paul dieses Foto machen?*

3. *Im Altertum glaubten die Griechen, dass vom Auge Sehstrahlen ausgehen. Ein nicht selbstleuchtender Körper würde erst dann wahrgenommen, wenn er von einem Sehstrahl getroffen wird und dieser vom Körper „zurückgeworfen" in das Auge gelangt. Wie kann man diese Vorstellung widerlegen?*

11.2 Die Erde vom Weltraum gesehen

11.3 Lichtstrahlen im Wald

OPTIK

1.3 Warum man für einen Scherenschnitt genau eine Lichtquelle braucht – *Der Schatten*

Die nebenstehende Abbildung zeigt, wie du einen Scherenschnitt herstellen kannst.

> **Versuch 1**
>
> *Beleuchte den Kopf eines Mitschülers mit einer Lampe von der Seite und markiere den Umriss des Kopfs auf einem geeignet angebrachten Papier.*

Beobachtung

Auf dem Papier erhältst du eine scharf abgegrenzte dunkle Fläche.

Diese dunkle Fläche bezeichnen wir als Schatten des Kopfs.

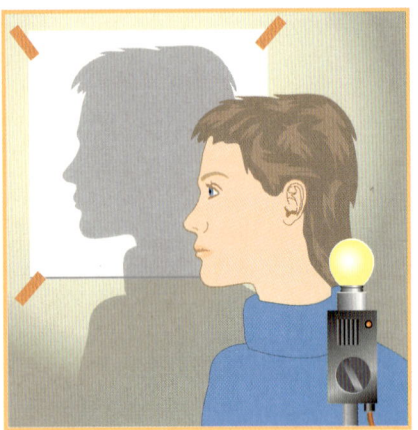
12.1 Zu Versuch 1

ERGEBNIS

▶ Hinter einem undurchsichtigen, nicht selbstleuchtenden Körper gibt es einen Raum, in den von der Lichtquelle auf direktem Weg kein Licht gelangt. Wir nennen diesen den Schattenraum des Körpers. ◀

> **Versuch 2**
>
> *Beleuchte den Kopf eines Mitschülers zusätzlich mit einer zweiten Lampe.*

Beobachtung

Du erhältst zwei Schatten, die sich je nach Position der Lampen überlagern können.

12.2 Schatten bei einer Lichtquelle

ERGEBNIS

▶ Der Schattenraum, in den kein Licht gelangt, heißt Kernschattenraum.
Der Schattenraum, in den Licht von mindestens einer Lichtquelle gelangt, heißt Halbschattenraum. ◀

Genau genommen lassen sich auf der Erde nur Halbschatten beobachten, da durch Reflexion des Sonnenlichts an nicht selbstleuchtenden Körpern oder an Luftteilchen stets Streulicht den Schattenraum erreicht. Ein Hinweis darauf ist die Tatsache, dass wir auch im Schattenraum Gegenstände sehen können.
Die Streuung des Lichts in den Wolken erklärt auch, warum an bewölkten Tagen Schatten viel weniger scharf ausgebildet sind als an wolkenlosen, sonnigen Tagen.

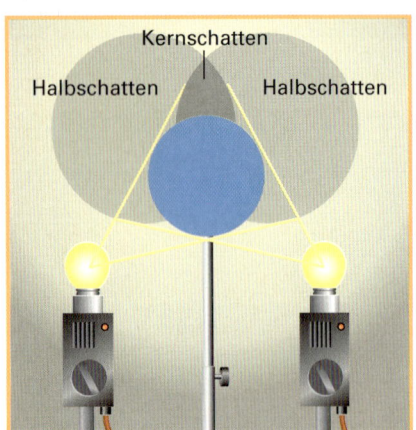
12.3 Schatten bei zwei Lichtquellen

AUFGABEN

1 Betrachte den Schatten eines quaderförmigen Körpers auf einer Projektionswand, wenn der Quader von einer als punktförmig angenommenen Lichtquelle beleuchtet wird.
Wie verändert sich die Größe des Schattens, wenn du die Entfernung vom Quader zur Projektionsebene vergrößerst?

2 Betrachte erneut den Quaderschatten aus Aufgabe 1. Was könntest du statt des Abstands zur Projektionsebene noch verändern, um eine Vergrößerung des Schattens zu bewirken?

3 Du hast verschiedene Arten von Lichtbündeln kennen gelernt. Wie verhält sich die Größe des Schattens zur Querschnittsfläche des beleuchteten Körpers bei Beleuchtung mit konvergenten, divergenten und parallelen Lichtbündeln?

4 Steht ein Flugzeug bei wolkenlosem Himmel auf der Startbahn, so sieht man seinen Schatten.
Warum sieht man auf der Erde keinen Schatten, wenn das Flugzeug in sehr großer Höhe fliegt?

5 Zur Zeitmessung wurden schon im Altertum Sonnenuhren verwendet. Die einfachste Bauform ist ein senkrecht in die Erde gerammter Stab.
  a Beschreibe die Funktionsweise einer solchen Sonnenuhr.
  b Warum kann eine Sonnenuhr nicht bei stark bewölktem Himmel verwendet werden?
  c Warum ist es günstig, den Stab der Sonnenuhr nicht senkrecht zur Erdoberfläche auszurichten?

Ausbreitung des Lichts

OPTIK

1.4 Wenn der Mond das Licht ausschaltet –
Von den Mondphasen zur Sonnenfinsternis

Viele Naturphänomene beruhen auf dem Spiel von Licht und Schatten. Besonders eindrucksvoll wirkten immer schon die Lichterscheinungen des Monds: das scheinbare Zu- und Abnehmen, Mondfinsternisse, bei welchen der Mond scheinbar für kurze Zeit ganz verschwindet, oder eines der schönsten Naturschauspiele überhaupt: die Sonnenfinsternis – wenn am Tag das Sonnenlicht scheinbar verschwindet.

Unser Lebensrhythmus gliedert sich in Tag und Nacht. Denn es ist immer nur eine Hälfte der Erdkugel von der Sonne beleuchtet, während die andere Hälfte im Schatten liegt (siehe Abb. 14.1). Weil sich die Erde um ihre eigene Achse dreht, wechseln sich Licht und Schatten für einen Ort auf der Erdoberfläche regelmäßig ab. Gleiches gilt für den Mond (siehe Abb. 14.3).

Da bis auf eine Ausnahmesituation – die so genannte Mondfinsternis – genau der halbe Mond von der Sonne beleuchtet wird, müsste man immer eine halb beleuchtete Mondkugel sehen.

14.1 Erde vom Mond aus gesehen

> **Versuch 1**
>
> *Halte einen Tennisball schräg oberhalb deines Gesichts und drehe dich langsam im Licht einer Lampe um 360°. Die Lampe stellt die Sonne, der Tennisball den Mond dar. Du bist der Beobachter auf der Erde.*

Beobachtung

Befindet sich der Tennisball in Richtung der Lampe, so siehst du nur seine Schattenseite: Neumondphase.
Befindet sich der Tennisball auf der der Lampe abgewandten Seite, so siehst du die voll beleuchtete Hälfte des Balls: Vollmondphase.
Wird der Ball seitlich von der Lampe beleuchtet, siehst du nur einen sichelförmig beleuchteten Teil. Dies entspricht einem zu- oder abnehmenden Mond.

14.2 Der Mond

Die Zeit, die der Mond für einen Umlauf um die Erde benötigt, beträgt 27,5 Tage. Dies ließe sich nachprüfen, wenn du die Zeit messen würdest, die der Mond braucht, um von Vollmond über Neumond wieder bis zum Vollmond zu werden. Wesentlich schneller geht es jedoch, wenn du einen Kalender mit Mondsymbolen zu Hilfe nimmst.

Wird der Versuch 1 mit waagrecht ausgestrecktem Arm wiederholt, ergeben sich zwei besondere Konstellationen.

> **Versuch 2**
>
> *Halte einen Tennisball mit waagrecht ausgestrecktem Arm vor dein Gesicht und drehe dich langsam im Licht einer Lampe um dich selbst. Die Lampe stellt die Sonne, der Tennisball den Mond dar. Du bist der Beobachter auf der Erde.*

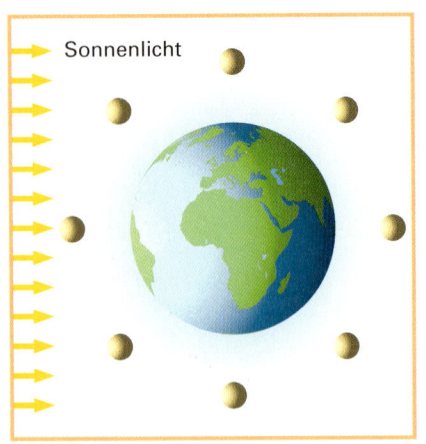

14.3 Die Entstehung der Mondphasen

Beobachtung

Liegen Lampe, Tennisball und dein Auge auf einer gemeinsamen Geraden, so ergibt sich
a eine Verdunkelung des Tennisballs, falls sich dein Kopf zwischen Lampe und Tennisball befindet oder
b eine Verdunkelung der Lampe, falls sich der Tennisball zwischen dem Auge und der Lampe befindet.

ERGEBNIS

▶ Wird der Mond durch die Erde verdunkelt, so spricht man von einer Mondfinsternis. Hierbei befindet sich der Mond im Schatten der Erde.

Wird die Sonne durch den Mond verdeckt, so spricht man von einer Sonnenfinsternis. Hierbei trifft der Schatten des Mondes auf die Erde. ◀

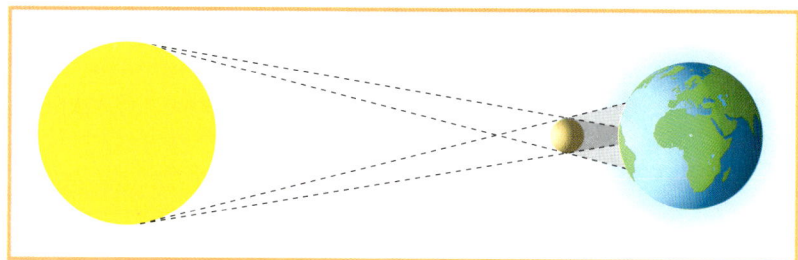

15.2 Wie eine Sonnenfinsternis entsteht

Die meisten von uns werden noch keine Mondfinsternis gesehen haben. Das liegt daran, dass dieses Ereignis nachts stattfindet, wenn wir schlafen. Dabei ist die Wahrscheinlichkeit, dass der Mond vollständig in den Kernschatten der Erde taucht, relativ groß. Eine totale Mondfinsternis kann deshalb etwa ein- bis zweimal im Jahr beobachtet werden.
Viel geringer ist jedoch die Wahrscheinlichkeit, eine totale Sonnenfinsternis zu erleben. Da der Mond sehr viel kleiner als die Erde ist, ist es unmöglich, dass sein Schatten die Erde vollständig verdunkelt. Vielmehr ist der Kernschatten des Mondes auf der beleuchteten Erdhalbkugel relativ klein. Die totale Finsternis ist deshalb nur von wenigen Orten der Erde aus zu sehen.
Bedenken wir außerdem, dass sich die Erdkugel unter dem Kernschatten des Mondes hinwegdreht, so erklärt sich, warum eine totale Sonnenfinsternis nur zirka acht Minuten dauert.
In Deutschland war ein solches Ereignis zuletzt am 11.8.1999 sichtbar.

AUFGABEN

1 Im obigen Text wurde erklärt, dass immer genau eine Hälfte der Erdkugel beleuchtet, die andere hingegen im Schatten liegt. Bedeutet das nicht, dass Tag und Nacht genau die gleiche Länge haben müssten? Dies ist tatsächlich in den Regionen um den Äquator so. Bei uns gibt es jedoch

Ausbreitung des Lichts

Merkregel
Abnehmender Mond: Die Sichelform entspricht dem Anschwung beim kleinen *a* in Schreibschrift.
Zunehmender Mond: Die Sichelform entspricht dem Anschwung beim kleinen altdeutschen *z*.

15.1 Mondfinsternis

15.3 Sonnenfinsternis

Sieht man die Sonnenverdunkelung vom Halbschattenraum des Mondes aus, so wird die Sonne nicht ganz vom Mond verdeckt. Man spricht dann von einer partiellen Sonnenfinsternis.
Befindet sich der Betrachter aber im Kernschattenraum des Mondes, so wird die Sonne für ihn vollständig abgedunkelt und es wird für einige Minuten dunkel. Man spricht dann von einer totalen Sonnenfinsternis.

OPTIK

nur zwei Tage im Jahr, an denen Tag und Nacht gleich lang sind. Erkläre diese „Besonderheit" und die Auswirkungen auf unseren Jahresablauf.

2 Ist es wahrscheinlicher, auf dem Mond oder auf der Erde eine totale Sonnenfinsternis zu beobachten? Begründe.

3 Warum sieht ein Raumfahrer auf dem Mond genau dann eine Sonnenfinsternis, wenn seine Bodenstation auf der Erde eine Mondfinsternis beobachtet?

1.5 Auch das Licht braucht Zeit – *Die Lichtgeschwindigkeit* (Zusatzinformation)

Wenn du den nächtlichen Sternenhimmel betrachtest, dann erlebst du einen Blick in die Vergangenheit. Was verbirgt sich hinter dieser Aussage?
Wenn es am Morgen hell wird, dann ist dieses Licht schon 8,3 Minuten alt. Beim Betrachten des Polarsterns im Jahr 2000 kannst du sagen, dass dieser Stern im Jahre 1959 noch geleuchtet hat. Denn sein Licht benötigt 41 Jahre, um zur Erde zu gelangen. Wir empfangen also mit unseren Augen Licht, dessen Aussendung schon einige Zeit zurückliegt.

16.1 Sternenhimmel

Licht ist nicht sofort überall, sondern es benötigt eine bestimmte Zeit für seine Ausbreitung. Den Quotienten aus dem zurückgelegten Weg und der dazu benötigten Zeit bezeichnet man als **Lichtgeschwindigkeit**. Als Symbol hat man dafür den Buchstaben c eingeführt.
Mit der Ausbreitungsgeschwindigkeit des Lichts hat sich schon Galileo Galilei (siehe links) beschäftigt. Allerdings verlief sein Unternehmen, die Lichtgeschwindigkeit zu messen, ohne Erfolg.

Das Lichtjahr ist eine Entfernungsangabe (und keine Zeitangabe) in der Astronomie: Es gibt die Strecke an, die Licht in einem Jahr zurücklegt. Als Einheit verwendet man die Bezeichnung Lj.

16.2 Galileo Galilei (1564 – 1642)

Zwei von Galileis Mitarbeitern stellten sich auf in Sichtweite gelegene Hügel. Jeder hatte eine – zunächst abgedunkelte – Laterne dabei. Ein Mitarbeiter entfernte die Abdeckung seiner Lampe. Der andere nahm deren Licht wahr und entfernte daraufhin die Abdeckung seiner Lampe, die nun vom ersten Mitarbeiter gesehen werden konnte. Galilei hoffte, dass bei diesem Vorgang eine zeitliche Verzögerung zu beobachten sei. Der Versuch schlug jedoch fehl.
Galilei war ein Mitbegründer des **heliozentrischen Weltbildes** (die Sonne ist das Zentrum des Planetensystems) und fiel bei der katholischen Kirche deshalb in Ungnade. Erst 1992 wurde er rehabilitiert.

Galilei hätte nun voreilig schließen können, dass Licht zu seiner Ausbreitung keine Zeit benötigt. Er tat dies nicht. Vielmehr legte er durch das von ihm nachgebaute und verbesserte Fernrohr im Jahre 1609 den Grundstein für die erstmalige Bestimmung der Lichtgeschwindigkeit durch Olav Römer im Jahr 1675.
Bei seinen Himmelsbeobachtungen bemerkte Galilei, dass der Planet Jupiter von vier Monden umrundet wird. In der Folgezeit fanden andere Beobachter heraus, dass der innerste Mond Io den Jupiter in 42,5 h einmal umkreist. Von diesen Messungen ausgehend hat man damals für Seefahrer Zeittafeln der Umläufe des Io aufgestellt, die für die Navigation auf See große Bedeutung hatten.
Als Olav Römer die vorhandenen Zeittafeln für Io durch Beobachtung über einen sehr langen Zeitraum nachprüfte, stellte er fest, dass dieser Mond zunächst sehr pünktlich aus dem Schatten des Jupiter heraustrat. Im Laufe eines halben Jahres ergaben sich jedoch zunehmende Verspätungen, die einen Betrag von bis zu 1000 s annahmen. Nach einem weiteren halben Jahr funktionierte die „Jupiteruhr" wieder völlig normal.

Die abweichenden Umlaufzeiten erklärte Olav Römer wie folgt:

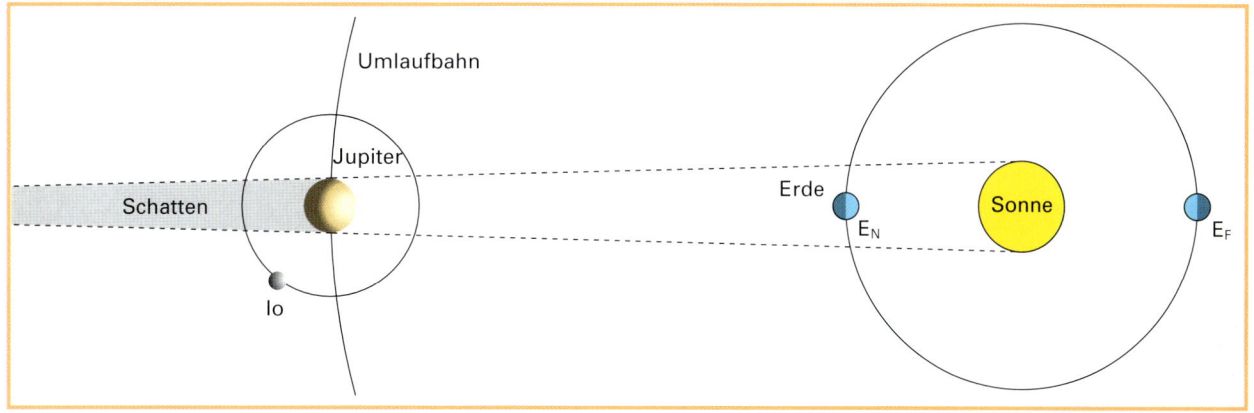

17.1 Zur Bestimmung der Lichtgeschwindigkeit durch Olav Römer

Im Lauf eines Jahres entfernt sich die Erde auf ihrer Umlaufbahn um die Sonne vom Jupiter. Die größte Abweichung der Umlaufzeit des innersten Mondes Io ergibt sich im so genannten Erdfernpunkt. Römer erklärt sie durch die zusätzliche Zeit, die das Io-Licht für die jetzt größere Entfernung zum Beobachter zurücklegen muss. Für die Durchquerung des Erdbahndurchmessers, der zirka 300 Mio. km beträgt, benötigt das Licht also 1000 s. Daraus ergibt sich als Ausbreitungsgeschwindigkeit des Lichts

$$c = \frac{300 \cdot 10^6 \text{ km}}{1000 \text{ s}} \qquad c = 300 \cdot 10^3 \frac{\text{km}}{\text{s}}$$

Bei den Zeitgenossen von Olav Römer rief dieser sehr hohe Wert Verwunderung und Skepsis hervor. Jetzt wird dir auch klar, warum Galileis Versuch nicht erfolgreich verlaufen konnte. Die Abstände zwischen den beiden Mitarbeitern waren einfach zu gering, um zeitliche Verzögerungen registrieren zu können. Wenn das Licht auf einem Kreis um die Erde herumlaufen könnte, dann würde es die Erde in einer Sekunde 7,5-mal umrunden. Vom Mond zur Erde benötigt das Licht etwa 1,3 Sekunden und von der Sonne zur Erde etwa 8,3 Minuten.

Der exakte Wert für die Lichtgeschwindigkeit im Vakuum beträgt $c_0 = 299\,792\,458 \frac{\text{m}}{\text{s}}$.

In Stoffen z.B. in Glas oder in Wasser, ist die Lichtgeschwindigkeit kleiner als c_0.

OPTIK

2 Optische Linsen und Instrumente

2.1 Immer im Brennpunkt – *Optische Linsen*

Auch vor der Erfindung des elektrischen Lichts bestand der Wunsch, die menschlichen Wohn- und Arbeitsstätten in den Abendstunden ausreichend zu beleuchten. Ein Hilfsmittel ist die Schusterkugel, eine wassergefüllte Glaskugel, die von einer Petroleumlampe beleuchtet wird. Dies untersuchen wir in unserem folgenden Versuch.

Versuch 1

Auf einen mit Wasser und etwas Seifenlösung gefüllten Rundkolben trifft ein divergentes Lichtbündel. An einem Transparentschirm beobachten wir die Lichtbündel nach dem Durchgang durch den Rundkolben. Den Abstand der Lichtquelle zum Rundkolben vergrößern wir anschließend.

18.1 Schusterkugel

Beobachtung

Wenn die Lichtquelle sehr nahe am Rundkolben ist, erhalten wir ein schwächer divergentes Lichtbündel, in einem bestimmten Punkt ein Parallelbündel und in größerer Entfernung ein konvergentes Lichtbündel.

ERGEBNIS

▶ Die Art des austretenden Lichtbündels ist vom Abstand der Lichtquelle zur Schusterkugel abhängig. Beim Austritt durch die wassergefüllte Glaskugel wird das Licht aus seiner ursprünglichen Richtung abgelenkt. ◀

Man sagt, dass das Licht beim Eintritt in ein durchsichtiges Medium und beim Austritt gebrochen wird.

Ein anderes durchsichtiges Medium wäre Glas und eine Glaskugel liefert ähnliche Beobachtungen wie Versuch 1. Da die Richtungsänderung des Lichts insbesondere beim Eintritt in das Medium und beim Verlassen des Mediums stattfindet, können wir uns auch einen aus zwei Kugelsegmenten zusammengesetzten Glaskörper vorstellen, wie ihn die nebenstehende Abbildung zeigt. Man bezeichnet eine solche Anordnung als optische Linse.

Lupen, Brillen, Fernrohre, etc. enthalten Bauteile aus Glas, die als optische Linsen bezeichnet werden. Ihr Verhalten soll im folgenden Versuch untersucht werden.

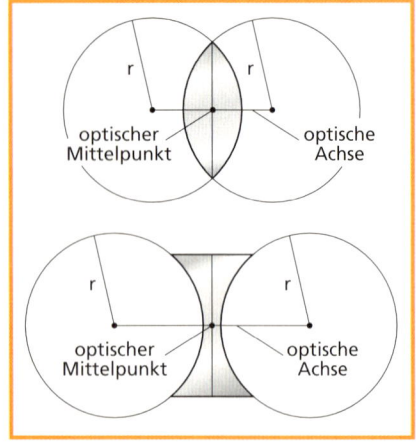

18.2 Aufbau von Sammel- und Zerstreuungslinse

Versuch 2

Ein paralleles Lichtbündel trifft jeweils auf die Linse der Brille einer weitsichtigen und einer kurzsichtigen Person. Mit einem transparenten Schirm, der parallel zur Ausbreitungsrichtung des Lichts aufgestellt wird, machen wir das Lichtbündel hinter der Linse sichtbar.

Beobachtung

Verwenden wir die Brille eines Kurzsichtigen, beobachten wir eine Aufweitung des Lichtbündels, mit der Brille eines Weitsichtigen wird das Licht gesammelt.

Linsen, die ein paralleles Lichtbündel in einem Punkt, dem so genannten Brennpunkt F, sammeln, nennen wir Sammellinsen (Konvexlinsen).
Linsen, die ein paralleles Lichtbündel aufweiten, nennen wir Zerstreuungslinsen (Konkavlinsen).

Betasten wir die Linsen der beiden Brillen, so können wir feststellen:
- Sammellinsen sind in der Mitte dicker als außen.
- Zerstreuungslinsen sind in der Mitte dünner als außen.

Versuch 3

Beleuchte eine Zerstreuungslinse mit einem parallelen Lichtbündel und beobachte mit einem Transparentschirm, der parallel zur optischen Bank ausgerichtet ist, das Lichtbündel nach dem Durchgang durch die Linse.

Beobachtung

Die divergenten Randstrahlen des Lichtbündels scheinen von einem Punkt vor der Linse auszugehen.

ERGEBNIS

▶ Wir nennen den scheinbaren Ausgangspunkt des divergenten Lichtbündels den virtuellen Brennpunkt F' der Zerstreuungslinse. ◀

Den Abstand vom (optischen) Mittelpunkt der Linse zum Brennpunkt F nennen wir Brennweite f der Linse. Um Zerstreuungslinsen und Sammellinsen anhand ihrer Brennweiten unterscheiden zu können, gibt man die Brennweiten von Zerstreuungslinsen mit negativen Werten an.
Zur weiteren Vereinfachung vereinbaren wir:
- Die symmetrische Linse wird durch eine Ebene ersetzt, die man als optische Mittelebene bezeichnet.
- Die beiden Brechungen an der Oberfläche der Linse werden durch eine einzige Brechung an der optischen Mittelebene ersetzt.

Versuch 4

*Bestimme den Brennpunkt einer dünnen symmetrischen Sammellinse mithilfe eines achsenparallelen Lichtbündels.
Justiere anschließend einen Laser so, dass der Lichtstrahl*
- *parallel zur optischen Achse auf die Linse trifft;*
- *durch den (optischen) Mittelpunkt der Linse verläuft;*
- *nach der Linse parallel zur optischen Achse verläuft.*

OPTIK

ERGEBNIS

▶ • Ein achsenparalleler Lichtstrahl verläuft hinter der Sammellinse durch den Brennpunkt.
• Ein Mittelpunktsstrahl durchläuft die Linse ohne Richtungsänderung
• Ein Brennpunktstrahl verläuft hinter der Sammellinse parallel zur optischen Achse. ◀

Weiterhin erkennen wir, dass jede Linse zwei Brennpunkte besitzt, die bei symmetrischen Linsen den gleichen Abstand zur Linse haben.

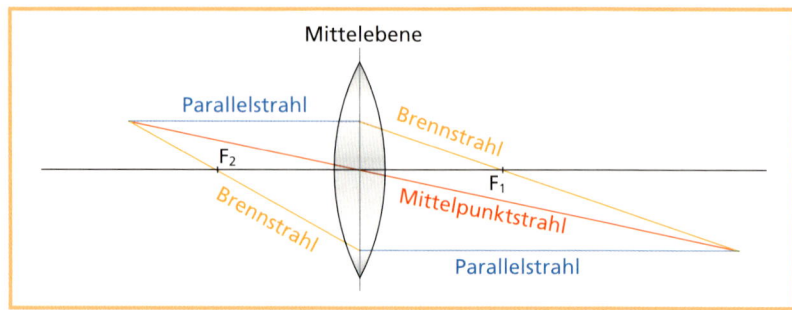

20.1 Besondere Strahlen

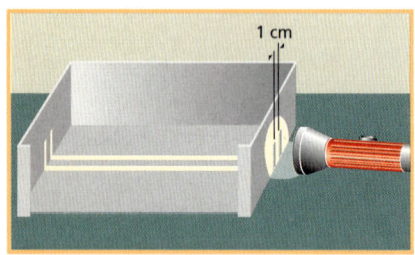

20.2 Zu Aufgabe 3

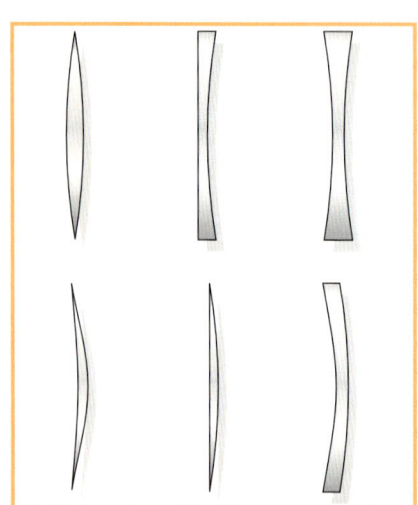

20.3 Zu Aufgabe 4

AUFGABEN

1 Ein achsenparalleles Lichtbündel trifft auf eine symmetrische Linse mit einer Brennweite $f = 4{,}0$ cm.
  a Um welchen Linsentyp handelt es sich?
  b Fertige eine Zeichnung an, die den Verlauf des Lichtbündels vor und hinter der Linse zeigt.
  c Zeichne den zweiten Brennpunkt der Linse ein.

2 Ein achsenparalleles Lichtbündel trifft auf eine symmetrische Linse mit der Brennweite $f = -3{,}0$ cm.
  a Um welchen Linsentyp handelt es sich?
  b Fertige eine Zeichnung an, die den Verlauf des Lichtbündels vor und hinter der Linse zeigt.
  c Zeichne den zweiten Brennpunkt der Linse ein.

3 Schneide in die Stirnseite eines Schuhkartons wie skizziert zwei Schlitze und beleuchte diese mit einer Taschenlampe, welche annäherungsweise ein paralleles Lichtbündel aussendet.
  a Justiere die Taschenlampe so, dass du am Boden des Kartons zwei parallele Lichtbündel beobachten kannst.
  b Als Linsen dienen mit Wasser gefüllte, zylinderförmige Gläser, welche du in den Strahlengang hineinstellst. Zeichne die Standflächen und die zugehörigen Brennpunkte für jedes Glas auf den Karton.
  c Bestimme die Brennweiten der verschiedenen Gläser.

4 a Welche der in Abb. 20.3 skizzierten Linsentypen sind Sammellinsen, welche sind Zerstreuungslinsen?
  b Weise jeder Linsenform einen der folgenden Begriffe zu: bikonvex, plankonkav, konkavkonvex, bikonkav, plankonvex, konvexkonkav (bi ≙ zweimal, plan ≙ eben).

2.2 Maßgeschneiderte Bilder von Objekten –
Optische Abbildung an dünnen Linsen

Gemäß dem nebenstehenden Bauplan kannst du eine „Camera obscura" anfertigen. Sie ist der Vorläufer des modernen Fotoapparats. Es handelt sich dabei um nichts anderes als eine geschlossene Schachtel mit einem Loch an der einen und einem Bildschirm aus Pergamentpapier an der gegenüberliegenden Seite.

Versuch 1

Stelle eine brennende Kerze vor die Öffnung deiner Camera obscura und betrachte die Pergamentpapierfläche.

Beobachtung

Du siehst ein umgedrehtes Bild der Flamme auf dem Pergamentpapier.

Versuch 2

Wir vergrößern das Loch der Camera obscura und betrachten erneut das Bild der Flamme.

Beobachtung

Wir sehen ein verschwommeneres, aber helleres Bild der Flamme.

ERGEBNIS

▶ Je kleiner die Öffnung der *Camera obscura* ist,
  • desto schärfer ist das Bild der Flamme,
  • desto dunkler ist das Bild der Flamme. ◀

21.1 Bauplan für eine Camera obscura
Die offene Seite der Kamera wird mit Pergamentpapier überklebt.

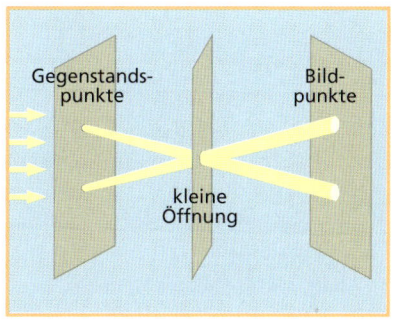 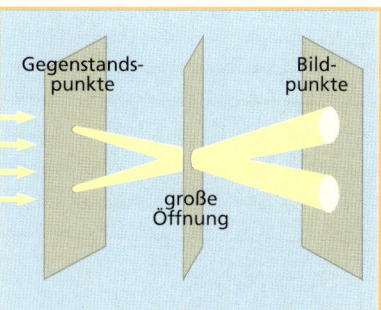

21.2 Bildentstehung bei einer Camera obscura

Wie die obenstehende Skizze zeigt, werden von jedem Punkt der Flamme (Gegenstandspunkt) divergente Lichtbündel ausgesendet, von denen nur ein kleiner Teil die Öffnung der Lochkamera passiert. Auf dem Pergamentpapier entstehen kleine Lichtflecken in Form der *Camera*-Öffnung, welche zusammen das gesamte Bild ergeben. Je grö-

ßer diese sind, desto heller ist zwar das Bild. Die Überlagerung der großen Lichtflecken lässt jedoch das Bild unscharf erscheinen.
Um eine scharfe Abbildung zu erzielen, ist es notwendig, die Überlagerung der Lichtflecken so klein wie möglich zu machen. Das Bild setzt sich dann im Idealfall aus Lichtpunkten (Bildpunkten) zusammen.

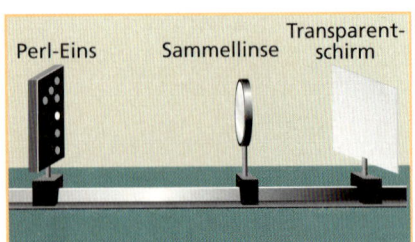

22.1 Zu Versuch 3

Versuch 3

Wir stellen ca. 15 cm vor einer Sammellinse (f = 15 cm) eine Perl-Eins auf, bei der nur eine Glühlampe in Betrieb ist. Wir beobachten den Verlauf des Lichtbündels vor und hinter der Linse mithilfe eines Transparentschirms. Die Perl-Eins wird der Linse genähert und entfernt.

ERGEBNIS

▶ Ist die Lichtquelle weiter als eine Brennweite von der Linse entfernt, so wird das divergente Lichtbündel hinter der Linse konvergent. Ist die Linse weniger als eine Brennweite von der Linse entfernt, wird das Lichtbündel schwächer divergent. ◀

Also sollte es möglich sein, mithilfe einer Sammellinse eine helle und scharfe optische Abbildung zu erhalten, wenn der Gegenstand außerhalb der Brennweite aufgestellt wird.

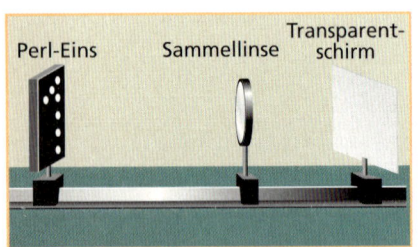

22.2 Zu Versuch 4

Versuch 4

Wir nehmen nun die restlichen Glühlampen der Perl-Eins, die wir ca. 35 cm von der Linse entfernt aufgestellt haben, in Betrieb. Mit dem Transparentschirm suchen wir das Bild, das wir auf der von der Linse abgewandten Seite des Schirms betrachten. Dann entfernen wir den Transparentschirm.

Beobachtung

Wir sehen auf dem Schirm ein verkleinertes, auf dem Kopf stehendes, seitenverkehrtes Bild der Perl-Eins. Das Bild ist auch sichtbar, wenn der Transparentschirm entfernt wird.

Das entstandene Bild wird als reelles (wirkliches) Bild bezeichnet, weil es mit dem Transparentschirm auffangbar ist.
Beim Versuch 4 haben wir gesehen, dass das Bild bei vorgegebenem Abstand des Gegenstands nur in einer bestimmten Position des Transparentschirms scharf ist. Den Abstand des Gegenstands vom optischen Mittelpunkt der Linse bezeichnen wir als Gegenstandsweite g, die Entfernung des Schirms vom optischen Mittelpunkt der Linse bei scharfem Bild als Bildweite b.

Versuch 5

Wir stellen die Perl-Eins vor eine Linse (f = 20 cm) und ermitteln mithilfe eines Transparentschirms das Bild und die Bildweite b für:

a) g = 50 cm b) g = 40 cm c) g = 30 cm
d) g = 20 cm e) g = 10 cm

Beobachtung

Wir erkennen
a) ein verkleinertes, seitenverkehrtes Bild der Perl-Eins mit b = 33 cm
b) ein gleich großes, seitenverkehrtes Bild der Perl-Eins mit b = 40 cm
c) ein vergrößertes, seitenverkehrtes Bild der Perleins mit b = 60 cm
d) kein Bild
e) kein Bild auf dem Transparentschirm. Wir können aber das seitenrichtige, vergrößerte Bild der Perl-Eins erkennen, wenn wir in die Linse blicken.
Da wir dieses Bild nicht „auffangen" können, nennen wir es virtuell.

ERGEBNIS

▶ Man erhält bei der Abbildung an dünnen Sammellinsen:
– seitenverkehrte reele Bilder für
a) $g > 2f$, hierbei ergibt sich eine Verkleinerung
b) $g = 2f$, hierbei ist das Bild genauso groß wie der Gegenstand
c) $2f > g > f$, hierbei ergibt sich eine Vergrößerung
– keine Bilder für
d) $g = f$
– virtuelle Bilder für
e) $g < f$ ◀

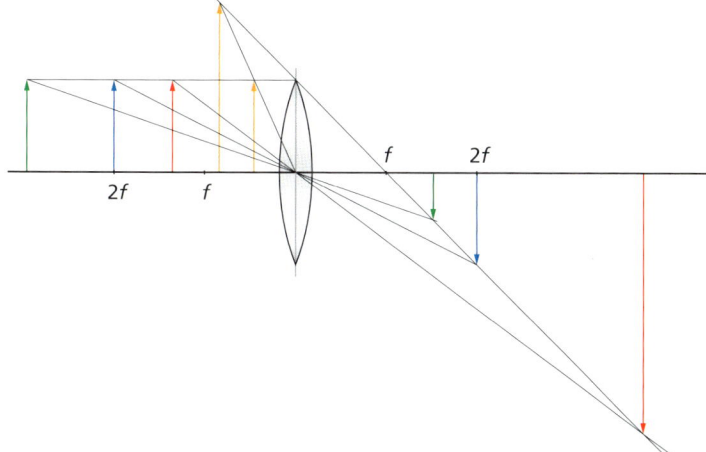

Gegenstands-weite g	g > 2f	g = 2f	2f > g > f	g < f	f < b < 2f	g = 2f	b > 2f	Bildweite b
				Bild auf der Gegenstandsseite				
				vergrößert	verkleinert	gleich groß	vergrößert	Größe
				seitenrichtig	seitenverkehrt	seitenverkehrt	seitenverkehrt	Orientierung
				virtuell	reell	reell	reell	Art

OPTIK

AUFGABEN

1. Nimm einen durchsichtigen Schusser und betrachte durch ihn hindurch einen Gegenstand, z. B. einen auf ein Blatt Papier aufgemalten Pfeil. Welche Bilder kannst du beobachten?

2. Bastle eine Camera obscura gemäß nachfolgender Abbildung mit großer Öffnung, an der eine Sammellinse befestigt wird. Betrachte damit Gegenstände in unterschiedlicher Entfernung und verschiebe die innere „Röhre" so weit, bis du ein scharfes Bild beobachten kannst.

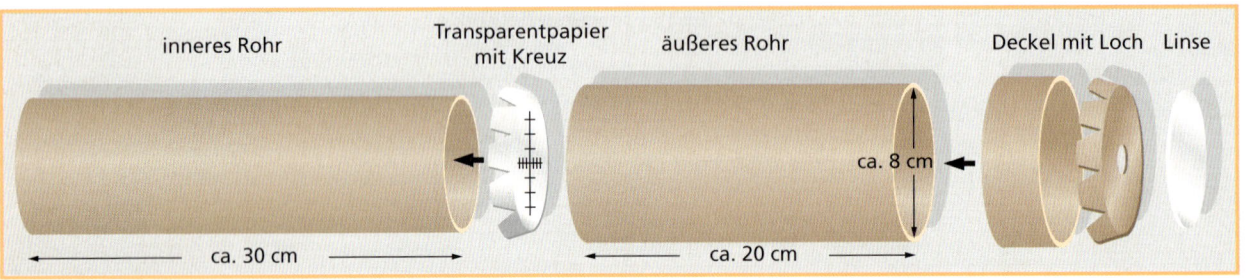

24.1 Zu Aufgabe 2

DIE HOHE EICHE IM TIEFEN WALD

3. Wie ändert sich die Bildgröße, wenn ein und derselbe Gegenstand vom Brennpunkt der Linse entfernt wird?

4. Nimm ein zylindrisches Glasgefäß, fülle es mit Wasser und verschließe es. Betrachte nun durch das waagrecht vor deine Augen gehaltene Glasgefäß den nebenstehenden Text.

2.3 Bilder mit Papier und Bleistift vorhersagen – Bildkonstruktion an dünnen Linsen

Bisher haben wir das Bild des Gegenstands durch Probieren gefunden. Wir veränderten dazu den Abstand des Transparentschirms zur Linse so lange, bis wir ein scharfes Bild erhielten.

Wir haben jedoch Kenntnisse, mit denen wir das Bild eines Gegenstands auf dem Papier konstruieren können. Wir wissen nämlich:

- Einen Gegenstand kann man sich aus sehr vielen Gegenstandspunkten aufgebaut vorstellen.
- Lichtbündel, die von einem Gegenstandspunkt ausgehen und die Linse passieren, werden in einem Bildpunkt gebündelt.
- Vereinfachend können wir bei dünnen Sammellinsen die Brechungen an der Linsenoberfläche durch eine Brechung an der optischen Mittelebene ersetzen.

Parallel- und Mittelpunktsstrahl sind besondere Strahlen eines Lichtbündels. Sie werden uns im Folgenden zur Konstruktion des Bildes eines Gegenstandes dienen.

Dass dies immer möglich ist, auch wenn diese Konstruktionsstrahlen nicht innerhalb des Lichtbündels verlaufen, zeigt folgender Versuch:

Versuch 1

Wir stellen eine Perl-Eins so auf, dass mit einer Sammellinse bekannter Brennweite ein reelles Bild entsteht. Vor die Sammellinse stellen wir eine Blende, deren Durchmesser kontinuierlich verkleinert werden kann.

Beobachtung

Bei sehr kleiner Blendenöffnung wird das Bild dunkler. Die Schärfe des Bildes bleibt aber erhalten. Auch wird der gesamte Gegenstand abgebildet.

ERGEBNIS

▶ Der Gegenstand wird auch dann noch scharf und vollständig abgebildet, wenn die Öffnung der Blende so klein ist, dass kein Parallelstrahl die Linse durchläuft. Man kann also Parallel- und Mittelpunktsstrahl zum Auffinden des Bildpunktes verwenden. ◀

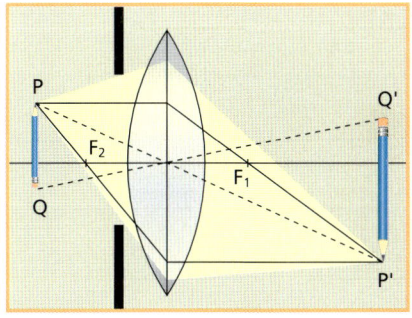

25.1 Bildentstehung bei einer Sammellinse

Ausgehend von diesen Überlegungen ist es nun möglich, den Bildpunkt eines gegebenen Gegenstandspunktes zu konstruieren.

Konstruktion des Bildpunktes

- Ersetze die Sammellinse durch eine Strecke, der die optische Mittelebene darstellt.
- Zeichne den Mittelpunktsstrahl ein. (Dieser wird nicht gebrochen!)
- Zeichne den Parallelstrahl ein. (Dieser verläuft nach der Linsenebene durch den Brennpunkt der Linse)
- Ermittle den Schnittpunkt der beiden Konstruktionsstrahlen. (Beim virtuellen Bild musst du diese auf der Gegenstandsseite verlängern.)

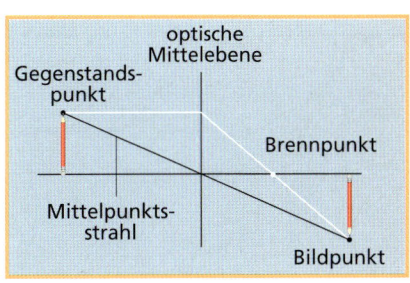

25.2 Konstruktion eines reellen Bildpunkts

Diese Konstruktion führt jedoch zu keinem Ergebnis, wenn sich der Gegenstandspunkt auf der optischen Achse befindet, da dann Parallel- und Mittelpunktstrahl zu einem Strahl zusammenfallen. Dennoch kann mit einem Transparentschirm ein Bild aufgefangen werden:

Versuch 2

Suche das Bild einer punktförmigen Lichtquelle, die sich außerhalb der Brennweite auf der optischen Achse einer dünnen Sammellinse befindet.

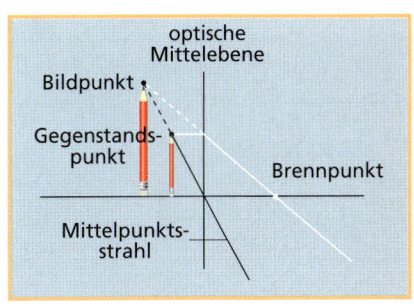

25.3 Konstruktion eines virtuellen Bildpunkts

Beobachtung

Das Bild der Lichtquelle kann mithilfe eines Transparentschirmes aufgefangen werden.

ERGEBNIS

▶ Befindet sich der Gegenstandspunkt auf der optischen Achse (nicht im Brennpunkt!), so existiert sein Bild, kann aber nicht konstruiert werden. ◀

OPTIK

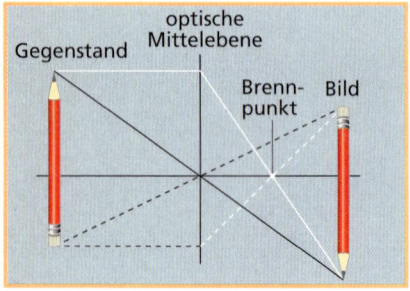

26.1 Konstruktion eines ganzen Bilds

Um nun das Bild eines Gegenstands zu konstruieren, der nicht nur aus einem einzigen Gegenstandspunkt – wie bei der verwendeten punktförmigen Lichtquelle – besteht, müsste für jeden Gegenstandspunkt der zugehörige Bildpunkt konstruiert werden.
Wie wir jedoch bereits wissen, ist das Bild zwar größer oder kleiner als der Gegenstand, auch seitenverkehrt und auf dem Kopf stehend ist möglich, die Form des Bildes entspricht aber immer der Form des Gegenstands:
Es genügt, die markanten Bildpunkte eines Gegenstands zu konstruieren, da die Form des Gegenstands erhalten bleibt.

AUFGABEN

1 *Konstruiere das Bild eines* 1,0 cm *großen Pfeils, das eine Sammellinse mit f = 3,0 cm bei einer Gegenstandsweite von* 5,0 cm *erzeugt.*

2 *Mit einer Sammellinse (f = 3,0 cm) soll von einem Gegenstand, der* 1,0 cm *groß ist, ein reelles Bild erzeugt werden, das dreimal so groß ist.*

3 *Ein Gegenstand (Pfeil) ist so groß, dass von seinem höchsten Punkt weder der Parallelstrahl noch der Brennpunktstrahl die Sammellinse trifft. Kannst du das Bild konstruieren?*

4 *Eine Sammellinse besitzt eine Brennweite f = 4,0 cm. In einem Abstand von 2 cm steht ein* 1,0 cm *großer Gegenstand. Konstruiere das Bild.*

5 *Eine Sammellinse entwirft von einem Gegenstand in einer Entfernung von* 5,0 cm *von der Linse ein doppelt so großes Bild.*
Ermittle durch Konstruktion die Gegenstands- und Brennweite der Sammellinse.

2.4 Zusammenhang zwischen Bild- und Gegenstandsweite

Im Kapitel 2.2 haben wir untersucht, wie sich die Bilder bei Sammellinsen verändern, wenn wir einen Gegenstand außerhalb der Brennweite von der Linse entfernen. Dabei haben wir festgestellt:
Je größer die Gegenstandsweite g ist, desto kleiner ist die Bildweite b.
Es besteht also zwischen diesen Größen ein bestimmter Zusammenhang. Wir wollen versuchen, diesen noch genauer zu formulieren.

Versuch

Wir stellen einen beleuchteten Gegenstand, z. B. Pfeil, in verschiedene Abstände vor eine Sammellinse mit der Brennweite f = 10,0 cm. Auf einem durchscheinenden Schirm fangen wir die dazu gehörenden Bilder auf. Wir messen jeweils die Bildweite b und die Gegenstandsweite g und tragen die Werte in eine Tabelle ein.

g in cm	15,0	17,5	20,0	25,3	30,4	35,2
b in cm	30,2	23,3	20,4	17,3	15,5	14,3

Um herauszufinden, ob zwischen der Bildweite b und der Gegenstandsweite g ein gesetzmäßiger Zusammenhang besteht, muss die Messreihe ausgewertet werden. Hierzu hat man prinzipiell zwei Möglichkeiten:

- numerische oder rechnerische Auswertung,
- grafische Auswertung.

g in cm	15,0	17,5	20,0	25,3	30,4	35,2
b in cm	30,2	23,3	20,4	17,3	15,5	14,3
$g \cdot b$ in cm²	453	408	408	438	471	503

27.1 Bildweite und Gegenstandsweite sind nicht indirekt proportional

Da die Bildweite b kleiner wird, wenn die Gegenstandsweite größer wird, könnte man vermuten, dass die beiden Größen indirekt proportional zueinander sind. Um diese Vermutung rechnerisch zu prüfen, bilden wir in der dritten Zeile der Tabelle die Produkte aus Gegenstandsweite g und Bildweite b. Da die Werte der Produkte nicht konstant sind, können wir nicht sagen, dass die Bildweite b indirekt proportional zur Gegenstandsweite g ist (Abb. 27.1).

Auch die grafische Auswertungsmethode soll nun vorgestellt werden. Wir zeichnen ein Koordinatensystem, überlegen uns, welche Größe an der senkrechten Achse und welche an der waagrechten Achse angetragen wird, und vereinbaren einen geeigneten Maßstab. Dann tragen wir die den einzelnen Gegenstandsweiten g und Bildweiten b entsprechenden Datenpunkte in das Koordinatensystem ein. Wir erhalten den gezeichneten Graphen. Aufgrund dieses Graphen kann nicht zwingend gefolgert werden, dass die Bildweite b indirekt proportional zur Gegenstandsweite g ist.

Ist nun die Arbeit der Messung völlig umsonst gewesen, da wir kein konkretes Gesetz formulieren können?

Auch wenn du den mathematischen Hintergrund noch nicht kennst, zeigen wir ein grafisches Verfahren, mit dem du die Bildweite bei gegebener Gegenstandsweite oder umgekehrt ablesen kannst. An der waagrechten Achse wird die Gegenstandsweite g angetragen, an der senkrechten Achse die Bildweite b. Tragen wir die gemessenen Gegenstands- und Bildweiten direkt an den Achsen an und verbinden die zusammengehörigen Punkte geradlinig, so erhalten wir für die sechs Strecken einen gemeinsamen Schnittpunkt, der exakt sowohl an der senkrechten wie an der waagrechten Achse bei 10,0 cm liegt. Dies entspricht der Brennweite unserer Sammellinse. Jetzt können wir auch für andere Gegenstandsweiten die dazu gehörenden Bildweiten unserem Diagramm entnehmen. Du kannst sogar für Sammellinsen beliebiger Brennweite ein solches Diagramm anfertigen und Bild- und Gegenstandsweiten zeichnerisch entnehmen.

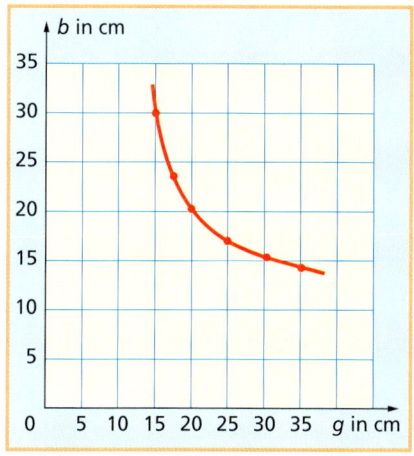

27.2 Zum Versuch

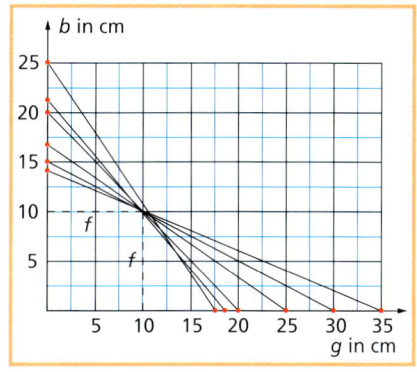

27.3 Grafische Bestimmung von Bild- und Gegenstandsweite bei einer Sammellinse mit $f = 10$ cm.

AUFGABEN

1 Entnimm dem Diagramm 27.3 die Bildweite, wenn die Gegenstandsweite 17,5 cm beträgt.

2 Gib mithilfe des Diagramms 27.3 die Gegenstandsweite an, wenn die Bildweite 30,0 cm beträgt.

3 Zeichne für eine Sammellinse mit einer Brennweite von 5,0 cm ein Diagramm und entnimm für eine Gegenstandsweite von 20,0 cm die dazugehörige Bildweite.

4 Entnimm dem Diagramm 27.3 die Bildweite, wenn die Gegenstandsweite 27,5 cm beträgt.

OPTIK

2.5 Warum die Natur variable Linsen erfunden hat – Das menschliche Auge

Das menschliche Auge (siehe Abb. 28.1) hat die Form einer Kugel. Der Augapfel besitzt einen Durchmesser von ca. 24 mm. Der vordere Teil des Auges besteht aus der Hornhaut, der vorderen Augenkammer mit Kammerwasser und dem Linsenkörper. Zwischen der vorderen Augenkammer und dem Linsenkörper liegt die Regenbogenhaut (Iris), in deren Mitte sich eine kreisförmige Öffnung, die Pupille, befindet. Durch die Pupille gelangt Licht in das Augeninnere. Die Lichtmenge, die durch die Pupille tritt, wird automatisch durch die Iris geregelt. Bei großer Helligkeit wird der Pupillendurchmesser kleiner und bei geringer Lichtmenge wird er groß. Der Linsenkörper trennt die wassergefüllte vordere Augenkammer vom Augeninneren ab.

Auf der hinteren Augeninnenwand befindet sich die Netzhaut. Sie besteht aus zwei Arten lichtempfindlicher Sinneszellen. Die farbempfindlichen Zapfen (ca. 6 Mio. Stück) ermöglichen es, dass wir unsere Umgebung farbig wahrnehmen. Gegenüber der Pupille auf dem gelben Fleck befinden sich nur Zapfen. Der gelbe Fleck ist die Stelle des schärfsten Sehens. Bei geringer Helligkeit sind die Zapfen aber lichtunempfindlich. Dass wir auch bei Dämmerung und nachts sehen können, verdanken wir den ca. 120 Mio. Stäbchen. Mit ihnen können wir Helligkeits-, aber keine Farbunterschiede wahrnehmen. Außerhalb des gelben Flecks gibt es weniger Zapfen, dafür mehr Stäbchen. Am Rand der Netzhaut sind nur noch Stäbchen vorhanden. Um nachts einen Gegenstand besser erkennen zu können, ist es sinnvoll an dem Gegenstand vorbeizuschauen, da dann die Stäbchen angeregt werden. Beim direkten Anvisieren gelangt die geringe Lichtmenge nur auf den gelben Fleck, mit dem wir aber nachts nichts wahrnehmen können.

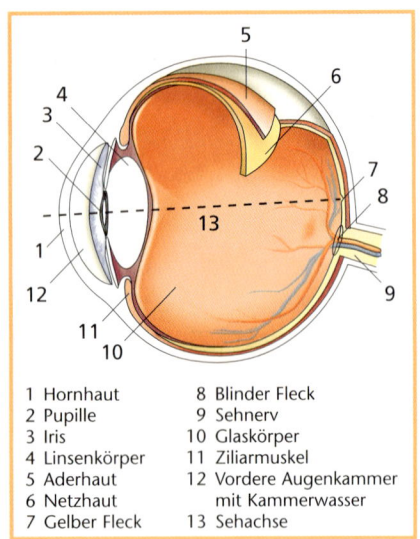

1 Hornhaut
2 Pupille
3 Iris
4 Linsenkörper
5 Aderhaut
6 Netzhaut
7 Gelber Fleck
8 Blinder Fleck
9 Sehnerv
10 Glaskörper
11 Ziliarmuskel
12 Vordere Augenkammer mit Kammerwasser
13 Sehachse

28.1 Querschnitt durch das menschliche Auge

Versuch 1

Lege zwei kleine Münzen im Abstand von ca. 6 cm auf ein weißes Blatt Papier. Schließe das linke Auge und fixiere mit dem rechten Auge die linke Münze. Nähere dich nun den beiden Münzen.

Beobachtung

Zuerst erkennst du beide Münzen. Bei einem bestimmten Abstand kannst du die rechte Münze nicht mehr sehen. Wenn du den Abstand weiter verkleinerst, taucht die rechte Münze wieder auf.

Erklärung

Die Lichtbündel der rechten Münze gelangen auf die Netzhaut an eine Stelle, wo sich keine lichtempfindlichen Sinneszellen befinden. Diese Stelle ist die Verbindung der Netzhaut mit dem Sehnerv. Sie wird als blinder Fleck bezeichnet.

Zwischen dem Linsenkörper und der Netzhaut befindet sich der gallertartige Glaskörper, der zu 99 % aus Wasser besteht. Die Hornhaut, die wassergefüllte Augenvorkammer und der Linsenkörper bilden zusammen ein Linsensystem. Die Brennweite dieses Linsensystems ist zwischen 19,7 mm und 22,8 mm veränderbar.

Das Linsensystem erzeugt von Gegenständen reelle, umgekehrte, verkleinerte Bilder (siehe Abb. 29.1) auf der Netzhaut. Über die Sehnerven gelangen die Nervenreize in das Gehirn. Hier wird dann ein aufrechtes Bild des betrachteten Gegenstands erzeugt.

29.1 Strahlengang bei einer Abbildung mit dem Auge

Versuch 2

Wir halten mit dem ausgestreckten Arm ein aufgeschlagenes Physikbuch und schauen mit einem Auge darauf. Jetzt bringen wir ein Lineal zwischen Buch und Auge in einem Abstand von ca. 15 cm vom Auge (Abb. 29.2).

Beobachtung

Schauen wir auf das Buch, so erscheint das Lineal unscharf. Beim Fixieren des Lineals erscheint das Physikbuch unscharf. Wenn wir das Lineal anvisieren, spüren wir die Muskelanstrengung, die zur Einstellung des Auges nötig ist. Schauen wir auf das Buch, so bemerken wir keine Anstrengung.

Erklärung

Die Bildweite im Auge ist immer gleich. Damit ein naher Gegenstand auf der Netzhaut scharf abgebildet wird, muss sich die Brennweite des Linsensystems ändern. Ein Ringmuskel (Ziliarmuskel) zieht sich um den gallertartigen Linsenkörper zusammen. Der Linsenkörper wölbt sich dadurch stärker und damit verkleinert sich die Brennweite. So ist es dem Auge möglich, nahe Gegenstände auf der Netzhaut scharf abzubilden. Die Muskelbewegung können wir beim Beobachten von sehr nahen Gegenständen spüren.

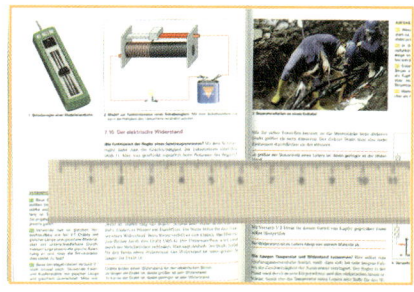
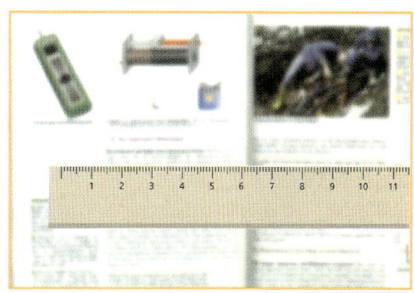

29.2 Zu Versuch 2

Das Anpassen der Brennweite des Auges an die Gegenstandsweite nennt man Akkommodation (lat. accommodare ≙ anpassen).

OPTIK

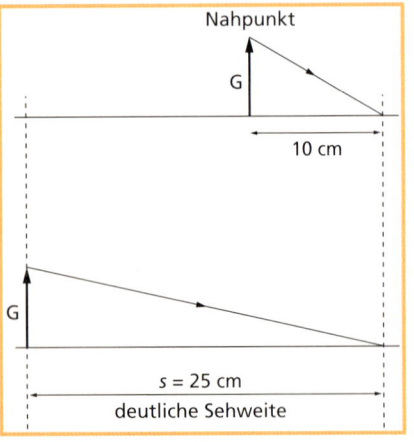

30.1 Nahpunkt und deutliche Sehweite

Um weiter entfernte Gegenstände scharf auf der Netzhaut abzubilden, vergrößert sich die Brennweite des Linsenkörpers durch Erschlaffen des Ziliarmuskels. Der Linsenkörper ist dann abgeflacht. Dies erfordert keine Muskelanstrengung. Der dichteste Punkt (Nahpunkt), auf den das Auge akkommodiert werden kann, liegt bei jungen Menschen ungefähr im Abstand von 10 cm vom Auge. Unterhalb des Nahpunktes ist kein Scharfstellen mehr möglich. Der Nahpunkt rückt mit zunehmendem Alter immer weiter vom Auge weg, da die Elastizität des Linsenkörpers mit dem Alter abnimmt. Ohne große Muskelanstrengung kann das Auge auf einen Abstand von 25 cm akkommodiert werden (Abb. 30.1). Diesen Abstand bezeichnet man als deutliche Sehweite s.

Das Auge kann sehr weit entfernte Gegenstände ohne Anstrengung scharf abbilden. Der Fernpunkt liegt beim menschlichen Auge im Unendlichen. Ohne merkliche Anstrengung ist es für das Auge möglich, Gegenstände bis zur deutlichen Sehweite abzubilden.

Dir ist sicher schon aufgefallen, dass manche Leute zum Lesen eine Brille benötigen, aber nicht beim Autofahren. Es gibt auch Personen, die zum Autofahren eine Brille brauchen, aber ohne Brille lesen können. Vielleicht trägst du selbst eine Brille, weil du sonst in der Schule nichts an der Tafel erkennen kannst.

Wer braucht also wofür welche Brille?

Mit zunehmendem Alter nimmt der Abstand des Nahpunkts vom Auge zu. Bei 20-Jährigen beträgt er ungefähr 10 cm, bei 50-Jährigen ca. 45 cm und bei 70-Jährigen ca. 100 cm. Damit nimmt auch die deutliche Sehweite zu. Beim Lesen muss das Auge ständig akkommodiert werden und der Abstand zum Auge muss ausreichend groß sein. Das Lesen ist damit anstrengend. Von entfernten Gegenständen werden aber weiterhin scharfe Bilder auf der Netzhaut abgebildet. Der Fernpunkt bleibt weiter im Unendlichen. Man bezeichnet diese Fehlsichtigkeit als Altersweitsichtigkeit. Personen, die davon betroffen sind, benötigen zum Lesen eine Sehhilfe, die Lesebrille.

Personen, die zum Autofahren eine Brille benötigen, bezeichnet man als kurzsichtig. Sie können zwar ohne Brille lesen. Um entfernte Gegenstände scharf zu sehen, müsste sich der Ziliarmuskel noch weiter entspannen. Dies ist aber nicht möglich, denn der Linsenkörper hat schon seine schmalste Form und damit die größte Brennweite eingenommen.

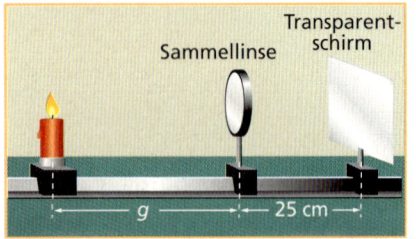

30.2 Zu Versuch 3a

Versuch 3a

Mit einem Transparentschirm (Netzhaut) und einer Sammellinse (Augenlinse) mit einer Brennweite von $f = 15$ cm bauen wir uns ein einfaches Augenmodell. Wir stellen die Sammellinse und den Transparentschirm in einen Abstand von ca. 25 cm (feste Bildweite Augenlinse – Netzhaut) zueinander. Nun bringen wir vor die Sammellinse eine brennende Kerze, sodass auf dem Transparentschirm ein scharfes Bild der Kerze entsteht (siehe Abb. 30.2).

Beobachtung

Im Abstand (Gegenstandsweite) von ca. 38 cm erhalten wir ein scharfes Bild der Kerze.

Versuch 3b

Wir entfernen nun die Kerze und bilden einen mindestens 2 m entfernten hellen Gegenstand ab.

Beobachtung

Wir erhalten ein unscharfes Bild des entfernten hellen Gegenstands.

Versuch 3c

Wir halten einen zweiten Transparentschirm zwischen die Sammellinse und den ersten Schirm (Netzhaut) und stellen den Abstand zur Sammellinse so ein, dass ein scharfes Bild des entfernten hellen Gegenstandes entsteht.

Beobachtung

Wir erhalten bei einer Bildweite von ca. 16 cm ein scharfes Bild des entfernten hellen Gegenstandes. Die Bildweite ist somit kleiner als der Abstand Linse – Netzhaut in unserem Augenmodell.

Erklärung

Bei einem kurzsichtigen Menschen ist der Augapfel zu lang, d.h., der Brennpunkt des Linsenkörpers liegt vor der Netzhaut (siehe Abb. 31.1). Um ein scharfes Bild zu erhalten, muss die Bildweite verkleinert werden, also der Abstand des Linsenkörpers zur Netzhaut. Da sich die Bildweite im Auge nicht ändern lässt, kann man nur von außen die Brennweite ändern. Sie muss vergrößert werden, damit auf der Netzhaut ein scharfes Bild des entfernten hellen Gegenstandes entsteht.

Versuch 3d

Wir stellen vor die Sammellinse eine Zerstreuungslinse ($f = -50$ cm).

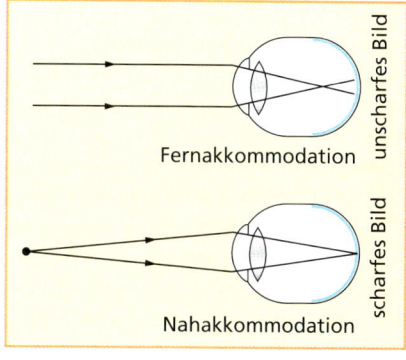

31.1 Abbildung bei Kurzsichtigkeit

Beobachtung

Jetzt entsteht von dem entfernten hellen Gegenstand ein scharfes Bild auf dem ersten Transparentschirm.

Erklärung

Mit einer Zerstreuungslinse kann die Brennweite des Linsensystems vergrößert werden (siehe Abb. 31.2), da sie der Wirkung der Sammellinse entgegenwirkt. Die Lichtbündel treffen somit im Brennpunkt auf die Netzhaut.

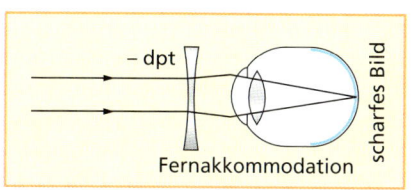

31.2 Korrektur der Kurzsichtigkeit mit Zerstreuungslinse

OPTIK

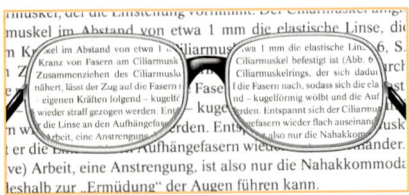

32.1 Brille für Kurzsichtige

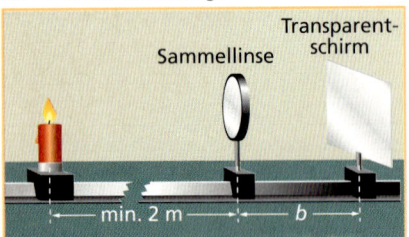

32.2 Zu Versuch 4a

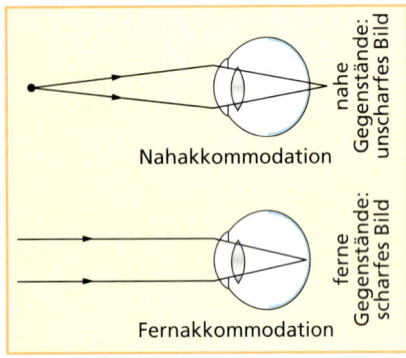

32.3 Abbildung bei Weitsichtigkeit

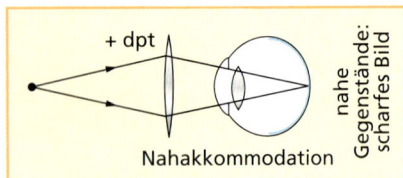

32.4 Korrektur der Weitsichtigkeit mit Sammellinse

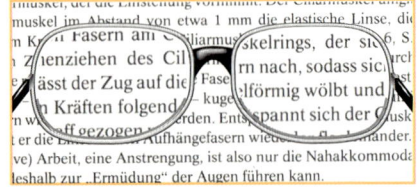

32.5 Brille für Weitsichtige

ERGEBNIS

▶ Zur Korrektur der Kurzsichtigkeit verwendet man Brillen mit Zerstreuungslinsen (siehe Abb. 32.1). ◀

Bei starker Kurzsichtigkeit liegt der Fernpunkt weniger als 1 m vor dem Auge. Alles, was weiter entfernt ist, erscheint nur noch unscharf und schemenhaft.
Wie ist das nun bei Personen, die zum Lesen eine Brille benötigen, aber sonst nicht? Diese Fehlsichtigkeit bezeichnet man als **Weitsichtigkeit**. Der Nahpunkt liegt hier viel weiter vom Auge weg, als beim normalsichtigen Menschen.

Versuch 4a

Wir verwenden wieder unser Augenmodell aus dem Versuch 3a. Die Bildweite stellen wir so ein, dass ein mindestens 2 m entfernter heller Gegenstand scharf abgebildet wird (siehe Abb. 32.2). Dies ist ungefähr bei einer Bildweite von 16 cm der Fall. Jetzt bringen wir eine brennende Kerze in eine Gegenstandsweite von 40 cm.

Beobachtung

Auf dem Transparentschirm ist kein scharfes Bild der Kerze zu erkennen. Wenn wir den Bildschirm weiter von der Linse entfernen, wird bei einer Bildweite von ca. 24 cm ein scharfes Bild der brennenden Kerze erkennbar.

Erklärung

Bei einem weitsichtigen Menschen ist der Augapfel zu kurz und damit liegt der Brennpunkt der Linse hinter der Netzhaut (siehe Abb. 32.3). Um ein scharfes Bild auf der Netzhaut zu erhalten, muss man wie bei der Kurzsichtigkeit die Brennweite von außen ändern. Die Brennweite muss verkürzt werden.

Versuch 4b

Wir stellen vor der Sammellinse eine zweite Sammellinse mit f = 50 cm. Den Transparentschirm stellen wir wieder an die ursprüngliche Stelle (b = 16 cm).

Beobachtung

Auf dem Transparentschirm wird jetzt die brennende Kerze scharf abgebildet.

Erklärung

Mit einer Sammellinse kann die Brennweite des Linsensystems verkürzt werden (siehe Abb. 32.4), weil die zweite Sammellinse die Brechung der Lichtbündel verstärkt. Damit gelingt es die Lichtbündel auf dem Transparentschirm (Netzhaut) zu vereinigen.

ERGEBNIS

▶ Durch Brillen mit Sammellinsen kann eine Korrektur der Weitsichtigkeit erfolgen (siehe Abb. 32.5). ◀

Jede Brille wird durch den Brechwert gekennzeichnet. Der Brechwert ist der Kehrwert der Brennweite der Linse.

$$D = \frac{1}{f}$$

Die Einheit für den Brechwert D ist die Dioptrie (dpt).

$$1 \text{ dpt} = \frac{1}{m}$$

Um zu kennzeichnen, ob es sich um eine Zerstreuungslinse oder Sammellinse handelt, schreibt man vor den Zahlenwert „–" oder „+".
Bei einer Linse mit der Angabe +1,25 dpt handelt es sich um eine Sammellinse mit der Brennweite:

$$f = \frac{1}{D} \qquad f = \frac{1}{+1,25\,\frac{1}{m}} \qquad f = 0{,}800 \text{ m}$$

Die Angabe –3,5 dpt zeigt an, dass wir es mit einer Zerstreuungslinse der Brennweite von 0,29 m zu tun haben.

AUFGABEN

1. Wie reguliert die Pupille den Lichteinlass in das Augeninnere?
2. Was versteht man unter Akkommodation des Auges?
3. Aus welchen Bauteilen besteht die Netzhaut und was sind die Aufgaben der einzelnen Bauteile?
4. Was versteht man unter dem gelben und dem blinden Fleck?
5. Bestimme den Nahpunkt deines linken und rechten Auges.
6. Miss deine deutliche Sehweite beim Lesen eines Buchs.
7. Führe den Versuch 1 mit zwei offenen Augen durch. Warum bemerkt man jetzt den blinden Fleck nicht mehr?
8. Was bedeutet die Aussage: „Bei Nacht sind alle Katzen grau."?
9. Warum ist es sinnvoll, als Fußgänger nachts bei einem entgegenkommenden Auto die Scheinwerfer mit ausgestreckter Hand abzudecken?
10. Erkläre den Unterschied zwischen Weit- und Altersweitsichtigkeit.
11. Ältere Leute sagen manchmal scherzhaft: „Zum Lesen sind meine Arme zu kurz." Was könnte damit gemeint sein?
12. Berechne die Brechwerte für Linsen mit einer Brennweite von 15 cm, 25 cm, 50 cm und –30 cm.
13. Welche Brennweiten haben Linsen mit einem Brechwert von +1,0 dpt, +4,0 dpt, +10 dpt, –5,0 dpt und –8,8 dpt?

OPTIK

2.6 Wie man ein Bergpanorama auf ein Foto kriegt – *Der Fotoapparat*

Wie wir schon im Kapitel 2.2 gesehen haben, ist es möglich, mit einer Lochkamera ein reelles, umgekehrtes und verkleinertes Bild eines Gegenstands auf einem Transparentschirm zu erzeugen. Dieses Bild existiert aber nur so lange, wie die Kamera auf das Objekt gerichtet ist. Um Bilder über lange Zeit aufheben zu können, verwendete man bis zum Anfang des 19. Jh. Glasplatten als Transparentschirm, auf die man den Gegenstand projizierte. Das Bild malte man anschließend farbgetreu ab. So war es möglich dauerhafte Bilder von unbewegten Objekten (Gebäuden, Landschaften etc.) zu gewinnen. Für bewegte Gegenstände war dieses Verfahren natürlich ungeeignet.

Im Jahre 1840 legte William Henry Fox Talbot (1800–1877) den Grundstein für ein Verfahren, mit dem es möglich ist, Bilder ohne die Technik des Ausmalens zu speichern. Er verwendete fein verteilte Silberbromidkörnchen, die mit Gelatine auf eine Glasplatte (heute Kunststofffolie) aufgetragen wurden. Wird die Glasplatte belichtet, so verändern die lichtempfindlichen Körnchen ihr chemisches Verhalten. Die belichtete Glasplatte wird anschließend mit einer Entwicklerflüssigkeit behandelt, wobei die stärker belichteten Stellen der Glasplatte dunkler und die weniger belichteten Stellen heller erscheinen. Die Helligkeitsverteilung auf dem Bild ist genau umgekehrt zur Wirklichkeit (siehe Abb.). Ein solches Bild bezeichnet man als Negativbild (Negativ).

Um ein Positivbild (Positiv) zu erhalten, das den abgebildeten Gegenstand originalgetreu zeigt, projiziert man das Negativ auf lichtempfindliches Fotopapier. Nach einem weiteren Entwicklungsgang erscheint auf dem Fotopapier die wirkliche Hell- und Dunkelverteilung des fotografierten Gegenstands.

In der Frühzeit der Fotografie war es nur möglich Schwarz-Weiß-Bilder anzufertigen. Für die heute üblichen Farbaufnahmen verwendet man drei lichtempfindliche Schichten, wobei jede auf eine der drei Grundfarben Rot, Gelb und Blau reagiert.

Im Jahre 1877 erfand der Amerikaner George Eastmann den Rollfilm, der es ermöglichte, 100 Aufnahmen zu machen, ohne jedes Mal eine neue Fotoplatte einzusetzen. George Eastmann gründete eine Firma namens Kodak. Die mit seinem Rollfilm aufgenommenen Bilder hatten nicht die heute gewohnte rechteckige Form, sondern waren kreisrund mit einem Durchmesser von 64 mm.

Heute verwendet man hauptsächlich Filmmaterial mit einer Bildgröße von 36 mm mal 24 mm. Kameras, die solches Filmmaterial verwenden, bezeichnet man als Kleinbildkameras.

Um scharfe Bilder mit einer Lochkamera zu erhalten (siehe Abb. 35.1), benötigt man eine sehr kleine Öffnung (Kapitel 2.2). Dies hat aber zur Folge, dass nur eine geringe Lichtmenge durch die Öffnung eintreten kann. Eine genügend große Lichtmenge zum Belichten des Films steht trotzdem zur Verfügung, wenn die Öffnung lange offen bleibt. Die Zeit, die zur Belichtung des Films benötigt wird, nennt man Belichtungszeit (Verschlusszeit). Je größer aber die Belichtungszeit gewählt werden muss, desto unschärfer werden bewegte Gegenstände abgebildet. Um die Belichtungszeit zu verkleinern, benötigt man in kurzer Zeit eine große Lichtmenge. Dies wird durch die

34.1 Eine der ältesten deutschen Fotografien: die Frauenkirche in München, 1839 (Negativ auf Chlorsilberpapier)

Optische Linsen und Instrumente

35.1 Zwei Abbildungen desselben Motivs a Lochkamera b Kleinbildkamera

Verwendung von Sammellinsen mit großem Durchmesser erreicht. Bei Sammellinsen mit großem Durchmesser werden die achsenfernen Lichtstrahlen stärker gebrochen als die achsennahen Lichtstrahlen. Dieser Effekt führt zu Abbildungsfehlern und damit zu unscharfen Bildern. Aus diesem Grund verwendet man nicht nur eine Sammellinse, sondern eine Kombination aus Sammel- und Zerstreuungslinsen, die als Gesamtes wie eine einzige Sammellinse wirken. Damit lassen sich Abbildungsfehler vermeiden. Solche Linsensysteme heißen Objektive (lat. objectum ≙ Gegenstand) (siehe Abb. 35.2).

Versuch 1

Wir stellen bei einem an der Rückseite geöffneten Fotoapparat anstelle eines Films einen Transparentschirm auf. Vor den Fotoapparat stellen wir eine brennende Kerze und bilden die Kerze auf den Transparentschirm ab. Die Entfernung der Kerze vom Objektiv wird mehrmals geändert (siehe Abb. 35.3).

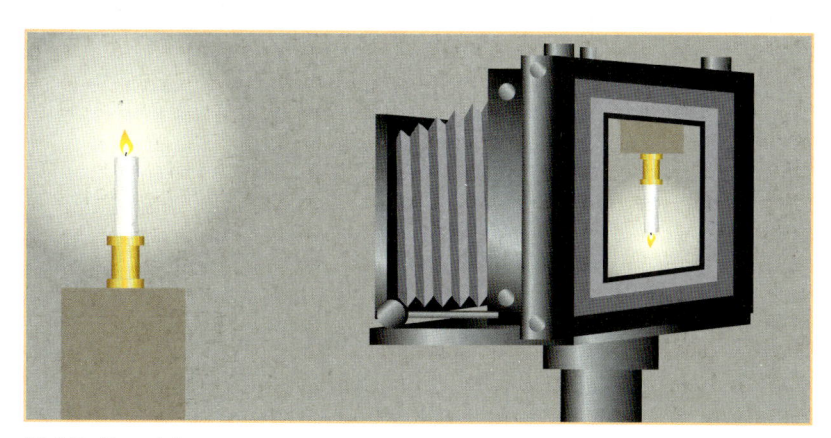

35.3 Zu Versuch 1

35.2 Querschnitt eines Objektivs

Beobachtung

Auf dem Transparentschirm sehen wir ein reelles, umgekehrtes und verkleinertes Bild der Kerze (siehe Abb. 36.1). Die Gegenstandsweite der Kerze ist dabei sehr viel größer als die Brennweite des Objektivs. Befindet sich die Kerze näher beim Objektiv, so wird das Bild der Kerze größer und man muss

OPTIK

das Objektiv herausdrehen um ein scharfes Bild zu erhalten. Ist die Kerze vom Objektiv weiter entfernt, so ist das Bild verkleinert und das Objektiv muss hineingedreht werden, damit die Kerze scharf abgebildet wird.

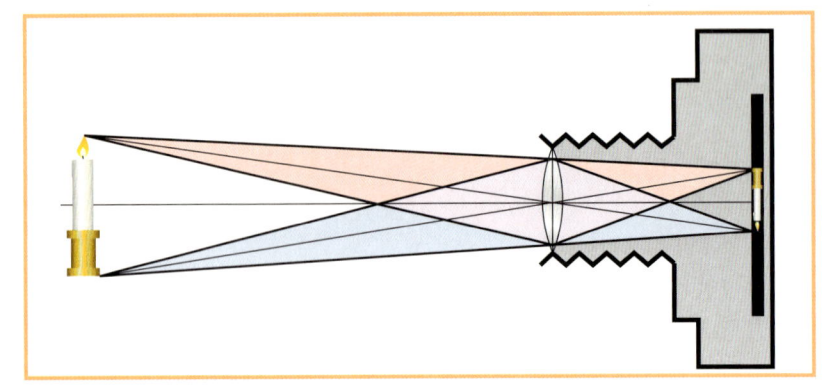

36.1 Strahlengang im Fotoapparat

ERGEBNIS

▶ Die Bildweite wird beim Fotoapparat dadurch eingestellt, dass der Abstand Objektiv – Filmebene verändert wird.

Die Scharfstellung erfolgt durch das Verschieben des Objektivs. ◀

Beim Fotografieren tritt oftmals das Problem auf, dass wir nicht nur einen Gegenstand in einer bestimmten Entfernung abbilden wollen, sondern mehrere Gegenstände, die sich in unterschiedlicher Entfernung vom Objektiv befinden. Bei einem Wandertag soll die Klasse vor einem Bergpanorama fotografiert werden. Stellt man das Objektiv auf die Klasse scharf, so ist das Bergpanorama verschwommen. Bildet man dagegen das Bergpanorama scharf ab, so ist die Klasse unscharf.

Versuch 2a

Wir stellen zwei brennende Kerzen in unterschiedlicher Entfernung vor eine Sammellinse. Mit einem Transparentschirm fangen wir hinter der Linse reelle Bilder auf. Vor die Sammellinse bringen wir eine zunächst ganz geöffnete Irisblende in den Strahlengang.

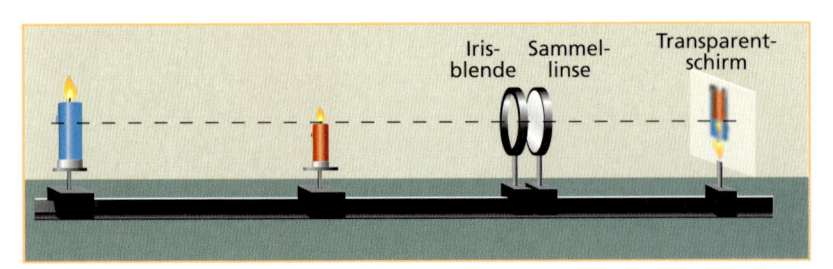

36.2 Zu Versuch 2a

Beobachtung

Durch Verschieben des Transparentschirms gelingt es uns, von jeder Kerze ein scharfes Bild aufzufangen. Es ist aber nicht möglich beide Kerzen gleichzeitig scharf abzubilden. Bildet man die eine Kerze scharf ab, so ist von der anderen Kerze nur ein kreisförmiger Lichtfleck (Zerstreuungskreis) zu sehen. Stellt man den Transparentschirm so auf, dass er sich genau zwischen den Bildweiten der beiden Kerzen befindet, werden beide Kerzen als Zerstreuungskreise abgebildet.

Versuch 2b

Wir lassen den Transparentschirm auf die mittlere Bildweite zwischen den Bildern der beiden Kerzen eingestellt und verkleinern die Öffnung der Irisblende.

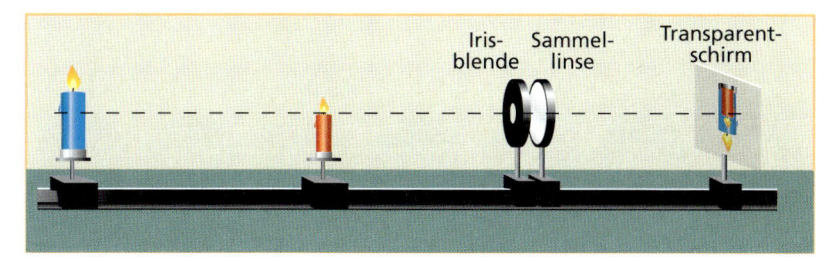

37.1 Zu Versuch 2b

Beobachtung

Bei kleiner werdender Blendenöffnung entstehen auf dem Transparentschirm zwei scharfe Bilder der abgebildeten Kerzen. Außerdem können wir beobachten, dass die Helligkeit der beiden Kerzenbilder abnimmt.

ERGEBNIS

▶ Mit einer Irisblende kann der wirksame Objektivdurchmesser verkleinert oder vergrößert werden. Dies führt zu scharfen Abbildungen von Objekten, die sich in verschiedenen Gegenstandsweiten befinden. ◀

Im Versuch 2a haben wir gesehen, dass Gegenstandspunkte, die nicht zur eingestellten Bildweite passen, nicht als Bildpunkte, sondern als Zerstreuungskreise abgebildet werden. Haben die Zerstreuungskreise einen Durchmesser, der kleiner als $\frac{1}{30}$ mm ist, so bezeichnet man das Bild als scharf. Den Bereich der Gegenstandsweite, in dem Gegenstände in unterschiedlicher Entfernung vom Objektiv scharf abgebildet werden, nennt man Schärfentiefe des Objektivs.
Aus den Versuchen 2a und 2b erkennen wir:

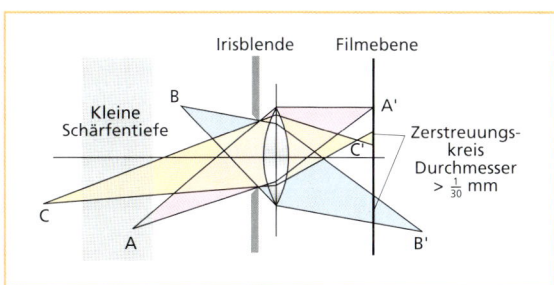

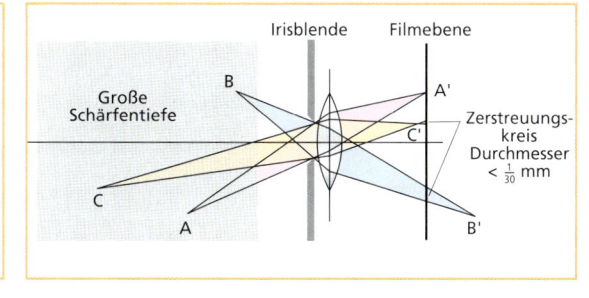

37.2 Abhängigkeit der Schärfentiefe von der Blendenöffnung

OPTIK

ERGEBNIS

▶ Die Schärfentiefe ist umso größer, je kleiner die Blendenöffnung ist. ◀

Scharfe Bilder erhält man beim Fotografieren dadurch, dass man die Blendenöffnung so klein macht, dass die Zerstreuungskreise hinreichend klein werden und nicht mehr als verschwommene Lichtflecke abgebildet werden.
Als Maß für die Größe der Öffnung der Blende verwendet man die international genormten Blendenzahlen:

1,4   2   2,8   4   5,6   8   11   16   22   32

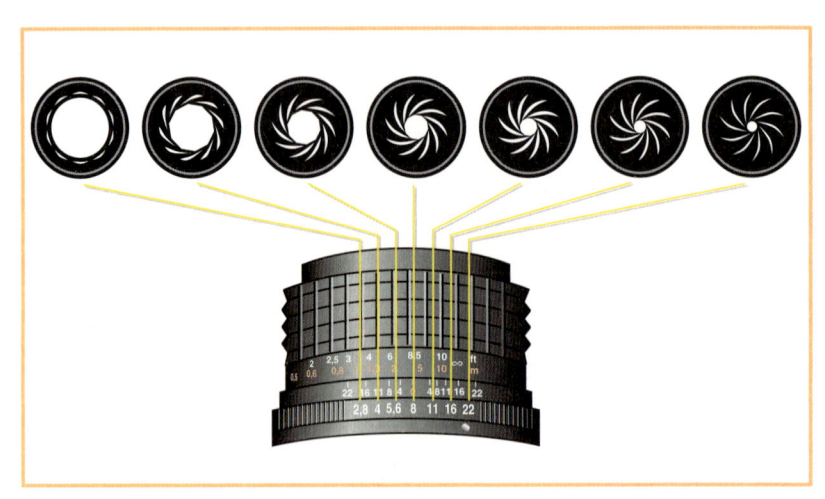

Die Blendenzahl ist definiert als der Quotient aus der Brennweite f und dem Durchmesser der Blendenöffnung: $\frac{f}{d}$.

38.1 Zusammenhang zwischen Blendenzahl und Blendenöffnung

Diese Blendenzahlen sind so festgelegt, dass der Übergang zur nächst höheren Blendenzahl eine Halbierung der Öffnungsfläche der Blende bewirkt. Durch einen drehbaren Blendenring am Objektiv können die Blendenzahlen eingestellt werden.
Die kleinste Blendenzahl gibt die größte Blendenöffnung an und die größte Blendenzahl die kleinste Blendenöffnung. Somit gilt:

Objektive sind durch ihre Lichtstärke gekennzeichnet. Die Lichtstärke ist festgelegt als der Kehrwert der Blendenzahl. Für die Lichtstärke gilt: $\frac{d}{f}$. Auf den Objektiven ist immer der Wert der größten Lichtstärke angegeben. Die größte Lichtstärke wird bei völlig geöffneter Blende erreicht. Die Angabe 1:1,4 bedeutet: $\frac{d}{f} = \frac{1}{1,4}$.

Umgeformt: $d = \frac{f}{1,4}$. Besitzt das Objektiv eine Brennweite von 50 mm, so ergibt sich für den größten Blendendurchmesser $d = 36$ mm.

▶ Die Schärfentiefe ist umso größer, je größer die Blendenzahl ist. ◀

Im Versuch 2b haben wir gesehen, dass die Kerzen bei kleiner Blendenöffnung beide scharf abgebildet werden, aber die Helligkeit der Bilder abnimmt. Wählt man bei einem Normalobjektiv anstelle der Blendenzahl 8 die Blendenzahl 11 (entspricht einer Halbierung der Öffnungsfläche der Blende) um die benötigte Schärfentiefe zu erhalten, so muss die Belichtungszeit verdoppelt werden, damit die gleiche Lichtmenge wie bei der Blendenzahl 8 durch das Objektiv eintritt.

Blendenzahl	4	5,6	8	11	16	22
Belichtungszeit in s	$\frac{1}{1000}$	$\frac{1}{500}$	$\frac{1}{250}$	$\frac{1}{125}$	$\frac{1}{60}$	$\frac{1}{30}$

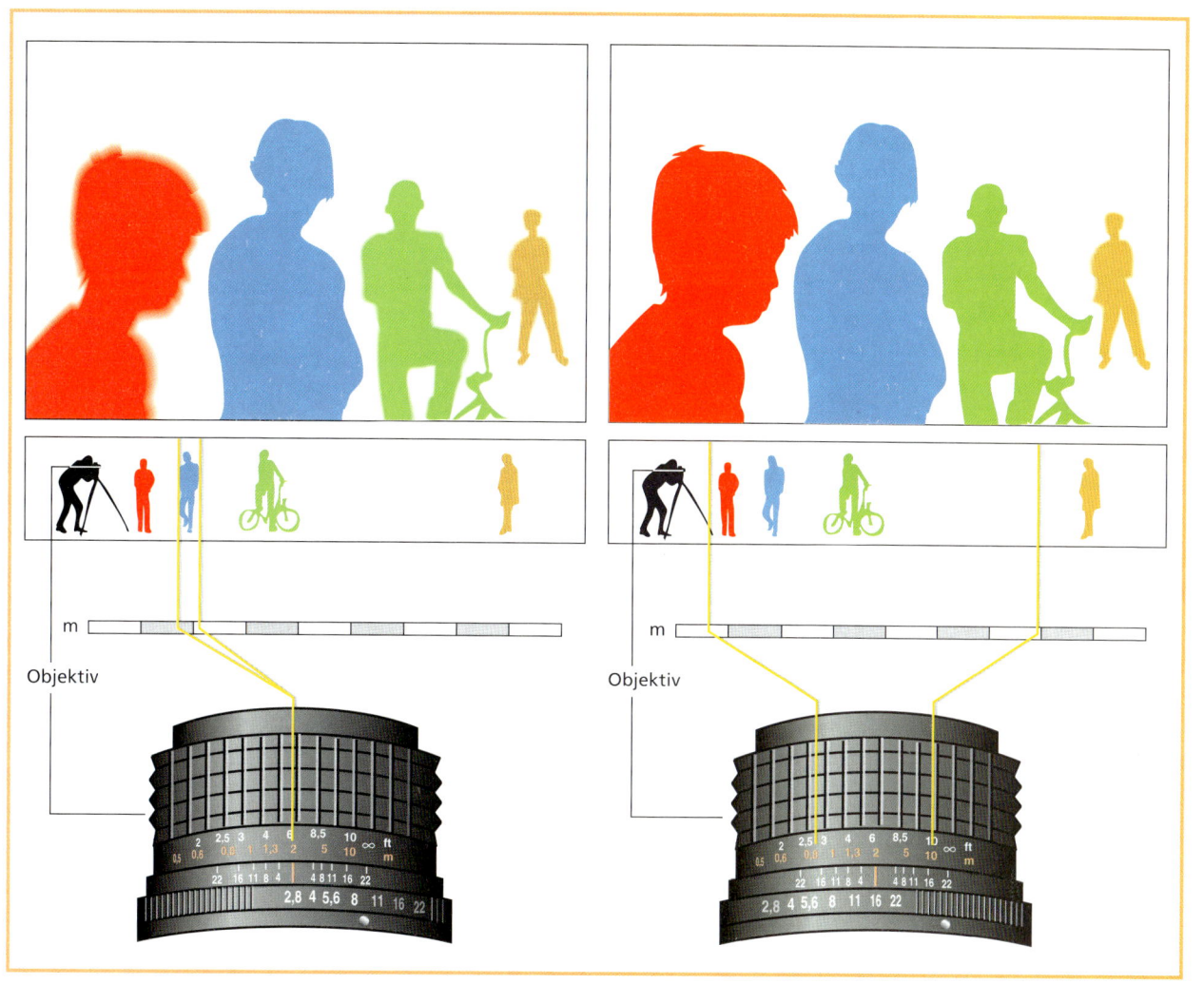

39.1 Zusammenhang zwischen Schärfentiefe und Blendenzahl

Blendenzahl und Belichtungszeiten

Bei vielen Kleinbildkameras wird die Belichtungszeit automatisch durch einen Belichtungsmesser eingestellt.

Bei Außenaufnahmen während der Dämmerung ergibt sich dann das Problem, dass kleine Blendenzahlen verwendet werden müssen, damit eine ausreichende Lichtmenge durch das Objektiv gelangt. Dadurch wird aber die Belichtungszeit sehr groß. Bei Betätigen des Auslösers kann es dann zu Verwacklungen kommen, was zu unscharfen Bildern führt. Als unterste Grenze für Aufnahmen ohne Stativ gilt die Belichtungszeit $\frac{1}{30}$ s (f = 50 mm).

Bei automatischen Kameras kann das „Ein-Hand-Fotografieren" zu verwischten Bildern führen, da man die verwendete Belichtungszeit nicht angezeigt bekommt und durch das Halten des Apparats und Betätigen des Auslösers mit der gleichen Hand den Fotoapparat nicht ruhig hält.

OPTIK

Um die Möglichkeiten eines Fotoapparates zu erweitern, gibt es Wechselobjektive mit unterschiedlichen Brennweiten. Objektive mit einer Brennweite von ca. 50 mm bezeichnet man als Normalobjektive, da sie einen Bildwinkel von 46° haben. Dies entspricht dem Sehwinkel des menschlichen Auges.

40.1 Drei Fotos vom gleichen Aufnahmestandort mit drei unterschiedlichen Objektiven (Normal-, Weitwinkel- und Teleobjektiv)

Brennweite	Art des Objektivs
< 24 mm	Superweitwinkel
24 mm–40 mm	Weitwinkelobjektiv
um 50 mm	Normalobjektiv
70 mm–300 mm	Teleobjektiv
> 300 mm	Fernobjektive

Bei Teleobjektiven ($f > 70$ mm) wird mit zunehmender Brennweite der Bildwinkel immer kleiner. Bei gleichem Bildformat (36 mm × 24 mm) und gleichem Standort für die Aufnahme liegen die Bildpunkte weiter auseinander. Man erhält im Vergleich zum Normalobjektiv einen kleineren Bildausschnitt. Dafür aber sind die Gegenstände größer als beim Normalobjektiv abgebildet. Die Schärfentiefe nimmt bei Teleobjektiven mit zunehmender Brennweite ab.

Mit Weitwinkelobjektiven ($f < 40$ mm) kann man den Bildwinkel vergrößern, wodurch auf dem gleichen Bildformat die Bildpunkte enger beieinander liegen. Im Vergleich zum Normalobjektiv erhält man einen größeren Bildausschnitt, aber die Bilder sind kleiner. Die Schärfentiefe nimmt bei Weitwinkelobjektiven mit abnehmender Brennweite zu.

AUFGABEN

1 Was versteht man unter einem Bildnegativ und einem Bildpositiv?

2 Nenne die wichtigsten Bauteile eines Fotoapparats und beschreibe ihre Funktionsweise.

3 Was versteht man unter dem Begriff Schärfentiefe?

4 Ein Objektiv mit der Brennweite $f = 50$ mm hat eine Lichtstärke von 1:2,8.
 a Welchen Wert hat die minimale Blendenzahl?
 b Wie groß ist der maximale Blendendurchmesser d?
 c Um eine größere Schärfentiefe zu erreichen, wird die Blendenzahl 5,6 gewählt. Wie groß ist der Blendendurchmesser jetzt?
 d Für die Blendenzahl 2,8 zeigt der Belichtungsmesser die Belichtungszeit $t = \frac{1}{1000}$ s. Welche Belichtungszeit muss bei der Blendenzahl 8 eingestellt werden?

5 Vergleiche die maximalen Blendendurchmesser eines Weitwinkelobjektivs ($f = 28$ mm), eines Normalobjektivs ($f = 50$ mm) und eines Teleobjektivs ($f = 200$ mm), wenn alle drei Objektive eine Lichtstärke von 1:2,8 besitzen.

2.7 Wie man sich den Mond ins Wohnzimmer holt – *Das Fernrohr*

Das astronomische Fernrohr

Mit dem von Johannes Kepler (1571–1630) entwickelten Fernrohr ist es möglich, weit entfernte Gegenstände auf der Erde und auch im Weltall zu beobachten.

> **Versuch 1**
>
> *Wir bilden einen entfernten Gegenstand (Kirchturm) mit einer Sammellinse (f_1 = 30,0 cm) auf einen im Brennpunkt der Linse stehenden Transparentbildschirm ab. Dieses Bild betrachten wir mit einer zweiten Sammellinse (f_2 = 5,0 cm), deren Brennebene mit der Brennebene der ersten Sammellinse zusammenfällt. Danach entfernen wir den Bildschirm (siehe Abb. 41.1).*

41.1 Zu Versuch 1

Beobachtung

Die erste Sammellinse (Objektiv) erzeugt von dem entfernt liegenden Gegenstand ein reelles, umgekehrtes und verkleinertes Bild. Dieses Bild wird nun mit der zweiten Sammellinse (Okular, lat. oculus ≙ Auge) so abgebildet, dass wir ein virtuelles, vergrößertes Bild des Gegenstands sehen. Auch ohne den Transparentbildschirm bleibt das Bild erhalten.

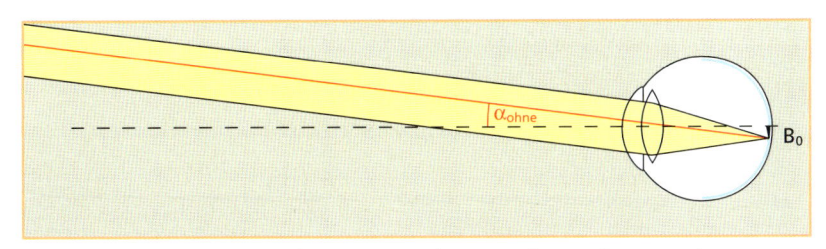

41.2 Strahlengang und Bildgröße von einem sehr weit entfernten Gegenstand

Optische Linsen und Instrumente

OPTIK

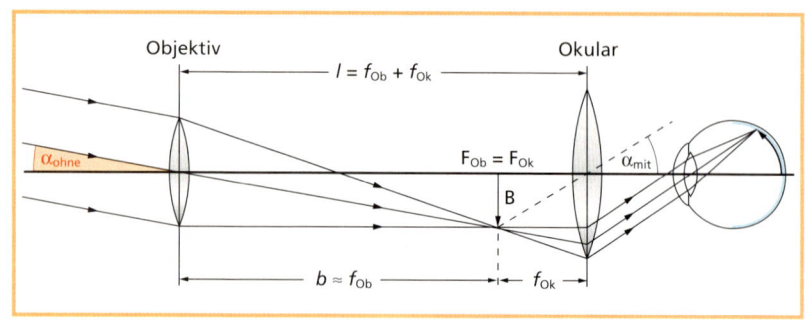

42.1 Strahlengang und Bildgröße mit astronomischem Fernrohr

Erklärung

Das von einem sehr weit entfernten Gegenstand in das Objektiv einfallende Licht kann als paralleles Lichtbündel abgenommen werden. Das dabei entstehende Bild befindet sich dann in der Brennebene des Objektivs und es gilt: $b_1 \approx f_1$.

Dieses reelle Zwischenbild wird nun mit einem Okular, das die gleiche Wirkung wie eine Lupe hat, betrachtet. Durch das Okular sieht man ein virtuelles, vergrößertes Bild des sehr weit entfernten Gegenstands. Dieses Bild wird von dem Auge aufgenommen, ohne dass das Auge akkommodieren muss.

Warum erscheint uns das Bild des Gegenstands vergrößert?
Ohne Fernrohr sehen wir den Gegenstand unter einem bestimmten Sehwinkel α_{ohne}. Betrachten wir den Gegenstand mit einem Fernrohr, so vergrößert sich der Sehwinkel auf α_{mit} (siehe Abb. 42.1). Das von dem Auge aufgenommene Bild ist aber immer noch erheblich kleiner als der Gegenstand.

42.2 Objektive mit unterschiedlichen Brennweiten

Versuch 2

Wir ersetzen das Objektiv im Versuch 1 durch eine Sammellinse mit der Brennweite f = 50,0 cm.

Beobachtung

Das Bild des sehr weit entfernten Gegenstands ist bei dem Objektiv mit der Brennweite f = 50,0 cm *größer als im Versuch 1*.

Versuch 3

Wir ersetzen das Objektiv im Versuch 1 durch eine Sammellinse mit der Brennweite f = 5,0 cm.

Beobachtung

Das Bild des sehr weit entfernten Gegenstands ist jetzt genauso groß, wie wenn wir den Gegenstand mit dem bloßen Auge betrachten würden.

ERGEBNIS

▶ Die Vergrößerung eines sehr weit entfernten Gegenstandes ist umso größer, je größer die Brennweite des Objektivs ist. ◀

Optische Linsen und Instrumente

Versuch 4

Wir verwenden die gleiche Versuchsanordnung wie im Versuch 1 und ersetzen das Okular einmal durch eine Sammellinse mit der Brennweite f = 2,5 cm und dann durch eine Sammellinse mit der Brennweite f = 10,0 cm.

Beobachtung

Bei dem Okular mit der Brennweite f = 2,5 cm ist das Bild des Gegenstands größer und bei der Brennweite f = 10,0 cm ist das Bild kleiner als im Versuch 1.

ERGEBNIS

▶ Die Vergrößerung eines sehr weit entfernten Gegenstands ist umso größer, je kleiner die Brennweite des Okulars ist. ◀

Allgemein gilt für astronomische Fernrohre:

▶ Die Vergrößerung eines sehr weit entfernten Gegenstands ist umso größer, je größer die Brennweite des Objektivs ist und je kleiner die Brennweite des Okulars ist. ◀

Für den Bau von Fernrohren, die eine starke Vergrößerung besitzen, benötigt man Objektive mit sehr großen und Okulare mit sehr kleinen Brennweiten. Die Gesamtlänge eines Fernrohrs ergibt sich aus der Summe der Brennweiten von Objektiv und Okular ($f_{Objektiv} + f_{Okular}$). Da die Brennweite des Okulars nicht viel kleiner als 2 cm gemacht werden kann, muss man Objektive mit großen Brennweiten verwenden. Dabei nimmt die Länge des Fernrohrs erheblich zu. Das größte Linsenfernrohr der Welt befindet sich in der Yerkes-Sternwarte in Chicago. Dieses Fernrohr ist 19 m lang, d.h., das Objektiv hat die Brennweite von fast 19 m.

Neben der Vergrößerung ist für astronomische Fernrohre sehr wichtig, dass genügend Licht in das Objektiv gelangt. Von weit entfernten Objekten wie Sternen gelangt nur eine geringe Lichtmenge auf die Erde. Um mehr Licht sammeln zu können, baut man Objektive mit großen Durchmessern. Auf diese Weise sind mit dem bloßen Auge nicht sichtbare Sterne entdeckt worden. Schließt man an das Okular einen Fotoapparat an und macht Aufnahmen mit langen Belichtungszeiten, werden auf dem entwickelten Film Sterne sichtbar, die auch im Fernrohr mit bloßem Auge nicht zu sehen sind. Die größten Objektive von astronomischen Fernrohren haben einen Durchmesser von 1 m.

Das Spiegelteleskop

Eine weitere Steigerung der Lichtsammelfähigkeit ist bei astronomischen Fernrohren durch Vergrößerung des Objektivdurchmessers nicht mehr möglich. Die Linsen werden sonst so schwer, dass sie sich selbst verformen. Für die Erzeugung der reellen Zwischenbilder verwendet man deshalb Hohlspiegel als Objektive. Wie die Abb. 43.2 zeigt, gelangen Lichtbündel von Sternen auf einen Hohlspiegel mit großer Brennweite. Hier werden sie reflektiert und dann von einem

Ähnlich wie bei der Lupe können wir auch für die Vergrößerung des Fernrohrs einen mathematischen Zusammenhang nicht herleiten. Beim Fernrohr gilt:

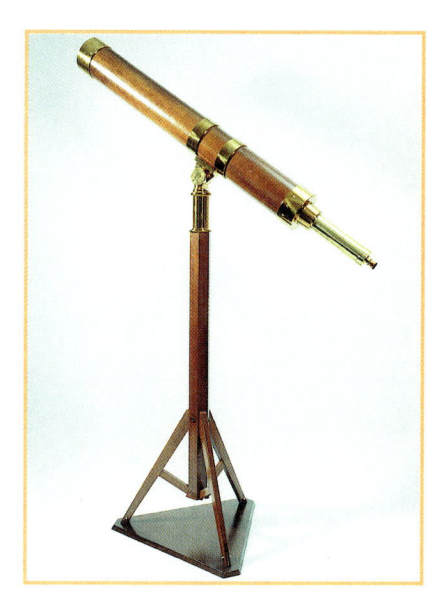

$$V_{Fernrohr} = \frac{f_{Objektiv}}{f_{Okular}}$$

43.1 Astronomisches Fernrohr

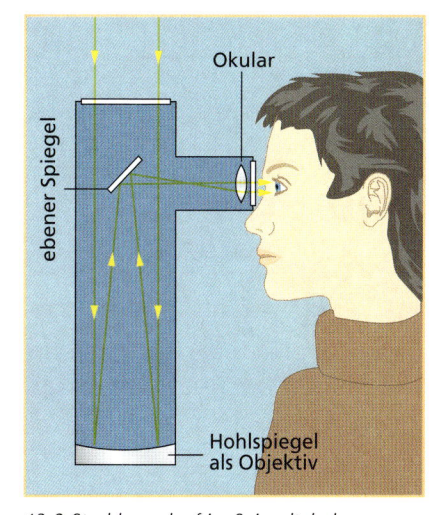

43.2 Strahlenverlauf im Spiegelteleskop

OPTIK

kleinen ebenen Spiegel abgelenkt. Das reelle Zwischenbild wird nun wieder mit einem Okular betrachtet.

Das Spiegelteleskop auf dem Mount Palomar in Kalifornien (siehe Abb. 44.1), eines der größten der Welt, besitzt einen Hohlspiegel mit einer Brennweite von 16,8 m. Der Spiegel hat einen Durchmesser von 5,0 m. Dieses Spiegelteleskop ist so lichtempfindlich, dass man damit noch das Licht einer brennenden Kerze in 1000 km oder ein Glühwürmchen in 180 km Entfernung sehen könnte. Mit ihm ist es möglich, das Licht von Sternen zu empfangen, die bis zu 9 500 000 000 000 000 000 000 km von der Erde entfernt sind.

Das terrestrische Fernrohr (Ernst Abbe 1840–1905)

Für Beobachtungen auf der Erde sind astronomische Fernrohre aufgrund ihrer Länge und der auf dem Kopf stehenden, seitenverkehrten Bilder nicht besonders geeignet. Beim terrestrischen Fernrohr (Prismenfernglas) baut man in den Strahlengang zwei sich gekreuzt gegenüber stehende Umkehrprismen ein (siehe Abb. 44.2). Das eine Prisma dient dazu das Bild seitenrichtig darzustellen. Das andere Prisma stellt es aufrecht dar. Durch die Anordnung der Prismen ist es außerdem möglich, die Länge des Fernrohrs stark zu verringern.

Auf Prismenferngläsern wird die Vergrößerung zusammen mit dem Objektivdurchmesser angegeben. So bedeutet die Angabe 8 × 25, dass das Fernglas eine achtfache Vergrößerung bei einem Objektivdurchmesser von 25 mm hat. Bei astronomischen Fernrohren gibt man das Öffnungsverhältnis an. Das Öffnungsverhältnis ist der Quotient aus Objektivdurchmesser und der Brennweite des Objektives. Besitzt ein Fernrohr einen Objektivdurchmesser von 120 mm und ist das Öffnungsverhältnis 1:10, so ist die Brennweite des Objektives 1200 mm. Die Vergrößerung ist bei Fernrohren erheblich größer als bei Prismenferngläser. Da die Vergrößerung von den verwendeten Okularen abhängt, gibt es im Gegensatz zu den Prismenferngläsern keinen festen Wert. Handelsübliche Fernrohre für den Privatbedarf haben eine 25- bis 450fache Vergrößerung.

44.1 5m (≙ 200")-Hale-Reflektor auf Mt. Palomar

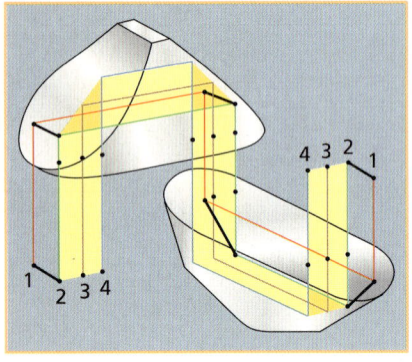

44.2 Strahlengang durch Umkehrprismen

AUFGABEN

1 Welche Bauteile benötigt man für ein astronomisches Fernrohr? Gib jeweils deren Funktion an.

2 Warum verwendet man für den Bau von astronomischen Fernrohren Objektive mit großer Brennweite und großem Durchmesser?

3 Was gibt das Öffnungsverhältnis bei astronomischen Fernrohren an?

4 Bei einem astronomischen Fernrohr hat das Objektiv eine Brennweite von 1,5 m und das Okular eine Brennweite von 30 mm.
  a Wie groß ist mindestens die Baulänge des Fernrohrs?
  b Welche Vergrößerung besitzt dieses Fernrohr?

5 Welche Brennweite hat das Objektiv eines astronomischen Fernrohrs, wenn das Fernrohr eine 300fache Vergrößerung und ein Okular mit einer Brennweite von 20 mm besitzt?

6 Aus welchen Bauteilen besteht ein Prismenfernglas? Gib jeweils die Funktion an.

7 Was bedeutet bei einem Prismenfernglas die Angabe „10 × 30"?

MECHANIK

MECHANIK

1 Länge als physikalische Grundgröße

1.1 Die ersten Zentimeter in physikalischer Fachsprache – *Die Länge*

In der Physik bezeichnet man alles, was gemessen werden kann, als physikalische Größe. Breite, Höhe, Tiefe, Durchmesser, Radius, Entfernung, Abstand, Brennweite, Bildweite und Gegenstandsweite sind gleichartige physikalische Größen. Als Oberbegriff verwenden wir dafür die Bezeichnung Länge und wählen als Größensymbol den Buchstaben l.

Da sich die Länge l nicht aus anderen bekannten Größen herleiten lässt, bezeichnet man die Länge l als Grundgröße.

Um die Länge eines Gegenstands bestimmen zu können, benötigen wir ein geeignetes Längenmessgerät und eine Messvorschrift. Ist kein geeignetes Messgerät zur Hand, so hilft man sich dadurch, dass man eine Vergleichslänge wählt. Beim Boccia benutzt man, um den Abstand zwischen den Kugeln zu messen, häufig die Länge des Fußes (siehe Abb. 46.1). Der Abstand wird dadurch bestimmt, dass man einen Fuß auf Kontakt vor den anderen setzt und sich in gerader Richtung von der einen Kugel zur anderen bewegt (Messvorschrift).

46.1 Boccia-Spiel

Versuch

Jeder Schüler misst die Länge des Physiksaals. Als Längenmessgerät verwendet er seine Füße. Die Messvorschrift lautet: Zähle, wie oft von der einen Seite des Physiksaals in gerader Richtung zur anderen Seite die Vergleichslänge Fuß angetragen werden muss.

Beobachtung

Je nach Fußgröße werden verschiedene Schüler die Länge des Physiksaals unterschiedlich messen:

$$l_{\text{Physiksaal}} = 25 \cdot l_{\text{Fuß (Franz)}} + \frac{1}{2} \cdot l_{\text{Fuß (Franz)}}$$

$$l_{\text{Physiksaal}} = 27 \cdot l_{\text{Fuß (Claudia)}} + \frac{1}{4} \cdot l_{\text{Fuß (Claudia)}}$$

$$l_{\text{Physiksaal}} = 26 \cdot l_{\text{Fuß (Alexander)}}$$

Hätte jeder Schüler die gleiche Fußgröße (Vergleichslänge), so würden wir bei jedem Schüler den gleichen Zahlenwert (Maßzahl) und die gleiche Länge für $l_{\text{Physiksaal}}$ erhalten.

ERGEBNIS

▶ Wir können feststellen, dass die physikalische Größe Länge als Produkt aus der Maßzahl und der Einheit (Vergleichslänge) angegeben wird. ◀

Jede physikalische Größe ist das Produkt aus einer Maßzahl und einer Einheit.
Die Maßzahl gibt an, wie oft die Einheit nach der Messvorschrift in der gemessenen Größe enthalten ist.

Länge als physikalische Grundgröße

In Ägypten verwendete man als Einheit die Handbreite, die Fußlänge und die königliche Elle als Eichmaße des jeweiligen regierenden Pharaos.

Es gab zwei verschiedene Ellen: die königliche Elle (52,4 cm), nach der die Bevölkerung ihre Abgaben zu entrichten hatte, und die gemeine Elle (44,9 cm).

Im römischen Reich war der römische Fuß (pes monetalis) das Grundmaß für die römischen Längenmaße. Er war unterteilt in 16 Finger (Digiti), aber auch in 12 Zoll (Unicae). Die Elle (Cubitus) war das Eineinhalbfache des Fußes. Die genauesten Vergleichsmaße wurden im Kapitol von Rom aufbewahrt. In den besetzten Provinzen des römischen Reichs besaß jede Legion Kopien der Vergleichsmaße, wodurch die Messgeräte der Händler und Handwerker verglichen werden konnten. Somit war es möglich, ein einheitliches Messsystem aufrecht zu erhalten.

Mit dem Zusammenbruch des römischen Reiches und der Gründung der Nachfolgestaaten löste sich im Laufe der Jahrhunderte dieses einheitliche Maßsystem auf. Verstärkt wurde diese Entwicklung durch die Verleihung des Marktrechts an die Städte im deutschen Reich, womit die Städte die Hoheit über ihre Maße besaßen. Allein in Bayern gab es für die Elle 130 verschiedene Maße.

Fast jedes Handelsgut hatte seine eigene Maßeinheit. Die verschiedenen Stoffe wurden in unterschiedlichen Ellen gemessen. Da sich der Wert der Ware nach seiner Länge richtete, war die Leinwandelle die längste und die Seidenelle die kürzeste Elle.

Beispiele für die Ellenmaße in Bayern zu Beginn des 19. Jahrhunderts:

Ansbach 62,37 cm

Augsburg 58,65 cm

Königreich Bayern 83,60 cm

Nürnberg 65,64 cm

Es war unverzichtbar eine Einheit zu finden, die in allen Ländern zur Verwendung kam und so ein einheitliches Maß- und Messsystem zu schaffen.

47.1 Maße des Pharaos

Der römische Fuß entsprach einer Länge von 29,617 cm.

Die Verhältnisse der Längenmaße im deutschen Reich:

1 Klafter = 3 Ellen

1 Elle = 2 Fuß

1 Fuß = 12 Zoll

1 Zoll = 12 Linien

Heutige Festlegung:

Das Meter ist die Länge der Strecke, die Licht im Vakuum während der Dauer von $\frac{1}{299792458}$ Sekunden zurücklegt.

Das metrische System

Der französische Nationalkonvent legte am 26. März 1791 den zehnmillionsten Teil eines Erdmeridians zwischen Nordpol und Äquator als gesetzliche Längeneinheit fest. Damit war zum ersten Mal ein unveränderliches Naturmaß als Einheit für die Längenmessung festgelegt worden.

Per Gesetz („Mètre vrai et définitif") vom 10. Dezember 1799 wurde das Meter (gr. metron ≙ das Maß) als vierzigmillionster Teil des Erdäquators festgelegt. Zur Darstellung des Meters wurde ein Metallstab aus Platin-Iridium angefertigt und in den französischen Staatsarchiven hinterlegt (siehe Abb.). Man bezeichnet ihn als Urmeter („Mètre des archives"). In der Schreibweise zur Festlegung der Einheit:

$$[l] = 1 \text{ m}$$

47.2 Kopie des Urmeters

MECHANIK

Zur Angabe der Einheit einer bestimmten Größe schreibt man das Größensymbol in eckige Klammern.

Zur Vervielfachung und Teilung der Einheiten wurde das von dem holländischen Mathematiker Simon Stevin (1548–1620) entwickelte Dezimalsystem verwendet.
Auf Vorschlag des Holländers Jan Hendrik van Swinden (1746–1823) führte man als Vorsatz für die dezimalen Teile lateinische und für die dezimalen Vielfachen griechische Namen ein.

Vorsatz	Vorsatz-zeichen	Multiplikation der Einheit mit dem Faktor	Zahl
Peta	P	10^{15}	Billiarde
Tera	T	10^{12}	Billion
Giga	G	10^{9}	Milliarde
Mega	M	10^{6}	Million
Kilo	k	10^{3}	Tausend
Hekto	h	10^{2}	Hundert
Deka	da	10^{1}	Zehn
Dezi	d	10^{-1}	Zehntel
Zenti	c	10^{-2}	Hundertstel
Milli	m	10^{-3}	Tausendstel
Mikro	μ	10^{-6}	Millionstel
Nano	n	10^{-9}	Milliardstel
Piko	p	10^{-12}	Billionstel
Femto	f	10^{-15}	Billiardstel

Mit dieser Festlegung ist es möglich, die gleiche Länge in verschiedenen Längeneinheiten anzugeben:

$$l = 12{,}3 \text{ m} = 12{,}3 \cdot 10^1 \text{ dm} = 12{,}3 \cdot 10^2 \text{ cm} = 12{,}3 \cdot 10^3 \text{ mm}$$

$$l = 2{,}6 \text{ mm} = 2{,}6 \cdot 10^{-3} \text{ m} = 2{,}6 \cdot 10^{-6} \text{ km}$$

Am 20. Mai 1875 wurde bei der „Diplomatischen Meterkonferenz" in Paris von 17 Staaten die „Meterkonvention" unterzeichnet. Im Laufe der Jahrzehnte traten immer mehr Staaten dieser Vereinbarung bei. Am 1. Oktober 1995 führte auch Großbritannien als letzter Staat in Europa das metrische System ein. In Bangladesch, Liberia und Jemen ist das metrische System noch nicht eingeführt (1996).

AUFGABEN

1 Was versteht man in der Physik unter einer Grundgröße?

2 Wie erfolgt in der Physik die Angabe einer physikalischen Größe?

3 Wie gibt man die Einheit einer physikalischen Größe an?

4 Rechne 1 m in das römische Maßsystem um.

5 Übertrage die Tabelle in dein Heft und vervollständige sie mithilfe der passenden Zehnerpotenzen:

km	m	dm	cm	mm	μm
	0,32				
				4,7	
		1,55			
6,37					
			12		
					171

6 Übertrage die Aufgaben in dein Heft und ergänze die Leerstellen:

7,62 m = ... mm = 762 ...

0,28 dm = ... μm = ... mm

32 mm = ... · 10^{-3} m = ... mm

53 ... = 0,053 μm = ... mm

85 · 10^{-3} ... = 85 cm = ... · 10^4 ...

4,78 · 10^9 ... = 47,8 · $10^{...}$ m = ... km

29 cm = ... μm = 0,29 ...

7 Für sehr große Entfernungen im Weltall wird von Astronomen die Längeneinheit 1 Lichtjahr (Lj) benutzt. Ein Lichtjahr ist die Entfernung, die das Licht in einem Jahr zurücklegt. Rechne die Einheit in m und km um.

8 In den USA wird heute noch das angelsächsische System verwendet, obwohl sie schon 1875 der Meterkonvention beigetreten sind.
  a Welche Längenangabe entspricht 1 m im angelsächsischen System?
  b Welche maximale Höhe dürfen Fahrzeuge haben, wenn die Durchfahrtshöhe einer Unterführung mit 12 ft 6 in angegeben ist?
  c Die Länge des Mississippi, des längsten Flusses der USA, beträgt 6420 km. Gib seine Länge in miles an.

9 Die Spurweite der Deutschen Bahn und der meisten anderen europäischen Eisenbahngesellschaften beträgt 1435 mm. Begründe, warum gerade dieses Maß für die Spurweite verwendet wurde.

10 Gib deine Körperlänge im angelsächsischen System an.

11 Was bedeutet die Angabe 19" bei einem Computermonitor? Welcher Länge in der Einheit cm entsprechen 19"?

12 Welche Längen werden auch heute noch in Deutschland in der Einheit Zoll angegeben?

13 Die Schuhgröße wird in Deutschland mit der Einheit „Pariser Stich" gemessen. Die Angabe der Schuhgröße in Schuhnummern ist der Quotient aus der Fußlänge und der Einheit Pariser Stich.
  a Welche Schuhnummer braucht ein Fuß, der eine Länge von 26 cm hat?
  b Wie lange ist ein Fuß, wenn er die Schuhnummer 44 benötigt?

14 In England und den USA wird die Schuhgröße mit der Einheit „size" bestimmt.
  a Wie lange ist ein Fuß mit der Schuhnummer 12 in inch und in Zentimetern?
  b Übertrage die Tabelle in dein Heft und vervollständige sie:

deutsche Schuhgrößen	37		40		43
englische Schuhgrößen		6		8	9

Länge als physikalische Grundgröße

Das angelsächsische System:

In diesem System werden mile, yard (yd), foot (ft), inch (in) und mil verwendet.

1 mile = 1760 yd = 1609,344 m

1 yd = 3 ft = 0,9144 m

1 ft = 12 in = 0,3048 m

1 in = 1000 mil = 0,0254 m

1 mil = 0,0000254 m

1 Pariser Stich = $\frac{2}{3}$ cm

1 size = $\frac{1}{3}$ in.

MECHANIK

1.2 Wie man den Durchmesser eines Haares bestimmt – *Die Längenmessgeräte*

Um Längen messen zu können, braucht man neben der Einheit und der Messvorschrift ein geeignetes Längenmessgerät. Gebräuchliche Messgeräte sind das Geodreieck, das Lineal, der Gliedermaßstab (siehe Abb. 50.1) und das Bandmaß (siehe Abb. 50.2). Abgesehen von der Bauart unterscheiden sie sich in ihrer Messgenauigkeit und in ihrem Messbereich.

Die Messgenauigkeit hängt davon ab, welche Skaleneinteilung verwendet wird. Beim Geodreieck, Lineal und Gliedermaßstab gilt:

$$1 \text{ Skalenteil} \triangleq 1 \text{ mm}.$$

Mit solchen Längenmessgeräten lässt sich auf 1 mm genau messen. Beim Bandmaß kann man auf 1 cm genau messen, da hier eine Zentimeterskala (Zentimetereinteilung) verwendet wird.

Unter dem Messbereich eines Längenmessgerätes versteht man, welche kleinste und welche größte Länge damit gemessen werden kann.

50.1 Stabmaße

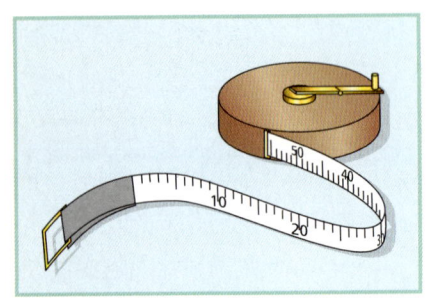

50.2 Bandmaß

Längenmessgerät	Messbereich
Geodreieck	1 mm bis 140 mm
Lineal	1 mm bis 300 mm
Gliedermaßstab	1 mm bis 2000 mm
Bandmaß	1 cm bis 3000 cm
Tageskilometerzähler beim Autotachometer	0,1 km bis 999,9 km
Kilometerzähler beim Autotachometer	0,1 km bis 99999,9 km

Versuch 1

Bestimme die Länge eines Tischs zuerst mit dem Lineal, dann mit dem Gliedermaßstab und zuletzt mit dem Bandmaß.

Beobachtung

Die drei Messgeräte ergeben unterschiedliche Messwerte für die Tischlänge. Bei der Messung der Tischlänge mit dem Lineal muss man sich Hilfsmarkierungen auf den Tisch machen und immer von neuen mit der Messung ansetzen, da die Länge des Tisches nicht im Messbereich des Lineals liegt. Mit dem Gliedermaßstab kann man die Tischlänge mit einem einzigen Anlegen bestimmen. Die Tischlänge liegt im Messbereich des Bandmaßes, aber die Messgenauigkeit des Bandmaßes ist geringer als die des Gliedermaßstabs.

ERGEBNIS / Grundwissen

▶ Die Genauigkeit einer Messung hängt davon ab, welche Messgenauigkeit und welchen Messbereich das verwendete Längenmessgerät besitzt. ◀

Versuch 2

Wir legen ein Geldstück auf das Lineal und messen so seinen Durchmesser.

Länge als physikalische Grundgröße

Beobachtung

Je nach Blickrichtung auf das Geldstück und das Lineal lesen wir unterschiedliche Durchmesser ab. Das bezeichnet man als Parallaxenfehler (Abb. 51.1).

ERGEBNIS

▶ Um den wahren Durchmesser des Geldstücks zu erhalten, müssen wir senkrecht auf das Geldstück schauen. Dadurch wird das Auftreten von Parallaxenfehlern verhindert. ◀

Für den Durchmesser erhalten wir als Messergebnis:

$$d = 21 \text{ mm}.$$

Mit der Schiebelehre ist es möglich auf 0,1 mm genau zu messen. Zu diesem Zweck besitzt die Schiebelehre neben der Hauptskala mit Millimetereinteilung eine zweite Skala, die Noniusskala. Die 10 Skalenteile der Noniusskala entsprechen 9 Skalenteilen der Hauptskala, womit 1 Skalenteil der Noniusskala 0,9 mm lang ist.
Messen wir den Durchmesser des Geldstücks (siehe Abb. 51.2), so ergibt sich durch Ablesen auf der Hauptskala, dass für den Durchmesser des Bleistifts gilt:

$$21 \text{ mm} < d < 22 \text{ mm}.$$

Zur Ermittlung der Zehntelmillimeter suchen wir auf der Noniusskala einen Skalenteil, der mit einem Skalenteil der Hauptskala übereinstimmt. In unserem Fall ist das der 7. Skalenteil (siehe Abb. 51.3), was einer Länge von 0,7 mm entspricht. Das Geldstück hat somit einen Durchmesser von

$$d = 21 \text{ mm} + 0,7 \text{ mm} \qquad d = 21,7 \text{ mm}.$$

Das Schraubenmikrometer besteht aus einer festen Hauptskala mit Halbmillimeter-Einteilung und einer drehbaren Trommelskala, die in 50 Skalenteile eingeteilt ist. Eine volle Umdrehung verschiebt die Schraubenspindel um 0,5 mm, womit 1 Skalenteil der Trommelskala 0,01 mm entspricht.
Den Durchmesser des Geldstücks bestimmen wir jetzt dadurch, dass wir das Geldstück so in den Schraubenmikrometer einspannen (Abb. 51.4), dass es sich nicht bewegen lässt. Von der Hauptskala können wir jetzt 22,5 mm und von der Trommelskala 0,24 mm ablesen (Abb. 51.5). Das Geldstück hat also einen Durchmesser von

$$d = 21,5 \text{ mm} + 0,24 \text{ mm} \qquad d = 21,74 \text{ mm}.$$

Mit dem Schraubenmikrometer ist es möglich auf $\frac{1}{100}$ mm genau zu messen.

AUFGABEN

1. Mit welcher Messgenauigkeit kann man mit einem Tageskilometerzähler, Gliedermaßstab, Schiebelehre und Schraubenmikrometer messen? Welchen Messbereich besitzen diese Längenmessgeräte?

2. Beschreibe den Messvorgang mit einer Schiebelehre.

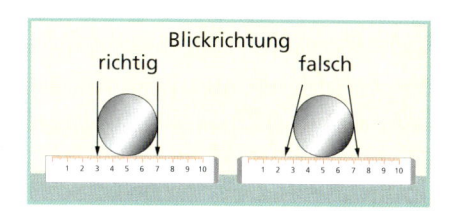

51.1 Parallaxenfehler

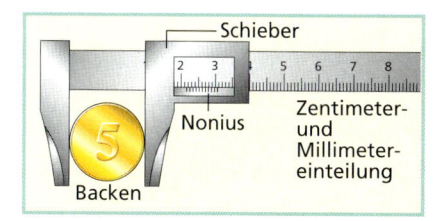

51.2 Schiebelehre

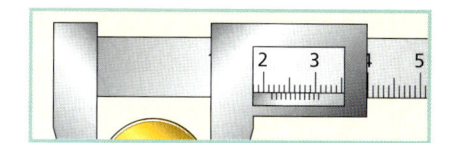

51.3 Haupt- und Noniusskala

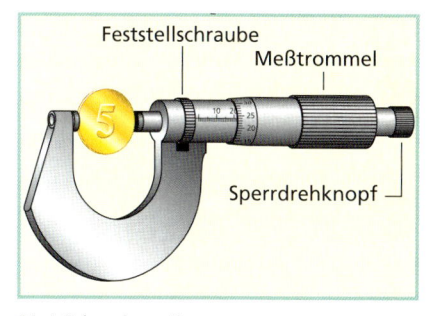

51.4 Schraubenmikrometer

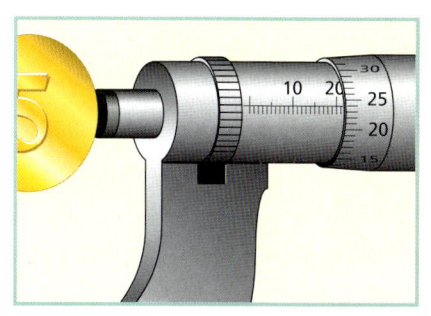

51.5 Haupt- und Trommelskala

3 Mit welchen Längenmessgeräten ist es sinnvoll folgende Gegenstände zu messen:
Länge eines Tischs, Weite eines Schlagballwurfs, Dicke eines Blechs, Körpergröße, Durchmesser einer Bleistiftmine und Länge einer Schraube.

4 Bestimme mit dem Schraubenmikrometer den Durchmesser eines Haars.

1.3 Wie man durch cleveres Messen an Genauigkeit gewinnt – Die Messfehler

> **Versuch 1**
>
> Eine Schülergruppe von 5 oder 6 Schülern misst die Länge des Versuchstischs im Physiksaal mit einem Bandmaß (Zentimetereinteilung). Jeder Schüler misst einmal die Länge des Tisches. Die Messergebnisse werden in eine Tabelle eingetragen.

l in m	1,73	1,72	1,73	1,74	1,74	1,72

Welche Länge hat nun der Tisch in Wirklichkeit? Jeder Schüler wird wohl sagen, dass er sehr genau gemessen habe und dass seine Längenangabe stimme. In der Physik ist jede Messung mit einem Messfehler verbunden, d.h., man kann zwar sehr genau messen, aber nicht absolut genau. Diese Messfehler können zum einen durch Ungenauigkeiten des verwendeten Messgeräts oder durch Ablesefehler des Messenden verursacht sein.

Die in unserem Versuch durchgeführten Messungen schwanken um 0,02 m. Diesen Wert erhält man, wenn vom größten gemessenen Wert (1,74 m) der kleinste gemessene Wert (1,72 m) subtrahiert wird. Die tatsächliche Länge des Tischs liegt somit in dem Intervall

$$1{,}72 \text{ m} \leq l \leq 1{,}74 \text{ m}$$

Wir sehen, dass unsere Messungen nicht genau den tatsächlichen Wert l ergeben, sondern durch Messfehler verfälschte Messwerte. Durch Rechnung kann man nun einen Wert für die Länge des Tischs angeben, der der tatsächlichen Länge l am nächsten kommt. Diesen Wert nennt man wahrscheinlichsten Wert oder Mittelwert $\bar{l}$. Beim Mittelwert $\bar{l}$ werden alle Messwerte addiert und durch die Anzahl der Messungen dividiert:

$$\bar{l} = \frac{1{,}73 \text{ m} + 1{,}72 \text{ m} + 1{,}73 \text{ m} + 1{,}74 \text{ m} + 1{,}74 \text{ m} + 1{,}72 \text{ m}}{6}$$

$$\bar{l} = 1{,}73 \text{ m}$$

Die einzelnen Messwerte weichen um 0,01 m von dem berechneten Mittelwert $\bar{l} = 1{,}73$ m ab. Die tatsächliche Länge l des Versuchstischs beträgt also 1,73 m mit einer Abweichung von höchstens 0,01 m. Für diesen Zusammenhang verwendet man folgende Schreibweise:

$$l = 1{,}73 \text{ m} \pm 0{,}01 \text{ m}$$

Versuch 2

Wir wiederholen den Versuch 1 und verwenden jetzt einen Gliedermaßstab mit Millimetereinteilung.
Wir erhalten dann folgende Messwerttabelle:

| l in m | 1,724 | 1,727 | 1,726 | 1,728 | 1,725 | 1,726 |

Wir berechnen wieder den Mittelwert $\bar{l}$ und die Abweichung Δl und bekommen somit für die tatsächliche Länge:

$$l = 1{,}726 \text{ m} \pm 0{,}002 \text{ m}$$

Versuch 3

Mit einer Schiebelehre messen wir den Durchmesser einer Tafelkreide.

| d in mm | 10,2 | 9,7 | 10,0 | 10,3 | 9,8 |

ERGEBNIS

▶ $d = 10{,}0$ mm $\pm 0{,}3$ mm ◀

Feststellung

Aus allen drei Versuchen ist zu ersehen, dass jede Messung mit Fehlern behaftet ist. Für die korrekte Angabe des Messergebnisses ist es immer nötig, die Messgenauigkeit mit anzugeben, da sonst der Eindruck entsteht, dass mit unendlicher Genauigkeit gemessen wurde. Die korrekte Angabe eines Messergebnisses für die Längenmessung in der Physik erfolgt in der Form:

$$l = \bar{l} \pm \Delta l$$

In Versuch 1 und Versuch 2 haben wir mit unterschiedlichen Messgeräten (Bandmaß, Gliedermaßstab) die Länge eines Versuchstischs bestimmt. Die Maßzahlen der Messwerte unterscheiden sich in der Anzahl der Ziffern. Für Versuch 1 hat die Maßzahl 3 Ziffern und für Versuch 2 hat die Maßzahl 4 Ziffern. Diese Ziffern bezeichnen wir als gültige Ziffern. Die letzte Ziffer bei den Messwerten wird aufgrund von Messfehlern unsichere Ziffer genannt. Die anderen Ziffern der Messwerte sind die sicheren Ziffern, da diese von den Messfehlern nicht mehr beeinflusst werden.

Beispiel:

	sichere Ziffern	unsichere Ziffer	
$l =$	1 , 7 2	6	m
	gültige Ziffern		

Bei allen anderen in der Physik vorkommenden zu messenden Größen wird das Ergebnis in der Form

$$M = \bar{M} \pm \Delta M$$

angegeben.
Im Alltag wird oft auf die korrekte Angabe verzichtet und dafür nur der Mittelwert als tatsächlicher Wert angegeben:

$$M = \bar{M}$$

Die Anzahl der gültigen Ziffern ergibt sich aus der Summe der sicheren Ziffern und der unsicheren Ziffer.

Im Versuch 2 haben wir einen Gliedermaßstab mit Millimetereinteilung verwendet. Mit diesem Gliedermaßstab können wir auf einen Millimeter genau messen. Bei unserem Messergebnis ist die 4. Ziffer die unsichere Ziffer und diese gibt die Millimeter an. Man kann also anhand der unsicheren Ziffer auch erkennen, welche Messgenauigkeit ein Messgerät besitzt. Würde man die 4. Ziffer nicht angeben und dafür das Ergebnis auf die 3. Ziffer aufrunden, so ergäbe sich $l = 1{,}73$ m als Messwert. Damit ist nicht mehr erkennbar, dass die Länge mit einem Messgerät mit Millimetereinteilung gemessen wurde, da jetzt die 3. Ziffer die unsichere Ziffer ist. Sie steht dafür, dass das Messgerät eine Zentimetereinteilung besitzt.

Der Durchmesser einer Tafelkreide (Versuch 3) beträgt 10,0 mm. Die unsichere Ziffer zeigt an, dass auf Zehntelmillimeter genau gemessen wurde. Wenn man die letzte 0 weglässt, so gibt man hier die Genauigkeit der Messung nicht an. Die Angabe $d = 10$ mm würde nämlich bedeuten, dass die Messgenauigkeit bei 1 mm lag. Hängt man andererseits eine weitere 0 an, schreibt also $d = 10{,}00$ mm, so wird hier die Genauigkeit von Hundertstelmillimeter angegeben, welche aber nur mit einem Schraubenmikrometer erreichbar wäre. Dies bedeutet also eine Verfälschung des Messergebnisses.

Mit einem Maßstab (Zentimetereinteilung) wurde die Länge eines Kästchens zu $l = 57$ cm bestimmt. Dieses Messergebnis hat zwei gültige Ziffern, eine sichere und eine unsichere Ziffer. Die gemessene Größe soll nun in Meter (m) angegeben werden. Die korrekte Angabe lautet dann:

$$l = 0{,}57 \text{ m} = 57 \cdot 10^{-2} \text{ m} = 5{,}7 \cdot 10^{-1} \text{ m}.$$

Führende Nullen wie bei 0,57 haben keinen Einfluss auf die Anzahl der gültigen Ziffern.

Die Angabe des Ergebnisses in Millimeter (mm) würde durch den Wert 570 mm verfälscht, da jetzt die Anzahl der gültigen Ziffern sich auf 3 vergrößert hat. Auch würde diese Angabe bedeuten, dass ein Messgerät mit Millimetereinteilung verwendet wurde, was nicht der Fall war. Zur Umrechung der Einheit in Millimeter muss man hier zwingend die Schreibweise mit den Zehnerpotenzen verwenden:

$$l = 57 \cdot 10^{1} \text{ mm} = 5{,}7 \cdot 10^{2} \text{ mm}.$$

ERGEBNIS

▶ Beim Einheitenwechsel ist immer darauf zu achten, dass die Anzahl der gültigen Ziffern nicht verändert wird. ◀

AUFGABEN

1 Bei jeder Messung einer physikalischen Größe treten Fehler auf. Nenne die möglichen Fehlerarten.

2 Übertrage die Tabelle in dein Heft und vervollständige sie:

Längenangabe	sichere Ziffern	unsichere Ziffer	gültige Ziffern
$l = 4{,}37$ m	2	1	3
$l = 0{,}0017$ cm			
$l = 5317$ km			
$l = 7{,}2 \cdot 10^{-3}$ m			
$l = 7{,}2$ mm			
$l = 7{,}20$ mm			
$l = 0{,}3$ dm			

3 Was ist beim Einheitenwechsel zu beachten?

4 Mit welchen Längenmessgeräten wurden folgende Längen bestimmt?

$l_1 = 1{,}893$ m $\qquad l_2 = 57{,}6$ km

$l_3 = 0{,}00453$ m $\qquad l_4 = 6{,}4 \cdot 10^5$ μm

$l_5 = 5{,}4 \cdot 10^{-2}$ dm $\qquad l_6 = 7$ mm

$l_7 = 7{,}0$ mm $\qquad l_8 = 7{,}00$ mm

Gib an, wie viele gültige, sichere und unsichere Ziffern diese Messwerte haben.

5 Der Durchmesser eines Bleistifts wird mehrmals mit einer Schiebelehre gemessen. Es ergeben sich folgende Messwerte:

d in mm	6,3	6,1	6,2	6,4	6,3	6,3

Berechne den Mittelwert der einzelnen Messwerte, bestimme die größte Abweichung und gib das Ergebnis an.

MECHANIK

2 Kraft als physikalische Grundgröße

2.1 Kräfte werden an ihren Wirkungen erkannt

56.1 Gewichtheber

56.2 Bogenschützin

56.3 Biegen einer Stange beim Stabhochsprung

56.4 Speerwerfer

Die in den Bildern 56.1 – 57.2 dargestellten Vorgänge verbinden wir üblicherweise mit dem Begriff Kraft. Da der menschliche Körper dabei beteiligt ist, sagen wir, dass die in den Bildern erkennbaren Wirkungen durch Muskelkraft verursacht werden.

Kraft als physikalische Grundgröße

Beschreibe die in den Bildern dargestellten Vorgänge und gib dabei jeweils genau an, welche Wirkungen durch die Muskelkraft an den beteiligten Körpern hervorgerufen werden.

In der Alltagssprache verwenden wir den Begriff Kraft in unterschiedlichen Zusammenhängen. So sprechen wir von Geisteskraft, Sehkraft, Waschkraft, Ausdruckskraft, Kraftbrühe, Kraftsportart, Kaufkraft, Vorstellungskraft, Kraftfahrzeug, Schlagkraft usw.

In der Physik müssen Begriffe eine genau festgelegte Bedeutung haben. Wir wollen deshalb anhand unserer Beispiele und mithilfe weiterer Versuche festlegen, was wir unter *Kraft im physikalischen Sinne* verstehen.

Bei den in den Bildern 56.1 – 57.2 dargestellten Vorgängen sind, neben den Wirkungen der Muskelkraft, auch noch die Wirkungen anderer Kräfte erkennbar. So wird die hochgehobene ruhende Hantel (Abb. 56.1) beim Fallen in eine beschleunigte Bewegung versetzt, nachdem der Gewichtheber sie losgelassen hat; der Bewegungszustand der Hantel wird geändert. Beim Auftreffen der Hantel auf den Boden wird die Unterlage verformt. Die Ursache dieser Änderung des Bewegungszustandes und der Verformung sehen wir in der *Anziehungskraft der Erde* auf die Hantel. Wir bezeichnen diese Kraft als *Gewichtskraft*. Beim Hochstemmen der Hantel wirkt die Muskelkraft dieser Gewichtskraft entgegen. Der Bewegungszustand des zunächst ruhenden Pfeils (Abb. 56.2) wird durch die *elastische Kraft* des gespannten Bogens und der Bogensehne geändert. Beim Absprung wird der Stabhochsprungstab verformt. Seine elastische Kraft wirkt dann wie ein Katapult auf den Sportler (Abb. 56.3).

Die Flugbahnen des abgeworfenen Speers (Abb. 56.4) und des durch einen Kopfstoß aus seiner ursprünglichen Richtung abgelenkten Fußballs (Abb. 57.2) werden einerseits durch die Gewichtskräfte von Speer und Ball, andererseits durch die *Reibungskraft* zwischen dem bewegten Körper und der umgebenden Luft verändert.

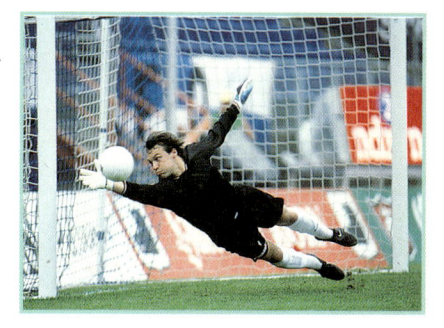

57.1 Torwart beim Fußball

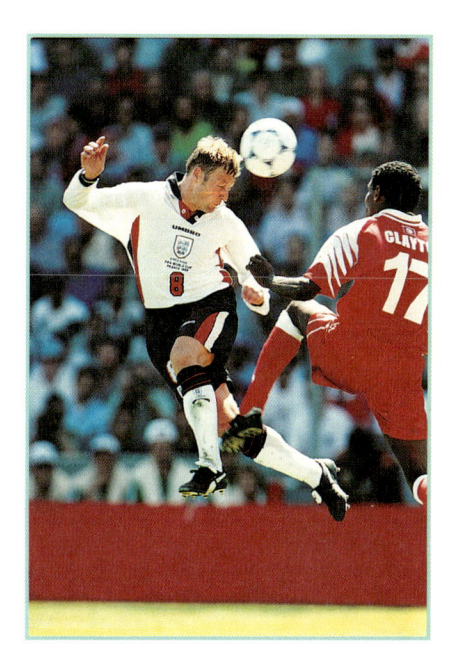

57.2 Kopfball

Versuch 1

Ein Streifen aus Stahlblech wird an beiden Enden auf Holzklötzen gelagert (siehe Abb. 57.3). Verforme den Streifen in der Mitte durch

a Einwirken der Muskelkraft,
b durch Auflegen eines Körpers,
c durch vorsichtiges Annähern eines Stabmagneten.

Versuche den Stahlstreifen in allen drei Fällen jeweils gleich stark zu verformen.

Versuch 2

Wirf einen Tennisball senkrecht nach oben. Beschreibe dabei die Bewegung des Tennisballs vom Abwurf bis zum Aufprall auf dem Boden. Welche Arten von Kräften treten dabei in den einzelnen Bewegungsphasen des Balls auf und welche Wirkungen rufen sie jeweils hervor?

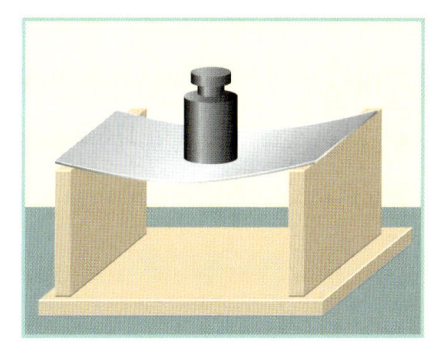

57.3 Zu Versuch 1

MECHANIK

Der Begriff der Kraft stellt lediglich eine Hilfskonstruktion dar, die aus unseren Beobachtungen und Sinneswahrnehmungen entstanden ist. Sie ist jedoch geeignet, die beobachteten Vorgänge und Zusammenhänge in angemessener Weise zu beschreiben.
Wirkt auf einen Körper keine Kraft ein, so ändert sich sein Bewegungszustand nicht. Dies bedeutet, dass ein ruhender Körper in Ruhe bleibt und sich ein bewegter Körper geradlinig und mit konstanter Geschwindigkeit weiter bewegt. Auf der Erde wird Letzteres durch das Auftreten von Reibungskräften verhindert. Auch im Weltraum, wo Reibungskräfte keine Rolle spielen, wird der Bewegungszustand eines Körpers, z.B. einer Raumkapsel, durch die Anziehungskräfte des Mondes, von Planeten oder anderen Himmelskörpern verändert. Bei der Erforschung unseres Sonnensystems mit Weltraumsonden nützt man diese Kräfte für eine Bewegung dieser Sonden ohne Treibstoff auf vorausberechneten Bahnen aus. Treibstoff wird dabei nur für Steuerungsmanöver und Kurskorrekturen benötigt.

Versuch 3

Halte den Tennisball in einer mit Wasser gefüllten Wanne unter Wasser fest und lasse ihn dann los.

Auch hier beobachten wir, dass der Bewegungszustand des zunächst ruhenden Balles nach dem Loslassen geändert wird. Der Ball wird an die Wasseroberfläche bewegt und schwimmt dort. Wir schließen daraus, dass auf den in Wasser befindlichen Ball neben seiner Gewichtskraft eine weitere Kraft einwirkt. Wir bezeichnen diese Kraft als Auftriebskraft.

Versuch 4

Stoße einen Körper, z.B. ein Spielzeugauto, auf dem Experimentiertisch mit der Hand an.

Beobachte und beschreibe den Bewegungsablauf.

Versuch 5

Mit einem Stabmagneten kann man eine auf dem Experimentiertisch ruhende Eisenkugel in Bewegung setzen, die bewegte Kugel abbremsen sowie deren Bewegungsrichtung ändern. Überlege dir, wie die jeweilige Änderung des Bewegungszustandes bewirkt werden kann.

Versuch 6

Wir wiederholen Versuch 5, indem wir eine mit einem Wolltuch geriebene und dadurch elektrisch aufgeladene Folie einem mit Graphit überzogenen Tischtennisball nähern, ohne diesen dabei zu berühren.

Als Ursache der jeweiligen Änderung des Bewegungszustandes des Balls nehmen wir eine elektrische Kraft an.
Für die Änderungen des Bewegungszustandes oder der Form eines Körpers, die wir in den Beispielen und in den Versuchen 1 bis 6 feststellen konnten, nimmt man in der Physik als Ursache jeweils eine Kraft an. Wir haben dabei unsere Erfahrungen, die zunächst auf Muskelkräfte beschränkt waren, auch auf andere Kräfte (elastische, magnetische, elektrische, usw.) übertragen und können nun exakt definieren, was man in der Physik unter einer Kraft versteht.

FESTLEGUNG / Grundwissen

Auf einen Körper wirkt genau dann eine Kraft ein, wenn
- *der Körper vorübergehend oder dauerhaft verformt wird,*
- *der Bewegungszustand des Körpers verändert wird.*

Dabei sprechen wir von einer statischen Kraftwirkung, wenn die Kraft Ursache einer Verformung ist und von einer dynamischen Kraftwirkung, wenn die Kraft zu einer Änderung des jeweiligen Bewegungszustandes führt.

Kraft als physikalische Grundgröße

AUFGABEN

1. Welche Wirkungen können Kräfte haben?

2. Was versteht man unter
   a statischer und
   b dynamischer Kraftwirkung?
   Gib für jede der beiden Wirkungen Beispiele an.

3. Gib Beispiele aus dem Alltag für das Wirken von Kräften an. Bezeichne dabei die Art der Kraft und gib deren Wirkung an.

4. Bei einem Fußballspiel können auf den Ball verschiedene Kräfte in Abhängigkeit von der jeweiligen Spielsituation einwirken. Gib solche Spielsituationen an und beschreibe die dabei auftretenden Kräfte.

5. Beim Fallschirmspringen aus großen Höhen nimmt die Geschwindigkeit des fallenden Körpers zunächst zu, um nach etwa 10 Sekunden eine konstant bleibende Fallgeschwindigkeit von etwa 200 $\frac{km}{h}$ zu erreichen. Nach dem Öffnen des Fallschirms sinkt der Springer mit konstanter Geschwindigkeit von ca. 20 $\frac{km}{h}$, mit der er auch am Boden aufkommt. Beschreibe, welche Kräfte während der gesamten Fallbewegung auftreten und gib jeweils deren Wirkungen an.

2.2 Wer ist stärker? – Wir vergleichen Kräfte

Bisher haben wir den Begriff Kraft nur verwendet, um damit bestimmte Beobachtungen – Veränderungen des Bewegungszustandes oder der Form von Körpern – zu beschreiben. Um Genaueres über Kräfte aussagen zu können, um z. B. Kräfte vergleichen oder messen zu können, müssen wir noch weitere Vereinbarungen treffen. Um ein Messverfahren für Kräfte festzulegen, beschäftigen wir uns zunächst mit der Frage, unter welchen Bedingungen wir zwei Kräfte als gleich beurteilen können (Gleichheitsbedingung). Wie kann festgestellt werden, welcher von zwei Schülern über die größere Muskelkraft in den Armen verfügt? Die Entscheidung könnten wir beispielsweise dadurch herbeiführen, dass wir die beiden Schüler denselben Expander dehnen lassen. Demjenigen Schüler, der die Federn oder Gummibänder des Expanders weiter ausdehnen kann, bescheinigen wir die größere Muskelkraft (Abb 59.1).

Mit dem Expander können wir aber auch Gewichtskräfte vergleichen. Wie würdest du vorgehen, um mit diesem Gerät zu entscheiden, auf welchen von zwei Körpern die größere Gewichtskraft wirkt?

Für einen objektiven Vergleich von Kräften müssen wir uns von unserem Muskelgefühl lösen, da dieses subjektiv ist. Grundsätzlich können wir sowohl die statische als auch die dynamische Kraftwirkung für einen objektiven Kräftevergleich verwenden. Dabei ist es sinnvoll, zu sagen:

▶ Zwei Kräfte sind dann gleich, wenn sie die gleiche Wirkung hervorrufen. ◀

59.1 Schülerin dehnt Expander

MECHANIK

Da ein Vergleich von Kräften über die verformende Wirkung einfacher durchzuführen ist, beschränken wir uns auf diese Möglichkeit. Im Versuch 1 aus Kapitel 2.1 (S. 57) wurde eine Blattfeder durch verschiedene Kräfte jeweils gleich stark verformt. Welche Aussage kann man über die auf die Blattfeder einwirkenden Kräfte machen? Für unsere Untersuchungen verwenden wir eine Schraubenfeder und beurteilen die Kräfte über die jeweiligen Verlängerungen dieser Feder.

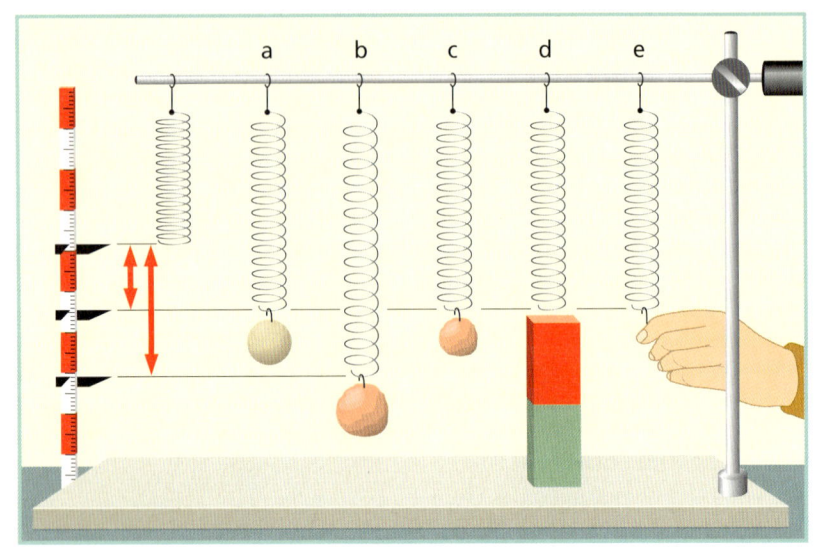

60.1 Zum Versuch

Versuch

Auf eine an einem Stativ befestigte Schraubenfeder lassen wir verschiedene Kräfte einwirken. Die Verlängerung der Schraubenfeder bestimmen wir jeweils mit einer Messlatte.
a Gewichtskraft einer Holzkugel
b Gewichtskraft einer Plastilinkugel
c Wir nehmen von der Plastilinkugel so viel Plastilin weg, dass die Schraubenfeder gleich weit gedehnt wird wie durch die Holzkugel bei a.
d Magnetische Kraft durch einen Stabmagneten.
e Wir üben mit dem Finger auf die Schraubenfeder eine Muskelkraft aus (siehe Abb. 60.1).

Durch die auf die Schraubenfeder einwirkende Kraft wird die Feder jeweils gerade so weit gedehnt, dass diese Kraft gleich der elastischen Kraft der Feder ist. Wir könnten die Gleichheit von Kräften auch über die dynamische Wirkung festlegen. Dazu müssten wir denselben Körper, z. B. ein Wägelchen, durch zwei Kräfte aus der Ruhe beschleunigen und jeweils nach Durchfahren derselben Strecke die erreichte Geschwindigkeit bestimmen. Dabei könnte die eine Kraft die Kraft der elastisch gespannten Feder und die zweite Kraft die Gewichtskraft eines Körpers sein, der an einem über eine Rolle geführten Faden am Wägelchen hängt. Wir können dann sagen: Die beiden Kräfte sind gleich groß, wenn sie den gleichen Körper in der gleichen Zeit aus der Ruhe auf die gleiche Geschwindigkeit beschleunigen.

Durch die Gewichtskraft der Plastilinkugel (b) wird die Feder weiter gedehnt als durch die Gewichtskraft der Holzkugel (a). Wir schließen daraus, dass die Gewichtskraft der Plastilinkugel größer ist als die der Holzkugel. Die Gewichtskräfte der Holzkugel (a) und der Plastilinkugel (c), die magnetische Kraft (d) sowie die Muskelkraft (e) dehnen die Feder jeweils gleich weit. Daraus schließen wir, dass diese auf die Schraubenfeder einwirkenden Kräfte gleich groß sind.

FESTLEGUNG / Grundwissen

Gleichheitsbedingung für Kräfte
Zwei Kräfte sind dann gleich, wenn sie dieselbe Schraubenfeder (allgemein:

denselben Körper) vorübergehend gleich weit dehnen (allgemein: in gleicher Weise verformen).

Von zwei Kräften ist diejenige größer, die dieselbe Feder weiter dehnt.

AUFGABEN

1 Unter welchen Voraussetzungen werden zwei Kräfte als gleich bezeichnet?

2 Beschreibe einen Versuch, mit dem festgestellt werden kann, dass zwei Kräfte gleich sind.

2.3 Auf die Wirkung kommt es an – Bestimmungsstücke einer Kraft

Wir haben Kräfte als gleich groß bezeichnet, wenn sie unter gleichen Bedingungen die gleiche Wirkung hervorrufen. Die Kräfte in den Fällen a), c), d) und e) im Versuch aus Kapitel 2.2 waren gleich groß, weil sie die gleiche Schraubenfeder in genau gleicher Weise gedehnt haben.
Wir sagen: Diese Kräfte haben den gleichen Betrag.
Aus unserer Erfahrung wissen wir, dass die Wurfweite beim Speerwurf oder beim Ballweitwurf unter anderem auch davon abhängt, unter welchem Anstellwinkel, d. h., in welcher Richtung wir den Körper mit jeweils gleich großer Kraft abwerfen. Um ein schweres Möbelstück auf dem Fußboden zu verrücken, wird man die Muskelkraft nicht oben am Möbelstück angreifen lassen – dies würde das Möbelstück lediglich zum Kippen bringen –, sondern weiter unten. Die Wirkung einer Kraft wird also auch von dem Punkt abhängen, in dem Kraft angreift (Angriffspunkt).

Versuch

a *Auf eine senkrecht eingespannte elastische Blattfeder werden an verschiedenen Angriffspunkten Kräfte mit jeweils gleichem Betrag und gleicher Richtung ausgeübt. Den Betrag der Kräfte beurteilen wir durch die jeweils gleiche Dehnung einer Schraubenfeder (siehe Abb. 61.1).*

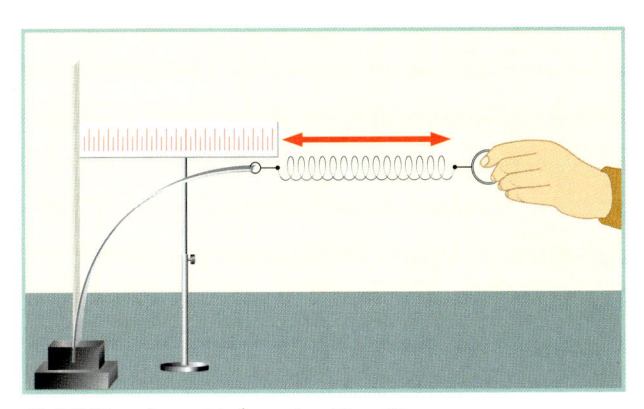

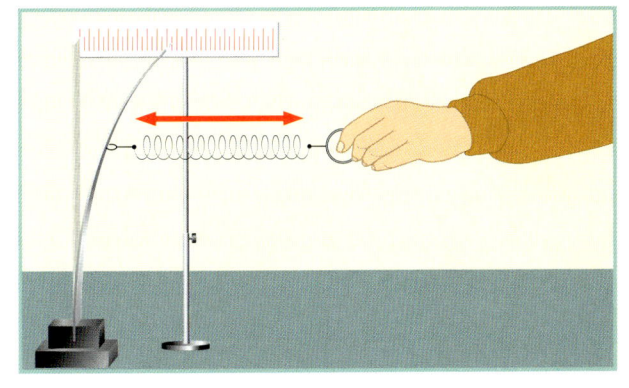

61.1 Kräfte mit verschiedenen Angriffspunkten

MECHANIK

b Auf die Blattfeder wirken Kräfte mit jeweils gleichem Betrag und gleichem Angriffspunkt, jedoch mit unterschiedlicher Richtung (siehe Abb. 62.1).

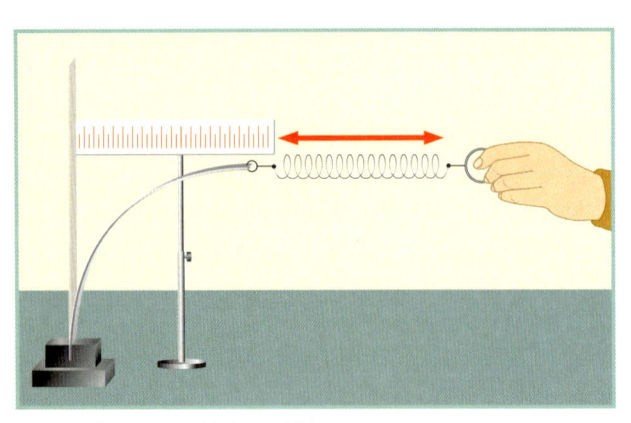

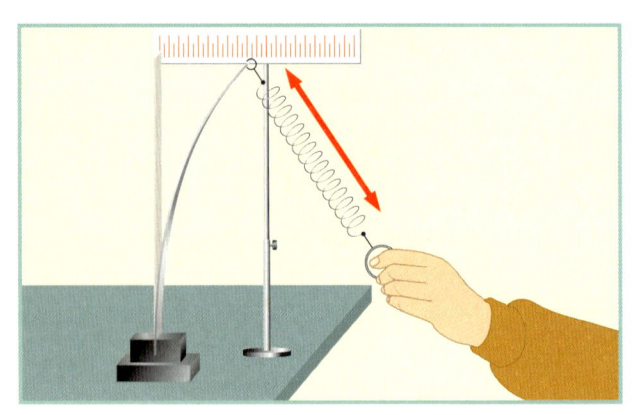

62.1 Kräfte mit verschiedenen Richtungen

Beobachtung

In beiden Versuchen wird die Blattfeder unterschiedlich verformt, obwohl die Kräfte jeweils den gleichen Betrag haben. Ursache dafür ist der unterschiedliche Angriffspunkt (a) bzw. die unterschiedliche Kraftrichtung (b).

ERGEBNIS / Grundwissen

▶ Die Wirkung einer Kraft hängt
- von ihrem Betrag,
- von ihrer Richtung und
- von ihrem Angriffspunkt ab.

Zwei Kräfte haben die gleiche Wirkung, wenn sie in Betrag, Richtung und Angriffspunkt übereinstimmen. ◀

Um eine Kraft vollständig zu kennzeichnen, ist die Angabe dieser drei Bestimmungsstücke erforderlich.

Physikalische Größen, die wie die Temperatur zur eindeutigen Kennzeichnung nur die Angabe des Betrags (Zahlenwert und Einheit) erfordern, nennt man in der Physik Skalare.

Physikalische Größen, die wie die Kraft neben ihrem Betrag auch durch ihre Richtung gekennzeichnet sind, nennt man gerichtete Größen oder Vektoren. Um einen Kraftvektor zeichnerisch darzustellen, verwendet man zweckmäßigerweise einen Kraftpfeil.
Für Kräfte verwenden wir das Größensymbol F (engl. force ≙ Kraft). Um den Vektorcharakter der Kraft zu betonen und um gerichtete Größen von solchen Größen zu unterscheiden, die nur durch Angabe ihres Betrages bestimmt sind, schreibt man über das Größensymbol einen Pfeil. Kommt es uns bei der Angabe einer Kraft nur auf deren Größe, also ihren Betrag an, so schreiben wir das Größensymbol ohne Pfeil.

$\vec{F}$ Kraftvektor bzw. Kraftpfeil

F Betrag der Kraft; es ist also $|\vec{F}| = F$

Durch die Richtung der Kraft bzw. durch den Kraftpfeil wird die Wirkungslinie der Kraft vorgegeben. Wir können auch sagen: Die Wirkungslinie einer Kraft ist die Gerade, auf der der Kraftpfeil liegt.

62.2 Kugelstoßer

AUFGABEN

1 Gib die Bestimmungsstücke zur eindeutigen Beschreibung einer Kraft an.

2 Zwei Kräfte mit

  a gleichem Betrag,
  b gleicher Richtung,
  c gleichem Betrag und gleichem Angriffspunkt,
  d gleicher Richtung und gleichem Betrag

  können unterschiedliche Wirkungen haben.

  Begründe diese vier Aussagen jeweils mithilfe einer Skizze, in der die Kräfte durch geeignete Kraftpfeile dargestellt werden.

3 Beim Hammerwerfen wird das Sportgerät schräg nach oben abgeworfen und trifft nach Durchfliegen einer nach unten gekrümmten Flugbahn wieder am Erdboden auf.

  a Beschreibe die Wirkungen der beim Aufwurf und beim Aufprall auftretenden Kräfte.
  b Während der aufsteigenden und der abfallenden Flugphase wirken auf den Hammer die Gewichtskraft und Reibungskräfte. Beschreibe die Wirkungen dieser Kräfte und stelle für verschiedene Flugphasen jeweils in einer Skizze die Kräfte durch Kraftpfeile dar.

4 In nebenstehendem Bild ist der zu Kraft $\vec{F}_1$ gehörende Kraftpfeil gezeichnet.

  a Zeichne die Kraftpfeile für die Kräfte $\vec{F}_2 = 2 \cdot \vec{F}_1$, $\vec{F}_3 = \frac{1}{2} \cdot \vec{F}_1$, $\vec{F}_4 = \frac{3}{4} \cdot \vec{F}_1$.
  b Zeichne die Kraftpfeile für die Kräfte $\vec{F}_5$ ($F_5 = 1{,}5 \cdot F_1$, $\vec{F}_5$ senkrecht zu $\vec{F}_1$, beide Kräfte haben den gleichen Angriffspunkt) und $\vec{F}_6$ ($F_6 = \frac{1}{2} \cdot F_1$, die Wirkungslinien von $\vec{F}_1$ und $\vec{F}_6$ schließen einen Winkel mit dem Maß 60° ein, gleicher Angriffspunkt).

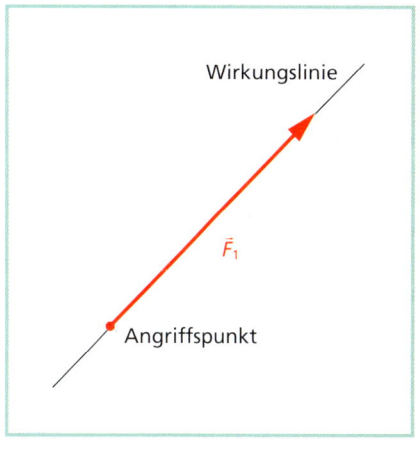

63.1 Zu Aufgabe 4

2.4 Eine Kraft, die Körper fallen lässt und den Mond auf seiner Bahn hält – *Gravitation, Schwere, Gewichtskraft*

Ein Körper, z. B. die Hantel eines Gewichthebers, der mit Muskelkraft hochgehoben und dann losgelassen wird, fällt nach unten. (Überlege dir, was in diesem Zusammenhang mit „unten" gemeint ist.) Nach Auffassung der modernen Physik (etwa ab Galilei und Newton) ist das so, weil der Körper und die Erde gegenseitig Anziehungskräfte aufeinander ausüben. Newton erkannte, dass diese gegenseitige Anziehung nicht nur auf das System Erde – Körper zutrifft, sondern für alle Körper gilt.

Die fundamentale Tatsache, dass sich alle Körper gegenseitig anziehen, heißt Gravitation (lat. gravis ≙ schwer). Die Kraft, mit der diese Anziehung erfolgt, wird als Gravitationskraft bezeichnet.

Nach Aristoteles (348–322 v. Chr.) bestanden alle Dinge aus den vier Elementen Erde, Wasser, Luft und Feuer. Die Mischung dieser Elemente bestimmt, ob ein Körper leicht oder schwer ist. Schwere Körper fallen, weil ihr natürlicher Ort unten ist, für leichte Körper (Rauch) ist der natürliche Ort oben, sie steigen. Es war Galilei (1564–1642), der diese Vorstellungen von Aristoteles experimentell überprüfte und durch die heute geltenden ersetzte.

Um die Gravitation nachzuweisen, führen wir ein Experiment mit einem sehr empfindlichen Gerät, einer Gravitationsdrehwaage (H. Cavendish, 1798), durch (siehe Abb. 64.1).

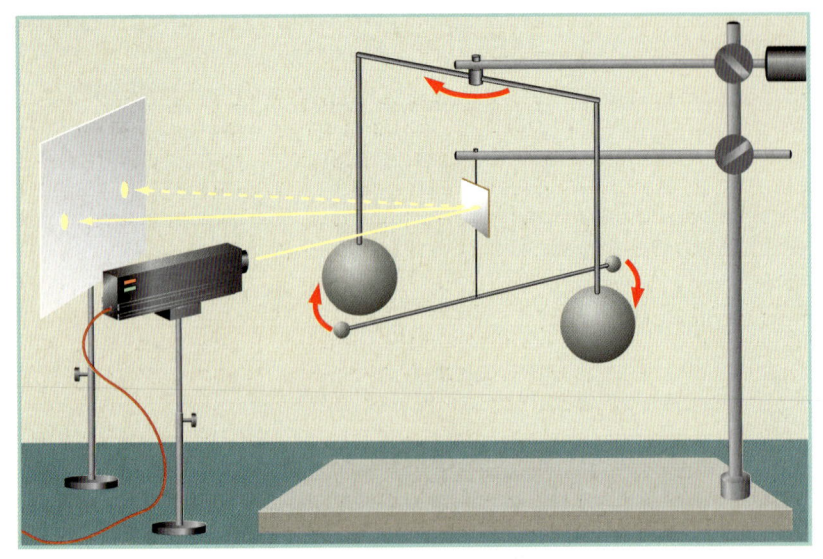

64.1 Prinzip einer Gravitationswaage

> **Versuch 1**
>
> *Das Gerät besteht aus einem dünnen Metallfaden, an dem unten eine kleine Trägerhantel für zwei kleine Bleikugeln angebracht ist. Zusätzlich ist ein schwenkbarer Trägerarm für zwei große Bleikugeln vorhanden. Der Metallfaden trägt ein kleines Spiegelchen, an dem ein dünner Lichtstrahl auf eine mehrere Meter entfernte Wand reflektiert wird. Um die Beobachtungen nicht zu verfälschen, muss das Gerät so aufgestellt werden, dass weder Erschütterungen noch der Luftzug die Messung beeinflussen.*

Der Trägerarm wird zunächst so geschwenkt, dass sich die beiden großen Bleikugeln in einer mittleren Lage befinden. Nachdem die Schwingungsbewegungen des Systems abgeklungen sind, werden die Stellung des Lichtzeigers an der Wand markiert und die beiden großen Kugeln dicht vor die beiden kleineren geschwenkt.

Beobachtung

Der Lichtzeiger beginnt in der angegebenen Richtung zu wandern. Diese Beobachtung kann nur mit einer Verdrillung des Metallfadens unter dem Einfluss der zwischen den Bleikugeln wirkenden Anziehungskräfte erklärt werden. (Da die Entfernung Spiegel – Wand mehrere Meter beträgt und sich der Lichtzeiger um den Winkel 2α dreht, wenn der Spiegel um den Winkel α gedreht wird, können damit geringste Verdrillungen des Fadens und damit kleinste Kraftwirkungen nachgewiesen werden.)

Aufgrund genauer Beobachtungen und Überlegungen formulierte Newton für die Gravitation folgende Aussagen:

- Die Kräfte (Gravitationskräfte), mit denen sich zwei Körper gegenseitig anziehen, haben den gleichen Betrag und sind entgegengesetzt gerichtet.
- Der Betrag dieser Kraft hängt von den beiden Körpern und ihrer Entfernung ab.

Die Gravitation ist der Grund dafür, dass ein Körper nach unten fällt, dass sich ein Satellit auf seiner Erdumlaufbahn bewegt und der Mond bzw. die Planeten auf ihren Bahnen um die Erde bzw. um die Sonne gehalten werden sowie dafür, dass es auf den Weltmeeren Ebbe und Flut gibt. Ein Satellit bewegt sich auf einer (nahezu) kreisförmigen Bahn um die Erde, weil er in jedem Punkt seiner Bahn neben seiner momentanen Bewegungsrichtung (blauer Pfeil, siehe Abb. 65.1) eine Fallbewegung (grüner Pfeil) infolge der der zwischen Satellit und Erde wirkenden Gravitationskräfte ausführt. Aus dem Zusammenwirken dieser beiden Bewegungen ergibt sich in jedem Bahnpunkt die tatsächliche Bewegungsrichtung (roter Pfeil).

Auch das fälschlicherweise oft als „schwerelos" bezeichnete „Schweben" von Astronauten oder Ausrüstungsgegenständen in oder neben einer Raumkapsel hat die gleiche Ursache.

Wenn wir sagen: „Ein Körper ist schwer", dann meinen wir damit, dass der Körper von der Erde angezogen wird und umgekehrt diese auch anzieht.

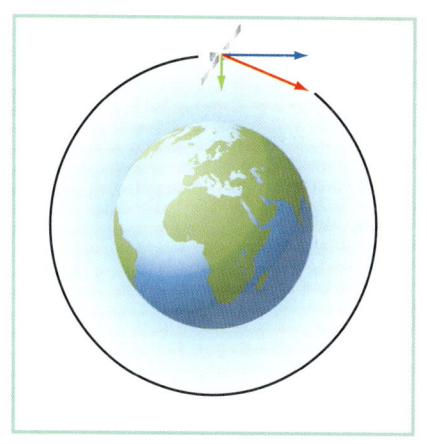

65.1 Kraftwirkung auf einen Satelliten

Kann ein Körper völlig ohne Gewichtskraft, d. h. vollkommen gravitationsfrei sein? Streng genommen kann dies nur dann der Fall sein, wenn sich der Körper unendlich weit von allen anderen Körpern im Universum befindet. Der Bereich mit der geringsten Gravitationswirkung befindet sich wahrscheinlich zwischen den großen Galaxienhaufen im Universum, wo die nächsten Sterne etwa 10^{21} km oder 10^8 Lichtjahre entfernt sind. Dort betragen die Gravitationskräfte etwa ein Billionstel des irdischen Wertes. Somit ist völlige Schwerelosigkeit nicht vorstellbar.

ERGEBNIS / Grundwissen

▶ **Schwere:** Die Eigenschaft eines Körpers, durch die Erde, den Mond oder durch andere Himmelskörper eine Anziehungskraft (Gravitationskraft) zu erfahren und umgekehrt auch auf diese Anziehungskräfte auszuüben, bezeichnen wir als Schwere.

Gewichtskraft: Die Gewichtskraft ist die Kraft, die die Erde auf einen Körper ausübt bzw. die Kraft, mit der die Erde den Körper anzieht. Ursache der Gewichtskraft eines Körpers auf der Erde ist die Gravitation. ◀

Streng genommen müssten wir sagen: „Ein Körper *erfährt* eine Gewichtskraft" oder „Auf den Körper *wirkt* eine Gewichtskraft". Wir werden aber in Zukunft dem in der Physik üblichen Sprachgebrauch folgen und kurz sagen „Ein Körper *hat* eine Gewichtskraft".

Mithilfe der Gravitationswirkung der Erde und einem Körper können wir auch die Ortsabhängigkeit der Gewichtskraft erklären. Die Gravitationskraft wird mit abnehmendem Abstand zwischen Erde (genauer: Erdmittelpunkt) und Körper größer. Deshalb ist die Gewichtskraft desselben Körpers an einem Ort, für den dieser Abstand geringer ist (Pol) größer als an einem Ort, für den dieser Abstand größer ist (Äquator). Da die Gravitationskraft neben der gegenseitigen Entfernung auch von der Art der beiden Körper abhängt, kann man damit auch die unterschiedliche Gewichtskraft eines Körpers auf der Erde, dem Mond sowie auf anderen Himmelskörpern verstehen.

Wir führen noch einen Versuch durch, der uns Aufschluss über die Richtung von Gewichtskräften liefern soll.

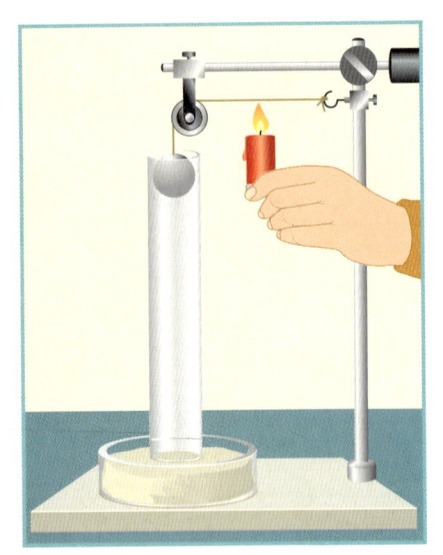

MECHANIK

Versuch 2

Hänge eine Eisenkugel an einem Faden in einem lotrecht befestigten Plexiglasrohr auf, brenne den Faden mit einer Kerzenflamme durch und beobachte die Bewegung der fallenden Kugel (siehe Abb. 66.1).

Beobachtung

Die Eisenkugel fällt lotrecht nach unten, ohne an der Wand des Rohres anzustoßen.

ERGEBNIS / Grundwissen

▶ Die Gewichtskraft eines Körpers ist ortsabhängig. Die Gewichtskraft eines Körpers wirkt stets lotrecht, d. h., an jedem Punkt der Erdoberfläche senkrecht zum Erdmittelpunkt hin. ◀

Dass alle festen und flüssigen Körper eine Gewichtskraft haben, wissen wir bereits, auch, wie wir diese Gewichtskräfte vergleichen und messen können. Haben auch gasförmige Körper, z. B. eine abgegrenzte Menge Luft, eine Gewichtskraft? Wir wollen diese Frage durch einen Versuch beantworten. Wegen der Gefährlichkeit (Implosionsgefahr!) darf dieser Versuch nur von deinem Lehrer durchgeführt werden. Dabei sind zusätzlich besondere Vorsichtsmaßnahmen zu treffen (Sichtschutzscheibe).

66.1 Zu Versuch 2

Versuch 3

Ein kugelförmiger Glaskolben mit zwei Verschlusshähnen wird mit geöffneten Hähnen so auf einer Waagschale einer Balkenwaage befestigt, dass er nicht abgleiten kann. Durch Auflegen von Gewichtsstücken aus einem Wägesatz auf der anderen Waagschale wird die Balkenwaage ins Gleichgewicht gebracht.
Anschließend verschließt man einen Hahn, evakuiert mit einer Vakuumpumpe die Luft aus dem Kolben und verschließt den zweiten Hahn. Der evakuierte Glaskolben wird wieder vorsichtig und sicher auf der ursprünglichen Waagschale befestigt (Abb. 66.3).
Der Versuch kann mit anderen Gasfüllungen des Kolbens, z. B. mit Wasserstoff, wiederholt werden.

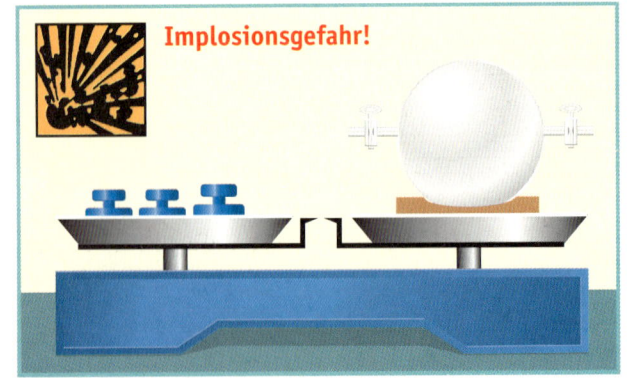

66.2 Die Richtung der Gewichtskraft

Implosionsgefahr!

66.3 Zu Versuch 3

Beobachtung

Das Gleichgewicht der Waage ist gestört. Die Seite des Waagebalkens, auf der sich der evakuierte Glaskolben befindet, geht nach oben.

Aus dem Versuch können wir folgern, dass
– auch Gase (z. B. Luft) eine Gewichtskraft haben,
– verschiedene Gase (bei gleichem Volumen und bei gleichem Druck) unterschiedliche Gewichtskräfte haben.

ERGEBNIS

▶ Alle Körper (fest, flüssig, gasförmig) haben eine Gewichtskraft. ◀

In Versuch 3 haben wir die Gewichtskräfte der auf beiden Waagschalen einer Balkenwaage liegenden Körper verglichen. Für den Fall, dass die Balkenwaage im Gleichgewicht ist, haben die Gewichtskräfte der beiden Körper den gleichen Betrag. Dies würden wir so auch an jedem anderen Ort der Erde oder im Universum feststellen. Die Beträge der beiden Gewichtskräfte sind zwar von Ort zu Ort verschieden, aber an jedem Ort untereinander gleich. Mit einer Balkenwaage können somit Gewichtskräfte verglichen, aber nicht gemessen werden.

AUFGABEN

1 Beschreibe jeweils einen Versuch, mit dem sich nachweisen lässt, dass ein fester, ein flüssiger und ein gasförmiger Körper eine Gewichtskraft erfährt.

2 Warum erfährt derselbe Körper, z. B. ein Erkundungsfahrzeug, an verschiedenen Orten auf der Erde bzw. auf verschiedenen Himmelskörpern unterschiedliche Gewichtskräfte?

3 Warum kann man mit einer Balkenwaage feststellen, dass am gleichen Ort zwei Körper gleiche Gewichtskräfte erfahren? Warum kann man aber über den Betrag der Gewichtskräfte keine zutreffende Aussage machen?

Kraft als physikalische Grundgröße

MECHANIK

2.5 Wir messen Kräfte –
Die Einheit der Kraft

Mithilfe einer elastischen Schraubenfeder können wir feststellen, ob zwei Kräfte gleich groß sind bzw. den gleichen Betrag haben und entscheiden, welche von zwei Kräften die größere ist. Um Kräfte messen zu können, müssen wir noch vereinbaren, unter welchen Voraussetzungen eine Kraft den doppelten Betrag einer zweiten Kraft hat sowie eine Maßeinheit festlegen.

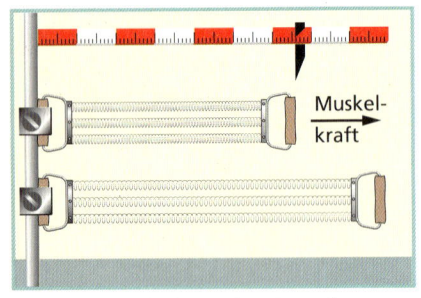

68.1 Kräftevergleich mit dem Expander

Achtung! Schlecht befestigte Expander sind sehr gefährlich!

Versuch 1

Ein Handgriff eines Expanders wird fest an einer mit dem Experimentiertisch verbundenen Stativstange fixiert.

a Dehne den Expander, so weit wie du kannst, und bringe eine Markierung an, die zeigt, wie weit du den Expander mit deiner Muskelkraft dehnen kannst. Suche dir aus deiner Klasse einen Schüler, der den Expander ebenfalls bis zu der von dir erreichten Markierung dehnt.

b Zieht nun beide gemeinsam und markiert die Stelle, bis zu der ihr den Expander zusammen dehnen könnt (siehe Abb. 68.1).

ERGEBNIS

▶ *a Die Kräfte der beiden Schüler haben den gleichen Betrag, da durch ihr Einwirken der gleiche Expander jeweils in gleicher Weise verformt wird.*

b Es ist naheliegend und sinnvoll, zu sagen: Die auf den Expander einwirkende Kraft ist doppelt so groß wie in dem Fall, in dem nur ein Schüler den Expander dehnt. ◀

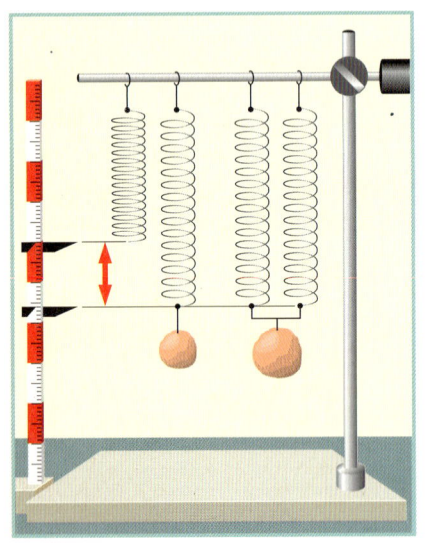

Versuch 2

Stelle mithilfe einer Schraubenfeder und einer Messlatte aus Plastilin mehrere Körper mit jeweils gleicher Gewichtskraft her. Bringe an der Messlatte eine Markierung an, die angibt, wie weit die Feder durch die Gewichtskraft eines dieser Körper gedehnt wurde. Nimm eine zweite, gleiche Feder und überzeuge dich davon, dass diese Feder durch die Gewichtskraft eines Plastilinkörpers dieselbe Dehnung erfährt wie die erste Schraubenfeder. Forme nun aus zwei dieser Körper durch Zusammenfügen einen einzigen Körper und hänge diesen an die zwei parallel aufgehängten Federn (siehe Abb. 68.2). Vergleiche die Dehnung der beiden Federn mit der angebrachten Markierung.

68.2 Zu Versuch 2

Wir könnten die Vielfachheit von Kräften auch über die dynamische Kraftwirkung festlegen und dann sagen: Eine Kraft ist doppelt so groß wie eine zweite Kraft, wenn sie den gleichen Körper in der gleichen Zeit auf die doppelte Geschwindigkeit beschleunigt wie diese Kraft.

Wir können den Versuch mit drei Plastilinkörpern und drei gleichen Federn wiederholen.
Aufgrund unserer Überlegungen können wir folgende Vereinbarung treffen:

Kraft als physikalische Grundgröße

FESTLEGUNG / Grundwissen

Vielfachheitsbedingung für Kräfte
Zwei, drei, … n Körper, die am gleichen Ort die gleiche Gewichtskraft erfahren, ergeben zusammen einen Körper, auf den an diesem Ort die doppelte, dreifache, …, n-fache Gewichtskraft wirkt.
Oder allgemein für alle Kräfte:
Zwei, drei, … n gleiche Kräfte ergeben zusammen die zwei-, drei-, …, n-fache Kraft.

Um Kräfte zu messen, könnten wir die Gewichtskraft unseres Plastilinkörpers als Maßeinheit festlegen und dieser Krafteinheit einen Namen geben. Dies wäre allerdings wenig sinnvoll, da eine zur Kraftmessung vereinbarte Einheit überall auf der Welt bekannt und gültig sein muss.
Wir wählen deshalb die Gewichtskraft eines bestimmten Normkörpers an einem bestimmten Normort (wegen der Ortsabhängigkeit der Gewichtskraft) als Einheit für die physikalische Größe Kraft.

69.1 Sir Isaac Newton (1643–1727)

FESTLEGUNG / Grundwissen

Die Einheit für die Kraft ist 1 N (Newton)
$[F] = 1\,N$
Dies ist die Gewichtskraft des ausgewählten Normkörpers am vereinbarten Normort.

Weitere Einheiten für die Kraft sind:

1 mN (Millinewton) = 0,001 N
1 cN (Zentinewton) = 0,01 N
1 kN (Kilonewton) = $1 \cdot 10^3$ N
1 MN (Meganewton) = $1 \cdot 10^6$ N

Die Einheit für die Kraft wurde zu Ehren des berühmten englischen Physikers Sir Isaac Newton benannt.

Als Normort wird ein Ort auf der Erde mit annähernd 45° geografischer Breite, in Mitteleuropa z. B. Zürich, gewählt. Der international vereinbarte Normkörper ist ein Metallzylinder aus 90% Platin und 10% Iridium mit einer Höhe und einem Durchmesser von jeweils 39 mm, der im internationalen Büro für Maße und Gewichte in Sèvres bei Paris aufbewahrt wird. (Dieser Normkörper wird uns im Kapitel 3.2 in einem anderen Zusammenhang wieder begegnen.) Die Einheit der Kraft 1 N wird durch den zehnten (genauer den 9,81ten) Teil der Gewichtskraft dieses Normkörpers am Normort repräsentiert. Eine 100-g-Tafel Schokolade hat ungefähr eine Gewichtskraft von 1 N.

Ortsabhängigkeit der Gewichtskraft

Für einen Körper, der am Normort eine Gewichtskraft von genau 1,000 N hat, beträgt die Gewichtskraft

am Nordpol	1,003 N
am Äquator	0,998 N
in einer Höhe von 200 km	0,940 N
auf dem Mond	0,165 N
auf dem Mars	0,389 N
auf der Venus	0,867 N
auf dem Jupiter	2,377 N

Wegen der Abplattung der Erde befindet sich ein Körper auf der Erdoberfläche am Pol ca. 23 km näher am Erdmittelpunkt als am Äquator.
Zwischen Erde und Mond gibt es einen Ort, an dem die Anziehungskraft der Erde auf einen Körper genau so groß ist wie die Anziehungskraft des Mondes auf diesen Körper. An diesem Ort beträgt die Gewichtskraft des Körpers, wenn man sie mit einem Kraftmesser bestimmt, 0 N.
Durch eine Kraft von 1 N erfährt ein Körper mit der Masse 1 kg in 1 Sekunde eine Änderung seiner Geschwindigkeit um $1\,\frac{m}{s}$.

MECHANIK

Ein Nachteil unserer Festlegung der Krafteinheit 1 N ist die Tatsache, dass diese an einen vereinbarten Normort und einen Normkörper gebunden ist. Die Krafteinheit könnte auch über die Dehnung einer *Normfeder* um einen bestimmten Betrag, z. B. um 1 cm, festgelegt werden. Die doppelte bzw. dreifache Kraft könnte man durch Parallelschaltung von zwei bzw. drei gleichen Federn realisieren. Da es jedoch nicht sicher ist, dass die elastischen Eigenschaften dieser Normfeder unverändert bleiben, wäre auch diese Festlegung mit einem Nachteil behaftet. In der Physik wird deshalb die Krafteinheit über die dynamische Kraftwirkung festgelegt. Dadurch vermeidet man die genannten Nachteile und erreicht, dass Kräfte unabhängig von Gravitationswirkungen gemessen werden können. Außerdem muss die Kraft nicht als Grundgröße festgelegt werden.

Bei der zeichnerischen Darstellung von Kräften (Kap. 2.3) wird jeweils ein geeigneter Maßstab gewählt, z. B. 1 N $\triangleq$ 1 cm. Einer Kraft $F = 5{,}7$ N entspricht dann ein Kraftpfeil der Länge 5,7 cm.

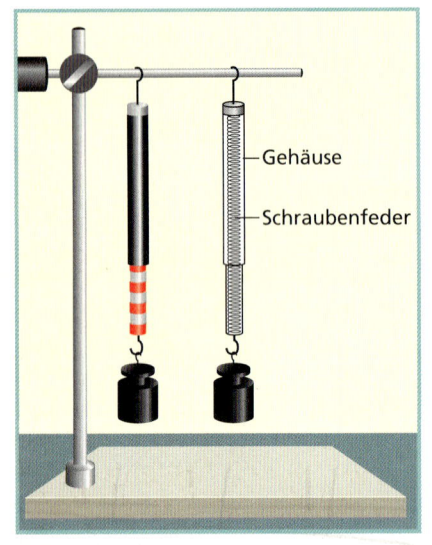

Kraftmesser: Zur Messung von Kräften benutzt man Kraftmesser, deren Funktionsweise auf der elastischen Verformung von Schraubenfedern beruht. Ein Kraftmesser besteht aus einer festen Hülle, in deren Innerem eine elastische Schraubenfeder an einem Ende fest angebracht ist. Die Feder ist mit einer in N geeichten Papphülle ummantelt. Die äußere Hülle ist noch mit einer zweiten verschiebbaren Hülle umgeben (siehe Abb. 70.1). Wirkt keine Kraft auf die Feder ein, so stimmt die 0-Markierung der Kraftmesserskala mit dem unteren Rand der äußeren Hülle überein. Wirkt eine Kraft ein, so wird die Feder über den unteren Rand der Hülle hinaus gedehnt und der der einwirkenden Kraft entsprechende Zahlenwert kann am unteren Rand der Hülle abgelesen werden. Da sich die Feder auch unter ihrer eigenen Gewichtskraft dehnt, muss die Nullmarke durch Verstellen der verschiebbaren Hülle in der jeweiligen Gebrauchslage eingestellt werden. Ein Kraftmesser darf nicht über die angegebene Maximalkraft hinaus belastet werden, weil sonst die Feder überdehnt wird und für weitere Messungen unbrauchbar ist.

Neben diesen üblichen Kraftmessern verwendet man heute in zunehmendem Maße sog. digitale Kraftmesser, die auf Zug und Druck belastet werden können und bei denen der der einwirkenden Kraft entsprechende Zahlenwert auf einem Display abgelesen werden kann.

Du kannst einen geeichten Kraftmesser leicht selbst herstellen.

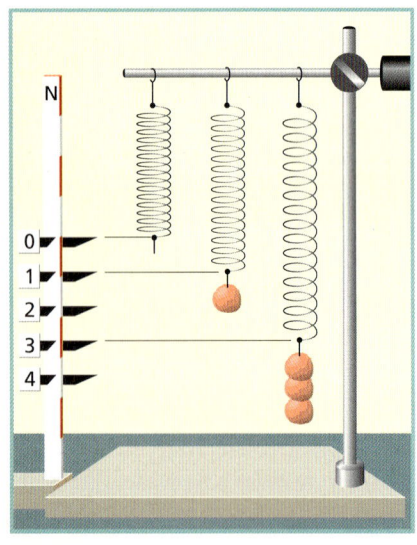

70.1 Aufbau eines Kraftmessers

70.2 Zu Versuch 3

> ### Versuch 3
>
> a Stelle mithilfe eines geeichten Kraftmessers aus Plastilin mehrere Körper mit der Gewichtskraft von 1 N her. Befestige eine Schraubenfeder an einem Stativ und bringe an einer mit Papier überzogenen Messlatte die Nullmarkierung für die unbelastete Feder an.
> b Hänge nun einen Körper an die Feder und markiere die zugehörige Federdehnung durch den Größenwert 1 N.
> c Hänge einen zweiten, dritten, ... Körper an die Feder und markiere jeweils die zugehörigen Federdehnungen mit den entsprechenden Zahlenwerten.
> d Entlaste die Feder schrittweise wieder und vergleiche die jeweiligen Federdehnungen mit den vorher angebrachten Markierungen.
> e Miss die Streckenlängen zwischen den einzelnen Markierungen ab (s. Abb. 70.2).

Kraft als physikalische Grundgröße

Beobachtung

a *Bei schrittweiser Entlastung ergeben sich jeweils dieselben Federdehnungen wie bei zunehmender Belastung.*

b *Die Strecken zwischen den einzelnen Markierungen haben die gleiche Länge.*

c *Dies bedeutet, dass die 2-, 3-, …, n-fache Kraft eine 2-, 3-, …, n-fache Dehnung der Schraubenfeder bewirkt.*

d *Dies berechtigt uns, die Einteilung auf unserer Skala noch zu verfeinern, indem wir die Strecken zwischen den einzelnen Markierungen in 10 gleiche Teile unterteilen.*

e *Die Schraubenfeder stellt zusammen mit der im Versuch angefertigten Skala einen in der Krafteinheit N geeichten Kraftmesser dar, mit dem du beliebige Kräfte mit einer Genauigkeit von 0,1 N messen kannst.*

Aus Berichten von der Raum- und Mondfahrt (erste Mondlandung am 21. Juli 1969, durch Armstrong und Aldrin) ist uns bekannt, dass Astronauten auf dem Mond wesentlich mehr an Ausrüstung und Gepäck tragen und größere Sprünge machen können. Der Grund liegt darin, dass alle Körper auf dem Mond ebenfalls eine Gewichtskraft haben, dass diese aber mit einem Sechstel des irdischen Wertes wesentlich geringer ist als auf der Erde. Die Gravitationskraft, die der Mond auf einen Körper ausübt, beträgt nur ein Sechstel der von der Erde auf den Körper ausgeübten Gravitationskraft. Beträgt die Gewichtskraft eines Astronauten samt Ausrüstung auf der Erde 2400 N, so beträgt sie auf dem Mond nur 400 N.

Zwischen Erde und Mond gibt es einen Punkt, an dem sich die Anziehungskräfte von Erde und Mond auf einen Körper gerade aufheben, an dem der Körper also keine Gewichtskraft hat. Transportiert man einen Körper, der beispielsweise auf dem Mond eine Gewichtskraft von 10 N hat zur Erde, so nimmt die Gewichtskraft auf dem Weg bis zu diesem Punkt rasch auf Null ab, um auf dem weiteren Weg zur Erde wieder zuzunehmen und dann auf der Erdoberfläche den Wert 60 N zu erreichen.

Streng genommen sind Gewichtskraft und Gravitationskraft nicht gleich. Die Gewichtskraft ist kleiner als die Gravitationskraft und auch nicht genau zum Erdmittelpunkt hingerichtet. Die Gewichtskraft ist die Folge des Zusammenwirkens von Gravitationskraft und der durch die Erdrotation bewirkten Zentrifugalkraft. Der Unterschied zwischen Gewichtskraft und Gravitationskraft ist jedoch so gering, dass er für die meisten Überlegungen vernachlässigbar ist und somit Gewichtskraft und Gravitationskraft gleichgesetzt werden können.

Isaac Newton, am 4. 1. 1643 in Woolsthorpe/Lincolnshire in England geboren (wenige Monate zuvor war Galileo Galilei gestorben), war einer der größten Naturwissenschaftler aller Zeiten. Seine bedeutendste wissenschaftliche Leistung war die Erstellung eines in sich geschlossenen Systems der Mechanik, das im Jahr 1687 veröffentlichte Werk Principia, und zwar in Latein, der Sprache der Gelehrten in jener Zeit. Newton erkannte, dass die für Körper auf der Erde gültigen Gesetze auch für Himmelskörper gelten, dass die Gravitation sowohl dafür verantwortlich ist, dass auf der Erde ein Körper zu Boden fällt, wie auch dafür, dass der Mond um die Erde und die Planeten um die Sonne kreisen. Eine Anekdote, die sich sicher so nicht zugetragen hat, erzählt,

Gravitationskräfte zwischen

Elektron-Atomkern: $7 \cdot 10^{-46}$ N

Zwei Menschen im Abstand von 1 m: $4 \cdot 10^{-7}$ N

Zwei Ozeanriesen im Abstand von 100 m: $2 \cdot 10^3$ N

Zwei Sterne im Abstand ihres zehnfachen Durchmessers: $1 \cdot 10^{25}$ N

71.1 Astronaut auf dem Mond

MECHANIK

72.1 Nikolaus Kopernikus (1473–1543)

72.2 Johannes Kepler (1571–1630)

dass Newton diese Entdeckung gemacht hat, als ihm, unter einem Apfelbaum sitzend, ein Apfel auf den Kopf gefallen ist.

Mit einem Mal war der Mensch in der Lage, nicht nur die Vorgänge auf der Erde, sondern im ganzen Universum zu verstehen. Wesentliche Erkenntnisse gelangen Newton auch in der Strömungslehre, in der Akustik und vor allem in der Optik, wo er die Zerlegung des weißen Sonnenlichts durch ein Prisma in die Spektralfarben und die Gesetze der Farbmischung fand. 1704 erschien sein zweites berühmtes Werk, die Opticks. Neben seinen überragenden Arbeiten in der Mathematik, betrieb Newton mit Erfolg alchemistische, chemische und in seinen späten Jahren theologische Studien. Er war ab 1699 Direktor der königlichen Münze, ab 1703 bis zu seinem Tod alljährlich wieder gewählter Präsident der Royal Society und Vertreter der Universität Cambridge im englischen Parlament. Newtons überragende Leistungen waren möglich, weil er, nachdem Kopernikus und Galilei das wissenschaftliche Denken von den strengen Regeln des Mittelalters befreit hatten, zur richtigen Zeit lebte. Er selbst sagt: „Wenn ich weiter gesehen habe, so deshalb, weil ich auf den Schultern von Giganten stand." Newtons geniale Leistung bestand darin, die Kepler'schen Gesetze der Planetenbewegung (Kepler starb 1630 in Regensburg) und Galileis experimentell gewonnene Erkenntnisse zu verknüpfen. Kepler konnte nur beschreiben, wie sich die Planeten bewegen, Newton erklärte, warum dies so ist. Newton war aufgrund seiner wissenschaftlichen Autorität allgemein anerkannt und geachtet. Er gab sich meist bescheiden und zurückhaltend, obwohl er dies keineswegs war. Er war fast krankhaft ehrgeizig, jähzornig und konnte Kritik und Anmerkungen zu seinen Arbeiten weder von englischen noch von ausländischen Fachkollegen hinnehmen. Nach wissenschaftlichen Auseinandersetzungen mit einem englischen (Hooke) und einem deutschen (Leibniz) Fachkollegen erlitt Newton jeweils einen schwerwiegenden Nervenzusammenbruch. Er starb am 31. 3. 1727 im Alter von 84 Jahren in Kensington, einem heutigen Stadtteil von London, und wurde mit großem Pomp in der Westminster Abbey beigesetzt.

Newtons Definition der Kraft in den Principia: „Eine übertragene Kraft ist die auf einen Körper ausgeübte Wirkung, seinen Zustand zu ändern, entweder den der Ruhe oder den der gleichförmigen, geradlinigen Bewegung. Diese Kraft besteht nur in der Wirkung, und sie wird nicht länger auf den Körper ausgeübt, wenn die Wirkung vorbei ist. Nur durch die Kraft der Trägheit vermag der Körper in jedem neu erreichten Zustand zu verharren. Die übertragenen Kräfte sind jedoch verschiedenen Ursprungs."

AUFGABEN

1. Die Skala eines Kraftmessers ist 10,0 cm lang und besitzt eine mm-Teilung. Bestimme die Ablesegenauigkeit (Auflösung), wenn der Kraftmesser den Messbereich **a** 1,0 N, **b** 5,0 N, **c** 20 N hat.

2. Beschreibe, wie in der Physik eine Grund- bzw. Basisgröße festgelegt wird.

3. Bestimme mithilfe eines Federkraftmessers die Gewichtskraft von **a** 100 ml, **b** 1,00 l Wasser.

4. Auf welcher Kraftwirkung beruht die Wirkungsweise eines Federkraftmessers?

2.6 Wer gewinnt beim Fingerhakeln? –
Das Gleichgewicht von Kräften

Beim Fingerhakeln ziehen die beiden Kontrahenten an einem Lederring und versuchen sich gegenseitig über den Tisch zu ziehen. Der Ring bleibt in Ruhe, wenn sich die Wirkungen der von beiden Gegnern auf den Lederring ausgeübten Kräfte aufheben. In diesem Fall haben die zwei am selben Körper (Ring) angreifenden Kräfte $\vec{F}_1$ und $\vec{F}_2$ den gleichen Betrag und entgegengesetzte Richtung, wobei die Wirkungslinien beider Kräfte auf derselben Geraden liegen. Man sagt in der Physik auch: Die resultierende Kraft $\vec{F}_{Res}$ der beiden Kräfte ist ein Kraftpfeil der Länge null (Nullvektor), der Betrag $F_{Res} = 0$ N.

Ist die von einem der beiden Kontrahenten ausgeübte Kraft größer als die seines Gegners z.B. $\vec{F}_2 > \vec{F}_1$, so wird der Ring samt Gegner in Richtung dieser größeren Kraft in Bewegung gesetzt.

Wir wollen uns die Verhältnisse noch in einem Versuch verdeutlichen.

73.1 Kräftemessen beim Fingerhakeln

Versuch 1

An einem Experimentierwagen befestigen wir links und rechts jeweils einen Kraftmesser und ziehen an den beiden Kraftmessern (siehe Abb. 73.2).

a Wir ziehen so, dass der Körper (Experimentierwagen) in Ruhe bleibt. In diesem Fall sind die Beträge der beiden Kräfte $\vec{F}_1$ und $\vec{F}_2$ gleich. Die resultierende Kraft ist null.

b Wir ziehen so, dass der Körper (Experimentierwagen) gleichförmig (mit konstanter Geschwindigkeit) bewegt wird. Auch in diesem Fall gilt: $\vec{F}_1 = \vec{F}_2$, die resultierende Kraft ist wieder null.

c Wir ziehen an dem Wagen so, dass der Betrag $\vec{F}_2$ der nach links wirkenden Kraft größer ist als der Betrag $\vec{F}_1$ der nach rechts wirkenden Kraft. In diesem Fall ist die resultierende Kraft von Null verschieden und der Körper wird in Richtung der größeren Kraft beschleunigt in Bewegung gesetzt.

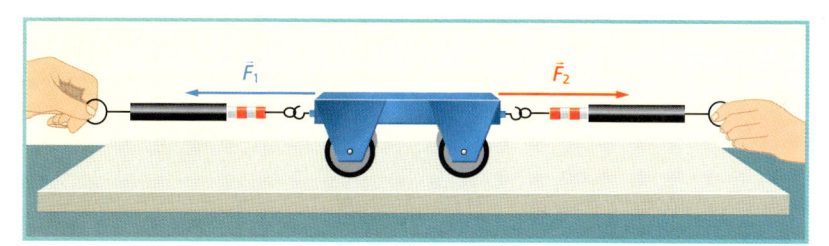

73.2 Zu Versuch 1

ERGEBNIS / Grundwissen

▶ Greifen an einem Körper zwei Kräfte mit gleicher Wirkungslinie, gleichem Betrag und entgegengesetzter Richtung an, so heben sich die Wirkungen der beiden Kräfte auf: Der Körper bleibt im Zustand der Ruhe oder der gleichförmigen Bewegung. Die beiden Kräfte sind im Gleichgewicht (siehe Abb. 73.3). ◀

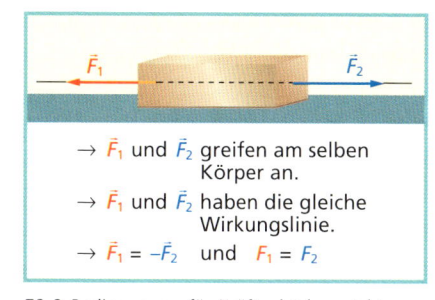

→ $\vec{F}_1$ und $\vec{F}_2$ greifen am selben Körper an.
→ $\vec{F}_1$ und $\vec{F}_2$ haben die gleiche Wirkungslinie.
→ $\vec{F}_1 = -\vec{F}_2$ und $F_1 = F_2$

73.3 Bedingungen für Kräftegleichgewicht

Gleichheit und Gleichgewicht von Kräften haben unterschiedliche Bedeutung:

	Gleichheit	Gleichgewicht
Betrag	gleich	gleich
Richtung	gleich	entgegengesetzt
Wirkungslinie	gleich	gleich
Wirkung	gleich	entgegengesetzt gleich heben sich gegenseitig auf

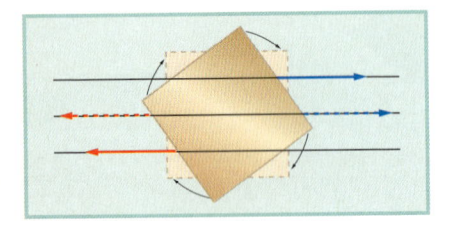

Haben die beiden an einem Körper angreifenden Kräfte $\vec{F}_1 = \vec{F}_2$ unterschiedliche, jedoch parallele Wirkungslinien, so wird der Körper unter dem Einfluss der beiden Kräfte so weit gedreht, bis die Wirkungslinien der beiden Kräfte auf einer Geraden liegen. Dann herrscht Kräftegleichgewicht (Abb. 74.1).

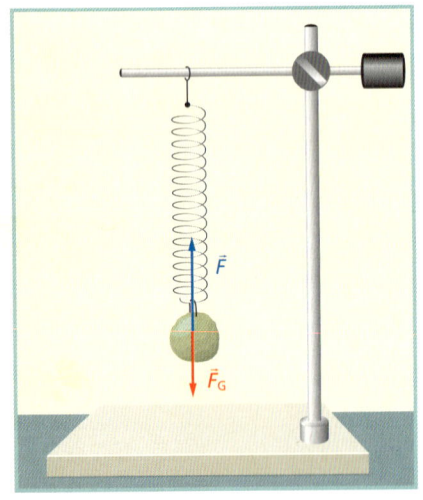

Ein weiteres Beispiel für das Kräftegleichgewicht ist in Abb. 74.2 dargestellt. Dabei wirken auf den an einer elastischen Schraubenfeder hängenden Körper zwei Kräfte: die auf den Körper wirkende Gewichtskraft $\vec{F}_G$ und die elastische Kraft $\vec{F}$ (Rückstellkraft) der Feder, die umso größer ist, je mehr die Feder gedehnt wird. Die Feder wird dabei gerade so weit gedehnt, bis diese beiden Kräfte den gleichen Betrag haben: $\vec{F}_G = \vec{F}$. Dann herrscht Kräftegleichgewicht und der Körper ist in Ruhe. Diese Tatsache wird auch bei der statischen Kraftmessung mit einem Federkraftmesser genutzt.

74.1

Weitere Beispiele für ein Gleichgewicht von zwei Kräften sind
- das Abschleppen eines Autos durch ein zweites,
- Tauziehen,
- ein Küchenregal, das unter dem Einfluss der darauf abgestellten Gegenstände etwas durchgebogen wird,
- der Ast eines Apfelbaumes, der unter dem Einfluss der daran hängenden Früchte verformt wird,
- ein Laubbaum, der im Wind gebogen wird,
- eine Bettmatratze,
- eine Hebefigur beim Eiskunst-Paarlauf,
- die durch einen Gewichtheber hochgestemmte und gehaltene Hantel.

74.2

AUFGABE

Skizziere einige der angegebenen Beispiele und trage jeweils die Kraftpfeile der im Gleichgewicht befindlichen Kräfte sowie deren (gemeinsame) Wirkungslinie ein. Überlege dir dabei vorher genau, auf welchen Körper dabei die beiden Kräfte einwirken.

2.7 Eine Kraft kommt nie alleine –
Das Wechselwirkungsgesetz (Zusatzinformation)

Bisher haben wir stets nur einzelne Kräfte betrachtet, die an einem Körper eine Formänderung oder eine Änderung des Bewegungszustandes oder auch beides zusammen bewirkt haben. Dabei haben wir jedoch außer Acht gelassen, dass diese Kraft in der Regel durch einen zweiten Körper verursacht wird und dass beide Körper miteinander in Wechselwirkung stehen. Welche Kräfte müssen wir in Betracht ziehen, wenn wir das aus beiden Körpern bestehende System betrachten? Einen Hinweis haben wir bereits durch unsere Untersuchungen zur Gravitation in Kapitel 2.4 erhalten. Dort haben wir festgestellt, dass die Wechselwirkung zwischen zwei Körpern zwei Kräfte zur Folge hat, die gleichen Betrag und entgegengesetzte Richtung haben und dass beide Kräfte jeweils an einem der beiden Körper angreifen. Wir wollen diese beiden Kräfte, die ihre Ursache in der Wechselwirkung zwischen zwei Körpern haben und die wir mit Kraft und Gegenkraft bezeichnen, jetzt genauer untersuchen.

Versuch 1

Zwei Schüler aus der Klasse mit annähernd gleicher Masse stehen sich mit angeschnallten Rollerblades im Abstand von etwa 2 Metern gegenüber. Jeder der beiden hält einen Kraftmesser (Messbereich: 50 N *oder* 100 N*) in der Hand. Die beiden Kraftmesser sind durch ein straff gespanntes Seil miteinander verbunden.*
a Beide Schüler üben jeweils eine gleichmäßige Zugkraft aus.
b Nur einer der beiden übt eine Zugkraft aus, während der zweite nur den Kraftmesser festhält.
c Der Versuch b) wird mit vertauschten Rollen wiederholt.
d Bei einem Schüler wird der Kraftmesser mittels einer um die Hüfte geschlungenen Schnur am Körper befestigt, der andere Schüler übt wieder eine Zugkraft aus.

Beobachte in den Teilversuchen a)–d) jeweils die Anzeige der beiden Kraftmesser und markiere am Fußboden den Punkt, an dem beide Schüler jeweils zusammentreffen.

Versuch 2

Zwei kreisförmige Styroporscheibchen schwimmen im Abstand von einigen Zentimetern in einer mit Wasser gefüllten Wanne. Auf der einen Scheibe ist ein kleiner Stabmagnet, auf der anderen ein gleich schwerer Weicheisenkörper befestigt. Die beiden Scheiben werden zunächst festgehalten.
a Wir geben die beiden Scheibchen frei.
b Wir halten das Scheibchen mit dem Magneten fest und geben das andere frei.
c Das Scheibchen mit dem Eisenkörper wird festgehalten und das andere freigegeben.

Beschreibe deine Beobachtungen in den drei Teilversuchen a) – c).

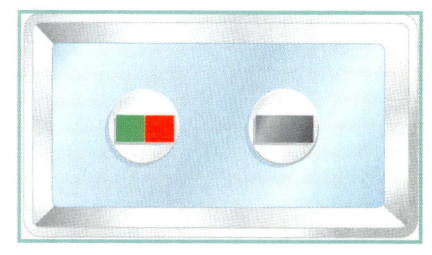

75.1 Zu Versuch 2

MECHANIK

76.1 Zu Versuch 3

Versuch 3

Auf einem auf Rollen (z. B. kurze Stativstangen) gelagerten Holzbrett steht ein massiver, batteriebetriebener, mit gummibereiften Rädern ausgestatteter Spielzeug-Truck. Wir schalten den Motor des Fahrzeugs ein.

Formuliere die Beobachtungen. Verwende dabei die in den Versuchen 1 und 2 gewonnenen Ergebnisse.

Versuch 4

Auf eine senkrecht eingespannte Stativstange wird über eine Schnur eine Zugkraft ausgeübt. Dabei ist zwischen dem einen Schnurende und der Stange sowie zwischen dem anderen Schnurende und der Hand jeweils ein Kraftmesser eingespannt.

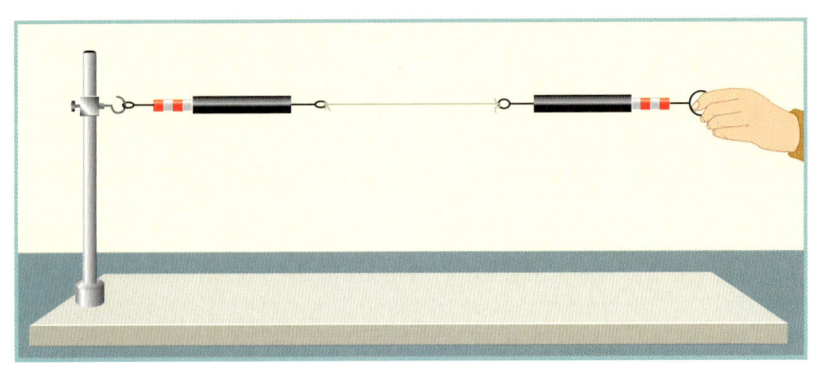

76.2 Zu Versuch 4

Wir üben nun mit der Hand eine Zugkraft aus, sodass der eine Kraftmesser gerade eine Kraft von 5 N anzeigt. Welche Kraft zeigt der zweite, an der Stativstange befestigte Kraftmesser an? Welche Kraft wirkt dabei in der Schnur?
Wir können diese Fragen beantworten, indem wir aus der Mitte der Schnur ein Stück herausschneiden und dieses durch einen dritten Kraftmesser ersetzen. Wir üben wieder eine Zugkraft vom Betrag 5 N mit der Hand aus.

Beobachtung

Alle drei Kraftmesser zeigen eine Kraft von jeweils 5 N an.

Folgerung

Über das Seil wird auf die Stativstange eine Kraft $\vec{F}_1$ (Muskelkraft) ausgeübt. Dadurch wird die Stange so weit verformt bzw. gebogen, bis die durch die Wechselwirkung zwischen den Teilchen (Atome, Moleküle), aus denen die Stange aufgebaut ist, hervorgerufene elastische Gegenkraft $\vec{F}_2$ den gleichen Betrag wie die verformende Zugkraft hat. (Wird die maximal mögliche Gegenkraft überschritten, so wird die Stange dauerhaft verformt oder bricht.)

Diese beiden Kräfte $\vec{F}_1$ und $\vec{F}_2$ haben somit gleiche Beträge, sind entgegengesetzt gerichtet, wirken entlang der gleichen Wirkungslinie und greifen an verschiedenen Körpern an.

Durch das Seil wird eine Kraft unverändert übertragen.
Von dieser grundlegenden Tatsache, dass Kräfte immer paarweise auftreten, dass jede Kraft eine Gegenkraft zur Folge hat, wollen wir uns noch in einem weiteren Versuch überzeugen.

Versuch 5

Auf der einen Waagschale einer Balkenwaage steht ein mit Wasser gefülltes Becherglas. Indem wir Wägstücke aus einem Wägesatz auf die andere Waagschale auflegen, bringen wir die Waage ins Gleichgewicht (wir tarieren die Waage aus). Dann senken wir einen an einer Schnur hängenden Metallwürfel langsam und vorsichtig in das Wasser, bis er völlig eingetaucht ist, ohne jedoch dabei den Boden des Becherglases zu berühren.

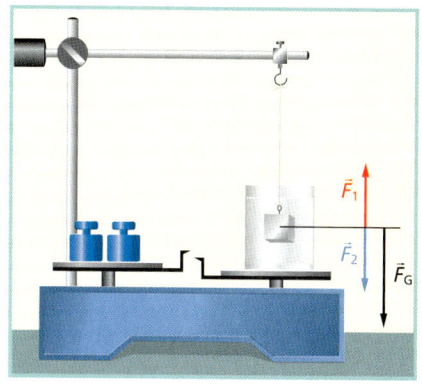

Beobachtung

Das Gleichgewicht wird gestört, die Waage senkt sich auf der Seite, auf der der Körper in das Wasser eintaucht. Wir können uns dieses überraschende Ergebnis folgendermaßen erklären: Auf den in das Wasser eingetauchten Körper wirkt eine Auftriebskraft $\vec{F}_1$, die am Körper angreift und zu dessen Gewichtskraft $\vec{F}_G$ entgegengesetzt gerichtet ist. Diese Auftriebskraft hat eine Gegenkraft $\vec{F}_2$ zur Folge, die am Wasser und damit auch am Becherglas angreift, wodurch die Waage aus dem Gleichgewicht gebracht wird.
Um die Waage wieder ins Gleichgewicht zu bringen, müssen wir auf der anderen Waagschale zusätzlich ein Wägestückchen auflegen, dessen Gewichtskraft den gleichen Betrag hat wie diese Auftriebskraft. Wie groß muss dabei der Betrag der Gewichtskraft F_G^* dieses Wägestückchens sein?

77.1 Zu Versuch 5

Die Beobachtungen unserer fünf Versuche können wir zu folgendem Ergebnis zusammenfassen.

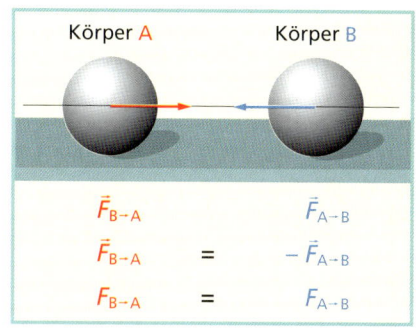

ERGEBNIS / Grundwissen

▶ Kräfte entstehen durch Wechselwirkungen und treten stets paarweise auf. Übt ein Körper A eine Kraft auf einen Körper B aus, so wirkt der Körper B mit einer Kraft auf den Körper A. Diese beiden Kräfte, Kraft und Gegenkraft, haben den gleichen Betrag, entgegengesetzte Richtung und greifen an verschiedenen Körpern an. ◀

Dieses von Newton formulierte Gesetz wird als Wechselwirkungsgesetz bezeichnet und oft auch kurz mit „actio ist gleich reactio" (Wirkung ist gleich Gegenwirkung) ausgedrückt.
Das Wechselwirkungsgesetz ist eines der drei Gesetze der Bewegung, die von Newton in seinem bedeutendsten Werk, den Principia, formuliert wurden. Das erste dieser drei Gesetze oder Axiome ist das Trägheitsgesetz, das wir in Kapitel 3.1 kennen lernen werden. Das zweite Gesetz lautet: „Die Änderung der Bewegung" eines Körpers

77.2 Die Wechselwirkung von Kräften

Körper A	Körper B
$\vec{F}_{B \to A}$	$\vec{F}_{A \to B}$
$\vec{F}_{B \to A}$ =	$-\vec{F}_{A \to B}$
$F_{B \to A}$ =	$F_{A \to B}$

erfolgt unter dem Einfluss einer äußeren Kraft, „ist zu dieser bewegenden Kraft proportional und geschieht nach der Richtung derjenigen geraden Linie, nach welcher jene Kraft wirkt." Das dritte Gesetz, das Wechselwirkungsgesetz, ist in den Principia folgendermaßen formuliert: „Die Wirkung ist stets der Gegenwirkung gleich, oder die Wirkungen zweier Körper aufeinander sind stets gleich und von entgegengesetzter Richtung."

AUFGABEN

1 Ein Körper hängt an einer Schraubenfeder. Skizziere die Anordnung, trage in die Zeichnung Kraft und Gegenkraft ein und wende auf dieses Beispiel das Wechselwirkungsgesetz an.

2 Erkläre mithilfe des Wechselwirkungsgesetzes
 a den Tiefstart aus Startblöcken bei einem 100-m-Lauf,
 b die Fortbewegung eines Skilangläufers.

3 Beschreibe mithilfe des Wechselwirkungsgesetzes, was geschieht, wenn
 a ein Junge aus einem im See schwimmenden Boot springt,
 b ein Mädchen aus dem Boot schwere Steine waagrecht wegwirft.

4 Das sog. Rückstoßprinzip ist eine andere Formulierung des Wechselwirkungsgesetzes. Erkläre dies am Beispiel
 a des Raketenantriebs,
 b eines sich drehenden Wasserrads zur Gartenbewässerung,
 c des Rückschlags beim Abfeuern eines Sportgewehrs.

5 Erkläre
 a die Fortbewegung eines Autos auf der Straße bzw. die einer Eisenbahnlokomotive auf den Schienen,
 b das Schweben eines Hubschraubers oder einer Libelle,
 c die Fortbewegung eines propellergetriebenen Flugzeuges,
 d die Fortbewegung eines Raddampfers bzw. die eines mittels einer Schiffsschraube angetriebenen Boots.

6 Suche weitere Beispiele aus dem Alltag für das Auftreten von Kraft und Gegenkraft bzw. für das Wechselwirkungsgesetz.

7 Stelle dich, einen schweren Körper (z. B. deine vollgepackte Schultasche) in den Händen haltend, auf die Badezimmerwaage. Bewege den Körper ruckartig
 a nach unten und
 b nach oben.

Welche Beobachtung kannst du dabei jeweils an der Anzeige der Waage machen?

Begründe deine Aussage.

3 Masse

3.1 Warum auch fleißige Menschen träge sind – *Das Trägheitsgesetz*

Wir alle haben schon unangenehme Erfahrungen gemacht, wenn wir in einem Bus stehen und uns nicht festhalten. Beschreibe, was dabei geschehen kann, wenn der Bus schnell anfährt, plötzlich abbremst oder in eine enge Kurve fährt.

Beschreibe Vorgänge, die ähnlich wie der Sturz aus Abb. 79.1 ablaufen.

> **Versuch 1**
>
> *Vom Sportlehrer der Schule besorgen wir uns einen leichten und einen schweren Medizinball.*
> *Wirf einem Mitschüler einmal den leichten und dann den schweren Medizinball zu. Fange den von deinem Mitschüler dir zugeworfenen leichten und dann den schweren Medizinball auf.*

79.1 Motorradsturz

Beschreibe deine Erfahrungen beim Abwerfen und Auffangen der beiden unterschiedlich schweren Medizinbälle.

> **Versuch 2**
>
> *Auf ein Wägelchen stellen wir einen Holzklotz (siehe Abb. 79.2). Wir ändern den Bewegungszustand des Wägelchens, indem wir es*
> *a ruckartig in Bewegung setzen,*
> *b plötzlich abbremsen (auf ein Hindernis auffahren lassen).*
> *Wir wiederholen den Versuch, wobei wir ein mit Wasser gefülltes Becherglas auf das Wägelchen stellen.*

Formuliere deine Beobachtungen bei diesem Versuch.
Unsere Erfahrungen und Beobachtungen können wir folgendermaßen zusammenfassen:

Jeder Körper hat die Eigenschaft, einer Änderung seines momentanen Bewegungszustandes einen Widerstand entgegenzusetzen. Diese neben der Schwere zweite wesentliche Eigenschaft aller Körper bezeichnen wir als *Trägheit*. Um den Bewegungszustand eines Körpers zu ändern, ist wegen der Trägheit des Körpers überall eine Kraft notwendig. Diese Körpereigenschaft kann auch dann festgestellt werden, wenn sich der Körper in einer Raumkapsel befindet, die antriebslos auf ihrer Umlaufbahn die Erde umkreist oder wenn wir den Körper an einen Ort im Universum bringen könnten, an dem keine bzw. eine äußerst geringe Gravitationswirkung herrscht.

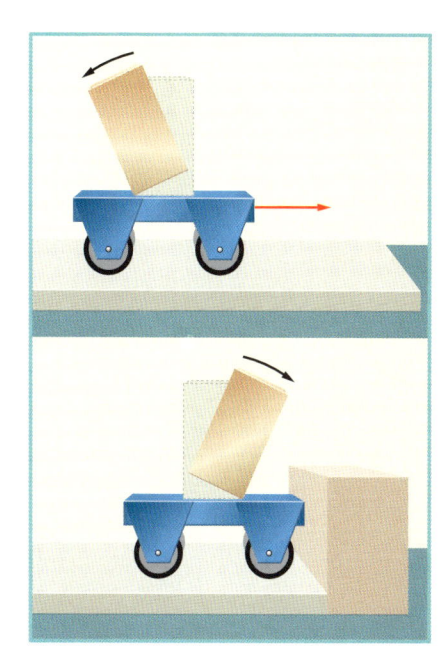

79.2 Trägheit

MECHANIK

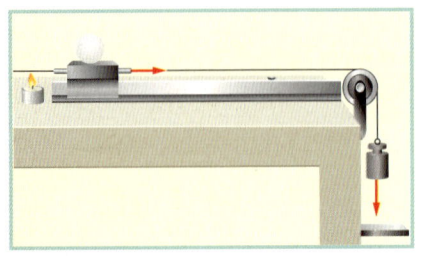

80.1 Zu Versuch 3

Versuch 3

Auf einer Luftkissenfahrbahn (um die Reibung weitgehend auszuschalten) befindet sich ein Gleitschlitten, auf dem ein Tischtennisball liegt. Der Schlitten wird auf der einen Seite durch einen Faden gehalten. Auf der anderen Seite ist ein über eine Rolle geführter Faden befestigt, an dem ein Gewichtsstück hängt. Wir schneiden oder brennen den Haltefaden durch (siehe Abb. 80.1).

Beobachtung

- *Der Schlitten wird durch die auf ihn einwirkende Kraft in Bewegung gesetzt.*
- *Der Ball fällt nach hinten vom Schlitten herunter.*
- *Von dem Zeitpunkt an, in dem das Gewichtsstück auf dem Auffangteller aufsetzt und keine Kraft auf den Schlitten mehr einwirkt, gleitet dieser mit der zu diesem Zeitpunkt erreichten Geschwindigkeit weiter.*

Von der Tatsache, dass auch gasförmige Körper träge sind, kannst du dich durch folgenden Versuch leicht überzeugen.

Versuch 4

a Gehe mit einem an einer langen Schnur befestigten Luftballon, der mit Wasserstoffgas (vom Lehrer) gefüllt ist, langsam durch das Zimmer.
b Lege einen Bleistift so auf die Tischkante, dass er etwa zur Hälfte übersteht und lege über die auf dem Tisch liegende Bleistifthälfte zwei Blatt Zeitungspapier. Schlage mit der Handkante mit einer sehr schnellen Bewegung auf die überstehende Bleistifthälfte (Vorsicht, dass du dich nicht verletzt).

Beschreibe deine Beobachtungen und versuche, diese mit der Trägheit zu erklären.

ERGEBNIS / Grundwissen

▶ Alle Körper (fest, flüssig, gasförmig) sind träge. Jeder Körper hat die Eigenschaft, seinen momentanen Bewegungszustand (der Ruhe oder der gleichförmigen Bewegung) beizubehalten, solange keine äußere Kraft auf ihn einwirkt (Trägheitsgesetz, Newton). ◀

Schwere und **Trägheit** sind zwei **verschiedene Eigenschaften** aller Körper. Diese Aussage können wir in einem Versuch überprüfen.

Versuch 5

Eine schwere Eisenkugel wird an einem Faden aufgehängt. An der Kugel ist unten ein zweiter, gleicher Faden angebracht. Ziehe an diesem unteren Faden
a einmal langsam,
b dann ruckartig (nachdem du den gerissenen Faden ersetzt hast).

Erkläre, warum bei a) der obere, bei b) der untere Faden reißt.

Bis ins Mittelalter war man der Auffassung von Aristoteles, dass jede gleichförmige Bewegung durch eine Kraft aufrechterhalten werden müsse; die Bewegung endet, wenn diese Kraft aufhört.
Das Trägheitsgesetz wurde bereits 100 Jahre vor Newton von Galilei aufgestellt: Jede gleichförmige Bewegung erfolgt ohne Einwirken einer Kraft. Bei seinen in der mittelalterlichen Gedankenwelt gefangenen Zeitgenossen stieß Galilei damit auf heftige Ablehnung. Newton hat dieses Gesetz von Galilei nur wieder aufgegriffen und es in den größeren Zusammenhang seiner Mechanik gestellt.

Als äußerst dramatisch und sogar lebensgefährlich erweisen sich die Folgen der Trägheit bei einem Auffahrunfall, wie dies bei Crash-Tests simuliert wird (siehe Abb. 81.1). Beim Aufprall auf das Hindernis wird der Wagen in einer sehr kleinen Zeitspanne zum Stillstand abgebremst und dabei verformt. Die Insassen und die im Wageninneren lose abgelegten Gegenstände behalten infolge der Trägheit ihren momentanen Bewegungszustand bei. Die Folge ist, dass die Insassen mit großer Wucht gegen das Lenkrad, das Armaturenbrett oder die Windschutzscheibe prallen oder durch die Windschutzscheibe geschleudert werden, was zu schweren, leider oft tödlichen Verletzungen führen kann. Auch die im Wageninneren herumgeschleuderten Gegenstände können eine große Gefahr für die Insassen bedeuten. Deshalb muss stets der Sicherheitsgurt angelegt werden, der zusammen mit den Nackenstützen bewirkt, dass der menschliche Körper die plötzliche Bewegungsänderung des Fahrzeugs beim Aufprall ohne schwerwiegende Verletzungen mitmachen kann. Aus dem selben Grund müssen Gepäckstücke und andere Gegenstände gesichert abgelegt werden.

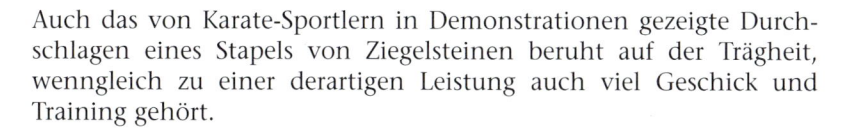

81.1 Crash-Test

Auch das von Karate-Sportlern in Demonstrationen gezeigte Durchschlagen eines Stapels von Ziegelsteinen beruht auf der Trägheit, wenngleich zu einer derartigen Leistung auch viel Geschick und Training gehört.

Zur Registrierung und Aufzeichnung von Erdbebenwellen werden sog. Seismografen verwendet, deren Wirkungsweise auf der Trägheit beruht. In Abbildung 81.2 ist der prinzipielle Aufbau eines solchen Gerätes dargestellt. Der in einem Gehäuse eingebaute und beweglich gelagerte Körper K bewegt sich bei Erschütterungen der Erdoberfläche auf Grund seiner Trägheit nicht oder nur geringfügig. Die mit der Erde verbundene Grundplatte hingegen folgt den Erschütterungen. Die Relativbewegungen zwischen Grundplatte und dem Körper werden über ein Zeigersystem auf eine Skala übertragen.

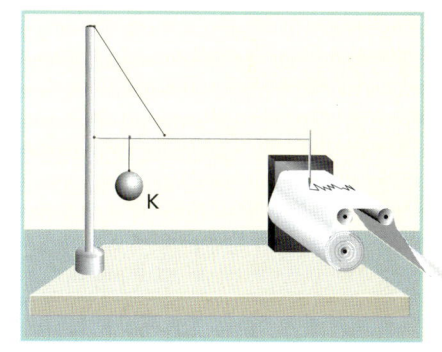

81.2 Funktionsprinzip eines Seismografen

AUFGABEN

1. Gib Beispiele aus dem Alltag an, bei denen die Trägheit erwünscht bzw. unerwünscht ist.

2. Um einen wackligen Hammerkopf oder Besen wieder fest auf dem Stiel zu befestigten, schlägt man mit dem Stielende mehrmals kräftig auf eine feste Unterlage. Erkläre diese Vorgehensweise.

3. Es ist äußerst gefährlich, aus einem fahrenden Wagen oder Zug abzuspringen! Beschreibe die sich dabei abspielenden Vorgänge und gib dafür eine Erklärung.

4. Das Mähen von Gras oder Getreide mit einer Sense beruht auf der Trägheit der Halme. Erkläre dies.

5. Ein Unterhaltungskünstler führt folgendes Kunststück vor: Auf einem mit einer Tischdecke bedeckten Tisch steht eine ganze Garnitur Essgeschirr. Mit einem kräftigen Ruck zieht der Künstler die Tischdecke unter dem Geschirr weg, ohne dass ein Geschirrstück um- oder vom Tisch fällt (zur Nachahmung nicht zu empfehlen). Erkläre dies.

6 Beim Abschleppen eines Autos kann ruckartiges Anfahren oder Fahren ein Zerreißen des Abschleppseils zur Folge haben.
Begründe diese Tatsache.

7 Du kannst selbst Demonstrationen deiner Geschicklichkeit geben:
Lege eine Postkarte oder einen Bierdeckel auf ein leeres Becherglas und darauf ein Geldstück. Wie bringt man das Geldstück in das Glas, ohne das Geldstück zu berühren?
Aus einem Stapel übereinandergeschichteter Münzen (diese sollen einen möglichst großen Durchmesser haben) kannst du mit einem Lineal die unterste Münze herausschlagen, ohne dass der restliche Stapel umfällt.

8 Zur Messung von Beschleunigungen verwendet man sog. Beschleunigungsmesser, deren Funktion auf der Trägheit beruht. Erstelle zu einem solchen Gerät eine Skizze, aus der die prinzipielle Funktionsweise ersichtlich ist.

3.2 Eine feste Größe für jeden Körper – *Die Masse*

Die Astronauten Armstrong, Aldrin und Collins haben von ihrer Apollo-11-Mission im Juli 1969 vom Mond einige Brocken Mondgestein zum Zweck einer wissenschaftlichen Untersuchung mit zur Erde gebracht. Die Gewichtskraft dieser Gesteinsbrocken hat sich auf dem Transport zur Erde ständig verändert. Auf der Erdoberfläche hat die Gewichtskraft dieser Steine dann den sechsfachen Wert wie auf der Mondoberfläche. Trotz dieser Tatsache sind wir überzeugt, dass die Gesteinsbrocken und die Menge Materie oder die Anzahl der Teilchen, aus denen sie zusammengesetzt sind, unverändert gleich sind. Die Teilchen direkt zu zählen, ist wegen deren Kleinheit und deren ungeheurer Anzahl sicher nicht möglich.
Sind zwei verschiedene Körper auf der Erde gleich schwer, so haben sie an jedem anderen Ort, z. B. auf dem Mond, eine andere Gewichtskraft, sind aber untereinander wiederum gleich schwer. Ist ein Körper auf der Erde n-mal so schwer wie ein beliebiger Vergleichskörper, so ist dies auch auf dem Mond so.
Andererseits wissen wir, dass ein Astronaut in einer die Erde umkreisenden Raumkapsel beim Auffangen eines Schreibstiftes oder eines Hammers, die ihm zugeworfen werden, unterschiedlich große Kräfte aufwenden muss. Die unterschiedliche Schwere der beiden Gegenstände kann hierbei nicht die Ursache für diese unterschiedlichen Kräfte sein. In den beiden Beispielen wird im ersten die *Schwere*, im zweiten die *Trägheit* angesprochen. Es gibt also eine Eigenschaft der Körper, die nur vom jeweiligen Körper selbst abhängt und die für die Schwere und die Trägheit gleichermaßen verantwortlich ist.
Es ist also sinnvoll zu fragen, ob wir eine Größe festlegen können, die unabhängig von dem Ort, an dem sich ein Körper gerade befindet, den gleichen Wert hat.

Masse

Versuch 1

Aus zwei langen, parallel fixierten Stativstangen bauen wir uns eine Gleitrinne, indem wir das eine Ende dieser Anordnung etwas höher lagern. Den Abstand der beiden Stativstangen wählen wir dabei so, dass verschiedene Kugeln die Rinne herunterrollen können. Am unteren Ende der Anordnung stellen wir zwischen die beiden Stativstangen einen Reibungsklotz (Holzklotz, der auf der Auflagefläche mit einer rauen Beschichtung versehen ist).

Wir lassen jeweils aus der gleichen Ausgangslage
a eine Holzkugel und eine gleich schwere (kleine) Metallkugel,
b die Holzkugel und eine schwerere Metallkugel herunterrollen (Abb. 83.1).

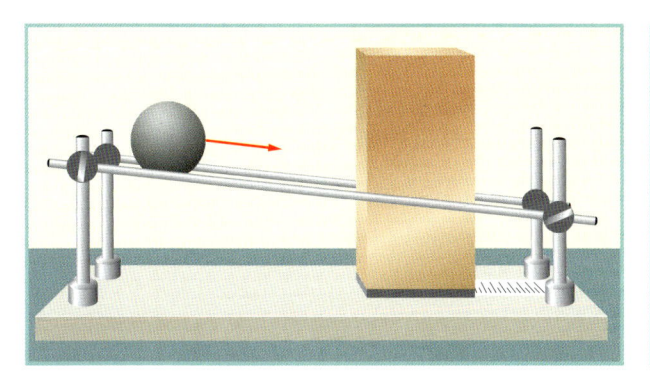

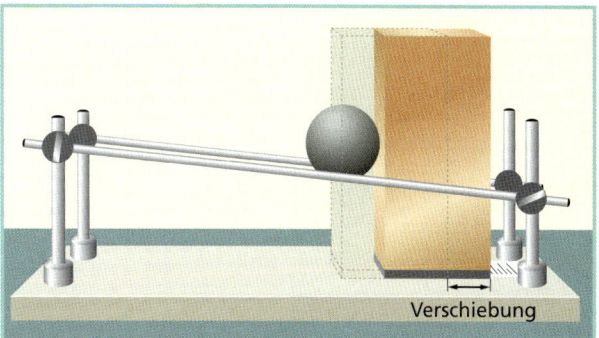

83.1 Zu Versuch 1

Beim Aufprall der Kugel auf den Reibungsklotz wird dieser wegen der Trägheit der bewegten Kugel zwischen den Stativstangen um eine bestimmte Strecke verschoben. Die Kraft, die die bewegte Kugel zum Stillstand abbremst, kennst du bereits. Wir haben sie als Reibungskraft bezeichnet. Im Versuch vergleichen wir die Strecken, um die der Reibungsklotz jeweils verschoben wird.

Beobachtung

Durch die beiden gleich schweren Kugeln wird der Reibungsklotz jeweils (ungefähr) gleich weit verschoben. Die schwerere Kugel bewirkt eine größere Verschiebung des Klotzes als die leichtere Kugel. Wir schließen daraus:
- Körper, die gleich schwer sind, sind auch gleich träge.
- Von zwei Körpern, die unterschiedlich schwer sind, ist der schwerere Körper auch träger.

Es ist naheliegend, Schwere und Trägheit von Körpern durch eine Größe zu beschreiben und diese als gemeinsames Maß für beide Körpereigenschaften festzulegen. Wir bezeichnen diese Größe als Masse. Um die Masse festzulegen, müssen wir ein Messverfahren vereinbaren. Wir müssen also festlegen, unter welchen Bedingungen wir
- zwei Massen als gleich,
- eine Masse als zwei-, drei-, …, n-mal so groß wie eine andere Masse,

bezeichnen können und wir müssen
- eine Einheit für die Masse

festlegen.

MECHANIK

Da die Masse eines Körpers sowohl für dessen Schwere als auch für dessen Trägheit verantwortlich ist, können wir prinzipiell beide Körpereigenschaften zur Festlegung eines Messverfahrens benützen. Da es schwieriger ist, Bewegungs- bzw. Geschwindigkeitsänderungen genau zu messen, führen wir die Masse mithilfe der Schwere ein.
Wir vereinbaren:
Zwei Körper haben die gleiche Masse, wenn sie (am gleichen Ort) die gleiche Gewichtskraft haben (Gleichheitsbedingung für Massen).

Versuch 2

Wir legen auf eine Schale einer gleicharmigen Balkenwaage eine Metallkugel, auf die andere Waagschale einen Plastilinklumpen. Durch Wegnehmen oder Hinzufügen von Plastilin bringen wir die Waage ins Gleichgewicht.

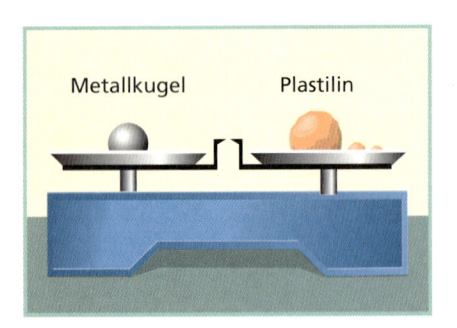

84.1 Zu Versuch 2

Wenn die Waage Gleichgewicht anzeigt, haben beide Körper in unserem Physiksaal die gleiche Gewichtskraft. Dies können wir auch an jedem anderen Ort feststellen. (Wo ist dieser Vergleich so nicht möglich?)
Somit können wir sagen:

ERGEBNIS / Grundwissen

▶ Die Massen von zwei Körpern können mit einer Balkenwaage verglichen werden. Zeigt die Waage Gleichgewicht, so haben die beiden Körper gleiche Masse. Die Masse eines Körpers ist vom Ort unabhängig. ◀

Versuch 3

Stelle dir mit einer Balkenwaage mehrere Plastilinkörper mit gleicher Masse her. Lege auf die eine Waagschale zwei dieser Körper. Füge zwei Plastilinkörper zu einem zusammen und lege diesen Körper auf die andere Waagschale. Du kannst das Gleiche noch mit jeweils drei oder vier deiner Körper machen.

Da die Balkenwaage wieder Gleichgewicht anzeigt, können wir folgende Vereinbarung treffen:

ERGEBNIS / Grundwissen

▶ Zwei, drei, ... n Körper gleicher Masse ergeben zusammen einen Körper mit der zwei-, drei-, ..., n-fachen Masse (Vielfachheitsbedingung für Massen). ◀

Um die Masse eines Körpers messen zu können, benötigen wir noch eine Vergleichsmasse oder eine Masseneinheit. Im Jahr 1889 wurde durch internationale Vereinbarung ein Normkörper aus einer Platin-Iridium-Legierung ausgewählt, der in Paris aufbewahrt wird. Die Masse dieses Urkilogrammkörpers wurde als Einheit für die Masse festsetzt und mit 1 Kilogramm bezeichnet. Von diesem Normkörper besitzen die Eichämter aller Länder Kopien. (Das für Deutschland

84.2 „Urkilogramm" der Bundesrepublik Deutschland

zuständige Eichamt befindet sich in Braunschweig.) Dieser Normkörper ist derselbe, den wir in Kapitel 2.5 zur Festlegung der Einheit der Kraft verwendet haben.

▶ Einheit für die Masse: $[m] = 1$ kg (1 Kilogramm) ◀

Weitere gebräuchliche Teile und Vielfache der Masseneinheit sind:

$$1 \text{ t (Tonne)} = 1 \cdot 10^3 \text{ kg}$$
$$1 \text{ g (Gramm)} = 0{,}001 \text{ kg} = 1 \cdot 10^{-3} \text{ kg}$$
$$1 \text{ mg (Milligramm)} = 1 \cdot 10^{-6} \text{ kg} \quad 1 \text{ mg} = 1 \cdot 10^{-3} \text{ g}$$

Aufgrund unserer Vereinbarung über die Vielfachheit von Massen kann man einen Wägesatz herstellen, der aus Wägestücken mit genau bekannter Masse besteht. Ein üblicher Wägesatz, wie er auch in der Physiksammlung steht, enthält folgende Massen:

200 g, 100 g, 50 g, 20 g, 10 g, 5 g, 2 g, 1 g,
500 mg, 200 mg, 100 mg, 50 mg, 20 mg, 10 mg, 5 mg, 2 mg, 1mg

Versuch 4

Bestimme die Massen einiger Gebrauchsgegenstände. Verwende eine Balkenwaage und einen Wägesatz. Lege dazu den Gegenstand, dessen Masse bestimmt werden soll, auf die eine Waagschale der Balkenwaage und bringe die Waage durch Auflegen von Massestücken aus dem Wägesatz auf der anderen Waagschale ins Gleichgewicht. Die Summe der Massen der aufgelegten Wägestücke ist dann gleich der Masse des Gegenstands.

Beispiel

Bei einer Wägung wurde durch Wägestücke mit folgenden Massen Gleichgewicht erreicht: 200 g, 50 g, 2 g, 1 g, 500 mg, 20 mg, 2 mg.
Die Masse beträgt daher: 253,522 g oder 0,253522 kg.

Die heute verwendeten Waagen haben selten das Aussehen wie die in unseren Versuchen verwendete Balkenwaage. Zum Teil sind bei diesen Waagen die beiden Waagebalken nicht gleich lang und als Ersatz

Masse

Die in der Neuzeit verwendeten Masseneinheiten sind Schöpfungen der Französischen Revolution (1789 ff.). Der französische Nationalkonvent legte 1799 fest: 1 Gramm ist die Masse von 1 cm³ reinen Wassers bei 4 °C und 1 Kilogramm ist die Masse von 1 dm³ oder 1 Liter Wasser bzw. die Masse eines ausgewählten Normkörpers.

Da sich herausstellte, dass die Masse dieses Normkörpers nicht exakt der Masse von 1000 cm³ Wasser entsprach und außerdem Abnutzungserscheinungen zeigte, wurde er 1889 durch den heute verwendeten Urkilogrammkörper ersetzt.

Einige Beispiele für Massen:

Elektron: $9{,}1 \cdot 10^{-31}$ kg
Wasserstoffatom: $1{,}7 \cdot 10^{-27}$ kg

1 Liter Luft (0 °C, 1013 hPa): $1{,}3 \cdot 10^{-3}$ kg
1 Liter Wasser (4 °C): 1,0 kg

Mann (Durchschnitt): 75 kg
Pkw: $1 \cdot 10^3$ kg
Zuglokomotive: $1 \cdot 10^5$ kg
Ozeantanker: $5 \cdot 10^8$ kg
Erdmond: $7{,}35 \cdot 10^{22}$ kg
Erde: $5{,}98 \cdot 10^{24}$ kg
Sonne: $1{,}99 \cdot 10^{30}$ kg

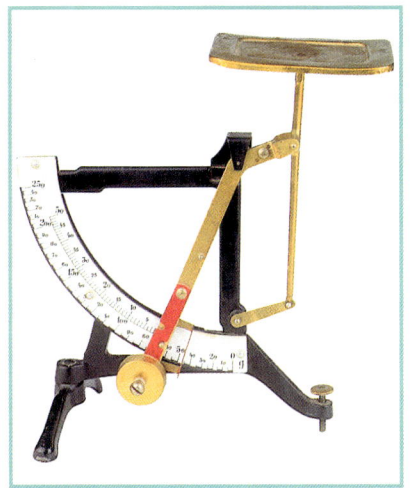

85.1 Briefwaage

85.2 Elektronische Waage

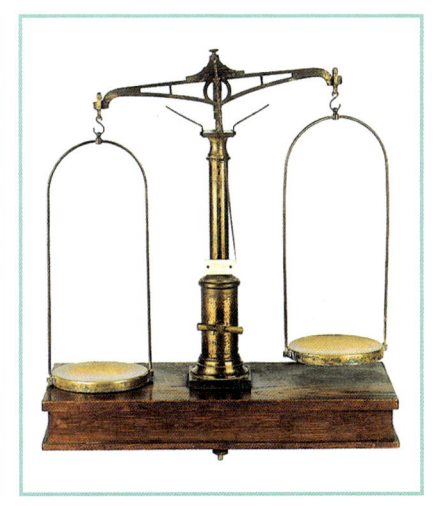

85.3 Apothekerwaage

des Wägesatzes dienen Laufgewichtsstücke, die am Waagebalken verschoben werden können. In Einkaufsgeschäften, Apotheken und wissenschaftlichen Labors werden zunehmend einschalige, elektronisch anzeigende Waagen mit höchster Genauigkeit verwendet. In den Bildern 85.1 – 3 sind einige Typen von Waagen dargestellt.

Physikalische Größen, die nicht auf andere bereits eingeführte Größen zurückgeführt werden müssen oder zurückgeführt werden können, wie die Länge, die Zeit oder die Masse, bezeichnet man als Grundgrößen.

ERGEBNIS / Grundwissen

▶ Die Masse ist eine physikalische Grundgröße. ◀

Im täglichen Leben werden Gewichtskraft und Masse von Körpern oft nicht klar voneinander unterschieden. Der Begriff Gewicht wird häufig fälschlich für beide Größen, Gewichtskraft und Masse, verwendet. Wenn ein Kaufmann sagt: „Diese Menge Kartoffeln hat ein Gewicht von 20 kg", dann ist damit sicher die Masse gemeint und nicht die ortsabhängige Gewichtskraft. Für den Kunden ist es wichtig, dass er überall die gleiche Menge bzw. die gleiche Masse Kartoffeln, eben 20 kg, erhält. Andererseits wäre es für den Kunden in Los Angeles etwas leichter (wenn auch nicht sehr viel), diese Kartoffeln nach Haus zu tragen als in Oslo, weil die auf die Kartoffeln wirkende Gewichtskraft in Los Angeles etwas geringer ist. Um Missverständnisse auszuschließen, verwenden wir den Begriff Gewicht in der Physik nicht. Wir sprechen von der Gewichtskraft, wenn die ortsabhängige Kraft gemeint ist, mit der ein Körper von der Erde angezogen wird, und von der Masse, wenn die ortsunabhängige Eigenschaft aller Körper gemeint ist, schwer und träge zu sein.

Zusatzinformation:
Aus Versuch 2 und Versuch 3 können wir schließen, dass für den gleichen Ort Gewichtskraft F_G und Masse m direkt proportional zueinander sind.

$$F_G \sim m \text{ oder } F_G = c \cdot m$$

(c ist eine vom jeweiligen Ort abhängige Proportionalitätskonstante.)

AUFGABEN

1 Beschreibe die einzelnen Schritte, die zur Festlegung eines Messverfahrens für eine physikalische Größe, z. B. der Masse, erforderlich sind.

2 An dem Ort zwischen Erde und Mond, an dem sich die Gravitationskräfte von Erde und Mond aufheben oder in einem antriebslos die Erde auf einer Umlaufbahn umkreisenden Raumschiff ist ein Massenvergleich wie in Versuch 2 nicht möglich. Begründe, warum dies so ist. Überlege dir für den in den beiden Beispielen geschilderten Fall eine Versuchsmethode für einen Massenvergleich.

3 Du hast ein 1-kg-Wägestück und einen großen Klumpen Plastilin. Wie kannst du damit einen Wägesatz herstellen?

4 Die ganze Welt besteht aus Teilchen – *Das Teilchenmodell*

4.1 Der Aufbau der Körper aus Teilchen

Stoffe bzw. aus Stoffen aufgebaute Körper, die uns aus dem Alltag bekannt sind, können im festen Zustand (Eisen, Beton, Holz, Schaumstoff), im flüssigen Zustand (Wasser, Öl, Quecksilber) oder im gasförmigen Zustand (Luft, Sauerstoff, Wasserstoff) vorliegen. In welcher dieser drei Zustandsformen oder Aggregatzustände – fest, flüssig oder gasförmig – der jeweilige Stoff bzw. Körper vorliegt, hängt offensichtlich von der Temperatur (und auch vom Druck) ab. So ist der Stoff Quecksilber (chemisches Zeichen: Hg) bei Temperaturen zwischen −39 °C und +356 °C flüssig, bei Temperaturen unterhalb −39 °C fest und bei Temperaturen über 356 °C gasförmig.

Wasser kennen wir aus dem Alltag in allen drei Aggregatzuständen: fest als Eis, flüssig als Wasser und gasförmig als Wasserdampf (siehe Abb. 87.1). Dies liegt daran, dass Wasser bei nicht zu extremen und uns im Alltag zugänglichen Temperaturen in den festen (0 °C) bzw. in den gasförmigen Aggregatzustand (100 °C) durch Abkühlen bzw. Erwärmen übergeführt werden kann.

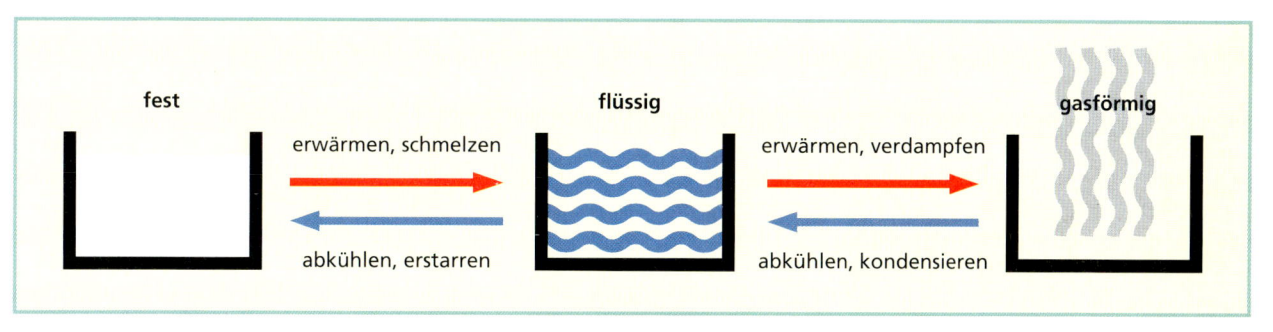

87.1 Die drei Aggregatzustände

Es gibt Stoffe wie Schwefel, die unter bestimmten Bedingungen vom festen direkt in den gasförmigen Zustand (Sublimation) und umgekehrt vom gasförmigen direkt in den festen Zustand (Resublimation) übergehen.

Da es sich bei Eis, Wasser und Wasserdampf jeweils um den gleichen Stoff handelt, der in Abhängigkeit vom Wärmezustand bzw. von der Temperatur im festen, flüssigen oder gasförmigen Zustand vorliegen kann, müssen wir uns mit dem Aufbau der Stoffe oder der Materie beschäftigen, um bestimmte Eigenschaften von Stoffen oder Körpern verstehen zu können.

Die Vorstellung vom Aufbau der Materie wurde vor etwa 2400 Jahren in Griechenland entwickelt. Leukipp (um 450 v. Chr.) und dessen Schüler Demokrit (460–370 v. Chr.) dachten sich die Materie aus kleinsten, nicht mehr weiter teilbaren Bausteinen oder Teilchen, die sie Atome (griechisch: átomos ≙ unteilbar) nannten, aufgebaut. Diese Vorstellung wurde im Lauf der Zeit, vor allem aber im 19. Jahrhundert

MECHANIK

durch den Chemiker John Dalton (1766–1844) und den Physiker Ludwig Boltzmann (1844–1906) weiter verfeinert und ausgebaut. Heute stellen wir uns den Aufbau der Materie folgendermaßen vor:

GRUNDWISSEN

▶ Jeder Körper (fest, flüssig oder gasförmig) ist aus kleinsten Teilchen aufgebaut. Die verschiedenen Stoffe (z. B. Eisen, Gold, Wasser, Spiritus, Luft, Sauerstoff) unterscheiden sich in der Art und der Anordnung ihrer Teilchen. Diese Teilchen sind selbst wieder aus kleineren Bausteinen zusammengesetzt, also nicht unteilbar. ◀

Beim Zerteilen dieser kleinsten Teilchen, aus denen wir uns einen Körper einer bestimmten Stoffart aufgebaut denken, gehen die für die Stoffart charakteristischen Eigenschaften verloren.

▶ Derartige Vorstellungen oder Bilder, mit denen man physikalische Beobachtungen und Phänomene zu erklären versucht, nennt man Modelle. Das Teilchenmodell ist eine Vorstellung, mit der man den Aufbau der Materie sowie eine Reihe von physikalischen Erscheinungen erklären kann. ◀

Das Teilchenmodell muss – wie jede andere Modellvorstellung auch – einer speziellen Voraussetzung genügen (die bei den Griechen nicht erfüllt war), wenn es brauchbar sein soll:

▶ Mit dem Modell müssen sich bestimmte Erscheinungen widerspruchsfrei erklären lassen. Das bedeutet, dass das Experiment darüber entscheidet, ob das Modell brauchbar ist. ◀

Für das Teilchenmodell wollen wir dies jetzt mit einer Reihe von Versuchen überprüfen.

88.1 Drei Erscheinungsformen von Wasser

Versuch

Feste, flüssige und gasförmige Körper sind aus Teilchen aufgebaut.
a Zerreibe Salzkörner in einem Mörser. Koste mit der Zunge von dem Salzstaub.
b Betrachte die Salzkörner unter einem Mikroskop (400fache Vergrößerung).
c Löse Salzkörner in Wasser, bis eine gesättigte Lösung entsteht. (Die gesättigte Lösung erkennt man daran, dass kein Salz mehr im Wasser gelöst wird und das Salz am Gefäßboden liegen bleibt.)
d Gib einen Tropfen dieser Lösung auf einen Objektträger und betrachte den Tropfen unter dem Mikroskop. Koste von der Lösung.
e Gib 2 bis 3 Milliliter der Lösung in ein Uhrglasschälchen und warte, bis das Wasser verdunstet ist. (Das Verdunsten kann man mit dem warmen Luftstrom eines Föns beschleunigen.) Betrachte den Inhalt des Schälchens unter dem Mikroskop.

Das Teilchenmodell

f Fülle ein Becherglas mit Wasser und tauche ein an einem Stativ befestigtes Glasrohr senkrecht hinein, bis es fast den Boden berührt. Lasse durch das Rohr einige Kristalle Kupfersulfat oder Natrium-Fluoreszein fallen und beobachte das Auflösen der Kristalle. (Vorsicht: Da Kupfersulfat gesundheitsschädlich ist, sollte ein Hautkontakt vermieden werden. Fluoreszein lässt sich nur schwer von der Haut und aus Kleidungsstücken entfernen.)

g Rühre die Mischung aus Versuch f) kräftig um und gib einige Tropfen dieser Mischung in ein mit klarem Wasser gefülltes Becherglas.

h Stelle eine flache Glasschale, in der sich eine intensiv riechende Flüssigkeit (Ether, Salmiakgeist oder Parfüm) befindet, in einer Entfernung von einigen Metern auf.

Ether ist hoch entzündlich!

Salmiakgeist ist ätzend!

Beobachtungen

a Die Salzkörnchen werden zu Mehl zerrieben. Auch das zerkleinerte Salz schmeckt salzig.

b Unter dem Mikroskop erkennt man die Struktur der Salzkristalle (siehe Abb. 89.1).

c Die winzigen Salzkörnchen werden im Wasser weiter aufgelöst bzw. zerkleinert, gleichmäßig verteilt und sind nach dem Lösen nicht mehr sichtbar.

d Die Lösung schmeckt salzig. Von den Salzkristallen bzw. -körnchen ist unter dem Mikroskop nichts mehr zu erkennen.

e Nach dem Verdunsten der Flüssigkeit bilden sich wieder Salzkristalle, die unter dem Mikroskop zu sehen sind.

f Die Kristalle lösen sich auf (bei Kupfersulfat dauert dies einige Minuten) und am Gefäßboden bildet sich eine farbige, konzentrierte Lösung, die langsam nach oben in das Wasser hineinwandert (diffundiert).

g Die gesamte Flüssigkeit wird einheitlich gefärbt. Nach dem Verdünnen im klaren Wasser wird die gesamte Flüssigkeit einheitlich schwach gefärbt, die Kupfersulfat- bzw. die Natrium-Fluoreszein-Teilchen werden in der gesamten Flüssigkeit weiter gleichmäßig verteilt. Eine Erklärung dafür ist, dass die Kristalle in Wasser in Teilchen aufgelöst werden und sich diese Teilchen gleichmäßig zwischen den Wasserteilchen verteilen.

h Nach einiger Zeit kann man die Substanz im gesamten Raum riechen (bei Salmiakgeist ist es ein stechender Geruch). Wir können dies erklären, indem wir annehmen, dass der Stoff verdunstet, wobei Teilchen aus der Flüssigkeit entweichen, die sich als Dampf im Raum gleichmäßig verteilen.

89.1 Salzkristalle unter dem Mikroskop

Unsere Versuche stellen keinen Beweis dafür dar, dass die Materie tatsächlich aus kleinsten Teilchen aufgebaut ist. Wenn man aus einem Behälter durch ein sehr enges Glasrohr Wasser austropfen lässt, rechtfertigt dies auch nicht die Annahme, dass das Wasser im Behälter in Tropfenform vorliegt. Unsere Versuche legen aber die Existenz kleinster Teilchen nahe, weil sich mit dieser Vorstellung die in den Versuchen beobachteten Phänomene erklären lassen.

Um allerdings die Diffusion (lat. diffundere ≙ ausgießen) d. h. die gleichmäßige Verteilung von Salz-, Kupfersulfat- oder Natrium-Fluoreszein-Teilchen in Wasser und von Ether-, Salmiak- oder Parfüm-Teilchen in Luft erklären zu können, müssen wir diesen Teilchen die Eigenschaft zusprechen, dass sie sich in ständiger Bewegung befinden.

4.2 Die Eigenbewegung der Teilchen

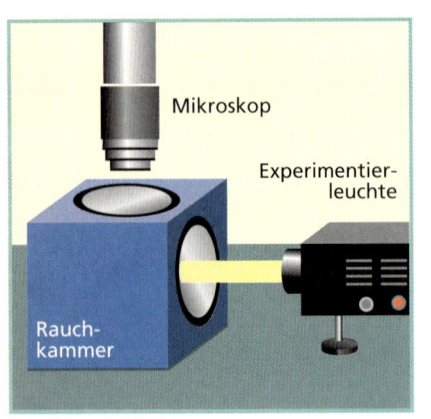

Versuch 1

a Wir mischen Wasser und 3,5%ige Milch im Verhältnis 5:1. Mit einer Pipette bringen wir einen Tropfen dieser Emulsion auf einen Objektträger und legen vorsichtig, sodass sich keine Luftblasen bilden, ein Deckglas darüber. Wir beobachten die Emulsion zwischen den beiden Glasplättchen unter dem Mikroskop bei 400- bis 500facher Vergrößerung.

b In eine Rauchkammer wird etwas Tabakrauch geblasen und die Kammer verschlossen. Das Innere der Rauchkammer wird mittels einer Experimentierleuchte durch ein seitliches Fensterchen beleuchtet und durch ein in der Deckfläche angebrachtes Fensterchen mit dem Mikroskop bei etwa 150facher Vergrößerung beobachtet.

90.1 Zu Versuch 1

Beobachtung

In beiden Fällen beobachten wir kleine, beleuchtete Teilchen (a: Fetttröpfchen; b: Rauchpartikel), die unregelmäßige, ruckartige Zickzack-Bewegungen ausführen. Diese Teilchen sind wesentlich größer als die selbst mit stärksten Mikroskopen nicht sichtbaren Wasser- bzw. Luftteilchen, zwischen denen sie schweben.

Wir nehmen an, dass die Bewegung dieser Fett- und Rauchteilchen in der Weise erfolgt, dass die in ständiger Eigenbewegung befindlichen Wasser- und Luftteilchen unregelmäßige und unterschiedlich starke Stöße auf die Fett- und Rauchpartikel ausüben.

Dichtet man im Versuch 1a) die Ränder der Glasplättchen mit Vaseline so ab, dass das Wasser nicht verdunsten kann, so kann man die Bewegungen der Fetttröpfchen über Tage hinweg beobachten und feststellen, dass diese Bewegung unentwegt und in gleichem Maße anhält.

Wir wollen in einem weiteren Experiment untersuchen, ob diese Eigenbewegung der Teilchen beeinflussbar ist, d.h. ob die Heftigkeit der Teilchenbewegung mit einer anderen Eigenschaft des Körpers zusammenhängt.

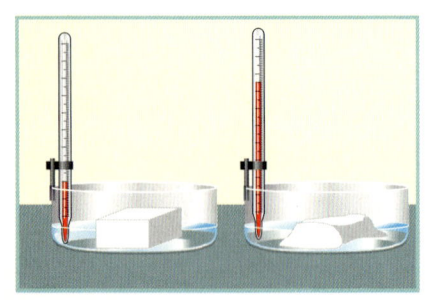

Versuch 2

Zwei gleiche flache Glasschälchen werden mit kaltem bzw. heißem Wasser gefüllt. Lege in beide Schälchen dann jeweils ein Stück Würfelzucker und beobachte die Auflösung der Zuckerstückchen (s. Abb. 90.2).

90.2 Zu Versuch 2

Formuliere deine Beobachtungen und erkläre den Vorgang.
Wir wollen uns unsere bisherigen Überlegungen bzw. Vorstellungen hinsichtlich der Bewegung der Teilchen und der gegenseitigen

Durchdringung (Diffusion) von Flüssigkeiten oder Gasen in einem Modellversuch veranschaulichen.

Versuch 3

Ein Luftkissentisch mit quadratischer Fläche wird exakt waagrecht (Justieren mithilfe der seitlichen Stellschrauben) auf die Projektionsfläche eines Tageslichtprojektors gestellt. An den vier Seiten des Luftkissentischs sind stabförmige Magnetbarrieren angebracht.

a Auf die Fläche des Luftkissentischs verteilen wir ca. 20 Magnetpucks, die die Teilchen eines Gases in einem abgegrenzten Volumen darstellen sollen. Wir regulieren die Luftzufuhr zunächst so, dass sich die „Teilchen" ein wenig, mit geringen Geschwindigkeiten regellos bewegen. Wir erhöhen die Luftzufuhr und beobachten die Bewegungen der Magnetpucks (Teilchen).

b Wir legen zusätzlich zu den Magnetpucks ein kleines, dünnes Styroporscheibchen, das ein in Wasser schwebendes Aluminiumkörnchen oder ein in Luft schwebendes Rauchpartikelchen bedeuten soll, auf den Luftkissentisch. Wir wiederholen Versuch a) und beobachten die Bewegung des Styroporscheibchens.

c Die Fläche des Luftkissentisches wird durch eine weitere magnetische Barriere in zwei rechteckige Hälften geteilt. In die eine Hälfte bringen wir 10 blaue Magnetpucks (Luftteilchen oder Wasserteilchen), in die andere Hälfte 10 grüne Magnetpucks (Teilchen eines anderen Gases oder Natrium-Fluoreszein-Teilchen). Nachdem wir eine mittlere Luftzufuhr einreguliert haben, entfernen wir die Trennbarriere und beobachten die Durchmischung der verschiedenfarbigen Magnetpucks bzw. die gegenseitige Durchmischung der Teilchen verschiedener Stoffe.

d Wir wiederholen Versuch c), wobei wir die Luftzufuhr auf maximal regulieren.

Formuliere die Beobachtungen zu den vier Teilversuchen 3a)–d). Skizziere für Versuch 3b) die Bahn des Styroporscheibchens, indem du etwa nach jeweils 10 Sekunden dessen momentane Lage auf dem Tisch festhältst.

Der englische Botaniker Robert Brown entdeckte 1827 diese nach ihm benannte Brown'sche Bewegung der Teilchen. Er beobachtete unter dem Mikroskop die unregelmäßige Zitter- bzw. Zickzackbewegung von kleinsten, in einem Wassertropfen eingeschlossenen Samenkörnern. Er erklärte diese Bewegung durch die unregelmäßigen und unterschiedlich starken Stöße, die von den sehr viel kleineren, auch im Mikroskop nicht sichtbaren und in ständiger Eigenbewegung befindlichen Wasserteilchen auf die Körner ausgeübt werden. Er stellte außerdem fest, dass die Brown'sche Bewegung umso heftiger ist, je höher die Temperatur des Wassers ist.

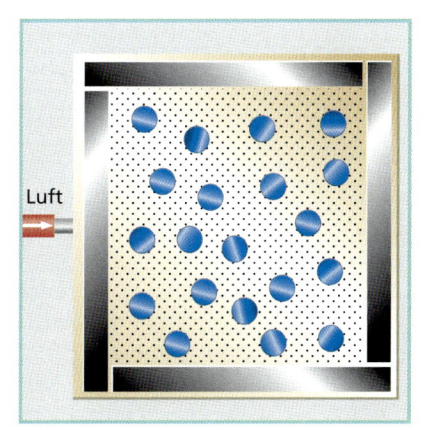

91.1 Zu Versuch 3a

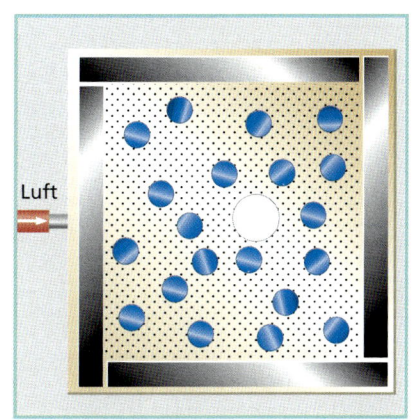

91.2 Zu Versuch 3b

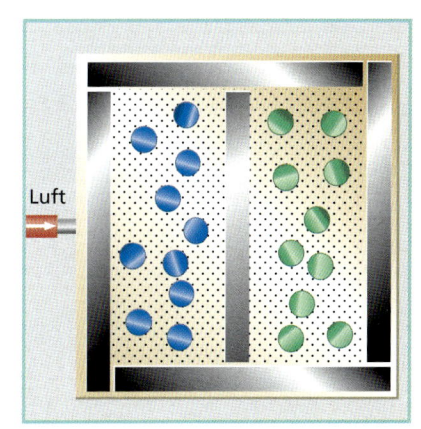

91.3 Zu Versuch 3c und d

MECHANIK

ERGEBNIS / Grundwissen

▶ Die Teilchen, aus denen wir uns alle Körper aufgebaut vorstellen, befinden sich in einer ständigen Eigenbewegung. Je heftiger diese Eigenbewegung der Teilchen ist, desto höher ist die Temperatur des Körpers. Man nennt die Teilchenbewegung deshalb auch thermische Bewegung. ◀

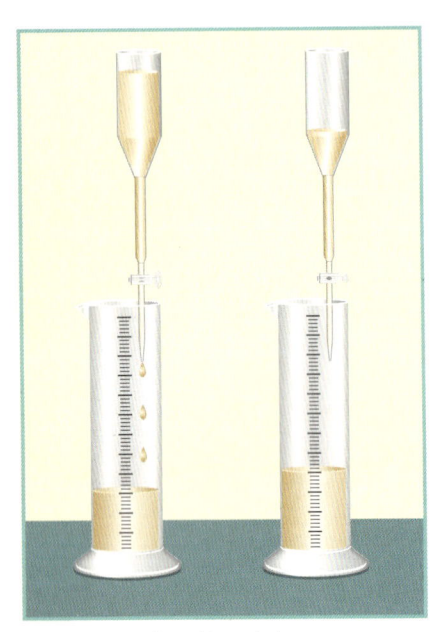

4.3 Wir schätzen die Größe der Teilchen ab (Zusatzinformation)

Die Teilchen (Atome, Moleküle), aus denen wir uns feste, flüssige und gasförmige Körper aufgebaut vorstellen, sind so klein, dass sie auch mit einem Elektronenmikroskop (bis zu 300 000fache Vergrößerung) nicht sichtbar sind. Welche Vorstellung können wir uns von der Größe dieser Teilchen machen? Es ist überraschend, dass es möglich ist, mit einfachsten Mitteln die Größenordnung dieser Teilchen im Experiment richtig zu bestimmen.

Dabei nützt man im Versuch die Tatsache aus, dass sich Öl auf Wasser in einer sehr dünnen Schicht ausbreitet. Nehmen wir an, dass die Ölschicht eine monomolekulare Schicht ist, d.h. nur aus einer einzigen Lage von Teilchen besteht, dann ist die Höhe dieser Schicht gleich dem Durchmesser eines Ölteilchens. Du kannst diesen Versuch selbst durchführen.

92.1 Vorversuch zu Versuch 1

Benzin ist leicht entzündlich!

Versuch 1

In einem Vorversuch bestimmen wir zunächst das Volumen eines Tropfens einer Lösung von Ölsäure in Leichtbenzin im Mischungsverhältnis 1:1000. Dazu lassen wir aus einer Bürette die Lösung in einen Messzylinder tropfen und bestimmen die Anzahl der Tropfen auf 2 cm³ (2 ml).

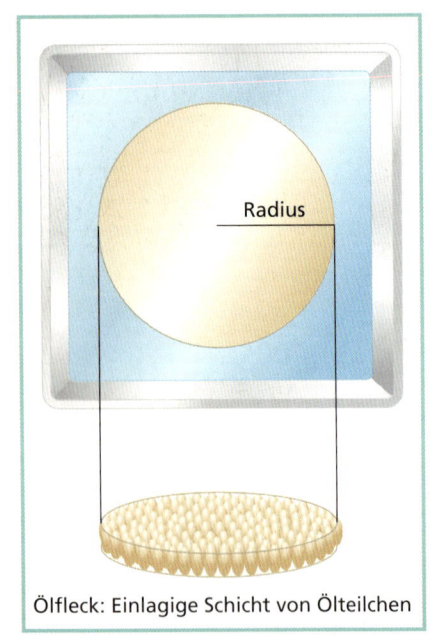

Messbeispiel:

50 Tropfen der Lösung haben das Volumen von 2,0 cm³.

Volumen von 1 Tropfen:

$$V_\text{Tropfen} = \frac{2{,}0}{50} \text{ cm}^3 = 40 \text{ mm}^3$$

Volumen des in 1 Tropfen enthaltenen Öls:

$$V_\text{Öl} = \frac{40 \text{ mm}^3}{1000} = 0{,}040 \text{ mm}^3$$

Im eigentlichen Versuch füllen wir eine flache Glaswanne (d = 20 cm) etwa 1 cm hoch mit Wasser und bestreuen die Wasseroberfläche gleichmäßig mit Lykopodium, Bärlappsporen oder Korkmehl. Aus der Bürette lassen wir aus geringer Höhe einen Tropfen der Öl-Benzin-Mischung auf die Mitte der Wasseroberfläche fallen. Es entsteht ein kreisrunder, am Rand etwas ausgefranster Ölfleck, dessen Durchmesser nach wenigen Sekunden durch das Verdunsten des Benzins kleiner wird. Wir bestimmen die Fläche dieses Ölflecks entweder

Ölfleck: Einlagige Schicht von Ölteilchen

92.2 Zu Versuch 1

durch Nachzeichnen auf Millimeterpapier und Auszählen der Millimeterkästchen oder mithilfe der Formel

$$A_{Kreis} = r^2 \cdot \pi \text{ (r: Radius des Ölflecks; } \pi = 3{,}14).$$

Messbeispiel:

$$r_{Ölfleck} = 8{,}0 \text{ cm}$$

$$A_{Ölfleck} = 201 \text{ cm}^2; A_{Ölfleck} = 2{,}0 \cdot 10^4 \text{ mm}^2$$

Das Volumen der Ölschicht ist: $V_{Öl} = A_{Ölfleck} \cdot h$, womit sich die Höhe h der Ölschicht zu $h = \frac{V_{Öl}}{A_{Ölfleck}}$ ergibt. Für unser Messbeispiel erhalten wir:

$$h = \frac{0{,}040 \text{ mm}^3}{2{,}0 \cdot 10^4 \text{ mm}^2}; h = 2{,}0 \cdot 10^{-6} \text{ mm}.$$

Die Höhe der Ölschicht und damit der Durchmesser eines Ölteilchens beträgt also $2{,}0 \cdot 10^{-6}$ mm, ungefähr 2 Millionstel Millimeter.
Wäre unsere Annahme, dass die Ölschicht einlagig ist, falsch und würden die Ölteilchen in mehreren Schichten übereinanderliegen, so wäre der Teilchendurchmesser noch kleiner. Wir hätten dann aber im Versuch wenigstens eine obere Grenze für den Teilchendurchmesser gefunden.
Der Durchmesser der Atome, aus denen sich die Teilchen der Materie zusammensetzen, in Abhängigkeit von der Atomart, zwischen $2{,}0 \cdot 10^{-10}$ m und $11 \cdot 10^{-10}$ m und damit noch um einige Größenordnungen unterhalb der der Teilchen.
Es gibt noch andere und wesentlich exaktere experimentelle Methoden, die Größe der Atome zu bestimmen. In unserem einfachen Versuch haben wir jedoch für die Teilchengröße brauchbare Werte ermitteln können, die in der richtigen Größenordnung liegen, selbst wenn man berücksichtigt, dass wegen der Ungenauigkeit der Messungen von Tröpfchenvolumen und Ölfleckdurchmesser der Fehler bis zu 25 % betragen kann.
Es genügt, wenn wir uns merken, dass die Teilchendurchmesser in der Größenordnung von Millionstel Millimeter und die Atomdurchmesser im Bereich von 10 Millionstel Millimeter liegen.
In der Wissenschaft arbeitet man heute mit Mikroskopen, bei denen die Abbildung feinster Strukturen bis hinab in den atomaren Bereich nicht mehr mit Licht, sondern mithilfe von Elektronen erfolgt. So erreicht man mit einem Raster-Tunnel-Mikroskop bis zu 100millionenfache Vergrößerungen. Abbildung 93.3 zeigt die Oberflächenstruktur von Silicium, wobei die hellen, gelben Erhebungen einzelne Siliciumatome darstellen. In Abbildung 93.2 ist die Spitze einer Wolframnadel abgebildet. Das Auflösungsvermögen eines Feldelektronenmikroskops (a) reicht nicht ganz aus, um einzelne Atome sichtbar zu machen. In der Abbildung durch ein Feldionenmikroskop (b) dagegen entspricht jedem hellen Punkt ein einzelnes Wolframatom. Abbildung 93.1 zeigt gewöhnliche Kochsalzkristalle bei ca. 50facher Vergrößerung unter einem Lichtmikroskop.

93.1 Kochsalzkristall

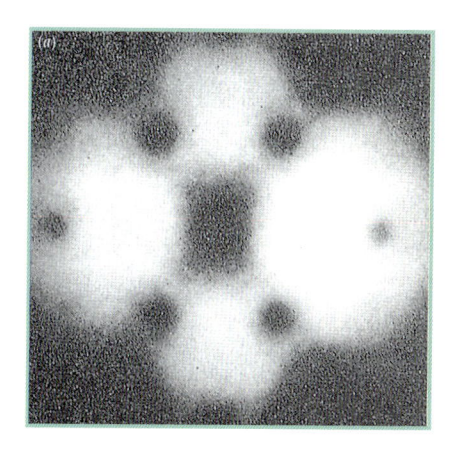

93.2 Bild einer Wolfram-Einkristallspitze
a Feldelektronenmikroskop
b Feldionenmikroskop

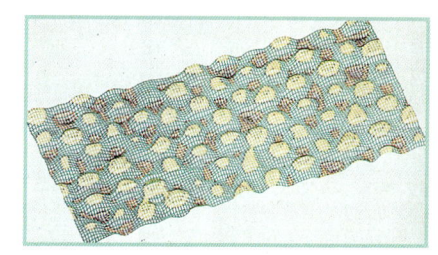

93.3 Oberflächenstruktur von Silicium im Raster-Tunnel-Mikroskop

MECHANIK

4.4 Merkmale fester, flüssiger und gasförmiger Körper

Die verschiedenen Stoffe (Kupfer, Kochsalz, Wasser, Quecksilber, Luft, Sauerstoff), aus denen feste, flüssige und gasförmige Körper bestehen, unterscheiden sich in der Art und der Anordnung der Teilchen, aus denen sie aufgebaut sind.

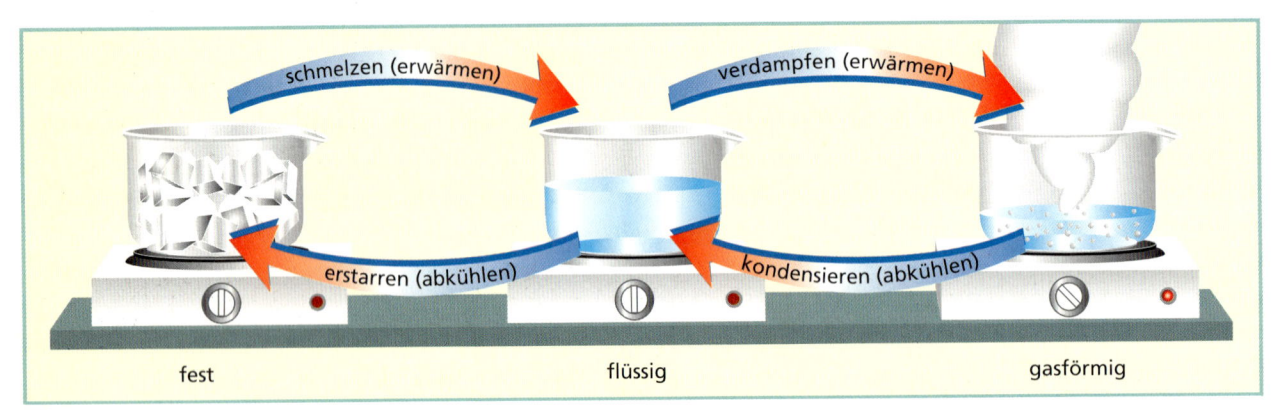

94.1 Fest – flüssig – gasförmig

Bei Eis, Wasser und Wasserdampf handelt es sich jeweils um den gleichen Stoff, der, in Abhängigkeit von der Temperatur, in festem, flüssigem oder gasförmigem Zustand vorliegen kann. Es ist kaum vorstellbar, dass sich beim Übergang von einem Aggregatzustand in einen anderen, z. B. beim Schmelzen eines Eisblocks, an der Art der Teilchen etwas ändert. Die Teilchen, aus denen das Eisstück besteht, sind die gleichen wie die des beim Schmelzen daraus entstehenden Wassers.

Wenn wir mit unserer bisher erarbeiteten Teilchenvorstellung den Unterschied zwischen festen, flüssigen und gasförmigen Körpern sowie deren Eigenschaften verstehen bzw. erklären wollen, müssen wir diesen Teilchen noch weitere Eigenschaften zusprechen, d. h., wir müssen unser Teilchenmodell weiter verbessern.

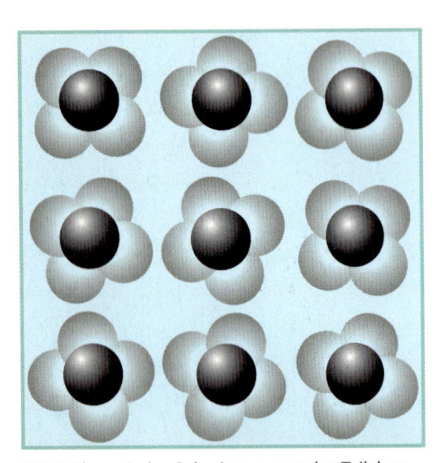

94.2 Thermische Schwingungen der Teilchen um ortsfeste Gleichgewichtslagen im Kristallgitter

Festkörper

Von einem Festkörper, z. B. einem Eisenwürfel ist uns bekannt, dass dieser eine **bestimmte Form** und ein **bestimmtes Volumen** hat. Durch das Einwirken von Kräften auf den Festkörper kann dessen Form vorübergehend oder bei sehr großen Kräften auch dauerhaft verformt oder auch in Bruchstücke zerteilt oder zerrissen werden, wobei das Volumen (nahezu) konstant bleibt.

Diese Eigenschaften eines Festkörpers können wir erklären, wenn wir den Teilchen, aus denen wir uns den Körper aufgebaut denken, folgende zusätzliche Eigenschaften zusprechen:

Das Teilchenmodell

GRUNDWISSEN

▶ • Die Teilchen eines Festkörpers sind an ortsfeste Gleichgewichtslagen bzw. Gitterplätze gebunden, um die sie ständige, thermische Eigenschwingungen ausführen.
• Zwischen benachbarten Teilchen wirken anziehende und abstoßende Kräfte (Kohäsionskräfte). Diese Kräfte sind bei Festkörpern sehr stark und haben einen sehr geringen Wirkungsbereich (ca. 10^{-7} m). ◀

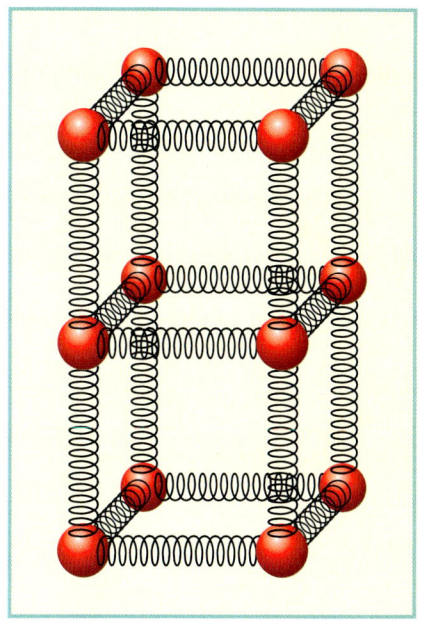

Das Zusammenwirken dieser anziehenden und abstoßenden Kräfte zwischen den Teilchen bestimmt die ortsfesten Gitterplätze der Teilchen und deren stabile Ordnung und damit die stabile Form des Festkörpers.
Im Modell kann man sich diese Kräfte veranschaulichen, indem man sich die Teilchen untereinander durch elastische Federn verbunden denkt (siehe Abb. 95.1). Den anziehenden und abstoßenden Kräften zwischen den Teilchen sowie deren Zu- bzw. Abnahme bei Entfernung aus der Gleichgewichtslage entsprechen dabei die bei der Dehnung bzw. Stauchung der Federn auftretenden rücktreibenden Federkräfte.
Da diese anziehenden und abstoßenden Kräfte zwischen den Teilchen sehr stark sind, müssen auch relativ große äußere Kräfte auf einen Festkörper einwirken, um diesen zu verformen.
Wird ein elastischer Festkörper durch äußere Kräfte (Zug- oder Druckkräfte) gedehnt oder gestaucht, so bedeutet dies in unserem Teilchenmodell, dass Teilchen aus ihren Gleichgewichtslagen heraus voneinander entfernt oder aufeinander zu bewegt werden, sodass die anziehenden oder die abstoßenden Kräfte zwischen den Teilchen überwiegen. Wenn die äußeren Kräfte nicht mehr einwirken, werden die Teilchen durch die rücktreibenden Kräfte wieder ihre Gleichgewichtslagen einnehmen. Der Körper nimmt wieder seine ursprüngliche Form an.
Sind die von außen einwirkenden Zugkräfte so groß, dass die anziehenden Kräfte zwischen den Teilchen überwunden werden können, so werden die Teilchen in einem bestimmten Bereich dauerhaft aus ihrer Gleichgewichtslage entfernt. Der Körper zerbricht oder zerreißt an dieser Stelle. Ohne besondere Maßnahmen gelingt es durch stärkste Kräfte nicht mehr, durch Zusammendrücken der Bruchstücke die Teilchen in den Bruchebenen so weit zu nähern, dass die Kohäsionskräfte wieder wirksam werden, die Bruchstücke somit wieder zusammenhalten.

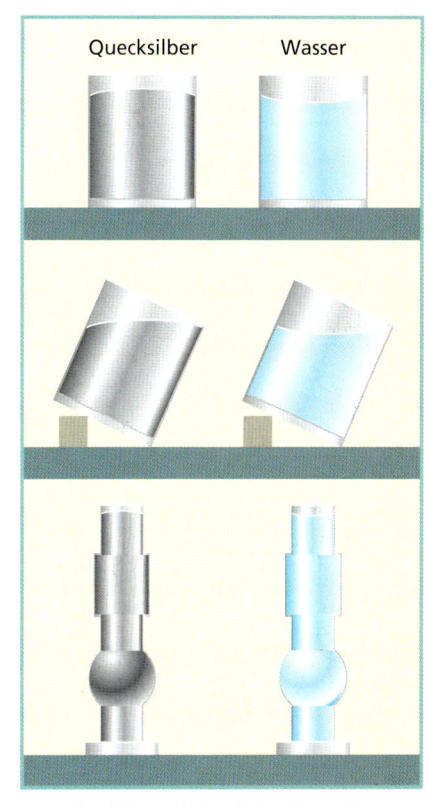

95.1 Modell eines festen Körpers: Gitterstruktur

Flüssigkeiten

Flüssigkeiten haben ein bestimmtes Volumen, jedoch keine bestimmte Form, von kleinen Flüssigkeitsmengen abgesehen, die Tröpfchen bilden. Flüssigkeiten nehmen jeweils die Form an, die durch das sie einschließende Gefäß vorgegeben ist, wobei die freie Oberfläche einer ruhenden Flüssigkeit eine waagrechte Ebene bildet. Nur an den Flüssigkeitsrändern zeigen Flüssigkeiten eine geringe Aufwärts- oder

95.2 Flüssigkeiten haben keine festen Formen

MECHANIK

Abwärtswölbung (aufwärts: Wasser; abwärts: Quecksilber). Diese Wölbungen kommen durch Kräfte zwischen den Teilchen der Flüssigkeit und des einschließenden Gefäßes zustande.

Flüssigkeiten lassen sich nicht oder nur durch äußerst große Kräfte zusammenpressen. Davon kannst du dich überzeugen, wenn du eine Spritze mit Wasser füllst, die Ausflussöffnung verschließt und über den Stempel eine Kraft auf die eingeschlossene Flüssigkeit ausübst.

Außerdem wissen wir, dass sich Flüssigkeiten leicht zerteilen, umgießen oder verrühren lassen.

Diese für Flüssigkeiten charakteristischen Merkmale lassen sich erklären, wenn wir für die Flüssigkeitsteilchen folgende Eigenschaften vereinbaren:

GRUNDWISSEN

▶ • Die Teilchen einer Flüssigkeit sind im Gegensatz zu den Teilchen eines Festkörpers nicht an ortsfeste Gleichgewichtslagen gebunden. Zwischen den Teilchen finden innerhalb der Flüssigkeit ständig Platzwechselvorgänge statt.
- Die Teilchen einer Flüssigkeit führen ständige thermische Schwingungsbewegungen um (im Gegensatz zu Festkörpern) wechselnde Gleichgewichtslagen aus.
- Die Teilchen lassen sich gegeneinander verschieben und gegen die anziehenden Kräfte leicht trennen.
- Der mittlere Teilchenabstand ist etwas größer, die zwischen den Teilchen wirkenden anziehenden und abstoßenden Kräfte etwas geringer als bei Festkörpern.
- Auch bei Flüssigkeiten nehmen die abstoßenden Kräfte zwischen den Teilchen bei Verringerung des Abstandes benachbarter Teilchen und die anziehenden Kräfte bei Vergrößerung des Teilchenabstandes zu. ◀

Das Verhalten der Teilchen in einer Flüssigkeit lässt sich sehr gut durch eine sog. Modellflüssigkeit veranschaulichen, indem man kleine Glaskugeln oder Erbsen in ein Becherglas gibt (siehe Abb. 96.1). Damit lassen sich fast alle Merkmale von Flüssigkeiten (bis auf das Verhalten sehr kleiner Flüssigkeitsportionen und die selbstständige Durchmischung zweier Flüssigkeiten) verstehen bzw. erklären.

Versuch 1

Fülle in zwei gleiche 100-ml-Messzylinder jeweils genau 50 ml Wasser bzw. Spiritus. Leere die Inhalte beider Messzylinder in einen dritten 100-ml-Messzylinder und vermische die beiden Flüssigkeiten.

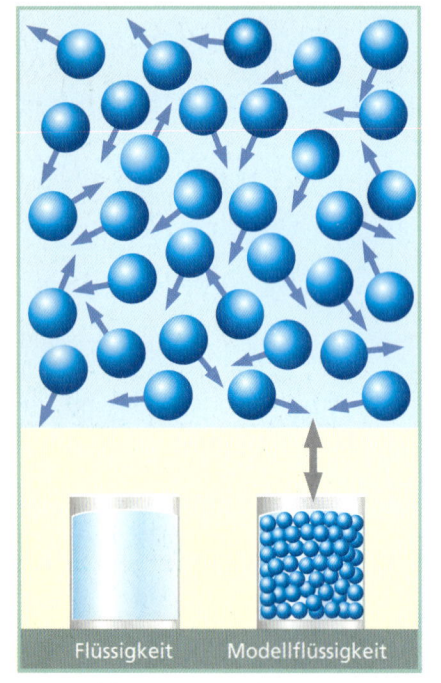

96.1 Modell einer Flüssigkeit

Das Teilchenmodell

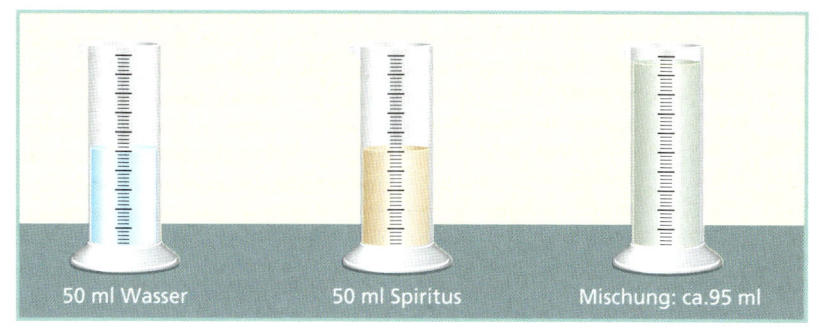

97.1 Zu Versuch 1

Beobachtung

Das Gesamtvolumen der beiden vermischten Flüssigkeiten beträgt nicht 100 ml, sondern nur etwa 95 ml.

Erkläre dieses überraschende Versuchsergebnis. Hinweis: Ordne den Wasserteilchen und den Spiritusteilchen unterschiedliche Durchmesser zu. Was kann man beobachten, wenn man in einem Modellversuch gleiche Mengen Erbsen und Tischtennisbälle mischt?

Gasförmige Körper

Gase verteilen sich gleichmäßig in dem ihnen zur Verfügung stehenden Raum (Versuch 1h aus 4.1). Dies bedeutet, dass wir Gasen **weder ein bestimmtes Volumen noch eine bestimmte Form** zuordnen können. Verschiedene Gase vermischen sich gleichmäßig (Diffusion). Das Volumen eines Gases kann durch Komprimieren oder Expandieren verändert werden. So lässt sich z. B. das Volumen der im Kolben einer Spritze oder einer Fahrradpumpe eingeschlossenen Luft durch geringen Druck- oder Zugkräfte auf den Kolben leicht verringern oder vergrößern (wobei sich dann Druck und Temperatur der Luft ändern). In unserer Teilchenvorstellung müssen wir den Teilchen eines Gases folgende Eigenschaften zusprechen:

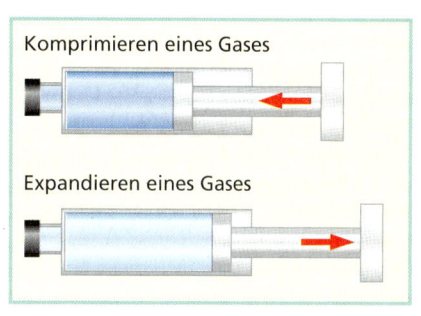

97.2 Gase haben kein festes Volumen

GRUNDWISSEN

- Die Teilchen eines Gases führen eine ständige, völlig regellose thermische Eigenbewegung aus.
- Zwischen den Teilchen des Gases wirken keine Kräfte (außer bei Zusammenstößen untereinander oder mit den einschließenden Gefäßwänden).
- Die mittleren Teilchenabstände sind wesentlich größer als bei festen und flüssigen Körpern.

Die beschriebenen Eigenschaften eines eingeschlossenen Gases lassen sich mit einem sog. **Modellgas** leicht veranschaulichen. In unserem Versuch 3a) aus 4.2 stellen die auf dem Luftkissentisch befindlichen und sich regellos bewegenden Magnetpucks ein solches Modellgas dar. Eine weitere Möglichkeit zur Veranschaulichung eines Modell-

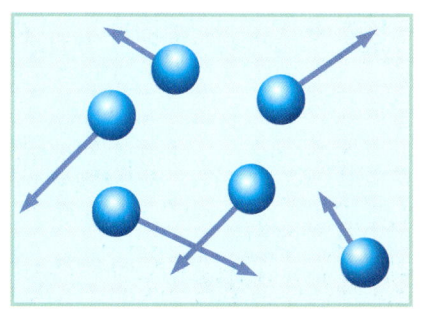

97.3 Thermische Bewegung von Gasteilchen

MECHANIK

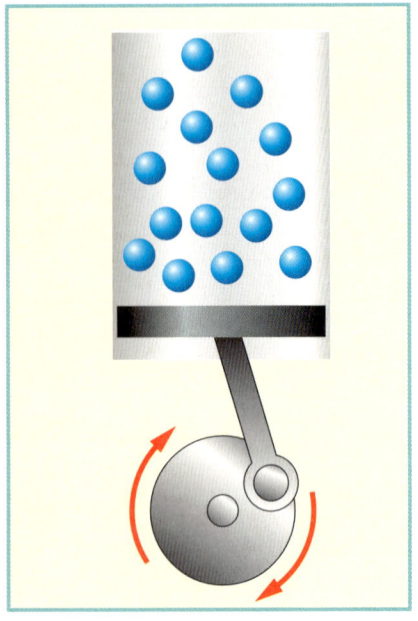

98.1 Rüttelkammer mit Modellgas

gases stellt die sog. Rüttelkammer dar. Dies ist ein Glaskolben, in dem sich eine Rüttelplatte und kleine Stahlkügelchen befinden. Über einen Motor wird die Rüttelplatte in schnelle Schwingungen versetzt und dadurch die Kügelchen zu heftigen Eigenbewegungen angeregt.

In den Abschnitten 4.1–4.4 haben wir uns eine Modellvorstellung über den Aufbau der Körper bzw. der Materie erarbeitet. Wir müssen uns jedoch darüber im Klaren sein, dass all unsere Versuche und Überlegungen die Teilchenstruktur der Materie nicht zweifelsfrei beweisen. Wir stellen uns dabei alle Körper aus Teilchen aufgebaut vor, die wir der Einfachheit halber kugelförmig annehmen, die sich in ständiger Eigenbewegung befinden und zwischen denen, abgesehen von gasförmigen Körpern, anziehende und abstoßende Kräfte (Kohäsionskräfte) wirken. Diese Modellvorstellung stellt ein Bild dar, das wir uns von der Wirklichkeit machen, das jedoch mit der Wirklichkeit nicht übereinstimmen muss und mit dieser auch nicht übereinstimmt. Aber sie ist insofern brauchbar, als sie es erlaubt, die Struktur der Materie, den Unterschied zwischen festen, flüssigen und gasförmigen Körpern sowie deren wesentliche Merkmale zu erklären. Im Laufe dieses Kapitels mussten wir die einfache Vorstellung, dass alle Körper aus Teilchen aufgebaut sind, mehrmals verfeinern bzw. erweitern, um weitere Eigenschaften der Körper oder Versuchsergebnisse verstehen bzw. erklären zu können. In unserem weiteren Gang durch die Physik werden wir durch neue Beobachtungen und Überlegungen immer wieder vor die Frage gestellt, ob unser Teilchenmodell tragfähig ist oder ob es weiter verbessert oder gar durch ein anderes, besseres Modell ersetzt werden muss.

AUFGABEN

1 Beschreibe einige Versuche, die zu der Vorstellung geführt haben, dass Materie aus Teilchen aufgebaut ist.

2 Unterscheide feste, flüssige und gasförmige Körper hinsichtlich
  a Volumen und Form,
  b Anordnung der Teilchen,
  c der Abstände zwischen den Teilchen,
  d der Kräfte zwischen den Teilchen,
  e der thermischen Bewegungen der Teilchen.

3 Beschreibe einen Versuch, der zu der berechtigten Annahme führt, dass sich die Teilchen eines Körpers in ständiger Eigenbewegung befinden.

4 Erkläre anhand eines Versuches das Zustandekommen der Brown'schen Bewegung.

5 Erkläre mithilfe der zwischen den Teilchen eines Festkörpers wirkenden anziehenden und abstoßenden Kräfte die vorübergehende und die dauerhafte Verformung des Körpers.

6 Welcher Zusammenhang besteht zwischen der Bewegung der Teilchen und dem Wärmezustand bzw. der Temperatur eines Körpers?

7 Erkläre den Vorgang der Diffusion bei Gasen bzw. bei Flüssigkeiten.

5 Dichte

5.1 Jeder Körper braucht Platz –
Die Volumenmessung

Aus der Mathematik weißt du, wie man das Volumen von bestimmten Körpern berechnen kann. Dabei handelt es sich um regelmäßig geformte Körper wie Würfel, Quader usw. Zur Berechnung des Volumens dieser Körper gibt es Gleichungen. Wie kann man aber das Volumen eines Steins bestimmen? Für solche Körper kennen wir keine Gleichung. Wir wollen deshalb ein Verfahren zur Bestimmung des Volumens eines unregelmäßig geformten Körpers entwickeln. Messverfahren zur Bestimmung von Längen kennen wir schon.

Versuch 1

In einen geraden Glaszylinder mit einer Grundfläche von 20,0 cm² füllen wir eine Menge Wasser. Wie groß ist nun das Volumen des eingefüllten Wassers? Zu diesem Zweck messen wir die Höhe h des Wasserstands im Glaszylinder:

$$h = 14{,}2 \text{ cm}$$

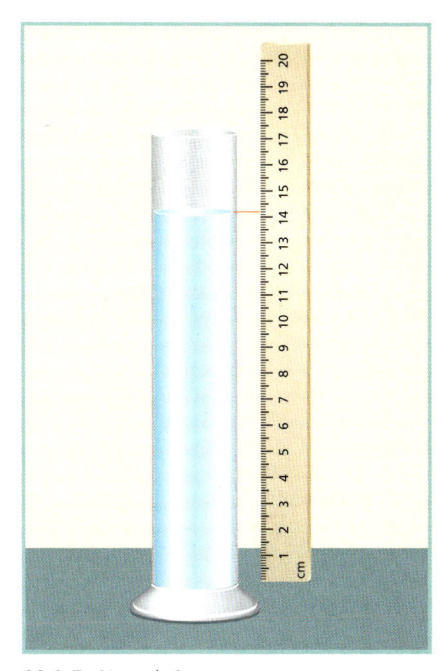

99.1 Zu Versuch 1

Mit der Gleichung $V = A \cdot h$ können wir das Volumen berechnen:

$$V = 20{,}0 \text{ cm}^2 \cdot 14{,}2 \text{ cm} \qquad V = 284 \text{ cm}^3$$

Bei Flüssigkeiten verwendet man häufig die Volumeneinheit Liter (l) und Milliliter (ml). Dabei gilt:

$$1 \text{ dm}^3 = 1 \text{ l} \quad \text{und} \quad 1 \text{ cm}^3 = 1 \text{ ml}$$

Wenn wir an dem Glaszylinder eine geeignete Skala befestigen, können wir das Volumen direkt ablesen. Wir wollen alle 100 cm³ eine Markierung anbringen. Dazu ermitteln wir die Höhe h, die zu diesem Volumen von 100 cm³ gehört.

$$100 \text{ cm}^3 = 20 \text{ cm}^2 \cdot h \qquad h = \frac{100 \text{ cm}^3}{20 \text{ cm}^2} \qquad h = 5{,}0 \text{ cm}$$

Höhe	Volumen
5 cm	100 cm³
10 cm	200 cm³
15 cm	300 cm³
20 cm	400 cm³
...	...

Nach dieser Tabelle sind die Markierungen an den Glaszylinder anzubringen. Jetzt können wir die Volumen auf 100 cm³ genau direkt am Glaszylinder ablesen (siehe Abb. 99.2).

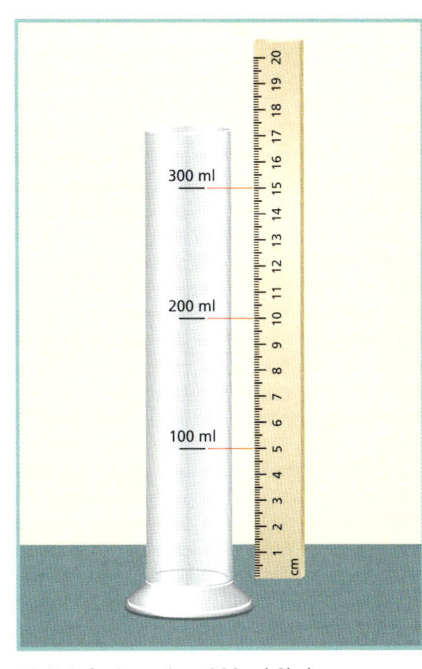

99.2 Anfertigen einer 100-ml-Skala

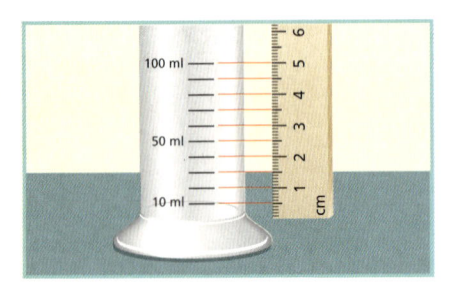

MECHANIK

100.1 Anfertigen einer 10-ml-Skala

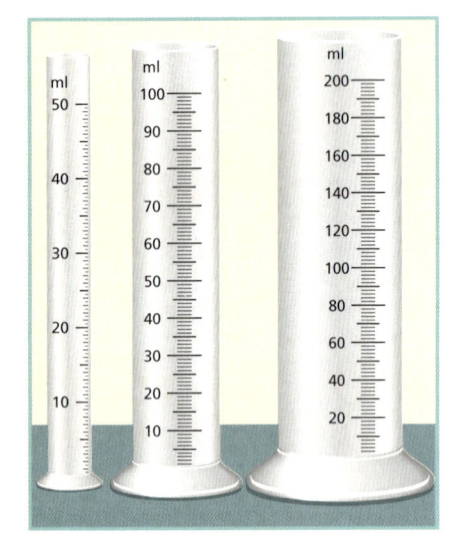

100.2 Verschiedene Messzylinder

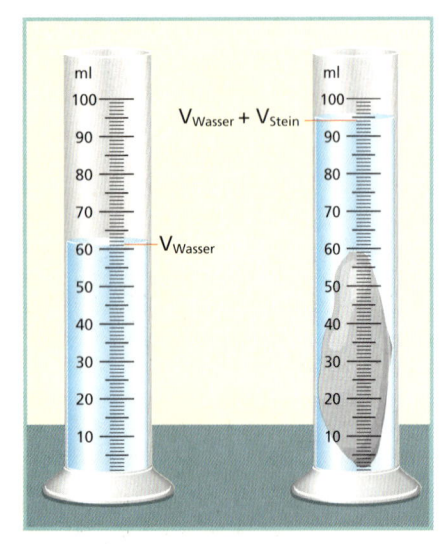

100.3 Verdrängungsmethode

Wenn wir den Abstand zwischen zwei Markierungen in 10 gleiche Abstände teilen, so haben wir ein Messgerät für Volumina, mit dem auf 10 cm^3 genau gemessen werden kann (siehe Abb. 100.1).

Einen Glaszylinder, der mit einer geeichten Skala versehen ist, nennt man **Messzylinder**. Messzylinder gibt es in unterschiedlichen Ausführungen, damit auch große und kleine Volumina gemessen werden können (siehe Abb. 100.2).

Die Möglichkeit, ein großes Volumen mit großen Messzylindern zu messen, wird mit dem Nachteil erkauft, dass sich die Messungenauigkeit vergrößert. Beim 500-ml-Zylinder entspricht eine Teilmarkierung 5 ml, d.h. man kann auf 5 ml genau das Volumen bestimmen. Der 50-ml-Messzylinder hat alle 0,5 ml eine Teilmarkierung. Also kann man mit einer Genauigkeit von 0,5 ml den Wert des Volumens bestimmen.

Will man das Volumen einer bestimmten Menge Wasser bestimmen, so füllt man sie in einen Messzylinder. Man muss nur noch den Wert für das Volumen ablesen. Jetzt stellt sich aber das Problem, an welcher Stelle der Flüssigkeitsoberfläche man ablesen muss. Am Rand ist der Wasserstand höher als in der Mitte. Damit das Volumen immer gleich gemessen werden kann, hat man vereinbart, dass immer der Wert abgelesen wird, der die tiefste Stelle des Wasserstandes markiert. Dies würde eigentlich zu einem Fehler bei der Messung führen, aber bei der Kalibrierung, d.h. beim Anbringen der Skala, wurde das bereits berücksichtigt.

Wie können wir nun das Volumen eines Steins messen?

Versuch 2

Wir füllen in einen Messzylinder Wasser und lesen den Wert des Volumens an der Skala ab:

$$V_{Wasser} = 61 \text{ cm}^3$$

Wir legen nun den Stein in den Messzylinder und lesen den neuen Wasserstand am Messzylinder ab:

$$V_{Wasser + Stein} = 94 \text{ cm}^3$$

Beobachtung

Der Stein verdrängt Wasser, wodurch der Wasserstand im Messzylinder steigt. Das Volumen des verdrängten Wassers ist genauso groß wie das Volumen des Steins (siehe Abb. 100.3).

$$V_{Stein} = V_{Wasser + Stein} - V_{Wasser}$$
$$V_{Stein} = 94 \text{ cm}^3 - 61 \text{ cm}^3$$
$$V_{Stein} = 33 \text{ cm}^3$$

Dichte

ERGEBNIS

▶ Das Volumen des Steins haben wir mithilfe des Volumens des verdrängten Wassers gemessen. Diese Messmethode zur Bestimmung der Volumen von unregelmäßig geformten Körpern nennt man Verdrängungsmethode. ◀

Die Verdrängungsmethode eignet sich vor allem zur Bestimmung von Volumen von kleineren Festkörpern.

Bei Körpern mit einem größeren Volumen hat man oft das Problem, dass man keine genügend großen Messzylinder hat.

Versuch 3

Wir füllen ein erhöht gestelltes Überlaufgefäß so mit Wasser voll, dass das Wasser gerade nicht überläuft. Unter die Ausflussöffnung stellen wir einen geeigneten Messzylinder (siehe Abb. 101.1).
Danach legen wir den Stein in das Überlaufgefäß.

Beobachtung

Das verdrängte Wasser läuft dann in den Messzylinder und wir können das Volumen des Steins anhand des Wasserstands im Messzylinder ablesen (siehe Abb. 101.2).

$$V_{Stein} = 33{,}0 \text{ cm}^3$$

ERGEBNIS

▶ Bei der Überlaufmethode wird das Volumen von unregelmäßig geformten Körpern mithilfe eines Überlaufgefäßes und eines Messzylinders gemessen. ◀

Die Überlaufmethode hat bei größeren Volumina den Vorteil, dass man kleinere Messzylinder mit größerer Messgenauigkeit verwenden kann.

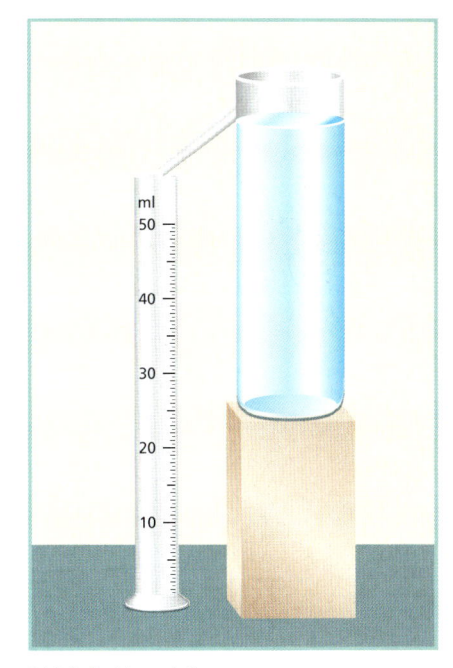

101.1 Zu Versuch 3

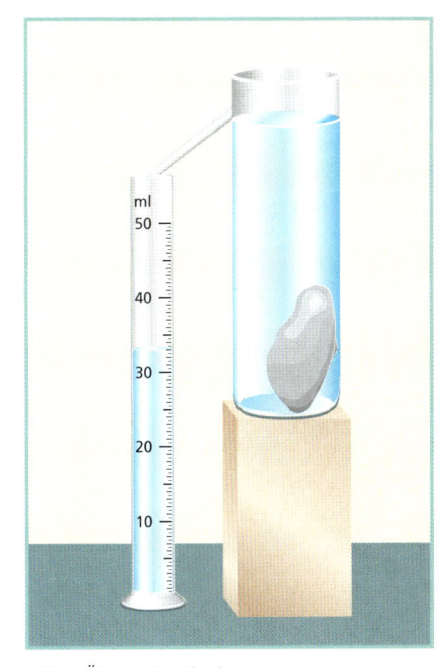

101.2 Überlaufmethode

Umrechnung von Volumeneinheiten

Der Wechsel bei Volumeneinheiten ist durch die konsequente Anwendung der Zehnerpotenzen unproblematisch.

Beispiele

$573 \text{ cm}^3 = 573 \cdot (10^1 \text{ mm})^3 = 573 \cdot 10^3 \text{ mm}^3$
$24 \text{ dm}^3 = 24 \cdot (10^{-1} \text{ m})^3 = 24 \cdot 10^{-3} \text{ m}^3$

$1 \text{ m}^3 = 1 \cdot (10^1 \text{ dm})^3 = 1 \cdot 10^3 \text{ dm}^3$
$1 \text{ m}^3 = 1 \cdot (10^2 \text{ cm})^3 = 1 \cdot 10^6 \text{ cm}^3$
$1 \text{ m}^3 = 1 \cdot (10^3 \text{ mm})^3 = 1 \cdot 10^9 \text{ mm}^3$
$1 \text{ mm}^3 = 1 \cdot (10^{-1} \text{ cm})^3 = 1 \cdot 10^{-3} \text{ cm}^3$
$1 \text{ mm}^3 = 1 \cdot (10^{-2} \text{ dm})^3 = 1 \cdot 10^{-6} \text{ dm}^3$
$1 \text{ mm}^3 = 1 \cdot (10^{-3} \text{ m})^3 = 1 \cdot 10^{-9} \text{ m}^3$

AUFGABEN

1 Übertrage die Tabelle in dein Heft und vervollständige sie mithilfe der passenden Zehnerpotenz:

l	m³	dm³	cm³	mm³
			1	
		2,2		
		34		
0,12				
			0,056	
	0,0068			
				4567

2 Begründe, warum mit einem 500-ml-Messzylinder nicht ein Volumen von 473 ml gemessen werden kann.

3 Bestimme das Volumen eines quaderförmigen Metallkörpers durch
   a Messung der Länge, der Breite und der Höhe und der anschließenden Berechnung des Volumens;
   b mithilfe der Verdrängungsmethode;
   c mithilfe der Überlaufmethode.
   d Begründe die Messfehler aller drei Methoden.

4 Entscheide, welche Volumina sich von folgenden Körpern nicht mit der Überlauf- oder Verdrängungsmethode mit Wasser bestimmen lassen: Eisenkugel, Tennisball, Golfball, Eiswürfel, Würfelzucker, Holzklotz. Gib jeweils eine Begründung an.

5 Beschreibe einen Versuch, mit dem sich das Volumen eines Menschen bestimmen lässt.

6 Bestimme das Volumen eines Hühnereis.

5.2 Ist Eisen wirklich schwerer als Holz? – Die Dichte

Auf die Frage „Ist Eisen schwerer als Holz?" würde man gefühlsmäßig antworten: „Ja".

Versuch 1

Wir legen wie in Abb. 103.1 auf die rechte Seite einer Tafelwaage einen Körper aus Eisen und auf die linke Seite einen Körper aus Holz.

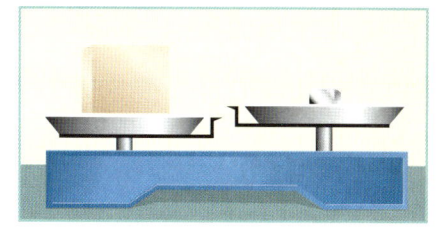

103.1 Zu Versuch 1

Beobachtung

Die Tafel mit dem Holzklotz senkt sich nach unten.

ERGEBNIS

▶ Anscheinend hat der Holzklotz eine größere Masse (m_{Holz}) als der Körper aus Eisen (m_{Eisen}). ◀

Mit einem Wägesatz und der Tafelwaage messen wir die Massen der beiden Körper:

$$m_{Holz} = 345 \text{ g} \qquad m_{Eisen} = 308 \text{ g}$$

„Eisen ist doch schwerer als Holz", da der Eisenkörper ein viel kleineres Volumen als der Holzkörper hat:

$$V_{Holz} = 500 \text{ cm}^3 \qquad V_{Eisen} = 40 \text{ cm}^3$$

Diese Aussage scheint mit unseren bisherigen Mitteln nicht ausreichend beantwortbar. Ein weiterer Gesichtspunkt spielt bei dieser Frage eine Rolle: Aus welchem Material besteht der Körper? In der Physik bezeichnet man ein bestimmtes Material auch als Stoffart. Wir müssen also die Stoffarten Eisen und Holz und nicht bestimmte Körper aus diesem Material vergleichen. Körper (auch Flüssigkeiten und Gase sind Körper), die gleichmäßig aus einem einheitlichen Stoff aufgebaut sind, nennt man homogene Körper.

103.2 Zu Versuch 2a

Versuch 2a

In einem mit Wasser gefüllten Glastrog halten wir eine verschlossene Dose „Limo" und eine verschlossene Dose „LimoLight", so dass sie noch ungefähr 1 cm aus dem Wasser herausschauen (siehe Abb. 103.2). Wir lassen beide Dosen los.

Beobachtung

Die „Limo"-Dose sinkt auf den Boden des Glastrogs, während die Dose „LimoLight" in ihrer Position bleibt (siehe Abb. 103.3).

Beide Dosen haben aufgrund ihrer Bauart das gleiche Volumen. Warum bleibt die eine Dose an der Oberfläche des Wassers und warum geht die andere Dose unter?

103.3 Zu Versuch 2a

MECHANIK

Die Masse der leeren Getränkedosen können wir außer Acht lassen, da beide Getränkedosen von „Limo" und „LimoLight" die gleiche Masse haben. Sie haben auch die gleiche Füllmenge (0,33 l).

Versuch 2b

Mithilfe einer Waage bestimmen wir die Massen der beiden Dosen:

$$m_{Limo} = 376 \text{ g} \qquad m_{LimoLight} = 366 \text{ g}$$

Beobachtung

Die Masse der beiden verschlossenen Dosen ist unterschiedlich. Die Dose „Limo" hat eine größere Masse als die Dose „LimoLight".
Dies erklärt noch nicht, warum die Dose „Limo" untergeht und die Dose „LimoLight" an der Oberfläche schwimmt.

Versuch 3a

In einen leeren Glaszylinder gießen wir 70 ml Sonnenblumenöl. Danach gießen wir 70 ml eingefärbtes Wasser dazu. Wir warten etwas ab (siehe Abb. 104.1).

Beobachtung

Mit der Zeit wandert das Sonnenblumenöl in dem Glasgefäß nach oben und bedeckt das Wasser.

Versuch 3b

Nun gießen wir noch 70 ml eingefärbten Spiritus in den Glaszylinder. Wir warten wieder etwas ab.

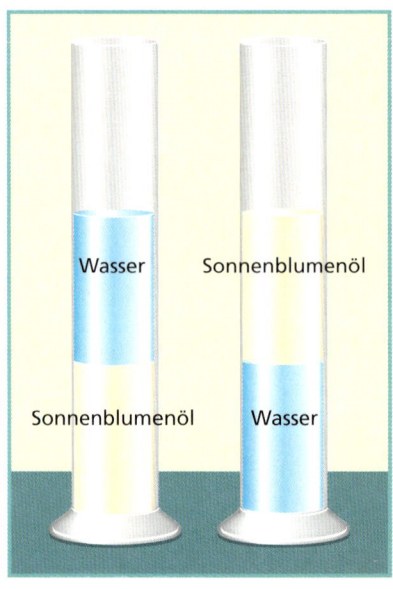

104.1 Zu Versuch 3a

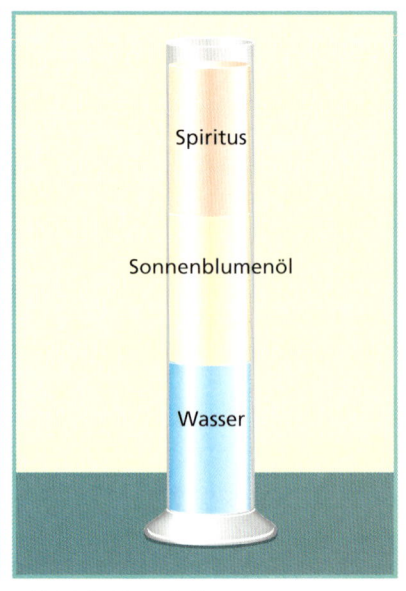

104.2 Zu Versuch 3b

Dichte

Beobachtung

Der Spiritus bleibt weiterhin oben und bedeckt das Sonnenblumenöl (siehe Abb. 104.2).

Versuch 3c

Das Volumen der drei Flüssigkeiten ist gleich (V = 70 ml). Wir messen mit einer Waage die Massen der drei Flüssigkeiten.

$m_{Spiritus}$ = 55 g $m_{Sonnenblumenöl}$ = 64 g m_{Wasser} = 70 g

Die Massen der drei Flüssigkeiten sind unterschiedlich. Das Wasser, das sich unten im Glasgefäß befindet, hat bei gleichem Volumen die größte Masse. Sonnenblumenöl hat die zweitgrößte Masse und der Spiritus, der sich oben befindet, hat die kleinste Masse.
Wir haben dreimal das gleiche Volumen für die Flüssigkeiten verwendet.
Wir wollen jetzt für verschiedene Volumen jeweils die Massen für die drei Flüssigkeiten bestimmen.

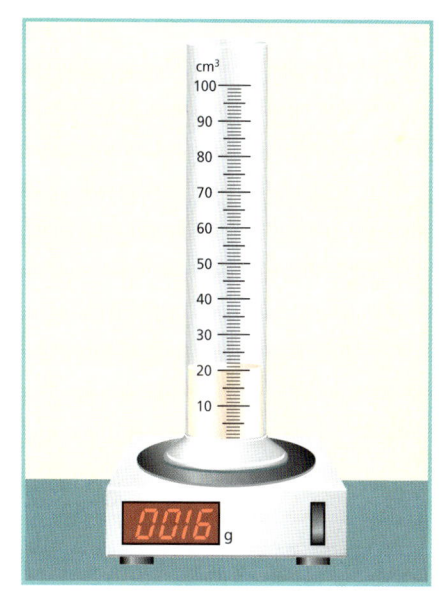

105.1 Zu Versuch 4a

Versuch 4a

Wir stellen einen Messzylinder mit einem maximal messbaren Volumen von 100 cm³ auf eine elektronische Waage. Eine elektronische Waage bietet hier den Vorteil, dass man die Anzeige bei aufgestelltem Messzylinder auf 0 g stellen kann. Wir gießen nacheinander verschiedene Mengen Spiritus in den Messzylinder (siehe Abb. 105.1). Es wird jeweils das Volumen V und die zugehörige Masse m abgelesen. Die Werte tragen wir in eine Messwerttabelle ein:

Spiritus

V in cm³	0	20	40	60	80	100
m in g	0	16	32	47	63	80

In der Physik untersucht man eine Größe Y in Abhängigkeit zu einer unabhängigen Größe X. Für die beiden Größen X und Y sollen folgende Messwerte ermittelt worden sein:

X	0	10	20	30	40	50
Y	0	15	31	44	61	76

Aus der Messwerttabelle erkennen wir, dass mit zunehmendem Volumen auch der dazugehörige Wert der Masse zunimmt. Man kann sogar genauer sagen, dass zum 2-, 3-, 4-, n-fachen Volumen die 2-, 3-, 4-, n-fache Masse gehört. Wir wollen jetzt untersuchen, ob es einen Zusammenhang zwischen dem Volumen und der Masse von Spiritus gibt. Dazu tragen wir unsere Messwerte in ein *m-V*-Diagramm ein.

Wenn wir jetzt durch die Punkte im Diagramm eine Ursprungsstrecke legen, so sehen wir, dass fast alle Punkte auf dieser Strecke liegen.

Aus der Mathematik in der 7. Jahrgangsstufe wissen wir, dass der Zusammenhang zwischen zwei Größen, deren grafische Darstellung eine Gerade ist, eine direkte Proportionalität ist.

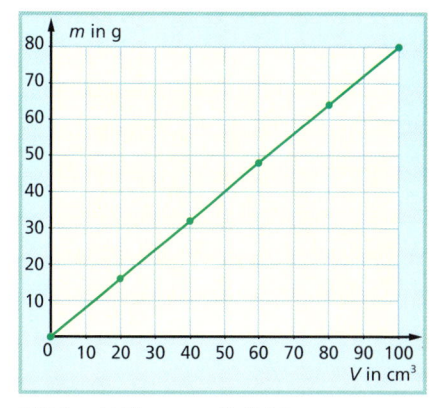

105.2 m-V-Diagramm für Spiritus

MECHANIK

In einem Y-X-Diagramm wird die abhängige Größe Y über der unabhängigen Größe X aufgetragen. Nach dem Eintragen der Messwertpaare in das Y-X-Diagramm erfolgt nun die grafische Auswertung. Es werden zuerst immer die Punkte zweier Messwertpaare miteinander verbunden, indem eine Gerade durch die zwei Punkte gelegt wird. Dieses Verfahren wird für alle Möglichkeiten unserer Messwertpaare durchgeführt.

Wir erhalten durch diese Geraden in unserem Diagramm einen Streifen. In diesem Streifen liegen alle Messwertpaare. Durch die Mitte des Streifens wird eine Gerade gelegt. Diese Gerade gleicht die Messunsicherheiten und die Messfehler aus. Man bezeichnet sie als Ausgleichsgerade. Die Strecke vom ersten bis zum letzten gemessenen Wert nennt man Ausgleichsstrecke.
Bei weiteren Versuchsauswertungen werden wir immer nur die Ausgleichsstrecke einzeichnen. Die Ausgleichsstrecke wird so gezeichnet, dass einige Messpunkte über und einige Messpunkte unter ihr liegen. Beginnt sie im Ursprung, so nennt man sie oft Ursprungsstrecke.

Allgemein bildet man den Quotienten aus der abhängigen Größe Y und der unabhängigen Größe X.

X	0	10	20	30	40	50
Y	–	15	31	44	61	76
$\frac{Y}{X}$	–	1,5	1,6	1,5	1,5	1,5

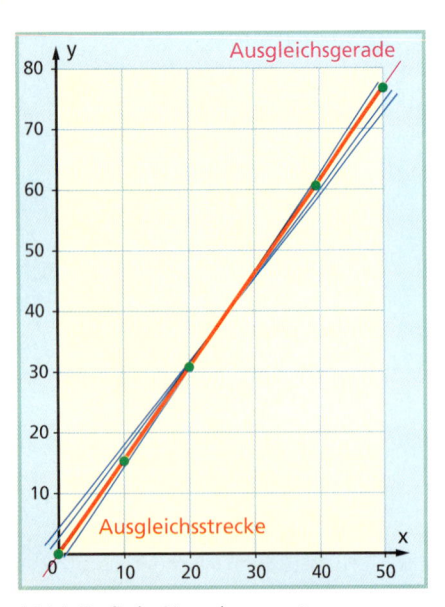

Somit gilt für Spiritus:

Die Masse von Spiritus ist direkt proportional zu seinem Volumen:

$$m \sim V$$

Mit unserem im Versuch 3c gemessenen Wertepaar für Spiritus (70 cm³/55 g) können wir überprüfen, ob der Punkt auf der ermittelten Strecke liegt.
Wegen der Proportionalität von Masse und Volumen weiß man, dass auch in dem Versuch nicht gemessene Wertepaare auf dieser Strecke liegen.

Versuch 4b

Wir verwenden den gleichen Versuchsaufbau und die gleiche Versuchsdurchführung wie im Versuch 4a. Als Flüssigkeiten verwenden wir Wasser und Glycerin. Die Werte werden in Messwerttabellen eingetragen:

Wasser

V in cm³	0	20	40	60	80	100
m in g	0	20	39	58	78	99

Glycerin

V in cm³	0	20	40	60	80	100
m in g	0	27	50	74	101	125

Aus dem m-V-Diagramm erkennen wir, dass auch für die Flüssigkeiten Wasser und Glycerin gilt: $m \sim V$.

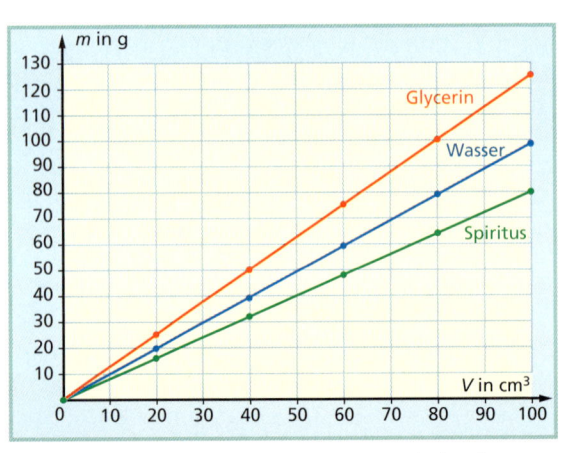

106.1 Grafische Versuchsauswertung

106.2 m-V-Diagramm für Spiritus, Wasser und Glycerin

Neben der grafischen Auswertung kann die Versuchsauswertung auch algebraisch durchgeführt werden. Zu diesem Zweck bildet man die Quotienten aus der abhängigen und der unabhängigen Größe. Bei unserem Versuch bilden wir den Quotienten aus der Masse m und dem Volumen V.

Spiritus

V in cm³	0	20	40	60	80	100
m in g	0	16	32	47	63	80
$\frac{m}{V}$ in $\frac{g}{cm^3}$	–	0,80	0,80	0,78	0,79	0,80

Wasser

V in cm³	0	20	40	60	80	100
m in g	0	20	39	58	78	99
$\frac{m}{V}$ in $\frac{g}{cm^3}$	–	1,0	0,98	0,97	0,98	0,99

Glycerin

V in cm³	0	20	40	60	80	100
m in g	0	27	50	74	101	125
$\frac{m}{V}$ in $\frac{g}{cm^3}$	–	1,4	1,3	1,2	1,3	1,25

Aus den Quotienten bilden wir jeweils für jede Stoffart die Mittelwerte:

Spiritus

$$\overline{\left(\frac{m}{V}\right)}_{Spiritus} = \frac{0,80 + 0,80 + 0,78 + 0,79 + 0,80}{5} \frac{g}{cm^3}$$

$$\overline{\left(\frac{m}{V}\right)}_{Spiritus} = 0,79 \frac{g}{cm^3}$$

$$\left(\frac{m}{V}\right)_{Spiritus} = 0,79 \frac{g}{cm^3} \pm 0,01 \frac{g}{cm^3}$$

Für **Wasser** und **Glycerin** gilt analog:

$$\left(\frac{m}{V}\right)_{Wasser} = 0,98 \frac{g}{cm^3} \pm 0,02 \frac{g}{cm^3}$$

$$\left(\frac{m}{V}\right)_{Glycerin} = 1,3 \frac{g}{cm^3} \pm 0,01 \frac{g}{cm^3}$$

Obwohl die einzelnen Quotienten vom Mittelwert aufgrund von Messfehlern abweichen, kann man die Werte der Quotienten $\frac{m}{V}$ als konstant betrachten. Man sagt, der Quotient $\frac{m}{V}$ ist konstant.

Durch die Mittelwertbildung erhalten wir den wahrscheinlichsten Wert für den Quotienten $\frac{Y}{X}$.

$$\overline{\left(\frac{Y}{X}\right)} = \frac{1,5 + 1,6 + 1,5 + 1,5 + 1,5}{5}$$

$$\overline{\left(\frac{Y}{X}\right)} = 1,5$$

Der tatsächliche Wert des Quotienten ergibt sich dann mit:

$$\left(\frac{Y}{X}\right) = 1,5 \pm 0,1$$

MECHANIK

Mathematisch gesehen bedeutet die Gleichheit der Quotienten oder Quotientengleichheit der Messwertpaare, dass die beiden Größen m und V direkt proportional zueinander sind.

In der Kurzschreibweise: $\frac{m}{V}$ = konst.

d.h., die Gleichung $m \sim V$ ist gleichbedeutend mit der Gleichung $\frac{m}{V}$ = konst.

ERGEBNIS

▶ Aus den Versuchen 4a und 4b erkennen wir, dass die Quotienten aus der Masse m und dem Volumen V bei den drei untersuchten Flüssigkeiten einen bestimmten Wert besitzen, der für jede Flüssigkeit charakteristisch ist. ◀

Die unterschiedlichen Werte der Quotienten erkennt man in dem m-V-Diagramm anhand der unterschiedlichen Steigung der Ursprungsstrecken. So hat der Quotient $\frac{m}{V}$ von Glycerin einen größeren Wert als der von Wasser und Spiritus.
Die Ursprungsstrecke von Glycerin hat in dem m-V-Diagramm eine größere Steigung als die Ursprungsstrecke von Wasser und Spiritus.

Wir erkennen, dass bei einem bestimmten Körper dessen kennzeichnende Größen die Masse m und das Volumen V sind. Damit ist aber noch nichts über die Stoffart ausgesagt, aus der der Körper besteht. Untersuchen wir einen Körper, der aus einer bestimmten Stoffart besteht, so ist die kennzeichnende Größe der Stoffart der Quotient $\frac{m}{V}$. Es ist deshalb sinnvoll, den Quotienten $\frac{m}{V}$ als neue physikalische Größe festzulegen.

ρ ist ein griechischer Buchstabe (gesprochen: rho)

Grundwissen

▶ Bei allen homogenen Körpern einer bestimmten Stoffart bezeichnet man den Quotienten aus der Masse m und dem Volumen V als Dichte ρ.

$$\rho = \frac{m}{V}$$ ◀

Da die Dichte aus der Grundgröße Masse abgeleitet wird, ist sie wie diese eine <u>ortsunabhängige Größe</u>.

Bei der physikalischen Größe Dichte handelt es sich um eine aus der Grundgröße Masse m und der Größe Volumen V abgeleitete Größe. Die Einheit der Dichte ergibt sich aus der Definition der Größe:

$$[\rho] = \frac{[m]}{[V]} \qquad [\rho] = \frac{1 \text{ kg}}{1 \text{ m}^3} \qquad [\rho] = 1 \frac{\text{kg}}{\text{m}^3}$$

Zwischen den drei Einheiten gilt folgender sehr praktischer Zusammenhang:

$$1 \frac{\text{g}}{\text{cm}^3} = 1 \frac{10^{-3} \text{ kg}}{10^{-3} \text{ dm}^3} = 1 \frac{\text{kg}}{\text{dm}^3}$$

und

$$1 \frac{\text{g}}{\text{cm}^3} = 1 \frac{10^{-6} \text{ kg}}{10^{-6} \text{ dm}^3} = 1 \frac{\text{t}}{\text{m}^3}$$

also gilt:

$$1 \frac{\text{g}}{\text{cm}^3} = 1 \frac{\text{kg}}{\text{dm}^3} = 1 \frac{\text{t}}{\text{m}^3}$$

Häufig verwendete Einheiten für die Dichte sind:

$$1 \frac{\text{g}}{\text{cm}^3}; \qquad 1 \frac{\text{kg}}{\text{dm}^3}; \qquad 1 \frac{\text{t}}{\text{m}^3}$$

Die Dichte ρ ist das Kennzeichen einer bestimmten Stoffart, während mit der Masse m und dem Volumen V ein bestimmter Körper beschrieben wird.

Besitzt eine bestimmte Stoffart eine Dichte von 12,5 $\frac{kg}{dm^3}$, so hat ein Körper aus dieser Stoffart bei einem Volumen von 1 dm³ eine Masse von 12,5 kg. Bei einem Volumen von 10 dm³ hätte der Körper dann eine Masse von 125 kg.

Jetzt können wir auch erklären, warum die „Limo"-Dose untergeht und die „LimoLight"-Dose schwimmt. Der Inhalt der „Limo"-Dose hat eine größere Dichte als Wasser und geht darum unter. Die „LimoLight"-Dose hat eine kleinere Dichte als Wasser und schwimmt deshalb an der Oberfläche.

Nun wollen wir unsere Einstiegsfrage beantworten. Aus den Werten für die Masse und die Volumen für den Holz- und Eisenkörper können wir die Dichte der beiden Stoffarten berechnen:

$$\rho_{Holz} = \frac{345\ g}{500\ cm^3} \qquad \rho_{Holz} = 0{,}69\ \frac{g}{cm^3}$$

$$\rho_{Eisen} = \frac{308\ g}{40\ cm^3} \qquad \rho_{Eisen} = 7{,}7\ \frac{g}{cm^3}$$

Aus den beiden Werten für die Dichten ist ersichtlich, dass die Stoffart Eisen eine höhere Dichte hat als die Stoffart Holz. Die Eingangsfrage hätte also heißen müssen: „Hat Eisen eine höhere Dichte als Holz?".

Deutung im Teilchenmodell

Die Zahlenwerte für die Dichte der einzelnen Stoffarten in der Tabelle unterscheiden sich sehr deutlich, je nachdem, ob es sich bei der Stoffart um einen Festkörper, eine Flüssigkeit oder ein Gas handelt. Bei Festkörpern sind die Teilchen an ortsfeste Plätze gebunden und können nur um ihre Ruhelage schwingen. Die Bindungskräfte zwischen den Teilchen sind sehr groß. Es befinden sich also sehr viele Teilchen in einem kleinen Volumen. Deshalb ist die Dichte der jeweiligen Stoffart im Vergleich zu anderen Aggregatszuständen groß bzw. sehr groß. In den Flüssigkeiten sind die Teilchen nicht mehr so stark aneinander gebunden, die Kohäsionskräfte sind geringer, die Abstände zwischen den Teilchen nehmen zu und damit auch das Volumen. Im Vergleich zu den Festkörpern befinden sich bei Flüssigkeiten weniger Teilchen in einer Volumeneinheit und somit ist die Dichte von Flüssigkeiten deutlich geringer als die von Festkörpern. Bei Gasen wirken fast keine Kohäsionskräfte mehr. Die Teilchen können sich ungebunden bewegen. Die mittlere freie Weglänge zwischen zwei Zusammenstößen ist bei den Teilchen in Gasen sehr groß und damit nehmen bei Gasen sehr wenig Teilchen ein sehr viel größeres Volumen ein als bei Festkörpern und Flüssigkeiten. Die Dichte ist aus diesem Grund bei den Gasen sehr klein.

Dichte in $\frac{g}{cm^3}$ bei 20° C

Festkörper
Aluminium	2,70
Blei	11,3
Bleiglas	2,89
Dachziegel	2,6
Diamant	3,51
Eis (0° C)	0,917
Eisen	7,7
Eisen (rein)	7,86
Glas (Fenster)	2,48
Glas (Flaschen)	2,6
Gold	19,29
Kork	0,24
Kupfer	8,9
Messing (gelb)	8,5
Platin	21,4
PVC	1,38
Silber	10,5
Silizium	2,4
Stahl (V2A)	7,8
Styropor	0,017
Titan	4,5

Flüssigkeiten
Alkohol	0,791
Benzin	0,72
Dieselkraftstoff	0,86
Erdöl	0,73 – 0,94
Flugbenzin	0,72
Glycerin	1,261
Olivenöl	0,91
Quecksilber	13,546
Vollmilch	1,032
Wasser	0,998
Wasser (schweres)	1,105

Gase (0°C; 1 bar)
Ammoniak	0,000771
Helium	0,0001785
Kohlenstoffdioxid	0,001977
Luft	0,001293
Methan	0,0007168
Sauerstoff	0,0014289
Stadtgas	0,0006
Stickstoff	0,0012505
Wasserdampf	0,000768
Wasserstoff	0,0000899

109.1 Dichtewerte verschiedener Stoffarten

MECHANIK

110.1 Zu Versuch 5a

110.2 Zu Versuch 5b

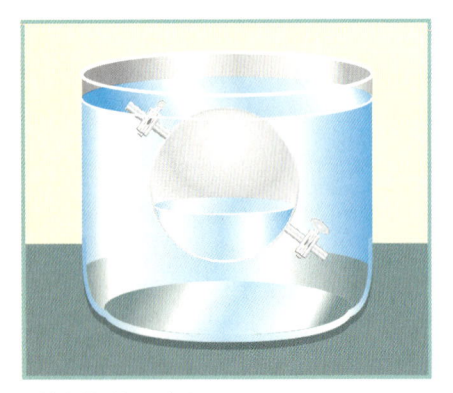

110.3 Zu Versuch 5c

Implosionsgefahr!

Bestimmung der Dichte von Luft

Um die Dichte von Luft zu bestimmen, benötigen wir die Masse m und das Volumen V einer bestimmten Luftmenge.

> **Versuch 5a**
>
> *Wir legen eine Glaskugel mit zwei geöffneten Absperrhähnen auf eine elektronische Waage (Messgenauigkeit: $\frac{1}{10}$ g).*
>
> *Jetzt können wir die Masse der mit Luft gefüllten Glaskugel bestimmen (Abb. 110.1):*
>
> $$m_{\text{Glaskugel und Luft}} = 250{,}9 \text{ g}$$

> **Versuch 5b**
>
> *Nun pumpen wir die Luft aus der Glaskugel, indem wir einen Hahn schließen und den zweiten Hahn mit der Luftpumpe verbinden. Wenn die Glaskugel luftleer gepumpt ist, schließen wir auch den zweiten Hahn. Dann messen wir mit der elektronischen Waage die Masse der Glaskugel (Abb. 110.2):*
>
> $$m_{\text{Glaskugel}} = 249{,}7 \text{ g}$$

Aus dem Versuch 5a und 5b können wir jetzt die Masse der in der Glaskugel befindlichen Luftmenge berechnen:

$$m_{\text{Luft}} = m_{\text{Glaskugel und Luft}} - m_{\text{Glaskugel}}$$

$$m_{\text{Luft}} = 250{,}9 \text{ g} - 249{,}7 \text{ g} \qquad m_{\text{Luft}} = 1{,}2 \text{ g}$$

Nun benötigen wir noch das innere Volumen der Glaskugel, in dem sich die Luft befand.

> **Versuch 5c**
>
> *Wir halten die verschlossene Glaskugel so in einen mit Wasser gefüllten Glastrog, dass ein Hahn schräg nach unten zeigt (Abb. 110.3). Diesen Hahn öffnen wir. In die Kugel strömt jetzt Wasser. Wenn die ganze Kugel mit Wasser gefüllt ist, entnehmen wir die Glaskugel dem Glastrog. Wir lassen nun das Wasser der Glaskugel in einen Messzylinder laufen, wobei wir beide Hähne öffnen. Am Messzylinder können wir das Volumen des Wassers ablesen. Das Volumen des Wassers ist genau das Volumen, das vorher die Luft hatte:*
>
> $$V_{\text{Luft}} = 998 \text{ cm}^3$$

Mit den gemessenen Werten für die Masse und das Volumen der eingeschlossenen Luftmenge können wir nun die Dichte der Luft berechnen:

$$\rho_{\text{Luft}} = \frac{1{,}2 \text{ g}}{998 \text{ cm}^3} \qquad \rho_{\text{Luft}} = 0{,}0012 \frac{\text{g}}{\text{cm}^3}$$

Genauere Messungen ergeben für die Dichte der Luft einen Zahlenwert von 0,001293.

Versuch 6

In zwei leere Glasgefäße stellen wir jeweils eine kleine brennende Kerze (siehe Abb. 111.1). In ein Glas füllen wir dann aus einer Flasche das unsichtbare Gas Kohlenstoffdioxid (CO_2).

Beobachtung

Die Kerze in dem Glas mit dem Kohlenstoffdioxid erlischt (siehe Abb. 111.1).

Erklärung

Damit die Kerze brennen kann, benötigt sie Sauerstoff, der in der Luft enthalten ist. Füllen wir Kohlenstoffdioxid in das Glas, so wird die darin befindliche Luft und somit auch der Sauerstoff aus dem Glas gedrängt. Die Kerze erlischt.

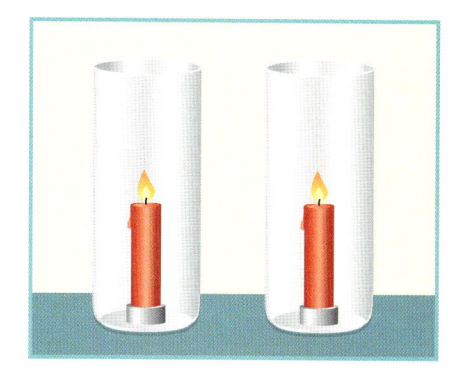

ERGEBNIS

▶ Die Dichte von Luft ist kleiner als die Dichte von Kohlenstoffdioxid. ◀

Ein tragisches Naturereignis

Am Abend des 21. August 1986 erhob sich aus dem Nyos-See in Kamerun eine 80 m hohe Wasserfontäne. Beim Nyos-See handelt es sich um einen Kratersee, der nach einem Vulkanausbruch vor ca. 500 Jahren entstanden ist. Auf dem Boden des Kraters blieb ein Magmapfropfen zurück, der sich abkühlte. Darüber sammelte sich bis zu einer Höhe von 210 m Wasser, der heutige Nyos-See (siehe Abb. 111.3).

111.1 Zu Versuch 6

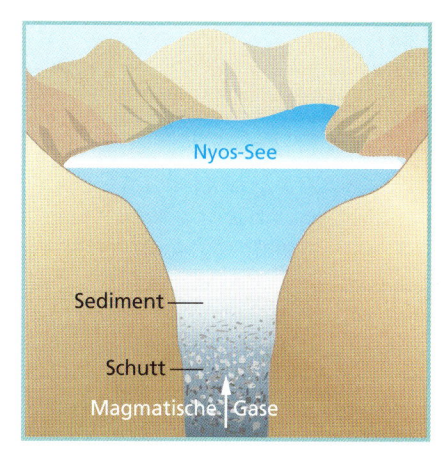

111.2 Nyos-See im Querschnitt

111.3 Nyos-See

MECHANIK

Unter der mittleren Dichte versteht man einen aus den Anteilen verschiedener Stoffarten (Stoffgemisch) gemittelten Wert.

Planet	ρ in $\frac{g}{cm^3}$
Merkur	5,43
Venus	5,24
Erde	5,52
Mars	3,94
Jupiter	1,33
Saturn	0,69
Uranus	1,30
Neptun	1,76
Pluto	2,0

112.1 Die mittleren Dichten der Planeten

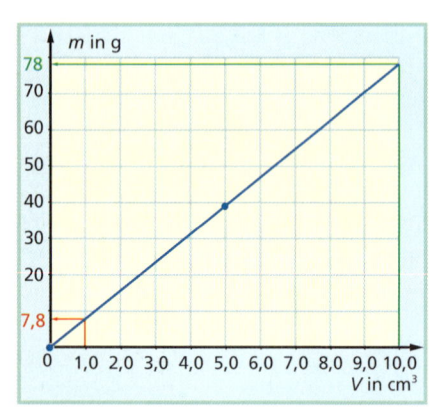

Im Grundwasser unter dem See löste sich Kohlenstoffdioxid (CO_2), das aus vulkanischer Aktivität stammt. Dieses Grundwasser gelangte dann in den Nyos-See, wo es sich in den bodennahen mineralreichen Wasserschichten anreicherte. In den meisten Kraterseen wälzt sich das Wasser um, d.h., die tieferen Wasserschichten gelangen an die Oberfläche des Sees, wobei das Kohlenstoffdioxid in die Atmosphäre entweichen kann. Dies ist aber beim Nyos-See nicht der Fall. Die Grenze zwischen frischem Oberflächenwasser niedriger Dichte und mineralreichem Tiefenwasser hoher Dichte bleibt stabil. Es sammelt sich immer mehr gelöstes Kohlenstoffdioxid im Tiefenwasser an. Durch Einflüsse wie Sturmböen, Erdrutsche oder Erdbeben kann die Schichtung des Wassers gestört werden. Dann steigt Tiefenwasser auf, wodurch Blasen von Kohlenstoffdioxid freigesetzt werden und weiteres Tiefenwasser mitreißen. Dadurch wird noch mehr Kohlenstoffdioxid freigesetzt, das nun seinerseits Tiefenwasser nach oben mitnimmt. Dieser Vorgang bewirkt, dass sich explosionsartig eine Wasserfontäne über den See erhebt. Der Vorgang ähnelt dem Öffnen einer kräftig geschüttelten Getränkedose oder Sektflasche.

Das Kohlenstoffdioxid entweicht als unsichtbare Gaswolke. Da die Dichte von Kohlenstoffdioxid ungefähr eineinhalb mal so groß ist wie die von Luft, sinkt das Kohlenstoffdioxid zu Boden und erstickt alles Leben unter sich. Bei dem Ausbruch 1986 kamen in einem Umkreis von 20 km um den See ca. 1700 Menschen und ungezählte Tiere um.

Die Dichte im Weltall

Man kann auch für die Erde, die allerdings kein homogener Körper ist, die Dichte berechnen. Für die mittlere Dichte der Erde ergibt sich $\rho_{Erde} = 5,52 \frac{g}{cm^3}$. Die Erde hat von den neun Planeten unseres Sonnensystems die größte mittlere Dichte. Der Planet Saturn hat eine mittlere Dichte von $\rho_{Saturn} = 0,69 \frac{g}{cm^3}$.

Mithilfe eines m-V-Diagramms oder der Größengleichung $\rho = \frac{m}{V}$ kann aus zwei bekannten Größen die dritte Größe ermittelt werden.

Ermittlung der Dichte ρ der Stoffart eines homogenen Körpers aus der Masse m und dem Volumen V

Ein Würfel mit einem Volumen von 5,0 cm³ aus Stahl hat eine Masse von 39 g. Bestimme die Dichte von Stahl.

In die Größengleichung $\qquad \rho = \frac{m}{V}$

werden die Messwerte eingesetzt $\qquad \rho = \frac{39 \text{ g}}{5,0 \text{ cm}^3}$

und der gesuchte Wert für die Dichte ermittelt: $\qquad \rho = 7,8 \frac{g}{cm^3}$

Stahl hat eine Dichte von $7,8 \frac{g}{cm^3}$.

112.2 Wir tragen in ein m-V-Diagramm das Wertepaar (5,0|39) ein. Da bei der Dichte die Masse m direkt proportional zum Volumen V ist, haben wir als zweites Wertepaar (0|0). Durch diese beiden Punkte können wir eine Ursprungsgerade zeichnen. Eine Parallele zur m-Achse durch 10,0 schneidet diese Gerade. Von diesem Punkt zeichnen wir zur V-Achse eine weitere Parallele. Diese schneidet die m-Achse beim Wert 78. Mit dem Quotient $\frac{78}{10}$ = 7,8 erhalten wir den Zahlenwert für die Dichte von Stahl. Wir können in gleicher Weise vom Volumenwert 1,0 cm³ ausgehen und erhalten auf der m-Achse den Wert 7,8. Dieser ist gleich der gesuchten Dichte von Stahl, da $\frac{7,8}{1}$ = 7,8.

Dichte

Ermittlung der Masse _m_ eines homogenen Körpers mit dem Volumen _V_ und der Dichte _ρ_ der betreffenden Stoffart

Wie groß ist die Masse eines Kupferquaders, dessen Volumen 8,5 cm³ beträgt?

Die Größengleichung $\rho = \dfrac{m}{V}$

wird mithilfe von mathematischen Umformungen nach der gesuchten Größe m aufgelöst: $m = \rho \cdot V$

Die Messwerte werden eingesetzt $m = 8{,}9 \, \dfrac{g}{cm^3} \cdot 8{,}5 \, cm^3$

und die gesuchte Masse wird berechnet: $m = 76 \, g$

Die Masse des Kupferquaders beträgt 76 g.

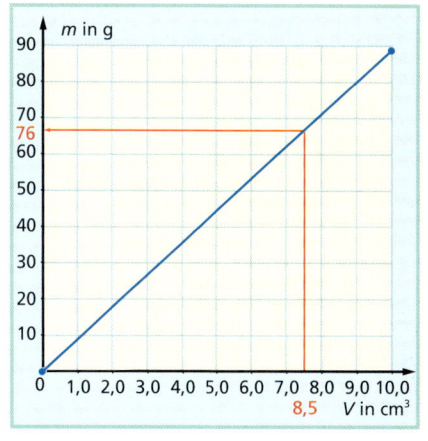

Ermittlung des Volumens _V_ eines homogenen Körpers mit der Masse _m_ und der Dichte _ρ_ der betreffenden Stoffart

Wie groß ist das Volumen eines Kupferzylinders, wenn er eine Masse von 35 g hat?

Die Größengleichung $\rho = \dfrac{m}{V}$

wird mithilfe von mathematischen Umformungen nach der gesuchten Größe V aufgelöst:

$V \cdot \rho = m$

$V = \dfrac{m}{\rho}$

Die Messwerte werden eingesetzt $V = \dfrac{35 \, g}{8{,}9 \, \frac{g}{cm^3}}$

und das gesuchte Volumen wird berechnet: $V = 3{,}9 \, cm^3$

Der Kupferzylinder hat ein Volumen von 3,9 cm³.

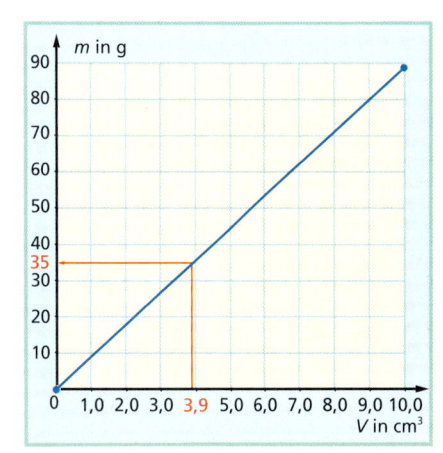

113.1

Eine physikalische Berechnung setzt sich immer aus zwei Rechnungen zusammen:
- Berechnung des Zahlenwertes
- Bestimmung der Einheit

Beispiel

$m = 8{,}9 \, \dfrac{g}{cm^3} \cdot 8{,}5 \, cm^3$

$m = 8{,}9 \cdot 8{,}5 \, \dfrac{g}{cm^3} \, cm^3$

$m = 8{,}9 \cdot 8{,}5 \, \dfrac{g \cdot cm^3}{cm^3}$

$m = 76 \, g$

113.2

Mithilfe der Einheiten kann bei Berechnungen immer kontrolliert werden, ob die Gleichungen richtig aufgelöst wurden.

AUFGABEN

1. Gelten die Angaben für die Dichte der Stoffarten in Abb. 109.1 auch auf dem Mond?

2. Bei dem Tankerunglück der Exxon Valdez im Jahr 1989 lief sehr viel Öl aus und bewegte sich dann auf die kanadische Küste zu. Warum spricht man hier von einem Ölteppich?

3. Der Fluss Brazos, der durch Texas fließt, ist so verschmutzt, dass er schon brannte. Wie ist es möglich, dass ein Fluß brennt, wo Wasser doch zum Löschen von Feuer eingesetzt wird?

4. Beschreibe einen Versuch, durch den man die Dichte von „Limo" und „LimoLight" bestimmen kann.

5 Warum haben Kork und Styropor im Vergleich zu den anderen Festkörpern so kleine Dichtewerte?

6 Die Zahlenwerte für die Dichten von Flüssigkeiten liegen fast alle nahe bei 1. Warum ist der Wert von Quecksilber fast 14-mal größer?

7 In zwei Versuchen wurde die Masse m in Abhängigkeit vom Volumen V für „Limo" und „LimoLight" untersucht. Es ergaben sich folgende Messwerte:

„Limo"

V in cm³	0	24	42	61	80	95
m in g	0	23,5	42,6	61,8	80,4	95,7

„LimoLight"

V in cm³	0	22	42	63	81	97
m in g	0	20,9	40,6	61,4	78,6	93,0

Ermittle aus den Messwerten die Dichte für „Limo" und „LimoLight".

8 Nummerierte Metallquader aus unterschiedlichen Stoffarten haben den gleichen Farbüberzug. Es wird für jeden Quader jeweils die Masse m in Abhängigkeit vom Volumen V gemessen. Es ergeben sich folgende Messwerte:

Quader	1	2	3	4	5	6	7	8	9	10
V in cm³	9,0	18	18	27	27	36	45	45	54	54
m in g	77	49	141	73	230	407	353	383	146	424

a Bestimme anhand eines m-V-Diagramms, welche Metallquader zur gleichen Stoffart gehören.
b Berechne die Dichte der Stoffarten und benenne sie.

9 Welche Aussagen über den Aufbau unserer neun Planeten kann man mithilfe der mittleren Dichte treffen?

10 In der Abb. 114.1 sind für fünf verschiedene Gase die Massen m in Abhängigkeit vom Volumen V aufgetragen.
a Berechne mithilfe des m-V-Diagramms die Dichte der fünf Gase.
b Gib die jeweilige Stoffart an.
c Begründe, welche der Gase sich am besten zum Füllen von Luftballons eignen.

11 a Die Erde hat ein Volumen von $1,087 \cdot 10^{21}$ m³. Berechne ihre Masse.
b Der Jupiter hat eine Masse von $1,90 \cdot 10^{24}$ t. Berechne sein Volumen.
c Wievielmal ist das Volumen des Jupiters größer als das der Erde?

12 Papier (DIN A4) für Drucker und Kopierer wird meist in Paketen zu 500 Blatt Papier geliefert. Die Verpackung trägt die Aufschrift 80 g/qm und 21 x 29,7 cm.
a Was bedeutet die Aufschrift?
b Welche Masse hat ein solches 500-Blatt-Paket?

13 a Beschreibe einen Versuch, mit dem du die Dicke einer 10 cm mal 10 cm großen Aluminiumfolie bestimmen kannst.
b Überprüfe dein Ergebnis aus 13 a mit einem geeigneten Längenmessgerät.

14 Bestimme mithilfe der Skala eines Haushaltsmessbechers die Dichte von Zucker und Mehl.

114.1 Zu Aufgabe 10

5.3 Warum 1 nicht gleich 1,0 ist! –
Die Messgenauigkeit bei abgeleiteten Größen

Im Kapitel Mechanik 1.1 haben wir Messmethoden kennengelernt, mit denen man das Volumen von unregelmäßig geformten Körpern messen kann. Bei regelmäßig geformten Körpern wie Quader oder Zylinder kann man das Volumen mithilfe von mathematischen Formeln berechnen. Um das Volumen eines Steinquaders (siehe Abb. 115.1), wie er oft als Sockel für Kunstwerke in Parkanlagen verwendet wird, zu berechnen, benötigt man die Länge, die Breite und die Höhe des Quaders. Diese drei Größen müssen gemessen werden. Zur Ermittlung der Länge, der Breite und der Höhe werden jeweils fünf Messungen durchgeführt:

l in m	1,121	1,123	1,123	1,125	1,22
b in m	0,682	0,683	0,684	0,684	0,682
h in m	2,540	2,544	2,546	2,548	2,542

Wie wir aus dem Kapitel über die Längenmessung wissen, berechnen wir mithilfe der Mittelwerte die wahrscheinlichste Länge, Breite und Höhe des Steinquaders.

115.1 Welches Volumen hat der Sockel?

Länge

$$\bar{l} = \left(\frac{1,121 + 1,123 + 1,123 + 1,125 + 1,122}{5}\right) \text{m} \quad \bar{l} = 1,123 \text{ m}$$

1,121 m ≦ l ≦ 1,125 m   oder l = 1,123 m ± 0,002 m

Breite

$$\bar{b} = \left(\frac{0,682 + 0,683 + 0,684 + 0,684 + 0,682}{5}\right) \text{m} \quad \bar{b} = 0,683 \text{ m}$$

0,682 m ≦ b ≦ 0,684 m   oder b = 0,683 m ± 0,001 m

Höhe

$$\bar{h} = \left(\frac{2,540 + 2,544 + 2,546 + 2,548 + 2,542}{5}\right) \text{m} \quad \bar{h} = 2,544 \text{ m}$$

2,540 m ≦ h ≦ 2,548 m   oder h = 2,544 m ± 0,004 m

Aus den wahrscheinlichsten Werten für die Länge, die Breite und die Höhe können wir jetzt das Volumen des Steinquaders mithilfe der Formel $V = l \cdot b \cdot h$ berechnen:

$$V = 1,123 \text{ m} \cdot 0,683 \text{ m} \cdot 2,544 \text{ m}$$

$$V = 1,951270896 \text{ m}^3$$

Ist die Angabe eines solchen Ergebnisses sinnvoll? Betrachten wir hierzu die Volumenwerte, die sich berechnen lassen aus den kleinsten

Werten (Minimalwerte) für Länge, Breite und Höhe und aus den größten Werten (Maximalwerte) für Länge, Breite und Höhe.

	l in m	b in m	h in m	V in m^3
Minimalwerte	1,121	0,682	2,540	**1,9**4188588
Mittelwerte	1,123	0,683	2,544	**1,9**51270896
Maximalwerte	1,125	0,684	2,548	**1,9**60686

Die Angabe des Ergebnisses mit V = 1,951270896 m^3 ist völlig sinnlos, da nur die ersten beiden Ziffern immer gleich und damit sicher sind und schon die dritte Ziffer sich unterscheidet und damit unsicher ist. Die sinnvolle Angabe des Ergebnisses ist also:

$$V = 1{,}95 \text{ m}^3$$

Oft werden die gültigen Ziffern mit Nachkommastellen verwechselt.

Die Werte für die Länge und die Höhe haben jeweils 4 gültige Ziffern (3 sichere und 1 unsichere) und die Werte für die Breite haben 3 gültige Ziffern (2 sichere und 1 unsichere). Der Wert für das Volumen hat auch 3 gültige Ziffern. Aus diesem Zusammenhang kann man sich folgende Regel merken:

Grundwissen

▶ Ein Produkt hat nicht mehr gültige Ziffern als der Faktor mit der geringsten Anzahl gültiger Ziffern. Gleiches gilt für einen Quotienten. ◀

Die Aussage 1 m^3 = 1,0 m^3 ist falsch, da zwar die Einheit der beiden Messwerte gleich ist. Einmal wurde aber die Messung mit einer Genauigkeit von einer gültigen Ziffer durchgeführt und das andere Mal mit einer Genauigkeit von zwei gültigen Ziffern. Da die Anzahl der gültigen Ziffern auf der linken Seite der Gleichung mit der auf der rechten Seite der Gleichung nicht übereinstimmt, ist die Aussage falsch.

Versuch 1

Mit einer Messreihe wollen wir jetzt die Dichte eines Sonnenblumenöls mit zwei Waagen unterschiedlicher Messgenauigkeit bestimmen. Wir stellen dazu einen leeren Messzylinder (Messgenauigkeit 1 cm^3) auf eine elektronische Waage mit einer Anzeige, die auf 1 g genau misst. Wir stellen die Anzeige auf null. Wir stellen danach den gleichen, leeren Messzylinder auf eine andere elektronische Waage, die eine Messgenauigkeit von 0,01 g besitzt. Wir stellen auch hier die Anzeige auf null. Wir gießen nun immer eine bestimmte Menge Sonnenblumenöl in den Messzylinder, lesen den Wert für das Volumen ab, bestimmen mit den beiden Waagen jeweils die Masse und tragen die Werte in eine Messwerttabelle ein.

Messgenauigkeit für die Massebestimmung: 0,01 g

V in cm³	0	21	40	62	80	100
m in g	0	19,34	36,69	57,30	73,66	91,95
$\frac{m}{V}$ in $\frac{g}{cm^3}$	–	0,92	0,92	0,92	0,92	0,920

Messgenauigkeit für die Massebestimmung: 1 g

V in cm³	0	21	40	62	80	100
m in g	0	19	37	57	74	92
$\frac{m}{V}$ in $\frac{g}{cm^3}$	–	0,90	0,93	0,92	0,93	0,92

Beobachtung

Bei der Waage mit 0,01 g Messgenauigkeit kann die Masse von Sonnenblumenöl mit 4 gültigen Ziffern angegeben werden, im Gegensatz zur Waage mit einer Messgenauigkeit von 1 g, wo nur eine Angabe auf 2 gültige Ziffern möglich ist.

Wir berechnen die zugehörigen Quotienten $\frac{m}{V}$ und tragen sie in die Messwerttabelle ein. Bei der Berechnung müssen wir darauf achten, dass die Werte für das Volumen bis auf den Wert 100 cm³ immer 2 gültige Ziffern haben.

Aus den Quotienten $\frac{m}{V}$ berechnen wir jeweils die Mittelwerte:

Messgenauigkeit 0,01 g: $\qquad \overline{\left(\frac{m}{V}\right)} = 0{,}92 \ \frac{g}{cm^3}$

Messgenauigkeit 1 g: $\qquad \overline{\left(\frac{m}{V}\right)} = 0{,}92 \ \frac{g}{cm^3}$

Wie bei der Multiplikation von Größen gilt auch bei der Division von Größen: Der Quotient hat nicht mehr gültige Ziffern, als der Dividend oder Divisor mit der geringsten Anzahl gültiger Ziffern.

ERGEBNIS

▶ Bei der Bestimmung der Dichte von Sonnenblumenöl erhalten wir als Wert jeweils $\rho = 0{,}92 \ \frac{g}{cm^3}$. ◀

Trotz der Verwendung einer sehr genau messenden Waage ist die Bestimmung der Dichte von Sonnenblumenöl nur auf zwei gültige Ziffern genau möglich. Die Werte für die Volumina wurden bis auf den Wert von 100 cm³ auf 2 Stellen genau bestimmt.

MECHANIK

Soll die Dichte oder allgemein eine abgeleitete Größe genauer bestimmt werden, müssen alle verwendeten Messgeräte genauer messen. Wir bräuchten also auch für das Volumen ein Messgerät, das auf 0,01 cm³ genau misst.

Beispiel

Von vier verschiedenen Metallzylindern aus Kupfer, Stahl, Titan und Aluminium, die jeweils das gleiche Volumen von 6,3 cm³ haben, soll jeweils die Masse bestimmt werden.
Diese Aufgabe lässt sich entweder grafisch oder algebraisch lösen.

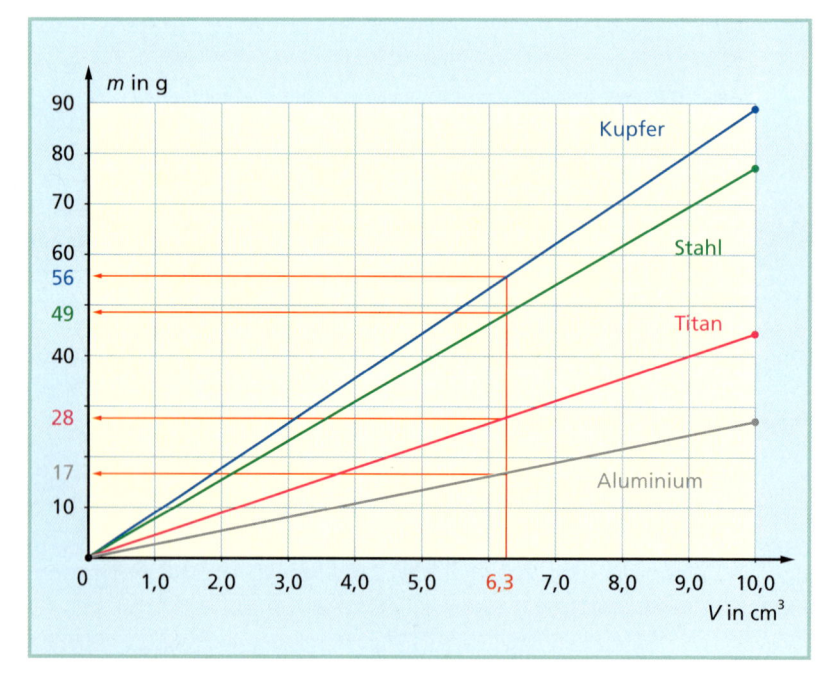

$\rho = \dfrac{m}{V} \qquad m = \rho \cdot V$

Kupfer $\quad m = 8{,}9 \; \dfrac{g}{cm^3} \cdot 6{,}3 \; cm^3 \qquad m = 56 \; g$

Stahl $\quad m = 7{,}8 \; \dfrac{g}{cm^3} \cdot 6{,}3 \; cm^3 \qquad m = 49 \; g$

Titan $\quad m = 4{,}5 \; \dfrac{g}{cm^3} \cdot 6{,}3 \; cm^3 \qquad m = 28 \; g$

Aluminium $\quad m = 2{,}70 \; \dfrac{g}{cm^3} \cdot 6{,}3 \; cm^3 \qquad m = 17 \; g$

Grundwissen

▶ Beide Lösungsmethoden erbringen die gleichen Ergebnisse. Da in der Physik bei Rechnungen immer die gültigen Ziffern berücksichtigt werden müssen, kann auch durch Rechnung kein besseres Ergebnis herauskommen, als die ungenaueste Messung es zulässt. ◀

AUFGABEN

Dichte

1 Berechne aus der Tabelle zu Beginn des Kapitels den minimalen, maximalen und durchschnittlichen Flächeninhalt der Grundfläche des Sockels.

2 Rechne die Dichte von Eisen ($\rho_{Eisen} = 7{,}86 \, \frac{g}{cm^3}$) in die Einheit $\frac{kg}{m^3}$ um.

3 Ein Aluminiumwürfel hat eine Kantenlänge von 4,52 cm.

   a Berechne den Volumeninhalt des Aluminiumwürfels.
   b Welche Masse hat dieser Aluminiumwürfel?
   c Welches Volumen hätte ein Bleiwürfel mit der gleichen Masse?
   d Um wie viel Prozent ist das Volumen des Bleiwürfels kleiner als das des Aluminiumwürfels?

4 Um wie viel Prozent ist die Masse einer Glasscheibe größer als die Masse einer gleich großen Plexiglasscheibe?

5 Auf dem Dach ($l = 5{,}0$ m; $b = 2{,}0$ m) einer Bushaltestelle liegt eine 30 cm hohe Schneeschicht ($\rho_{Schnee} = 0{,}21 \, \frac{g}{cm^3}$).

   a Berechne die Masse des auf dem Dach liegenden Schnees.
   b An einem warmen Tag schmilzt der gesamte Schnee auf dem Dach. Berechne das Volumen des geschmolzenen Schnees.
   c Um wie viel Prozent ist das Volumen des Schmelzwassers kleiner als das von Schnee?

6 Ein Spediteur wirbt damit, dass seine Lastwagen ein Volumen von 120 m³ transportieren können. Welche Stoffart kann der LKW transportieren, wenn seine maximale Nutzlast 28 t beträgt?

7 a Ein Klassenzimmer hat eine Länge von 8,23 m, eine Breite von 6,12 m und eine Höhe von 3,34 m. Welche Masse hat die Luft, die sich in diesem Klassenzimmer befindet?

   b Berechne die Masse der Luft, die sich in deinem Klassenzimmer (Physiksaal) befindet.

8 Luft besteht zu 20 % aus Sauerstoff und zu 80 % aus Stickstoff. Berechne die Dichte von Luft.

9 Herr Meier will seine Garagenauffahrt mit quadratischen Betonplatten mit einer Seitenlänge von 30,0 cm auslegen. Die Betonplatten haben eine Dicke von 4,5 cm. Er benötigt insgesamt 350 Betonplatten ($\rho_{Beton} = 2{,}3 \, \frac{g}{cm^3}$).

Wie oft muss Herr Meier in den Baumarkt fahren, wenn sein Anhänger eine Nutzlast von 600 kg hat?

MECHANIK

6 Reibung

6.1 Rutschen will gelernt sein! – *Die Reibung*

120.1 Bob im Eiskanal

120.2 Auf der Sommerrodelbahn

120.3 Fahrrad fahren

120.4 Formel-1-Rennwagen

120.5 Seilknoten am Poller

120.6 Kletterin

Um mit einem Bob einen Abhang hinunterfahren zu können, benötigt man eine vereiste Bahn. Wird das Eis in der Bahn aufgrund von Sonneneinstrahlung zu warm, dann wird der Bob langsamer. Den Schlitten auf einer Sommerrodelbahn kann man durch Betätigen des Steuerhebels beschleunigen, gleichmäßig bewegen oder bremsen. Tritt man auf ebener Straße bei einem Fahrrad nicht ständig in die Pedale, wird das Fahrrad immer langsamer. Der Formel-1-Fahrer wird immer versuchen, die Ideallinie auf einem Rennkurs zu fahren, damit er nicht durch zusätzlichen Weg Zeit gegenüber seinen Gegnern verliert. Dazu benötigt er Reifen, die den Rennwagen in der Spur halten. Beim Festmachen eines Bootes an einem Steg verwendet man Seilknoten, die um einen Poller geknotet werden. Der Kletterer in der

steilen, glatten Wand versucht durch einen günstigen Einsatz seiner Körpermasse, an den kleinen Felsvorsprüngen oder Rissen sicheren Halt zu finden, der ihm eine Durchsteigung der Felswand ermöglicht. Bei allen diesen beschriebenen Vorgängen treten Kräfte auf, die eine gleichmäßige Bewegung hemmen, eine Bewegung verhindern oder eine Bewegung ermöglichen. Diese Kräfte nennt man Reibungskräfte und das Phänomen, das die Reibungskräfte hervorruft, Reibung.
Bei einem Festkörper treten nur dann Reibungskräfte auf, wenn der Körper durch eine Normalkraft (Anpresskraft) auf eine Unterlage gepresst wird und gleichzeitig eine Antriebskraft (Schub- oder Zugkraft) oder eine Trägheitskraft parallel zur gemeinsamen Berührfläche von Körper und Unterlage wirkt (Abb. 121.1).

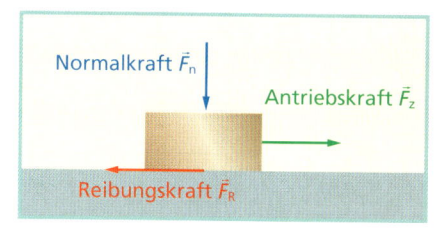

121.1 Normal-, Antriebs- und Reibungskraft

Soll ein Körper gleichmäßig bewegt werden, ist immer das Wirken einer Zug- oder Schubkraft (allgemein: Antriebskraft) nötig, die vom Betrag her so groß ist wie die Reibungskraft und ihr genau entgegengesetzt gerichtet ist. Für Antriebskraft und Reibungskraft gelten folgende Zusammenhänge:

- Ist die Antriebskraft gleich der Reibungskraft, so wird der Körper gleichmäßig bewegt.
- Ist die Antriebskraft kleiner als die Reibungskraft, so wird der Körper abgebremst.
- Ist die Antriebskraft größer als die Reibungskraft, so wird der Körper beschleunigt.

Bisher haben wir immer von Reibungskräften gesprochen. Die Reibungskräfte, die es einem Kletterer ermöglichen, eine glatte, steile Bergwand hochzusteigen oder die einen Seilknoten zusammenhalten, sind die Haftreibungskräfte. Die Reibungskraft, die beim Abrollen eines Reifens wie beim Auto oder Fahrrad auftritt, nennt man Rollreibungskraft. Auch beim Formel-1-Rennwagen und beim Fahrrad treten während der Bewegung zusätzlich Haftreibungskräfte auf. Beim Bob- und Schlittenfahren wirken zwischen den Kufen und dem eisigen Untergrund Gleitreibungskräfte. Alle drei Arten der Reibungskraft entstehen an den gemeinsamen Berührstellen zwischen den Körpern und der Unterlage.

Reibungskräfte kann man nicht direkt messen. Da wir aber wissen, dass die Reibungskraft bei einem ruhenden oder gleichmäßig bewegten Körper vom Betrag gleich der angreifenden Antriebskraft ist, können wir durch Messung der Antriebskraft die Reibungskraft bestimmen.

Versuch 1

Wir ziehen mit gleichmäßiger Geschwindigkeit einen Holzquader mithilfe eines Kraftmessers über einen Tisch (Abb. 121.2). Während der Bewegung des Holzquaders beobachten wir den Kraftmesser.

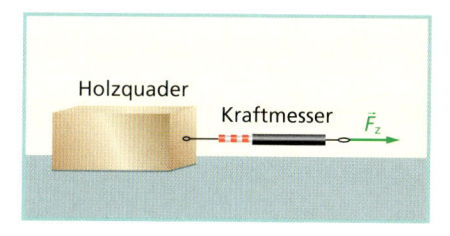

121.2 Zu Versuch 1

MECHANIK

Beobachtung

Obwohl wir an dem Holzquader ziehen, bleibt er zunächst in Ruhe. Wir können aber ein Anwachsen des Wertes der Reibungskraft am Kraftmesser ablesen. Während wir weiter ziehen, beginnt der Holzquader ruckartig zu gleiten und der angezeigte Wert der Reibungskraft nimmt ab. Kurz bevor der Holzquader zu gleiten beginnt, zeigt der Kraftmesser einen Maximalwert der Reibungskraft an, die so genannte Haftreibungskraft F_{Rh}. *Wenn dann der Holzquader gleichmäßig gleitet, zeigt der Kraftmesser eine kleinere, annähernd konstante Reibungskraft an, die* Gleitreibungskraft F_{Rg}.

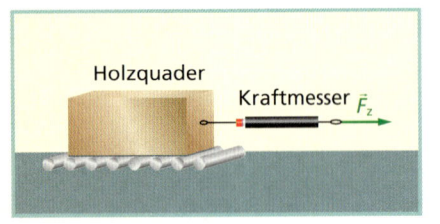

122.1 Zu Versuch 2

Versuch 2

Wir wiederholen Versuch 1 und legen dabei den Holzquader (Abb. 122.1) auf Walzen (dünne, kurze Stativstangen).

Beobachtung

Wenn wir jetzt wieder an dem Kraftmesser ziehen und der Holzquader sich in Bewegung setzt, dann gleiten die Berührstellen nicht mehr aneinander wie in Versuch 1, sondern sie rollen aufeinander ab. Wie in Versuch 1 können wir auch hier beobachten, dass die Walzen ruckartig zu rollen beginnen. Der kurz vorher angezeigte Wert am Kraftmesser ist wieder der Maximalwert der Haftreibungskraft F_{Rh}. Danach zeigt der Kraftmesser wieder eine annähernd gleiche, kleinere Reibungskraft an, die Rollreibungskraft F_{Rr}. *Verwenden wir in den Versuchen 1 und 2 anstelle des mechanischen Kraftmessers einen elektronischen Kraftmesser, so können wir uns mithilfe des Computers oder des grafischen Taschenrechners folgende F_R-t-Diagramme (Abb. 122.2) für die beiden Versuche zeichnen lassen:*

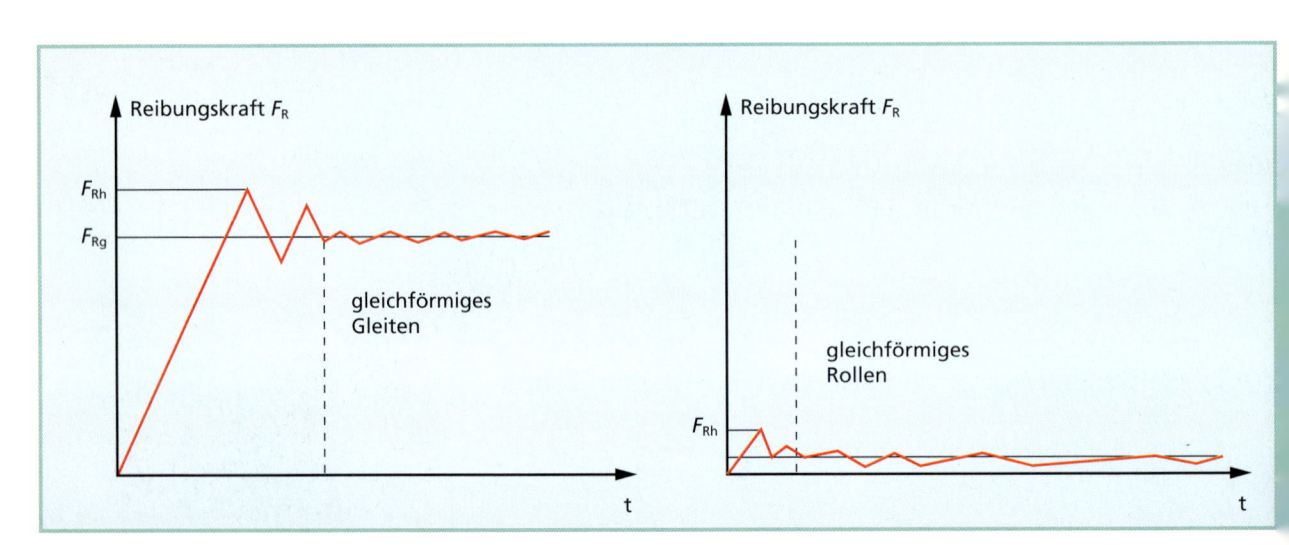

122.2 F_R-t-Diagramme für die Gleitreibung und für die Rollreibung

ERGEBNISSE

▶ Wenn wir die Beträge der Haft-, Gleit- und Rollreibungskraft miteinander vergleichen, ergeben sich folgende Aussagen:

- Gleitreibung:
  Die Gleitreibungkraft ist kleiner als die Haftreibungskraft $F_{Rg} < F_{Rh}$.
- Rollreibung:
  Die Rollreibungskraft ist kleiner als die Haftreibungskraft $F_{Rr} < F_{Rh}$.
- Gleit- und Rollreibung:
  Die Rollreibungskraft ist kleiner als die Gleitreibungskraft $F_{Rr} < F_{Rg}$. ◀

Wie entstehen eigentlich Reibungskräfte?

Versuch 3

Wir legen auf einen Bandschleifer mit feinem Schleifpapier einen Holzquader. Der Holzquader wird an einen Kraftmesser gehängt, der an einer Halterung befestigt ist (Abb. 123.1). Während des Betriebs des Bandschleifers zeigt uns der Kraftmesser den Betrag der Gleitreibungskraft an. Wir wiederholen den Versuch mit einem glatten Papierband im Bandschleifer.

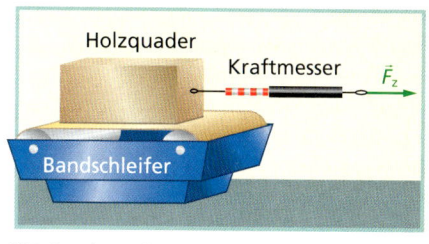

123.1 Holzquader auf Schleifpapier

Beobachtung

Liegt der Holzquader auf dem glatten Papierband, so wird uns ein kleinerer Wert der Gleitreibungskraft angezeigt als bei dem feinen Schleifpapier.

Erklärung

Die Oberflächen vom Holzquader und dem Schleifpapier bzw. dem Papierband haben jeweils eine gemeinsame Berührfläche, wenn sie durch eine Normalkraft (Gewichtskraft des Holzquaders) in engen Kontakt zueinander gebracht werden. Da die Oberflächen niemals vollkommen glatt sind, berühren sich die beiden Körper nur an den so genannten Berührstellen. Durch die Normalkraft verhaken und verzahnen sich die hervorstehenden Körperstellen und während der Bewegung können diese Berührstellen verformt oder abgerissen werden. Hierdurch treten an der Oberfläche jedes Körpers bewegungshemmende Kräfte auf, die der Bewegung entgegenwirken (Abb. 123.2).

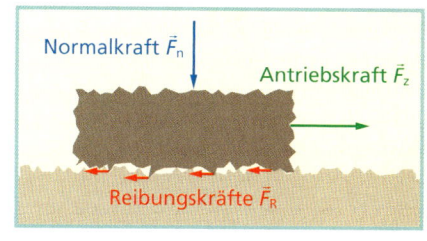

123.2 An den Berührstellen entstehen bewegungshemmende Kräfte

Gibt es auch bei Körpern mit ganz glatten Oberflächen Reibungskräfte?

Versuch 4

Eine glatte, polierte Glasplatte wird auf eine große Glasscheibe gelegt. Mit einem Kraftmesser wird die Glasplatte auf der Glasscheibe bewegt (Abb. 123.3).

Beobachtung

Vom Kraftmesser wird während der Gleitbewegung eine Reibungskraft angezeigt.

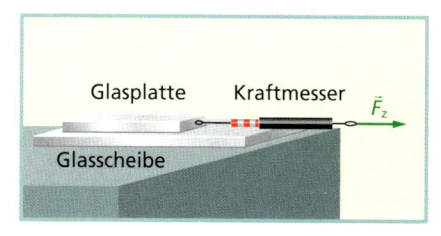

123.3 Glasplatte auf Glasscheibe

MECHANIK

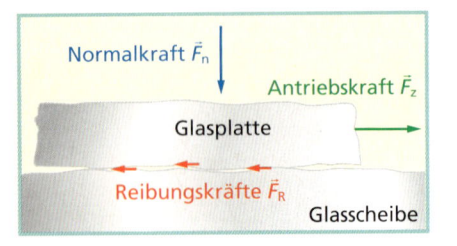

124.1 Durch die Adhäsionskräfte entstehen an den Kontaktstellen bewegungshemmende Kräfte

Erklärung

Selbst sorgfältig glatt geschliffene Oberflächen erscheinen unter dem Mikroskop sehr uneben (Abb. 124.1). Berühren sich nun die Oberflächen zweier solcher Körper, so besteht Kontakt an diesen Unebenheiten (Kontaktstellen). Zwischen den beiden Oberflächen der Körper wirken Adhäsionskräfte. Während der eine Körper auf dem anderen Körper gleitet, werden ständig Kontakte unterbrochen und neue gebildet.

ERGEBNIS

▶ Die Summe aus den wirkenden bewegungshemmenden Kräften und Adhäsionskräften zwischen den Berührstellen und an den Kontaktstellen ist die Reibungskraft. ◀

Beim Überwinden der Haftreibungskraft, die auf einen Körper wirkt, müssen alle Berühr- und Kontaktstellen gleichzeitig aufgebrochen werden. Befindet sich ein Körper in einer Gleitbewegung, werden laufend Berühr- und Kontaktstellen aufgebrochen und gleichzeitig neue gebildet. Da die neuen Kontakt- und Berührstellen nicht genügend Zeit haben, sich vollständig auszubilden, ist die Summe der wirkenden bewegungshemmenden Kräfte und Adhäsionskräfte kleiner als bei der Haftreibungskraft. Damit ist die Gleitreibungskraft kleiner als die Haftreibungskraft.

Bei der Rollreibung werden die Berühr- und Kontaktstellen nacheinander aufgebrochen und voneinander weggezogen, wofür insgesamt eine kleinere Kraft nötig ist als bei Gleitreibung. Die Rollreibungskraft ist somit kleiner als die Gleitreibungskraft für den gleichen Körper.

AUFGABEN

1 *Unter welchen Bedingungen entstehen Reibungskräfte?*

2 *Wie kann man sich die Entstehung von Reibungskräften vorstellen?*

3 *Erkläre, warum die Gleitreibungskraft kleiner ist als die Haftreibungskraft.*

4 *Beschreibe, welche Kräfte beim Schreiben mit der Kreide auf einer Tafel auftreten.*

5 *a Erkläre, welcher Unterschied beim Schreiben mit einem Tintenroller und einem Tintenfüller besteht.*
b Welche Überlegungen ergeben sich aus 5a im Hinblick auf Schreibgeräte für Kinder, die das Schreiben gerade lernen?

6 *Wann treten beim Fahren auf einer Sommerrodelbahn Haft-, Gleit- und Rollreibungskräfte auf?*

6.2 Kann man die Reibungskräfte verändern? – Das Reibungsgesetz

Wir wollen nun zahlenmäßig (quantitativ) untersuchen, wie die Reibungskräfte von anderen Größen abhängen. Aus unserem Wissen über die Reibung können wir vermuten, dass die Reibungskraft abhängig ist von

- der Normalkraft (Anpresskraft),
- der Größe der gemeinsamen Berührfläche,
- dem Material und der Struktur der Berührstellen,
- der Gleitgeschwindigkeit des bewegten Körpers.

Wir wollen als Erstes untersuchen, ob zwischen der Gleitreibungskraft F_{Rg} und der Normalkraft F_N eine Abhängigkeit besteht.

Versuch 1

Ein Holzquader auf einer kunststoffbeschichteten Tischplatte wird mithilfe eines zwischengeschalteten Kraftmessers mit gleichmäßiger Geschwindigkeit über die Tischplatte gezogen. Die Normalkraft wird durch Auflegen von Massestücken auf den Holzquader erhöht (Abb. 125.1)

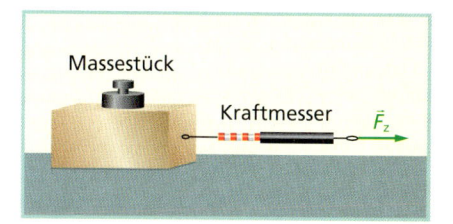

125.1 Zu Versuch 1

F_N in N	2,8	3,8	4,8	5,8	6,8	7,8
F_{Rg} in N	0,70	0,90	1,10	1,30	1,50	1,70

Beobachtung

Aus der Messwerttabelle erkennen wir, dass die Gleitreibungskraft bei zunehmender Normalkraft größer wird.

Es liegt die Vermutung nahe, dass die Gleitreibungskraft F_{Rg} direkt proportional zur Normalkraft F_N ist. Um unsere Vermutung zu überprüfen, erstellen wir ein F_{Rg}-F_N-Diagramm und tragen unsere Messwerte ein.

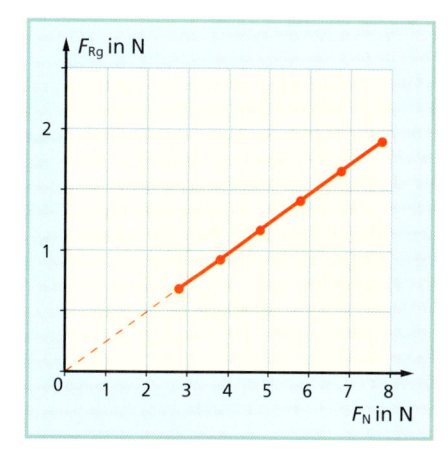

Wir wissen, dass eine direkte Proportionalität zwischen den beiden Größen dann vorliegt, wenn sich als Graph für die Messwerte eine Ursprungsstrecke ergibt. Im Gegensatz zu den Versuchen bei der Dichte haben wir bei diesem Versuch keine Messwerte für $F_N = 0$ N und $F_{Rg} = 0$ N, d.h. für den Ursprung.
Wir können nicht einfach annehmen, dass, wenn die Normalkraft den Wert 0 N hat, auch die Gleitreibungskraft den Wert 0 N hat. Die Werte können wir auch nicht messen, denn einen Körper, der eine Normalkraft von 0 N hervorruft, gibt es nicht. Der kleinste Wert für die Normalkraft ist genauso groß wie die Gewichtskraft, die auf den Körper wirkt. Um unseren Versuch grafisch auswerten zu können, legen wir die Ausgleichsstrecke in den Ursprung und zeichnen nur die Strecke vom ersten bis zum letzten gemessenen Wert. Die Strecke vom Ursprung bis zum ersten gemessenen Wert zeichnen wir gestrichelt ein.

125.2 F_{Rg}-F_N-Diagramm

ERGEBNIS

▶ Aus dem F_{Rg}-F_N-Diagramm erkennen wir, dass die Gleitreibungskraft zur Normalkraft für das Stoffpaar Holz – Kunststoff direkt proportional ist und dass gilt:

$$F_{Rg} \sim F_N.$$ ◀

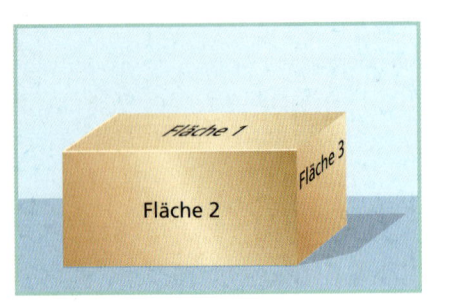

126.1 Die Flächen eines Quaders

Versuch 2

Wir wiederholen den Versuch 1 mit einer bestimmten Normalkraft und ändern jeweils die Auflagefläche des Holzquaders. Dazu legen wir den Quader zuerst mit der Fläche 1, dann mit der Fläche 2 und zum Schluss mit der Fläche 3 auf die Tischplatte (Abb. 126.1). Wir bewegen den Quader immer mit der gleichen Geschwindigkeit.

Fläche	1	2	3
F_N in N	2,8	2,8	2,8
F_{Rg} in N	0,70	0,72	0,71

Beobachtung

Die Gleitreibungskraft ist bei gleichbleibender Normalkraft für alle drei Flächen annähernd gleich.

ERGEBNIS

▶ Die Gleitreibungskraft ist für ein bestimmtes Stoffpaar unabhängig von der Größe der gemeinsamen Berührfläche. ◀

Zur Untersuchung eines Zusammenhangs zwischen den Stoffpaaren nehmen wir den Versuchsaufbau in Abb. 126.2.

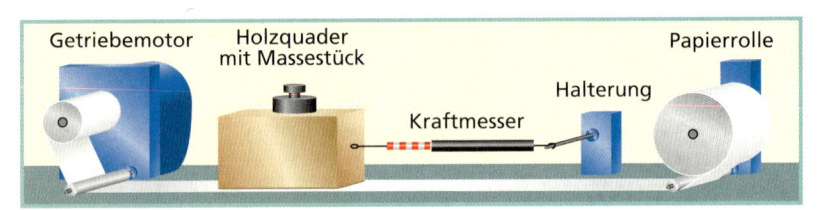

126.2 Zu Versuch 3

Versuch 3

Auf die Welle des Getriebemotors wickeln wir Papier (Toilettenpapier). Unter dem Holzquader bewegt sich das Papier mit gleichbleibender Geschwindigkeit hindurch. Durch Auflegen verschiedener Massestücke untersuchen wir so das Stoffpaar Holz – Papier. Wir wiederholen den Versuch mit einem Holzquader, dessen Auflagefläche mit Samt beklebt ist.

Stoffpaar Holz – Papier

F_N in N	1,5	2,0	2,5	3,0	3,5	4,0
F_{Rg} in N	0,50	0,62	0,80	0,93	1,04	1,20

Stoffpaar Samt – Papier

F_N in N	1,5	2,0	2,5	3,0	3,5	4,0
F_{Rg} in N	1,22	1,60	2,00	2,37	2,84	3,16

Beobachtung

Für jedes untersuchte Stoffpaar nimmt mit steigender Normalkraft die Gleitreibungskraft zu.

Wir können auch hier vermuten, dass die beiden Größen direkt proportional zueinander sind. Das F_{Rg}-F_N-Diagramm bestätigt unsere Vermutung (Abb. 127.1).

Für eine bestimmte Normalkraft ist aber die Gleitreibungskraft für jedes Stoffpaar unterschiedlich groß. Bei dem Stoffpaar Samt – Papier ist die Gleitreibungskraft größer als beim Stoffpaar Holz – Papier.

ERGEBNIS

▶ Die Gleitreibungskraft ist nicht nur von der Normalkraft, sondern auch von der Struktur und dem Material der gemeinsamen Berührflächen abhängig. Die Gleitreibungskraft nimmt mit ausgeprägterer Struktur des Oberflächenmaterials zu. ◀

Die Versuche 1 und 3 ergeben folgende Gesetzmäßigkeit:

$$F_{Rg} \sim F_N.$$

Um diese Gesetzmäßigkeit als Größengleichung schreiben zu können, benötigen wir eine Proportionalitätskonstante. Aus den Messwerten zu Versuch 3 bilden wir für jedes Stoffpaar die Quotienten aus der Gleitreibungskraft F_{Rg} und der Normalkraft F_N:

Stoffpaar Holz – Papier

$\frac{F_{Rg}}{F_N}$	0,33	0,31	0,32	0,31	0,30	0,30

$$\overline{\left(\frac{F_{Rg}}{F_N}\right)} = \frac{0{,}33 + 0{,}31 + 0{,}32 + 0{,}31 + 0{,}30 + 0{,}30}{6} \qquad \overline{\left(\frac{F_{Rg}}{F_N}\right)} = 0{,}31$$

Stoffpaar Samt – Papier

$\frac{F_{Rg}}{F_N}$	0,81	0,80	0,80	0,79	0,81	0,79

$$\overline{\left(\frac{F_{Rg}}{F_N}\right)} = \frac{0{,}81 + 0{,}80 + 0{,}80 + 0{,}79 + 0{,}81 + 0{,}79}{6} \qquad \overline{\left(\frac{F_{Rg}}{F_N}\right)} = 0{,}80$$

ERGEBNIS / Grundwissen

▶ Die Werte für die Quotienten jedes Stoffpaares sind konstant und beim Quotienten handelt es sich um eine Zahl ohne Einheit. Dieser Zahlenwert kennzeichnet für die Stoffpaare die Oberflächenbeschaffenheit der Berührflächen der beiden Körper. Man bezeichnet diese Zahl als

$$\text{Gleitreibungszahl } \mu = \frac{F_{Rg}}{F_N}. \quad \blacktriangleleft$$

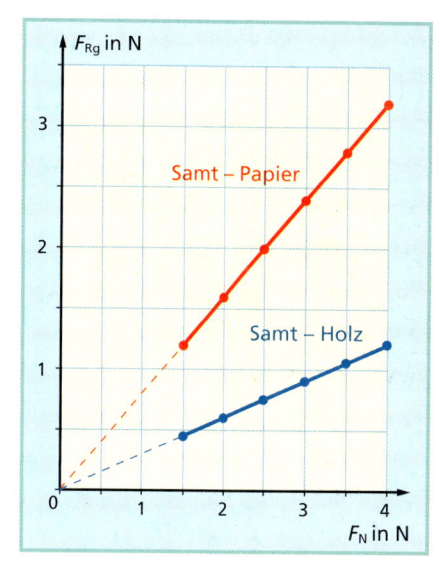

127.1 F_{Rg}-F_N-Diagramm für Versuch 3

μ ist ein griechischer Buchstabe (gesprochen: mü)

MECHANIK

Stoffpaar	Gleitreibungszahl
Stahl – Stahl	0,12
Stahl – Eis	0,014
Stahl – Holz	0,5
Eiche – Eiche	0,34
Bremsbelag – Stahl	0,5 – 0,6

128.1 Gleitreibungszahlen μ für einige Stoffpaare

Für unsere Stoffpaare haben wir die Gleitreibungszahlen

$\mu_{\text{Holz – Papier}} = 0{,}31 \pm 0{,}02$ und
$\mu_{\text{Samt – Papier}} = 0{,}80 \pm 0{,}01$

Mit der Gleitreibungszahl μ erhalten wir als Größengleichung:

$$F_{Rg} = \mu \cdot F_N$$

Den Zusammenhang $F_{Rg} \sim F_N$ bzw. $F_{Rg} = \mu \cdot F_N$ bezeichnet man als **Reibungsgesetz** (genauer: Gleitreibungsgesetz).

Mit dem Versuchsaufbau aus dem Versuch 3 untersuchen wir, ob es eine Abhängigkeit der Gleitreibungskraft von der Gleitgeschwindigkeit gibt.

Versuch 4

Wir verwenden immer den gleichen Holzquader mit der gleichen Normalkraft und ändern jeweils die Drehzahl des Getriebemotors, womit das Papier mit unterschiedlichen Gleitgeschwindigkeiten unter dem Holzquader hindurchgezogen wird.

Beobachtung

Der am Kraftmesser angezeigte Wert für die Gleitreibungskraft ist annähernd gleich.

ERGEBNIS

▶ Die Gleitreibungskraft eines Festkörpers ist für kleine Gleitgeschwindigkeiten annähernd unabhängig. ◀

Bei höheren Gleitgeschwindigkeiten gilt dieser Zusammenhang nicht mehr. Die Gleitreibungskraft nimmt mit zunehmenden Gleitgeschwindigkeiten ab.

AUFGABEN

1 *Bestimme mithilfe der Messwerttabelle zum Versuch 1 den Wert des Gleitreibungskoeffizienten für das Stoffpaar Holz – Kunststoff.*

2 *Im Bistro des ICE ist es sinnvoll, bei kurvenreichen Strecken eine Papierserviette zwischen Kaffeetasse und Steintischplatte zu legen. Begründe diese Maßnahme.*

3 *Begründe, warum es sinnvoll ist, bei Heckantrieb eines Autos in den Kofferraum schwere Gegenstände zu legen.*

4 *Beschreibe einen Versuch, mit dem man die Gleitreibungszahl des Stoffpaares Skibelag – Schnee bestimmen kann.*

5 Von welchen Größen kann die Gleitreibungskraft abhängen?

6 Erkläre mit der Modellvorstellung über die Reibung, dass die Gleitreibung nicht von der Größe der gemeinsamen Berührfläche abhängig ist.

7 Wie groß ist die Gleitreibungskraft, wenn eine Schlittschuhläuferin (F_N = 0,60 kN) sich mit konstanter Geschwindigkeit über das Eis bewegt?

6.3 Wenn der Reifen haftet, bleibt man in der Spur – Beispiele für das Auftreten von Reibungskräften

Reibungskräfte treten in unserem täglichen Leben so häufig auf, dass wir sie meist gar nicht mehr wahrnehmen. Das Gehen oder Laufen wäre ohne Haftreibung überhaupt nicht möglich. Dies merkt man vor allem auf glattem, nassem oder eisigem Untergrund. Bei solchen Untergründen wird die Haftreibungskraft bei gleichbleibender Normalkraft kleiner. Drückt man sich mit seinem Fuß von einem solchen Untergrund ab, kann durch diese Kraft die Haftreibungskraft überwunden werden und man rutscht (gleitet) auf dem Untergrund aus.

Ohne Haftreibung wäre es auch nicht möglich ein Seil zu verknoten, aus Fasern mithilfe eines Spinnrades einen Faden zu spinnen, einen Stoff zu weben oder einen Knopf mit einem Faden an ein Hemd zu nähen.

Die Fortbewegung mit einem Fahrrad oder Kraftwagen ist nur aufgrund der Haftreibung zwischen den Reifen und dem Straßenbelag möglich. Die Haftreibung ermöglicht es, die auf die Räder wirkende Antriebskraft zur Fortbewegung zu nutzen.

Versuch 1

Fahre mit deinem Fahrrad aus dem Stand los. Fahre nochmals aus dem Stand los, indem du so fest wie möglich in die Pedale trittst. (Achte darauf, dass du weder dich noch andere gefährdest.)

Beobachtung

Beim ersten Anfahren aus dem Stand bewegst du dich vom Ausgangspunkt fort. Beim zweiten Anfahren aus dem Stand dreht das Hinterrad deines Fahrrades durch und du bewegst dich nicht von der Stelle.

Erklärung

Durch das Treten der Pedale wirkt vom Hinterrad eine Kraft auf den Straßenbelag, die gegen die Fahrtrichtung gerichtet ist. Wegen des Wechselwirkungsprinzips wirkt eine Kraft vom Straßenbelag auf das Hinterrad, die Haftreibungskraft, und damit bewegt sich das Fahrrad (Abb. 129.1). Tritt man sehr stark in die Pedale, dreht das Hinterrad durch, da zwischen dem Hinterrad und dem Straßenbelag plötzlich nur noch die kleinere Gleitreibungskraft wirkt.

129.1 Kraft und Gegenkraft beim Fahren mit dem Fahrrad

ERGEBNIS

▶ Die auf das Fahrrad wirkende Antriebskraft kann nie größer sein als die maximale Haftreibungskraft zwischen dem Hinterrad und dem Straßenbelag. ◀

Versuch 2

Mache mit dem Fahrrad eine Bremsung und anschließend eine Vollbremsung. (Achtung – nur die Hinterradbremse betätigen!)

Beobachtung

Das Fahrrad bremst rollend ab. Bei der Vollbremsung blockiert das Hinterrad und auf dem Straßenbelag ist dunkler Gummiabrieb sichtbar.

Erklärung

Durch das Ziehen des Bremshebels werden die Bremsklötze links und rechts der Felge an diese gepresst (Abb. 130.1). Zwischen der Felge und den Bremsklötzen wirken Gleitreibungskräfte, die die Drehbewegung des Rades verlangsamen. Das Rad übt eine in Fahrtrichtung gerichtete Kraft auf den Straßenbelag aus und aufgrund des Wechselwirkungsprinzips übt der Straßenbelag eine entgegen der Fahrtrichtung wirkende Kraft, die Haftreibungskraft, auf das Rad aus. Wird die Bremse zu stark betätigt, blockiert das Rad und die vom Straßenbelag ausgeübte Kraft wird plötzlich zur kleineren Gleitreibungskraft. Da der Reifen des Rades nicht mehr auf dem Straßenbelag rollt, sondern gleitet, kommt es an der Berührfläche zwischen Reifen und Straßenbelag zu einem Abreißen von Gummimaterial und Teile des Reifens bleiben auf dem Straßenbelag haften.

130.1 Fahrradbremse

ERGEBNIS

▶ Die Kraft, mit der das Fahrrad abgebremst werden kann, kann nur genauso groß sein wie die maximale Haftreibungskraft zwischen Reifen und Straßenbelag. ◀

Aus Erfahrung wissen wir, dass man zum Befahren einer Kurve mit dem Fahrrad eine Kraft ausüben muss, um eine Änderung der Bewegungsrichtung zu erreichen. Damit man die Kurve einer Straße gefahrlos durchfahren kann, darf die aufgewendete Kraft nicht größer sein als die maximale Haftreibungskraft zwischen Reifen und Straßenbelag. Deshalb ist es gefährlich in der Kurve zu bremsen oder zu beschleunigen, da hierdurch zusätzliche Kräfte entstehen, die dann die maximale Haftreibungskraft überschreiten, wodurch plötzlich nur noch die kleinere Gleitreibungskraft wirksam ist. Dadurch vergrößert sich der Kurvenradius und man kommt von der Straße ab.

Um das Blockieren bzw. das Durchdrehen der Räder bei Kraftwagen zu verhindern, baut man das ABS bzw. die ASR ein. Beim ABS (Anti-Blockier-System) wird während des Bremsvorgangs ständig die Drehzahl des Rades gemessen und an den Computer im Fahrzeug gesendet. Stellt der Computer eine Blockiergefahr für die Räder fest, wird die Bremse automatisch kurz gelöst und sofort danach wird der

Bremsvorgang fortgesetzt. Dadurch wird vermieden, dass das Fahrzeug bei blockierten Rädern unlenkbar wird und sich der Bremsweg verlängert. Mit der ASR (Anti-Schlupf-Regelung) wird erreicht, dass die Räder beim Beschleunigen nicht durchdrehen. Notfalls wird durch den Fahrzeugcomputer die Benzinzufuhr gedrosselt.

Neben der Haftreibung können andere Reibungsvorgänge hinderlich sein. Wie wir in einem späteren Kapitel noch sehen werden, sind alle Reibungsvorgänge mit der Umwandlung von mechanischer Energie in innere Energie verbunden. Dadurch werden Bewegungen auch abgebremst oder führen zu Materialverschleiß.

Da die Rollreibung den geringsten Bewegungswiderstand hervorruft, führte dies vor über 5000 Jahren zur Erfindung des Rades.

Versuch 3

Wir legen einen Suppenteller mit der Öffnung nach unten auf den Tisch. Darauf legen wir einen gleichen Suppenteller (Abb. 131.1). Jetzt drehen wir den oberen Suppenteller.

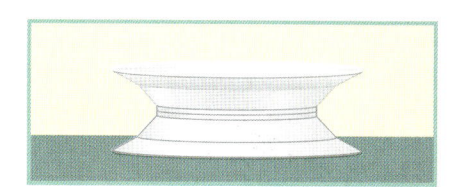

131.1 Zwei Suppenteller aufeinandergelegt

Beobachtung

Der Suppenteller bewegt sich nur, solange wir ihn drehen. Wenn wir mit der Drehbewegung aufhören, bleibt auch der Teller sofort stehen.

Versuch 4

Zwischen die beiden Böden der Suppenteller legen wir Tischtennisbälle (Abb. 131.2). Danach drehen wir den oberen Suppenteller.

Beobachtung

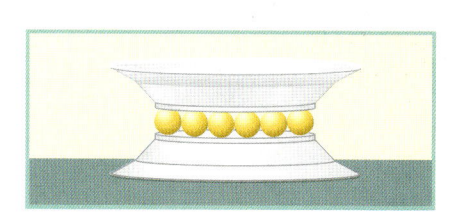

131.2 Zwischen den beiden Suppentellern befinden sich Tischtennisbälle

Der Suppenteller lässt sich leicht in eine Drehbewegung versetzen und dreht sich auch ohne weitere Krafteinwirkung.

Erklärung

Im Versuch 1 muss durch die Krafteinwirkung die Haft- und danach die Gleitreibungskraft überwunden werden, damit sich der obere Suppenteller dreht. Diese Reibungskräfte entstehen bei dem Stoffpaar Porzellan – Porzellan. Legt man Tischtennisbälle zwischen die beiden Teller, so hat man das Stoffpaar Porzellan – Kunststoff und Kunststoff – Porzellan. Aufgrund der Form der Tischtennisbälle haben wir jetzt Rollreibung, d.h., der Kraftaufwand ist wegen der kleineren Rollreibungskraft viel kleiner.

ERGEBNIS

▶ Will man die Reibungskräfte bei einem Stoffpaar verkleinern, so versucht man die Gleitreibung durch Rollreibung zu ersetzen. ◀

Die Achsen von Rädern oder drehbaren Maschinenteilen müssen so gelagert werden, dass das Auftreten von Reibungskräften in den Lagern möglichst gering ist. Durch die Verwendung von Kugel- oder Rollenlagern (Abb. 131.3) wird die in den Lagern wirkende Gleitrei-

131.3 Rollen- und Kugellager

MECHANIK

bungskraft durch die viel geringere Rollreibungskraft ersetzt. Damit werden insgesamt die bewegungshemmenden Reibungskräfte verkleinert. Zusätzlich wird durch Schmiermittel wie Fette und Öle die Reibung vermindert. Beim Fahrrad verwendet man für die Achse des Tretlagers oder in der Nabe des Rades Kugel- oder Rollenlager.

Beim Langlauf benötigt man zur Fortbewegung zwei Reibungskräfte, eine möglichst große Haftreibungskraft und eine sehr kleine Gleitreibungskraft.

Die Unterseite des Langlaufskis ist in drei Zonen eingeteilt: in der Mitte befindet sich die Haftzone, die jeweils von einer Gleitzone begrenzt ist (Abb. 132.1). Die Gleitzonen werden so gewachst, dass die Gleitreibungskraft zwischen Schnee und Ski möglichst gering ist. In der Haftzone soll zwischen Schnee und Ski eine möglichst große Haftreibungskraft wirken. Diese Zone ist entweder mit einer rauen Oberfläche (Schuppen) versehen oder sie wird mit einem speziellen Haftwachs präpariert.

Während des Langlaufens verlagert der Langläufer ständig seine Masse von einem Ski auf den anderen durch eine spezielle Gangart (Diagonalschritt). Der elastische Ski gibt dann nach und die Haftzone hat Kontakt zur Schneeoberfläche, während der entlastete Ski nur im Bereich der Gleitzonen den Schnee berührt. Durch die große Haftreibungskraft, die zwischen belastetem Ski und dem Schnee wirkt, ist es dem Langläufer möglich, seinen Körper nach vorne zu schieben, ohne dass der Ski durchgleitet. Durch den Diagonalschritt wechselt immer belasteter Ski mit unbelastetem Ski ab.

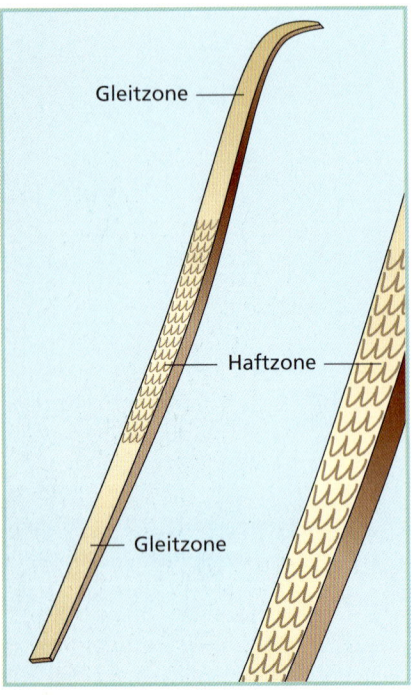

132.1 Die drei Zonen eines Langlaufskis

132.2 Sandbehälter und -leitungen an einer Lokomotive

132.3 Verkehrsschild

AUFGABEN

1 Erkläre, warum man verrostete Schraubverbindungen durch die Verwendung von Schmiermittel wieder gangbar machen kann.

2 Erkläre, warum man vierteljährlich die Wasserabsperrhähne zu- und aufdrehen soll.

3 Lokomotiven für schwere Güterzüge haben im Allgemeinen eine deutlich größere Masse als Lokomotiven für Personenzüge.
Begründe den Unterschied.

4 Bei nasser Fahrbahn und hoher Geschwindigkeit kann die Haftreibungskraft zwischen Straßenbelag und Reifen so stark abnehmen, dass es zum Aquaplaning kommt. Erläutere dies und erkläre die Gefährlichkeit.

5 Beim Skifahren ist man bestrebt, die Gleitreibungskraft zwischen Skibelag und Schnee möglichst klein zu halten. Wie ist das zu erreichen?

6 Beschreibe den Bewegungsvorgang beim Langlaufen.

7 Welchem Zweck dienen die Sandbehälter und Sandleitungen (Abb. 132.2) bei Lokomotiven?

8 Welche Reibungskräfte treten beim Eindrehen einer Schraube in einen Dübel auf? Betrachte dazu das Stoffpaar Dübel – Schraube und Schraubendreher – Hand.

9 Welche Bedeutung hat das Verkehrsschild in Abb. 132.3 und warum ist es aus physikalischer Sicht sinnvoll?

7 Arbeit, Energie, Leistung

7.1 Was tun, wenn die Kraft nicht reicht? – Der Flaschenzug

Beim Lesen des nebenstehenden Textes wird dir sicherlich sofort klar, dass die Schilderung des Lügenbarons nicht der Wahrheit entsprechen kann. Wenn Münchhausen sich selbst aus dem Morast befreien wollte, bräuchte er wenigstens ein herabhängendes Seil, um sich daran hochzuziehen. Dazu müsste er eine Kraft aufwenden, die betragsmäßig seiner eigenen Gewichtskraft entspricht.

Wir wollen dies in einem Experiment nachprüfen.

Versuch 1

Ein Körper mit bekannter Masse wird an einer Schnur aufgehängt. Wir messen die Haltekraft mithilfe eines Kraftmessers.

Beobachtung

Der Betrag der Haltekraft entspricht genau dem Betrag der Gewichtskraft des Körpers.

Aus dem Sportunterricht weißt du, dass es sehr anstrengend sein kann, sich an einem Seil nach oben zu ziehen. Gibt es eine Möglichkeit, weniger Kraft aufwenden zu müssen?

Versuch 2

Wir befestigen die Schnur nicht wie bisher an einem festen Haltepunkt, sondern führen sie über eine im Haltepunkt befestigte Rolle zurück zum Körper. Ein Seilende wird direkt am Körper befestigt. Auf der anderen Seite befindet sich zwischen Körper und Seilende ein Kraftmesser.

Beobachtung

Der Betrag der Haltekraft ist halb so groß wie der Betrag der Gewichtskraft des Körpers.

Ersetzen wir den Umlenkpunkt des Seils durch eine Rolle, so könnte sich Münchhausen mit einer derartigen Anordnung bereits mit nur der halben Kraft $F = \frac{1}{2} F_G$ aus dem Sumpf ziehen.

Wir bezeichnen einen Umlenkpunkt des Seils, der seine Lage nicht verändert, als feste Rolle.

In Versuch 1 wird der Angriffspunkt der Kraft, in Versuch 2 der Angriffspunkt, die Richtung und der Betrag der Haltekraft geändert. In Versuch 2 sind beide Seilenden am Körper befestigt und das Seil

133.1 Aus den Lügengeschichten des Barons von Münchhausen:
„... fiel nicht weit vom andern Ufer bis an den Hals in den Morast. Hier hätte ich unfehlbar umkommen müssen, wenn nicht die Stärke meines eigenen Armes mich an meinem eigenen Haarzopfe, samt dem Pferde, welches ich fest zwischen meine Knie schloss, wieder herausgezogen hätte."

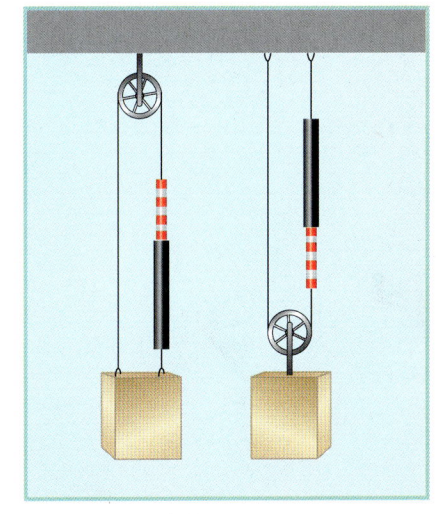

133.2 Zu Versuch 2

läuft über eine feste Rolle. In einem weiteren Versuch vertauschen wir nun die Rollenposition und die Befestigung des Seils.

> **Versuch 3**
>
> *Wir befestigen das Seil an einem festen Aufhängepunkt und führen es über eine am Körper angebrachte Rolle. Das andere Seilende wird mithilfe eines Kraftmessers ebenfalls oberhalb der Rolle befestigt.*

Beobachtung

Der Betrag der Haltekraft ist etwas größer als die Hälfte des Betrags der Gewichtskraft des Körpers. Ziehen wir an einem Seilende an, so hebt sich der Körper und mit ihm die Rolle.

Wir bezeichnen einen Umlenkpunkt des Seils, welcher seine Lage verändern kann als **lose Rolle**.

Im Vergleich zu Versuch 2 müssen wir nun etwas mehr Kraft aufwenden, um den Körper zu halten. Der Grund hierfür liegt darin, dass im Versuch 3 nicht nur der Körper selbst, sondern auch die Rolle gehalten werden muss.
Vernachlässigen wir die Gewichtskraft der Rollen, so ergibt sich in Versuch 2 und Versuch 3 jeweils eine Halbierung des Betrags der Haltekraft gegenüber dem Betrag der Gewichtskraft, die am Körper angreift.
Dies ist leicht einzusehen, da der Körper durch zwei Seilstücke gehalten wird. Auf jedes Seilstück wirkt die halbe Gewichtskraft ein.

ERGEBNIS

▶ Wird ein Körper durch zwei senkrechte Seilstücke gehalten, so ist der Betrag der Haltekraft eines Seilstücks halb so groß wie der Betrag der Gewichtskraft. ◀

Hängt ein Körper an mehreren Seilstücken, so ergibt sich eine Reduzierung der aufzubringenden Haltekraft.

> **Versuch 4**
>
> *Gemäß nebenstehender Skizze führen wir ein Seil über eine lose Rolle am Körper und eine feste Rolle, welche wir oberhalb des Körpers befestigen. Das freie Seilende halten wir mit einem Kraftmesser.*

Beobachtung

Der Betrag der Haltekraft ist bei Vernachlässigung der Reibungskräfte und der Gewichtskraft der losen Rolle halb so groß wie der Betrag der Gewichtskraft, die am Körper angreift. Dabei ist es egal, in welcher Richtung das freie Seilende die feste Rolle verlässt.

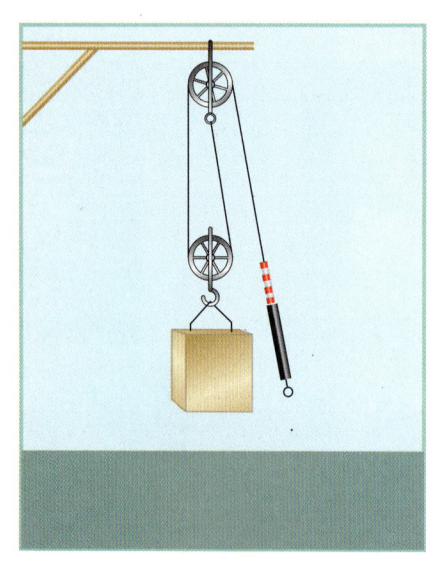

134.1 Zu Versuch 4

ERGEBNIS

▶ Durch eine feste Rolle wird die Richtung der Haltekraft geändert und der Angriffspunkt verlagert, nicht aber deren Betrag. Der Betrag der Haltekraft ist von der Anzahl der den Körper haltenden Seilstücke abhängig. ◀

DEFINITION / Grundwissen

▶ In der Physik bezeichnen wir Geräte, die den Angriffspunkt, und/oder die Richtung und/oder den Betrag einer Kraft ändern, als Kraftwandler. ◀

Versuch 5

Ein Körper, an dem die Gewichtskraft F_G angreift, wird mithilfe verschiedener Flaschenzüge gehalten und der Betrag der Haltekraft mit einem Kraftmesser ermittelt. Um die Gewichtskraft der losen Rollen nicht berücksichtigen zu müssen, wird der Nullpunkt des Kraftmessers am unbelasteten Flaschenzug neu eingestellt.

Beobachtung

F_G in N	10	10	10
Anzahl n der Seilstücke	2	3	4
F_H in N	5,1	3,4	2,6

Vernachlässigen wir die Reibungskräfte zwischen dem Seil und den Rollen, so erhalten wir:

ERGEBNIS

▶ Für den Betrag der Haltekraft an einem Flaschenzug mit n tragenden Seilstücken gilt: $F_H = \frac{F_G}{n}$.

F_G ist hierbei der Betrag der Gewichtskraft des zu haltenden Körpers. ◀

Mit einem Flaschenzug kann man also Kraft einsparen. Da aber mit dieser Vorrichtung ein Körper nicht nur in seiner Position gehalten, sondern auch gehoben werden soll, untersuchen wir im Folgenden den Zusammenhang zwischen Hubhöhe des Flaschenzuges und der Seillänge, die wir einziehen müssen.

Versuch 6

Ein Körper wird jeweils mithilfe verschiedener Flaschenzüge um die Höhe h gehoben und die Länge des eingeholten Seilstücks s mit dem Lineal gemessen.

Beobachtung

h in cm	10	10	10
Anzahl Seilstücke	2	3	4
s in cm	20	30	40

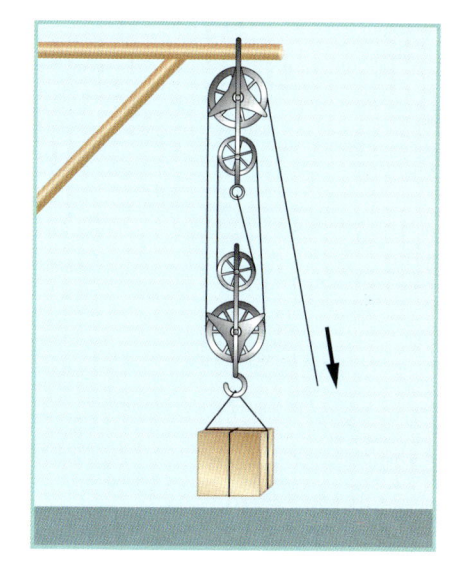

135.1 Die Bezeichnung Flaschenzug kommt von der Ähnlichkeit der Rollenanordnung mit alten hölzernen Flaschen aus der Merowingerzeit, die den Verstorbenen als Beigabe in das Grab gelegt wurden. Die Rollenanordnung des Flaschenzugs bezeichnet man daher auch als Flasche.

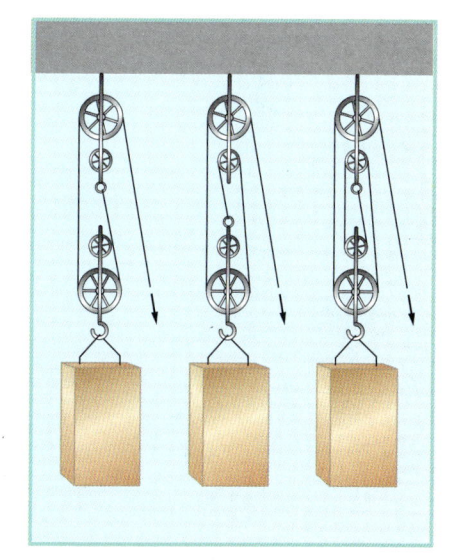

135.2 Zu Versuch 6

MECHANIK

ERGEBNIS

▶ Für die Länge des einzuziehenden Seilstücks s eines Flaschenzugs mit n tragenden Seilstücken gilt: $s = n \cdot h$. h bezeichnet hierbei die Höhe, um die der Körper gehoben wird. ◀

Flaschenzüge finden Verwendung beim Heben schwerer Lasten, Spannen von Segeln, Kabeln und Seilen.

AUFGABEN

1 *Der flaschenlose Flaschenzug*
Zwei Schüler versuchen zwei durch ein Seil verbundene Stäbe im gleichen Abstand zu halten. (siehe Abb. 136.1)
Ein dritter Schüler zieht am losen Seilende.
a Was kannst du beobachten?
b Erkläre deine Beobachtung.
c Wie viel Seil muss vom ziehenden Schüler mindestens eingeholt werden, damit sich die beiden Stäbe um 20 cm nähern?
d Das Wievielfache der Zugkraft muss mindestens als Haltekraft an den Stäben aufgebracht werden?

2 *Seilspannen*
Zum Spannen von Seilen kann man Flaschenzüge verwenden. In Abbildung 136.2 ist eine einfache Möglichkeit dargestellt, um mithilfe von Ringen und kurzen Seilstücken einen solchen Flaschenzug zu bauen. Erkläre die Funktionsweise, indem du überlegst, wie viel Seil eingeholt werden muss, um das Tragseil um einen Meter zu straffen.
Das Wievielfache der Zugkraft wirkt dann auf das Tragseil ein, wenn du die Reibung zwischen dem Seil und den Ringen vernachlässigst?

3 *Bergetechnik*
In einer Seilschaft ist einer der beiden Bergsteiger in eine Spalte gefallen. Um ihn lediglich am Sicherungsseil hochzuziehen, müsste sein Kollege eine enorme Kraft aufbringen.
Um sich die Bergung des Verunglückten etwas zu erleichtern, kann die nebenstehende Seilkombination als Flaschenzug verwendet werden, falls es eine Möglichkeit gibt, das Seil irgendwo zu befestigen.
a Welche Aufgabe übernimmt der zu befestigende Haken?
b Wie viel Seil muss eingeholt werden, um den Verunglückten um 2,0 m zu heben?
c Nenne Vor- und Nachteile einer solchen Seilkonstruktion.

136.1 Zu Aufgabe 1

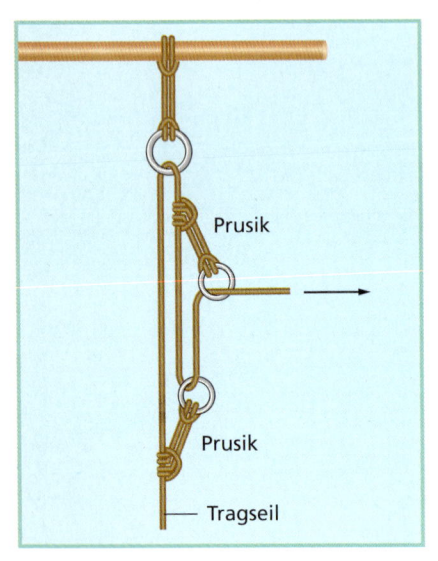

136.2 Zu Aufgabe 2

7.2 Die schiefe Bahn führt nicht nur abwärts – Die schiefe Ebene als Kraftwandler

Zu einer Zeit, als Lastkraftwagen noch keine hydraulischen Hebebühnen hatten, bediente man sich gelegentlich einer so genannten Schrotleiter. Das waren zwei schräg gestellte Schienen, mit deren Hilfe man schwere, rollbare Körper leichter abladen konnte. In der Physik bezeichnet man jede zur Horizontalen geneigte Ebene als **schiefe Ebene**.

Ohne Einsatz von Muskelkraft würde ein Fass die schiefe Ebene von selbst hinabrollen. Daraus schließen wir, dass parallel zur schiefen Ebene eine Kraft wirkt, die wir **Hangabtriebskraft** F_H nennen. Beim Hochrollen des Fasses muss aber von den Arbeitern nicht nur die Hangabtriebskraft, sondern auch die Reibungskraft überwunden werden. Sie wird dadurch hervorgerufen, dass das Fass gegen die Unterlage gepresst wird. Wir nennen diese senkrecht zur Unterlage wirkende Kraft **Normalkraft** F_N (Anpresskraft).

Die Hangabtriebskraft und die Anpresskraft sind umso größer, je größer die Gewichtskraft des Körpers auf der schiefen Ebene ist. Zeichnen wir diese in die Skizze ein, dann können wir sie in zwei Komponenten mit vorgegebener Richtung zerlegen.

Aus der Skizze erkennen wir, dass der Betrag der Hangabtriebskraft kleiner ist als der Betrag der Gewichtskraft. Also kann man Körper mithilfe schiefer Ebenen mit einer betragsmäßig geringeren Kraft als der Gewichtskraft anheben.

Dies wollen wir nun noch in einem Experiment untersuchen:

Die Bezeichnung Schrotleiter lässt sich von der Zunft der Weinschröter ableiten, deren Aufgabe es war, die vollen Weinfässer aus den Kellern auf Fuhrwerke und zum Teil von dort auf Schiffe zu verladen.
Das wichtigste Hilfsmittel zur Vereinfachung ihrer schweren Arbeit war die sogenannte Schrotleiter, eine Art Rampe, die an den Fuhrwerken angelegt wurde. Durch Ziehen mit Seilen von oben und Stemmen von unten musste nun das Fass die Schrotleiter hochgerollt werden. Immer wieder war es dabei durch das Unterlegen von dicken Holzkeilen zu sichern.

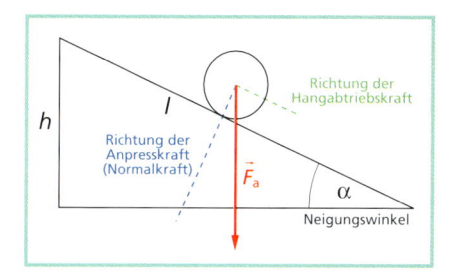

137.1 Richtungen der Kräfte an der schiefen Ebene

Versuch 1

Wir verwenden eine schiefe Ebene, deren Neigung verändert werden kann, und hängen einen Rollkörper mit bekannter Gewichtskraft an einen Kraftmesser. Wir bestimmen den Betrag der erforderlichen Haltekraft. Dieser ist bei Vernachlässigung der Reibung gleich dem Betrag der Hangabtriebskraft. Dann verändern wir die Neigung der schiefen Ebene.

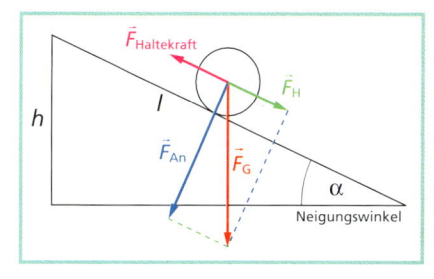

137.2 Kraftzerlegung an der schiefen Ebene

ERGEBNIS / Grundwissen

▶ Mit zunehmendem Neigungswinkel α wächst der Betrag der Hangabtriebskraft.
  Allgemein gilt: $F_H \leq F_G$, wobei $F_H = F_G$, wenn $\alpha = 90°$. ◀

Beispiele für schiefe Ebenen sind Rampen, Treppen, Serpentinen und Schrauben. Auch der Keil, der zum Spalten von Holz verwendet wird, oder ein Messer stellen im Prinzip eine schiefe Ebene dar.

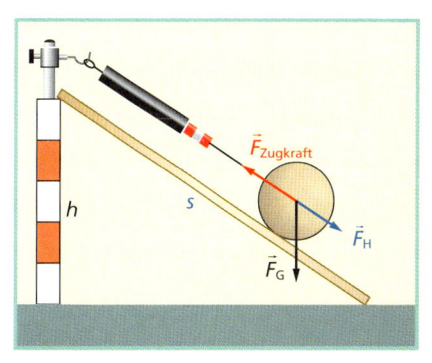

137.3 Zu Versuch 1

MECHANIK

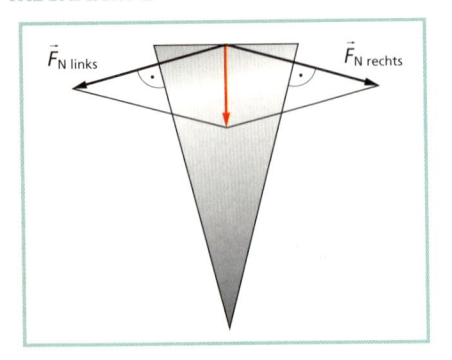

Die Normalkräfte links und rechts greifen am umgebenden Körper an. Man sieht, dass die Beträge der Normalkräfte wesentlich größer sind, als der Betrag der senkrecht von oben einwirkenden Kraft. Beim Messer wird die zerteilende Wirkung durch die Schneidebewegung unterstützt (Abb. 138.1).

138.1 Keil-Kraftzerlegung

AUFGABEN

1 Begründe, dass die schiefe Ebene ein Kraftwandler ist.

2 Was ist die Ursache für die Hangabtriebskraft? Wovon hängt der Betrag der Hangabtriebskraft ab?

3 Welche Art von Keil muss man verwenden, damit die Beträge der Kräfte auf den umgebenden Körper möglichst groß sind?

4 Wie verändert sich der Betrag der Reibungskraft, wenn der Neigungswinkel einer schiefen Ebene zunimmt?

5 Zeichne eine schiefe Ebene mit $l = 3{,}00$ m und $h = 1{,}20$ m.
   a Auf dieser schiefen Ebene liegt ein quaderförmiger Körper mit der Masse $m = 60$ kg. Wie groß ist der Betrag der Gewichtskraft, die an diesem Körper angreift?
   b Zeichne den Körper und die Gewichtskraft, die an diesem Körper angreift, ein. Wähle selbst einen geeigneten Maßstab.
   c Ermittle durch Konstruktion die Beträge der Hangabtriebskraft und der Anpresskraft (Normalkraft).
   d Gleitet der Körper die schiefe Ebene hinab, wenn die Gleitreibungszahl 0,50 beträgt und von der Haftreibungskraft abgesehen wird?
   e Gerät der Körper ins Rutschen, wenn der Neigungswinkel zunimmt?
   f Wie ändert sich der Betrag der Hangabtriebskraft, wenn der Neigungswinkel anwächst?
   g Wie ändert sich der Betrag der Normalkraft, wenn der Neigungswinkel abnimmt?

6 Welchen Neigungswinkel müsste eine schiefe Ebene haben, wenn der Betrag der Hangabtriebskraft und der Betrag der Anpresskraft gleich groß sein sollen? Begründe deine Antwort durch Konstruktion.

7.3 Nichts als Arbeit –
Die Arbeit als abgeleitete physikalische Größe

139.1 Tragen von Kisten

139.2 Bergsteiger

139.3 Ziehen eines Schlittens

139.4 Schüler bei der Hausarbeit

139.5 Pferdedroschke

139.6 Kran

In den Abbildungen 139.1 – 139.4 sind Tätigkeiten dargestellt, von denen wir sagen, dass sie uns anstrengen oder ermüden lassen. In der Umgangssprache sagen wir auch „es wird gearbeitet" oder „es wird Arbeit verrichtet". Wir können körperliche oder auch geistige Arbeit verrichten, auch Tiere (Abb. 139.5) und Maschinen (Abb. 139.6) können arbeiten.

Um Arbeiten miteinander vergleichen und messen zu können, müssen wir den Begriff Arbeit in der Physik gegenüber dem in der Alltagssprache verwendeten abgrenzen und festlegen, was wir unter Arbeit im physikalischen Sinne verstehen wollen. Dazu müssen wir uns zunächst überlegen, von welchen Einflussgrößen die verrichtete Arbeit abhängt und einen möglichen Zusammenhang zwischen diesen Größen untersuchen.

Die Person in Abb. 139.1 verrichtet sicher eine größere Arbeit, wenn sie statt eines gleich zwei Getränketräger auf einmal in den 1. Stock des Hauses (gleiche Höhe) hochträgt. Die verrichtete Arbeit ist auch dann größer, wenn die Person den gleichen Getränketräger in den 2. Stock, also in eine größere Höhe, transportiert.

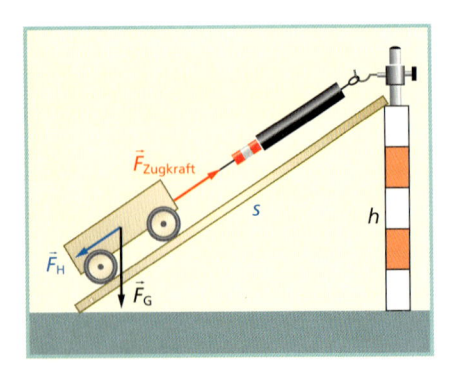

MECHANIK

Die verrichtete Arbeit hängt also offensichtlich mit der aufzuwendenden Kraft F und dem Weg s zusammen, längs dem diese Kraft wirkt.

Wir treffen zunächst eine in der Physik grundlegende Vereinbarung:
▶ An einem Körper wird Arbeit verrichtet, wenn an diesem Körper eine Kraft längs eines Weges wirkt. ◀

Um durch eine Definitionsgleichung festzulegen, was wir in der Physik unter der physikalischen Größe Arbeit verstehen wollen, müssen wir in einem Experiment den Zusammenhang zwischen dem Betrag F der auf einen Körper wirkenden Kraft und dem Weg s, längs dem diese Kraft wirkt, untersuchen.

140.1 Zu Versuch 1

Versuch 1

Ein Experimentierwagen mit bekannter Gewichtskraft F_G wird über schiefe Ebenen unterschiedlicher Länge jeweils in die gleiche Höhe h gezogen. Wir messen die dabei erforderliche Kraft F (Zugkraft) in Abhängigkeit von der Länge des Weges s (Länge der schiefen Ebene). Der Betrag F der Zugkraft ist gleich dem Betrag einer auf den Wagen wirkenden Kraft F_H parallel zur schiefen Ebene (Bild 140.1).

Messwerte:

$F_G = 1{,}96$ N $\qquad h = 0{,}30$ m

	verschieden lange schiefe Ebenen				direkter Weg
s in m	1,00	0,80	0,60	0,50	0,30
F in N	0,60	0,74	0,97	1,18	1,96
$F \cdot s$ in N·m	0,60	0,59	0,58	0,59	0,59

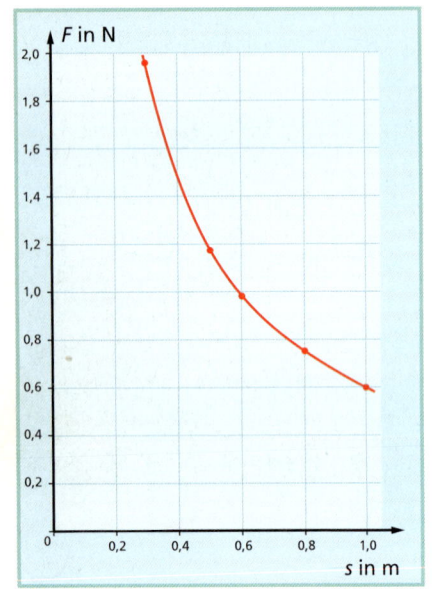

140.2 Grafische Auswertung von Versuch 1

Aus den Messwerten für den Weg s und den Betrag der Kraft F können wir erkennen: Je länger bei gleicher Höhe h der Weg s ist, desto geringer ist der Betrag der aufzuwendenden Kraft F. Stellen wir den Betrag der Kraft F in Abhängigkeit vom Weg s grafisch dar, so erhalten wir das nebenstehende Diagramm.

Wir vermuten also, dass der Weg s und der Betrag der Kraft F indirekt proportional zueinander sind. Um diese Vermutung zu überprüfen, werten wir die Messreihe numerisch aus, indem wir die Produkte $F \cdot s$ zusammengehöriger Messwertpaare bilden (siehe Tabelle, Zeile 4).

Unsere Vermutung wird durch die annähernd gleichen Produkte $F \cdot s$ bestätigt, deren Mittelwert 0,59 Nm ist.

ERGEBNIS

▶ Der Betrag der Kraft F (Zugkraft) ist indirekt proportional zum Weg s.

$$F \cdot s = \text{const.}$$ ◀

In jedem der fünf Teilversuche (unterschiedliche Länge der schiefen Ebenen) haben wir dieselbe Arbeit verrichtet, da der Wagen jeweils in die gleiche Höhe h bewegt wurde. Da die Produkte jeweils den gleichen Wert haben, liegt es nahe, die Arbeit durch das Produkt aus dem Betrag der Kraft F und dem Weg s zu beschreiben. Wir müssen dazu allerdings noch überprüfen, ob wir für unterschiedliche Höhen h ebenfalls zum selben Ergebnis kommen.

Versuch 2

In der Versuchsanordnung aus Versuch 1 verändern wir bei konstantem Weg s die Höhe h und messen wieder den Betrag der aufzubringenden Kraft F (Zugkraft).

Messwerte:

$s = 1{,}00$ m $=$ const.

	F in N	$F \cdot s$ in Nm
$h = 15$ cm (halbe Hubhöhe)	0,30	0,30
$h = 30$ cm (Versuch 1)	0,60	0,60
$h = 60$ cm (doppelte Hubhöhe)	1,19	1,19

Wir erkennen, dass bei halber Hubhöhe die halbe und bei doppelter Hubhöhe die doppelte Arbeit verrichtet wird wie im Versuch 1.
Da das Produkt $F \cdot s$ bei halber Hubhöhe den halben, bei doppelter Hubhöhe den doppelten Wert wie im Versuch 1 hat, ist es sinnvoll und zweckmäßig, die physikalische Größe Arbeit durch das Produkt aus dem Betrag der Kraft F und dem Weg s festzulegen. Für die Arbeit vereinbaren wir das Größensymbol W (engl. work ≙ Arbeit).

DEFINITION / Grundwissen

▶ Die an einem Körper verrichtete Arbeit W ist das Produkt aus dem Betrag der auf den Körper in Wegrichtung wirkenden, konstanten Kraft F und dem vom Angriffspunkt der Kraft zurückgelegten Weg s.

$$W = F \cdot s \blacktriangleleft$$

Die Einheit für die abgeleitete physikalische Größe Arbeit erhalten wir aus der Definitionsgleichung.

$$[W] = [F] \cdot [s] \qquad [W] = 1 \text{ N} \cdot \text{m} \qquad [W] = 1 \text{ J (Joule)}$$

Diese Einheit wurde nach dem englischen Physiker James Prescott Joule (1818 – 1899) benannt.

Dezimale und Vielfache der Arbeitseinheit:

$$1 \text{ mJ} = 1 \cdot 10^{-3} \text{ J}$$
$$1 \text{ kJ} = 1 \cdot 10^{3} \text{ J}$$
$$1 \text{ MJ} = 1 \cdot 10^{6} \text{ J}$$

141.1 James Prescott Joule

James Prescott Joule wurde am 24.12.1818 in Salford (bei Manchester) geboren und war von Beruf gelernter Bierbrauer. Als Privatgelehrter steckte er einen beträchtlichen Teil seines Vermögens in physikalische Forschungen, wurde von Dalton in Mathematik und Naturwissenschaften unterrichtet und widmete sich ab 1854 ausschließlich seinen physikalischen Forschungen. Ab 1850 war Joule Mitglied der Royal Society. Er war einer der Mitbegründer der Wärmelehre und vermutete als einer der Ersten, dass Wärme kein Stoff sei, sondern mit der Bewegung der Teilchen zusammenhängt.
Er führte Experimente mit Elektromagneten durch, lieferte Ansätze zu einer Theorie der Galvanischen Elemente und untersuchte die Wärmewirkung des elektrischen Stroms. Unabhängig von Mayer und Helmholtz stellte er 1843 den Satz von der Erhaltung der Energie auf und fand 1847 heraus, dass bestimmte Stoffe in einem starken Magnetfeld eine Längenänderung erfahren.

MECHANIK

Beispiel 1

Ein Körper mit der Gewichtskraft F_G = 500 N wird um die Höhe h = 30 m angehoben. Berechne die verrichtete Arbeit.

Lösung
Am Körper angreifende Gewichtskraft:

$F_G = 5{,}0 \cdot 10^2$ N

Verrichtete Arbeit:

$W = F_G \cdot s \qquad W = 5{,}0 \cdot 10^2 \text{ N} \cdot 30 \text{ m} \qquad W = 15 \cdot 10^3 \text{ Nm} \qquad W = 15 \text{ kJ}$

Um die Arbeit mithilfe der Definitionsgleichung berechnen zu können, müssen Kraft- und Wegrichtung übereinstimmen. Wirkt die Kraft nicht in Wegrichtung, so können wir die Arbeit mit unseren Mitteln nicht berechnen.

Physikalisch gesehen ist es jedoch auch möglich, dass keine Arbeit verrichtet wird, obwohl auf einen bewegten Körper eine Kraft einwirkt. Der Grund hierfür ist eine fehlende Kraftkomponente in Wegrichtung.

142.1 Tragen einer Tasche

Beispiel 2

Beim Tragen einer Tasche in der Horizontalen wird physikalisch gesehen keine Arbeit verrichtet, da Weg- und Kraftrichtung senkrecht zueinander stehen.

Wie wir am obigen Beispiel erkennen können, ist die Voraussetzung für die physikalische Arbeit eine zur Wegrichtung parallele Kraftkomponente. Beispiele physikalischer Arbeit:

Wenn man einen Gegenstand gleichmäßig langsam senkrecht nach oben befördert, dann wird an ihm Hubarbeit verrichtet. Die aufzuwendende Kraft ist bei virtueller (sehr langsamer) Verrückung betragsmäßig so groß wie der Betrag der Gewichtskraft, die an dem Gegenstand angreift: Gleichgewicht von Kräften, die an einem Körper angreifen. Man berechnet die Hubarbeit wie folgt: $W_{\text{Hub}} = F_G \cdot h$
Hubarbeit wird beispielsweise mithilfe der festen oder losen Rolle oder dem Flaschenzug verrichtet.

Verschiebt oder zieht man einen Körper gleichförmig auf einer waagrechten Unterlage, so muss der Betrag der aufzuwendenden Kraft gleich dem Betrag der Reibungskraft sein. Da die Kraft längs der Bewegungsrichtung wirkt, bezeichnet man diese Art von Arbeit als Reibungsarbeit. Die Reibungsarbeit können wir folgendermaßen festlegen: $W_{\text{Reib}} = F_R \cdot s$. Handelt es sich um Gleitreibung, dann gilt folgende Beziehung:

$$W_{\text{Reib}} = \mu \cdot F_N \cdot s$$

142.2 Kran mit Last-Hubarbeit

Unter dem Einfluss einer konstanten Kraft bewegt sich ein Körper gleichmäßig beschleunigt. So wirkt auf einen frei fallenden Körper infolge der Gravitation die Gewichtskraft. Am Körper wird Beschleunigungsarbeit verrichtet. (Ohne Nachweis merken wir an: Die Beschleunigungsarbeit ist umso größer, je größer die Masse des Körpers und je größer die erreichte Geschwindigkeit sind.)

Prallt ein Auto gegen einen großen Baum, dann wird an der Karosserie *Verformungsarbeit* verrichtet. Auch hier wird im physikalischen Sinne Arbeit verrichtet. Von gleicher Art ist die Arbeitsverrichtung eines Bogenschützen beim Spannen des Bogens. Man spricht von Verformungsarbeit, wobei die Verformung sowohl plastisch wie auch elastisch erfolgen kann.

143.1 Verschieben eines Schranks – Reibungsarbeit

AUFGABEN

1 Jemand trägt eine Einkaufstasche mit der Masse $m = 5{,}0$ kg vom Erdgeschoß in den dritten Stock eines Wohnhauses.
  a Welchen Betrag hat die Gewichtskraft, die an der Tasche angreift?
  b Der dritte Stock ist 7,50 m höher als das Erdgeschoß. Berechne die verrichtete Hubarbeit.
  c Gib dein Ergebnis in der Einheit kJ an.

2 a Berechne die Reibungsarbeit, die verrichtet wird, wenn eine Kiste horizontal mit einer zur Horizontalen parallelen Kraft von 1,5 kN 3,00 m verschoben wird.
  b Welchen Betrag hat die Gewichtskraft der Kiste, wenn die Gleitreibungszahl 0,090 beträgt?

143.2 Formel-1-Auto: Beschleunigungsarbeit

4 Warum man sich vor Arbeit nicht drücken kann – Der Wirkungsgrad

Im nebenstehenden Bild kann ein Mann mit der Masse 60 kg mithilfe der Vorrichtung, die man als Flaschenzug bezeichnet, offensichtlich einen Körper mit einer viel größeren Masse anheben. Ist es möglich, mit so einer Vorrichtung die Hubarbeit zu erleichtern? Um diese Frage beantworten zu können, führen wir einen Versuch durch.

Versuch

Wir heben einen Rollkörper mit der Gewichtskraft $F_G = 1{,}96$ N ohne Hilfsmittel, mithilfe einer schiefen Ebene, deren Länge 1,00 m beträgt, und mithilfe eines Flaschenzugs (feste und lose Flasche mit je zwei Rollen) jeweils um die Höhe $h = 0{,}30$ m.
Wir messen jeweils den Betrag F der aufzuwendenden Kraft und die Länge des Wegs, längs dessen die Zugkraft wirken muss, um die zugehörige verrichtete Arbeit W berechnen zu können.

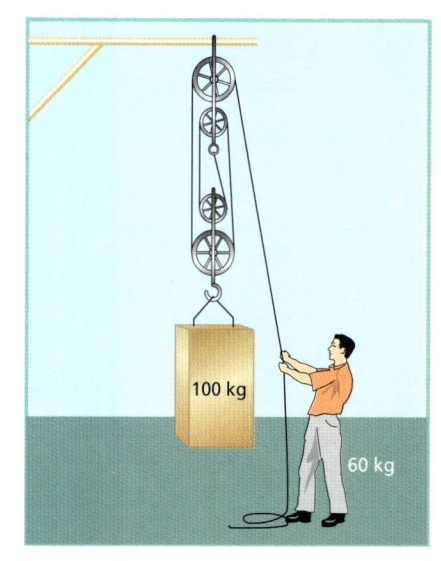

143.3 Flaschenzug

MECHANIK

	Ohne Hilfsmittel	Schiefe Ebene	Flaschenzug
F in N	1,96	0,60	0,54
s in m	0,30	1,00	1,20
W in J	0,59	0,60	0,65

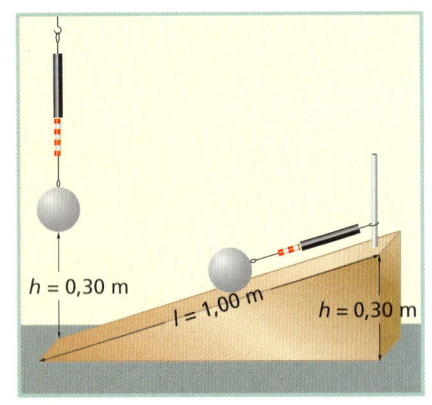

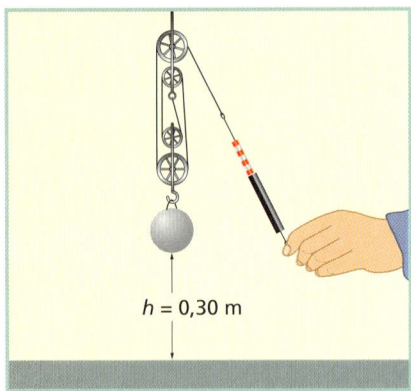

ERGEBNIS

▶ $W_{\text{ohne}} < W_{\text{schiefe Ebene}} < W_{\text{Flaschenzug}}$

Durch Maschinen kann keine Arbeit gespart werden. ◀

Vielmehr wird bei der schiefen Ebene neben der Hubarbeit auch Reibungsarbeit verrichtet und beim Flaschenzug wird zusätzlich zur Reibungsarbeit auch die lose Flasche angehoben.
Dies bedeutet, dass die (insgesamt) aufgewandte Arbeit größer ist als die Nutzarbeit: $W_{\text{auf}} > W_{\text{Nutz}}$
Als Ergebnis haben wir oben erhalten, dass die verrichtete (zugeführte) Arbeit bei der schiefen Ebene geringer ist als beim Flaschenzug.

Durch die Bildung des Quotienten $\frac{W_{\text{Nutz}}}{W_{\text{zugeführt}}}$ erhalten wir für die

schiefe Ebene: $\frac{W_{\text{Nutz}}}{W_{\text{zugeführt}}} = \frac{0,59 \text{ J}}{0,60 \text{ J}}$ $\frac{W_{\text{Nutz}}}{W_{\text{zugeführt}}} = 0,98$ und für den

Flaschenzug: $\frac{W_{\text{Nutz}}}{W_{\text{zugeführt}}} = \frac{0,59 \text{ J}}{0,65 \text{ J}}$ $\frac{W_{\text{Nutz}}}{W_{\text{zugeführt}}} = 0,91$.

Aus den Werten der Quotienten $\frac{W_{\text{Nutz}}}{W_{\text{zugeführt}}}$ erkennen wir, dass der Wert für die schiefe Ebene größer ist als der für den Flaschenzug. Aus diesem Grund eignet sich dieser Quotient zum Vergleich von einfachen Maschinen.

Grundwissen

▶ Man definiert den Quotienten als Wirkungsgrad η:

$$\eta = \frac{W_{\text{genutzt}}}{W_{\text{aufgewendet}}}$$ ◀

Beim Wirkungsgrad η handelt es sich um eine Zahl, die angibt, wie gut eine Maschine die zugeführte Arbeit in Nutzarbeit umwandelt.

Oftmals wird der Wirkungsgrad in Prozenten angegeben:

Schiefe Ebene: $\eta = 0,98$ $\eta = \frac{98}{100}$ $\eta = 98\,\%$

Flaschenzug: $\eta = 0,91$ $\eta = \frac{91}{100}$ $\eta = 91\,\%$

Dieser Quotient kann im Idealfall gleich 1 werden. Maschinen mit diesem Wirkungsgrad gibt es jedoch nicht, da beim Einsatz von Maschinen stets Reibungsarbeit verrichtet und deshalb immer ein bestimmter Anteil der zugeführten Arbeit in Wärme (Temperaturerhöhung) umgewandelt wird.

144.1 Versuchsskizze

η ist ein griechischer Buchstabe, (gesprochen: eta)

Reale Maschinen haben deshalb einen Wirkungsgrad kleiner als 1 oder, in Prozenten ausgedrückt, kleiner als 100 %.

In der Vergangenheit haben viele selbsternannte Erfinder versucht, eine ständig arbeitende Maschine, Perpetuum mobile genannt, zu konstruieren, die ständig Nutzarbeit verrichtet, ohne dass ihr von außen Arbeit zugeführt wird. Viele dieser so genannten „Erfinder" wurden als Betrüger entlarvt und bestraft, bei manchen führte die Beschäftigung mit diesem Problem zu geistiger Verwirrung. Aufgrund unserer Erkenntnisse ist ein derartiges Perpetuum mobile unmöglich, weil es grundlegenden Gesetzen der Physik widerspricht.

AUFGABEN

1 Ein zylindrischer Körper (F_G = 2,4 kN) wird über eine schiefe Ebene der Länge 2,00 m auf eine Höhe von 1,00 m hochgerollt. Die erforderliche Zugkraft beträgt 1,4 kN.
Berechne den Wirkungsgrad η bei Verwendung der schiefen Ebene.

2 Der Körper von Aufgabe 1 wird mit einem Flaschenzug, bestehend aus einer festen Flasche mit zwei Rollen und einer losen Flasche mit zwei Rollen, um 1,00 m angehoben. Die Zugkraft beträgt 0,68 kN.
 a Welcher Seilweg ist erforderlich, damit der Körper um 1,00 m angehoben wird?
 b Berechne die verrichtete Arbeit bei Verwendung des Flaschenzugs.
 c Berechne den Wirkungsgrad beim Einsatz des Flaschenzugs.

3 Betrachte das Perpetuum mobile (Abb. 145.1) und begründe, warum durch diese Konstruktion ohne Arbeitszufuhr von außen nicht ständig Nutzarbeit verrichtet werden kann.

4 Begründe, warum es nicht möglich ist, eine Maschine mit dem Wirkungsgrad η = 100 % zu konstruieren.

145.1 Perpetuum mobile

7.5 Wo sich Energie überall verstecken kann – Energie, Arten der Energie

In der Zeitung lesen wir ständig Begriffe wie Energieerzeugung, Energieverluste, Energieverknappung, Sonnenenergie usw. Was verbirgt sich hinter dem Begriff Energie eigentlich?

> Versuch 1
>
> 1. Wir lassen ein Spielzeugauto, dessen Motor durch mehrmaliges Rückwärtsschieben des Autos aufgezogen wird, auf dem Experimentiertisch fahren.
> 2. Wir heben einen Körper hoch und lassen ihn auf eine Schaumgummimatte fallen.

MECHANIK

Beobachtung

Im ersten Versuch wird das Auto beschleunigt und fährt geradlinig über den Experimentiertisch, während im zweiten Fall der Schaumstoff verformt wird.

Durch das „Aufziehen" des Federmotors unseres Spielzeugautos verrichten wir Arbeit. Der Motor kann dann am Auto Beschleunigungsarbeit und auch Reibungsarbeit verrichten.
Beim zweiten Versuch hat der fallende Körper die Form des Schaumstoffs geändert. Hierzu ist eine Kraft längs eines Weges erforderlich gewesen.

ERGEBNIS

▶ Wird an einem Körper Arbeit verrichtet, dann wird er in die Lage versetzt, seinerseits Arbeit verrichten zu können.
Man sagt, dass infolge der Arbeitsverrichtung an einem Körper auf ihn Energie übertragen wird und er seinerseits Arbeit verrichten kann. Durch das Verrichten von Arbeit erhöht sich die Energie des Körpers. Verrichtet der Körper selbst Arbeit, verringert sich seine Energie. ◀

Aufgrund der Formen der Arbeit, die wir bereits kennen gelernt haben, ergeben sich verschiedene mechanische Energieformen:

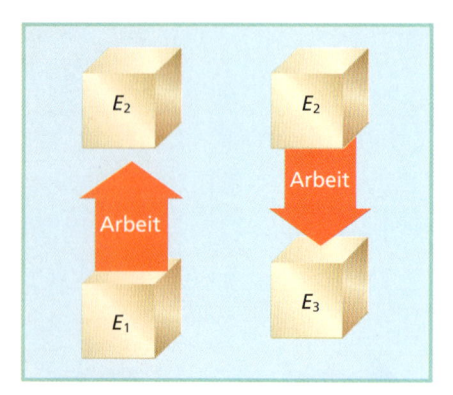

Am Körper wird Arbeit verrichtet. Dadurch hat sich die Energie des Körpers um $\Delta E = E_2 - E_1$ erhöht.

Der Körper verrichtet selbst Arbeit, wodurch sich seine Energie um $\Delta E = E_2 - E_3$ verringert.

146.1 Zum Begriff der Arbeit

Spannenergie

Bei dem Spielzeugauto ist durch Rückwärtsschieben eine Feder gespannt worden, die sich beim Fahren wieder entspannt.
Ähnlich verhält es sich auch beim Aufziehen von mechanischen Uhrwerken. Bei der Bewegung der so genannten Unruhe wird stets ein wenig Reibungsarbeit verrichtet. Dadurch würde sich das Uhrwerk anschließend langsamer bewegen. Damit dies nicht eintritt, weil dann die Zeitanzeige fehlerhaft wäre, wird von der gespannten Feder Beschleunigungsarbeit an der Unruhe verrichtet, damit der Gleichlauf des Uhrwerks gewährleistet ist. Bogenschützen verrichten Verformungsarbeit am Bogen durch Spannen des Bogens und der Bogensehne, sodass beim Loslassen am Pfeil Beschleunigungsarbeit verrichtet werden kann. Eine gespannte Feder oder ein verformter Bogen besitzen also Spannenergie.

Versuch 2

Eine Kugel rollt eine schiefe Ebene hinab und prallt gegen einen verschiebbaren Gegenstand.

146.2 Bogenschütze mit gespannter Sehne

Beobachtung

Der Gegenstand wird um eine bestimmte Strecke verschoben.

ERGEBNIS / Grundwissen

▶ Die rollende Kugel besitzt Energie, weil sie den Gegenstand gegen die Reibungskraft verschiebt und an diesem somit Arbeit verrichtet. ◀

Man bezeichnet die Energie der rollenden Kugel als

Bewegungsenergie oder kinetische Energie

Wovon hängt die Bewegungsenergie ab? Wir vermuten, dass die Bewegungsenergie von der Masse des bewegten Körpers und von der Geschwindigkeit des Körpers abhängt.

> **Versuch 3**
>
> *Zwei gleich große Kugeln mit unterschiedlicher Masse rollen die gleiche schiefe Ebene hinab, an deren Ende ein verschiebbarer Körper positioniert wird.*

Beobachtung

Die Kugel mit der größeren Masse verschiebt den Gegenstand um eine größere Strecke als die Kugel mit geringerer Masse.

ERGEBNIS

▶ Die Bewegungsenergie nimmt bei gleicher Geschwindigkeit mit der Masse des Körpers zu. ◀

> **Versuch 4**
>
> *Wir wiederholen Versuch 3 mit einer gleich langen, aber steileren schiefen Ebene.*

Beobachtung

Die Verschiebung ist größer als bei Versuch 3.

ERGEBNIS

▶ Die Bewegungsenergie eines Körpers ist bei gleicher Masse umso größer, je größer dessen Geschwindigkeit ist. ◀

Beispiele für Körper, die Bewegungsenergie besitzen, sind eine herabfallende Ramme, die einen Eisenträger in den Boden treibt, fließendes Wasser, das eine Turbine antreibt, oder der Wind, der die Rotorblätter einer Windkraftanlage bewegt.

Lageenergie oder potenzielle Energie

Wird ein Körper hochgehoben, d.h., wird er weiter vom Erdmittelpunkt entfernt, dann besitzt er eine größere Lageenergie als vorher, da er beim Einnehmen der ursprünglichen Lage Arbeit verrichten kann. Beispiele hierfür sind das Hochziehen der Ramme, angestautes Wasser und der mit einem Lift auf einen Hügel hochgezogene Skifahrer.

Heben wir einen Körper um die Höhe h, verrichten wir an ihm Hubarbeit. Seine potenzielle Energie nimmt zu. Wir bezeichnen die Lageenergie eines Körpers im Ausgangsniveau mit E_1 (oder E_{Anfang}) und die Lageenergie, die der Körper hat, nachdem an ihm die Hubarbeit $W_{\text{Hub}} = F_G \cdot h$ verrichtet wurde, mit E_2 (oder E_{Ende}). Im Erdmittelpunkt wäre die Lageenergie des Körpers null J. Das Verrichten

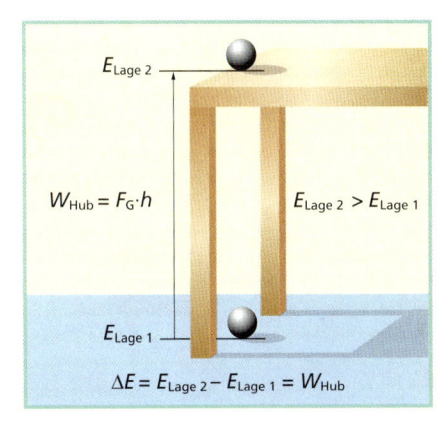

147.1 Lageenergie

MECHANIK

von Hubarbeit an einem Körper ist demnach gleichbedeutend mit der Zunahme der Lageenergie dieses Körpers:

$$\Delta E = E_{Ende} - E_{Anfang} \qquad \Delta E = E_2 - E_1 \qquad \Delta E = W_{Hub} \qquad \Delta E = F_G \cdot h$$

Hieraus ergibt sich, dass die Energie in den gleichen Einheiten wie die Arbeit angegeben wird, also in den Einheiten 1 J oder 1 Nm.

Wird Arbeit an einem Körper verrichtet, so nimmt seine Energie zu. Wenn Beschleunigungsarbeit an einem Körper verrichtet wird, dann erhöht sich seine kinetische Energie. Verrichtet man Verformungsarbeit an einer Feder, so erhöht sich ihre Spannenergie. Verrichtet man an einem Körper Hubarbeit, so erhöht sich die Lageenergie des Körpers.

Fällt ein Körper aus einer bestimmten Höhe auf eine Unterlage, dann verrichtet er Verformungsarbeit. Diese ist betragsmäßig genau so groß wie die Änderung seiner Lageenergie, die sich verringert hat, da er sich dem Erdmittelpunkt um die Fallstrecke genähert hat. Dabei gilt:

$E_{Anfang} > E_{Ende}$, also $0 > E_{Ende} - E_{Anfang}$. Da die Änderung der Energie kleiner null ist, erhält die Arbeit, die nach außen verrichtet worden ist) ein negatives Vorzeichen.

$$\Delta E = E_{Ende} - E_{Anfang} \qquad \Delta E = E_1 - E_2 \qquad \Delta E = -W_{Verformung} < 0$$

Das folgende Schema stellt den Zusammenhang zwischen verrichteter Arbeit und Energieänderung dar.

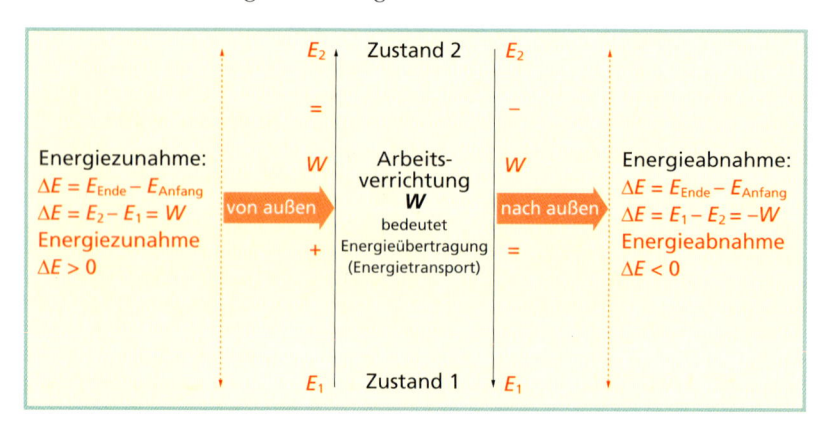

Energiezunahme:		Zustand 2 E_2		Energieabnahme:
$\Delta E = E_{Ende} - E_{Anfang}$	E_2	Arbeits-	E_2	$\Delta E = E_{Ende} - E_{Anfang}$
$\Delta E = E_2 - E_1 = W$	$=$	verrichtung	$-$	$\Delta E = E_1 - E_2 = -W$
Energiezunahme	W von außen	**W** bedeutet	W nach außen	Energieabnahme
$\Delta E > 0$	$+$	Energieübertragung (Energietransport)	$=$	$\Delta E < 0$
	E_1	Zustand 1	E_1	

Vereinbarung:
Arbeiten, die an einem Körper verrichtet werden, dem Körper von außen zugeführt werden, rechnen wir positiv.

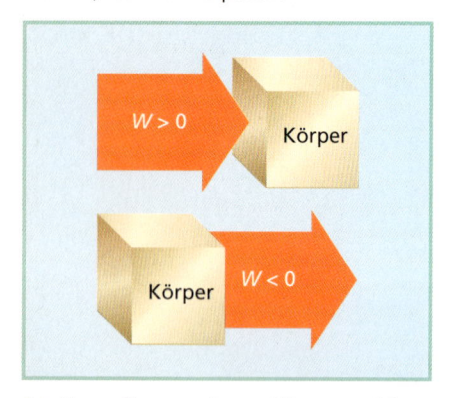

W > 0 → Körper

Körper → W < 0

Arbeiten, die von einem Körper verrichtet werden, nach außen abgegeben werden, rechnen wir negativ.

7.6 Energie geht nicht verloren – *Energieumwandlung, Energieerhaltung*

Beispiele wie das Spielzeugauto aus dem vorigen Kapitel zeigen nicht nur verschiedene mechanische Energieformen, sondern stets auch, dass eine Energieform in eine andere Energieform umgewandelt wird. Beim Fallen eines Körpers nimmt die Lageenergie ab. Er wird immer schneller, d.h., seine Bewegungsenergie nimmt zu, und beim Aufprall wird der Schaumgummi verformt. Diesen Sachverhalt betrachten wir im folgenden Versuch näher.

Versuch 5

Wir lenken ein Fadenpendel aus und lassen den Pendelkörper los.

ERGEBNIS

▶ Am Pendelkörper wird beim Auslenken Hubarbeit verrichtet. Die potenzielle Energie des Pendelkörpers ist am Punkt der Auslenkung maximal. Nach dem Loslassen verringert sich die potenzielle Energie des Pendelkörpers bis zu seiner ursprünglichen Ruhelage, wobei die kinetische Energie zunimmt und beim Durchgang durch den Ruhepunkt ihren Maximalwert erreicht. Schwingt der Pendelkörper über die Ruhelage hinaus, nimmt seine Bewegungsenergie ab und hat im Umkehrpunkt den Wert 0 J, während seine potenzielle Energie wieder zunimmt und im Umkehrpunkt den Maximalwert erreicht. ◀

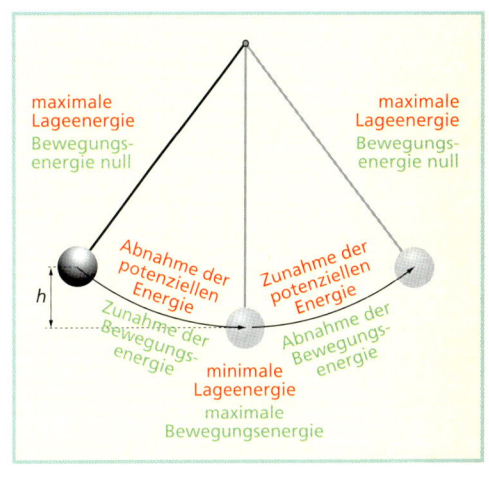

149.1 Energieumwandlung beim Fadenpendel

Versuch 6

Wir lassen einen Gummiball aus einer bestimmten Höhe auf den Experimentiertisch fallen.

Wir analysieren den beobachteten Vorgang

Während des Fallens nimmt die potenzielle Energie des Balls ab, während die kinetische Energie zunimmt. Sie ist beim Aufprall auf die Unterlage am größten. Beim Aufprall auf die Unterlage wird am Ball und an der Platte des Experimentiertisches Verformungsarbeit verrichtet. Beide besitzen also Spannenergie. Während der Ball aufgrund seiner Elastizität seine Verformung rückgängig macht, wird er nach oben beschleunigt, wobei seine Bewegungsenergie bis zum Umkehrpunkt abnimmt, seine potenzielle Energie hingegen zunimmt.

GESAMTERGEBNIS

▶ Die mechanischen Energien, Lageenergie, Bewegungsenergie und Spannenergie, sind ineinander umwandelbar. ◀

Aus der Erfahrung wissen wir, dass das Fadenpendel allmählich zum Stillstand kommt und auch der Gummiball nicht mehr die ursprüngliche Höhe erreicht. Die Energieumwandlung in andere mechanische Energien ist nicht vollständig. Die Ursache liegt darin, dass bei der Bewegung in Luft und beim Verformen des Balls Reibungsarbeit verrichtet wird. Aus Erfahrung weißt du, dass das Reiben der Hände zur Erwärmung und somit Temperaturerhöhung führt, d.h., ein Teil der Energie wird in so genannte *innere Energie* der beteiligten Körper umgewandelt. Prinzipiell wird bei der Umwandlung einer mechanischen Energieform in eine andere immer ein Teil der Ausgangsenergie durch Reibungsarbeit in innere Energie der beteiligten Körper und der Umgebung umgewandelt. Dieser Teil der Energie steht den Bewegungsvorgängen nicht mehr zur Verfügung. Die mechanischen

Energien nehmen also allmählich ab. Man sagt, die Energie dissipiert (lat.: dissipare ≙ zerstreuen). Berücksichtigt man bei Energieumwandlungen die innere Energie, so ist die gesamte Energie des Systems (Fadenpendel, Gummiball) zu jedem Zeitpunkt gleich groß. Dies hat dazu geführt, einen allgemeinen Erfahrungssatz zu formulieren:

ERGEBNIS

▶ Bei mechanischen Energieumwandlungen bleibt die Gesamtenergie (mechanische Energie und innere Energie) unverändert. ◀

Dieser allgemeine Erfahrungssatz hat für die in der Umgangssprache verwendeten Redewendungen entscheidende Bedeutung. So darf man eigentlich nicht von Energieerzeugung sprechen, wie zu Beginn dieses Kapitels ausgeführt. Prinzipiell werden nur Energieformen ineinander umgewandelt. Ebenso darf nicht von Energieverlusten geredet werden. Bestenfalls kann von nicht mehr nutzbarer Energie gesprochen werden.

Energieverbrauch gibt es demzufolge genauso wenig. Man bezeichnet damit die Energie, die abgerufen wird. Energie wird nicht verbraucht, sondern nur in andere Energieformen umgewandelt. Innere Energie ist in der Regel unerwünscht, aber bei mechanischen Vorgängen wird immer ein Teil der Energie infolge Verrichtung von Reibungsarbeit in innere Energie umgewandelt. Dies hat auch zur Folge, dass Maschinen, die letztlich eine Energieumwandlung bewirken und als Energiewandler bezeichnet werden, einen Wirkungsgrad kleiner als 1 besitzen.

Das folgende Bild zeigt diesen Sachverhalt noch einmal am Beispiel eines hüpfenden Balls.

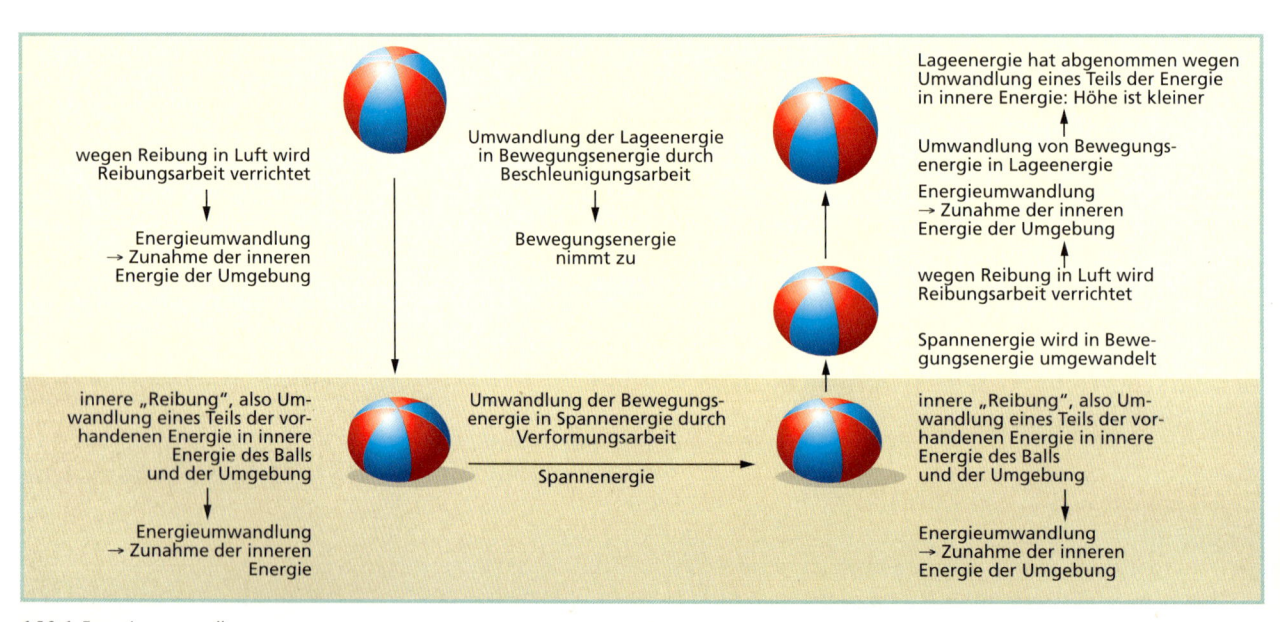

150.1 Energieumwandlung

Arbeit Energie Leistung

Beispiele für Energieumwandlungen in der Technik

Die Bewegungsenergie des Wassers wird zum Antrieb von Wasserrädern genutzt. Die Bewegungsenergie (Rotationsenergie) dieser Räder wird zum Antrieb von Sägegattern, Mühlsteinen, Hammerschmieden usw. eingesetzt. Heute haben solche Wasserräder ausgedient. Man setzt jetzt Wasserturbinen ein, um die Strömungsenergie (Bewegungsenergie) des Wassers zu nutzen. Sie erreichen einen Wirkungsgrad von bis zu 95 %. Das Wasser von Stauseen besitzt Lageenergie. Leitet man dieses in Röhren den tiefer gelegenen Wasserturbinen zu (z. B. beim Walchenseekraftwerk), dann wird die Lageenergie des Wassers in Bewegungsenergie des Wassers und schließlich in Rotationsenergie des Schaufelrades der Wasserturbine umgewandelt. Damit werden Generatoren angetrieben, die elektrische Energie zur Verfügung stellen, die dann z.B. einen Elektromotor antreibt.

151.1 Altes Wasserrad

Man unterscheidet Kaplan- und Peltonturbinen. Erstere werden eingebaut, wenn die Fallhöhe des Wassers nicht sehr groß ist. Bei großem Gefälle des Wassers setzt man Peltonturbinen ein. Das Wasser strömt durch eine Düse auf besonders geformte Schaufeln und versetzt das Schaufelrad in Rotation.

151.2 Kaplanturbine    *151.3 Peltonturbine*

AUFGABEN

1. Welche mechanischen Energieformen kennst du?

2. Wie ändert sich die Energie, wenn ein Körper Arbeit verrichtet? Welches Vorzeichen hat die verrichtete Arbeit?

3. Berechne die potenzielle Energie von 10 l Wasser, die über Treppen 10 m hoch getragen worden sind.

4. Ein Körper mit der Masse 5,0 kg besitzt die potenzielle Energie von 1,0 kJ. Um wie viele Meter ist dieser Körper hochgehoben worden?

5. Der mittlere Energiebedarf eines Jugendlichen beträgt 10 MJ.
   a Wie hoch könnte man mit dieser Energiemenge einen Körper mit der Masse 2,0 kg heben?
   b Wie hoch könnte ein Körper mit der Masse 3,0 kg gehoben werden? Begründe deine Aussage.

6. Finde weitere Beispiele aus dem Alltag oder der Technik, in denen die Lageenergie, die Bewegungsenergie oder die Spannenergie von Körpern geändert und zur Verrichtung von Arbeit genutzt wird.

151.4 Zykloide-Achterbahn

MECHANIK

7.7 Energie strömt von einem Ort zum anderen – Die physikalische Größe Leistung

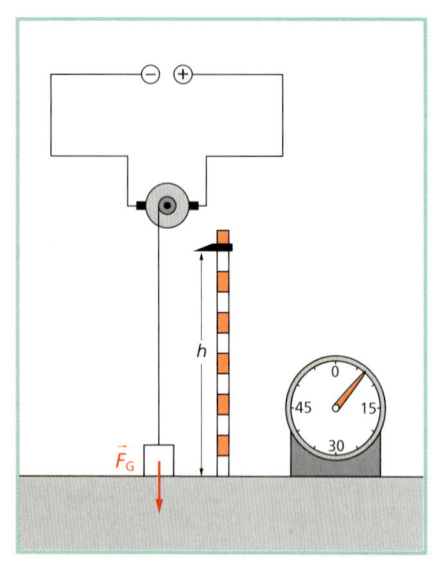

Bei einem Laufwasserkraftwerk verrichtet das strömende Wasser an der Turbine Arbeit, wobei die Bewegungsenergie des Wassers in Rotationsenergie der Turbine umgewandelt wird. Auf der Welle der Turbine ist ein Generator angebracht, der die Rotationsenergie in elektrische Energie umwandelt. Geht man davon aus, dass die pro Zeiteinheit, z.B. pro Sekunde, auf die Turbinenschaufeln strömende Wasserportion gleich bleibt, so steht stets die gleiche elektrische Energie zur Verfügung. In der Zeiteinheit wird also stets die gleiche Portion an Bewegungsenergie des strömenden Wassers in elektrische Energie umgewandelt. Man spricht hierbei von einem **Energiestrom**. Darunter versteht man die in der Zeiteinheit transportierte Energie oder die in der Zeiteinheit verrichtete Arbeit, die als Leistung bezeichnet wird.

Schließt man an den Generator einen Elektromotor an, der einen Körper hochhebt, dann nimmt dessen Lageenergie ständig zu. Die Energie nimmt umso mehr zu, je länger der Elektromotor in Betrieb ist. Somit besteht offensichtlich ein Zusammenhang zwischen der übertragenen Energie bzw. verrichteten Arbeit und der dafür benötigten Zeit, in der diese Energieübertragung erfolgt. Dieser Zusammenhang soll untersucht werden.

152.1 Zu Versuch 1

Versuch 1

Statt des Generators verwenden wir eine Elektrizitätsquelle, an die ein Elektromotor angeschlossen ist, der einen Körper bekannter Masse hochhebt. Wir ermitteln die am Körper verrichtete Hubarbeit W_{Hub} in Abhängigkeit von der Zeit t, indem wir die erreichte Höhe h nach 15,0 s, 30,0 s usw. ablesen und gemäß $W_{Hub} = F_G \cdot h$ die verrichtete Hubarbeit berechnen.

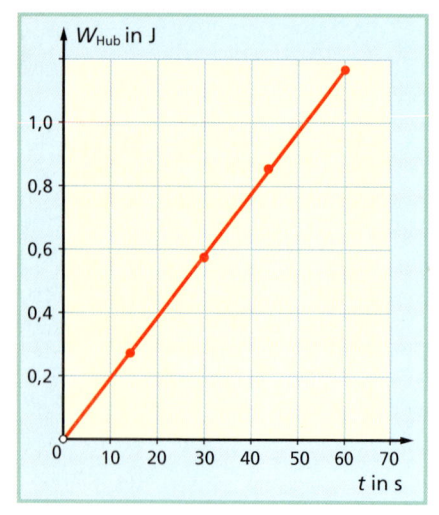

Messwerte: $m = 100$ g; $F_G = 0{,}981$ N

t in s	15,0	30,0	45,0	60,0
h in m	0,29	0,57	0,86	1,15
W_{Hub} in J	0,28	0,56	0,84	1,13
$\frac{W_{Hub}}{t}$ in $\frac{J}{s}$	0,019	0,019	0,019	0,0188

152.2 Grafische Auswertung von Versuch 1

Betrachten wir die verrichtete Hubarbeit W_{Hub} in Abhängigkeit von der Zeit t, so stellen wir fest, dass die verrichtete Arbeit mit der Zeit zunimmt. Es liegt daher nahe, den Quotienten aus der verrichteten Arbeit und der Zeit zu bilden (siehe Tabelle, Zeile 4) oder die Hubarbeit in Abhängigkeit von der Zeit grafisch darzustellen (Abb. 152.2). Als Graph ergibt sich eine Ursprungsstrecke.

Als Mittelwert erhalten wir aus unseren Versuchswerten aufgrund der numerischen Auswertung:

$$\overline{\left(\frac{W_{Hub}}{t}\right)} = 0{,}019 \frac{J}{s}$$

ERGEBNIS

▶ $W_{Hub} \sim t$ oder $\frac{W_{Hub}}{t} = $ const. ◀

Das heißt, in jeder Sekunde wird also auf den Körper eine Energie von 0,019 Nm übertragen. Wir müssen nun noch überprüfen, ob dies für andere Körper auch gilt.

Versuch 2

Wir führen Versuch 1 mit einem Körper größerer Masse durch.

Messwerte: $m = 200$ g; $F_G = 1{,}96$ N

t in s	15,0	30,0	45,0	60,0
h in m	0,28	0,57	0,86	1,15
W_{Hub} in J	0,55	1,1	1,7	2,25
$\frac{W_{Hub}}{t}$ in $\frac{J}{s}$	0,037	0,037	0,038	0,0375

Die numerische Auswertung (siehe Tabelle, Zeile 4) zeigt, dass die Quotienten $\frac{W_{Hub}}{t}$ nahezu gleich sind.

Mittelwert: $\overline{\left(\frac{W_{Hub}}{t}\right)} = 0{,}037 \frac{J}{s}$

Die grafische Auswertung liefert wieder eine Ursprungsstrecke (siehe Abb. 153.1).

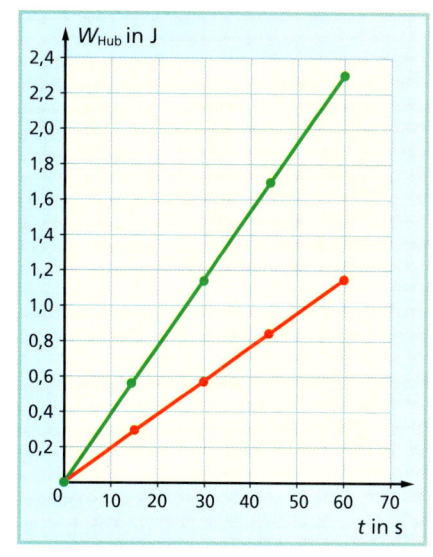

153.1 Grafische Auswertung von Versuch 2

ERGEBNIS

▶ $W_{Hub} \sim t$ oder $\frac{W_{Hub}}{t} = $ const. ◀

Dem nebenstehenden Diagramm kann man entnehmen, dass in der gleichen Zeit, z.B. in 40,0 s, auf den Körper mit der Masse 100 g (Versuch 1) eine Energie von 0,75 Nm, auf den Körper mit der Masse 200 g (Versuch 2) eine Energie von 1,50 J übertragen wurde. In der gleichen Zeit wird also am Körper mit $m = 200$ g eine doppelt so große Arbeit (Hubarbeit) verrichtet wie am Körper mit $m = 100$ g.
Es ist daher sinnvoll, den Quotienten aus verrichteter Arbeit und der Zeit als Leistung oder Energiestrom festzulegen.

Mittlere Leistung in kW	
Mensch	0,1
Pferd	0,7
elektrischer Ofen	1
Auto	30
Donauschiff	1000
Lokomotive	1500
Großkraftwerk	$3 \cdot 10^5$
Sonne	$4 \cdot 10^{23}$

153.2 Verschiedene Leistungen

DEFINITION / Grundwissen

▶ Leistung (Energiestrom) $P = \frac{W}{t}$

Die Leistung ist eine abgeleitete physikalische Größe.

Als Einheit ergibt sich somit:

$[P] = \frac{[W]}{[t]}$ $\quad [P] = 1 \frac{N \cdot m}{s}$ $\quad [P] = 1 \frac{J}{s}$ $\quad [P] = 1$ W (Watt) ◀

MECHANIK

Die Einheit 1 Watt liegt vor, wenn an einem Körper in 1,0 s die Arbeit von 1 J verrichtet wird.

Dezimale und Vielfache:

$$1 \text{ mW} = 1 \cdot 10^{-3} \text{ W}$$
$$1 \text{ kW} = 1 \cdot 10^{3} \text{ W}$$
$$1 \text{ MW} = 1 \cdot 10^{6} \text{ W}$$
$$1 \text{ GW} = 1 \cdot 10^{9} \text{ W}$$

James Watt (1736 – 1819) war ein englischer Ingenieur und Maschinenbauer, der durch das Studium aller für ihn zugänglichen Bücher einen ungewöhnlich hohen Kenntnisstand erreichte und sowohl seiner manuellen Fertigkeiten wie auch seiner geistreichen und anregenden Konversation wegen bei englischen Gelehrten seiner Zeit äußerst geschätzt war. Er war der Erfinder der modernen Dampfmaschine, die er sich 1769 patentieren ließ. Ausgangspunkt seiner Arbeiten war die Frage nach den Ursachen der hohen Verluste der Newcomen'schen Dampfmaschine, wobei er feststellte, dass ein Vielfaches des Zylindervolumens an Dampf nutzlos wieder kondensierte, ohne Nutzarbeit verrichtet zu haben. Er konstruierte eine Reihe technischer Verbesserungen seiner Dampfmaschine, wie den Kondensator, das Watt'sche Parallelogramm zur Geradführung und den Watt'schen Fliehkraftregler. Im Jahr 1775 gründete er, zusammen mit H. Boulton, die erste Dampfmaschinenfabrik und konstruierte 1782 die erste universell einsetzbare Dampfmaschine, die wesentlich zur industriellen Revolution beitrug und Voraussetzung für das Aufkommen des modernen Maschinenzeitalters mit seinen unüberschaubaren ökonomischen, sozialen und politischen Folgen war. Auch das nasse Briefkopieren in der Kopierpresse (1780) wurde von ihm erfunden. Er erforschte darüber hinaus die Zusammensetzung des Wassers und lieferte zur Entwicklung der Dampfheizung (ab 1784) wertvolle Beiträge.

In den USA wird die Leistung noch heute in der Einheit hp – *horse power* – angegeben. Bis 1969 war auch bei uns die Leistungseinheit PS – *Pferdestärke* – in Gebrauch. Seit Einführung der SI-Einheiten verwenden wir die Einheit Watt. Es gilt:

$$1 \text{ PS} = 0{,}7355 \text{ kW}$$

AUFGABEN

1 *Ein Radler mit der Masse 75 kg fährt mit seinem 10 kg schweren Fahrrad eine 35 km lange, ebene Strecke in 150 min (μ = 0,020).*
 a Welche Masse wird vom Radler bewegt?
 b Berechne die Gewichtskraft des Radlers und des Fahrrads.
 c Welche Art von Arbeit verrichtet der Radler?
 d Berechne die vom Radler verrichtete Arbeit.
 e Berechne die Leistung des Radlers.

2 *Ein Bergsteiger, an dem die Gewichtskraft 784 N angreift, klettert eine 150 m hohe Steilwand in 1,5 h hoch.*
 a Berechne die Erhöhung der potenziellen Energie des Bergsteigers.
 b Wie groß ist die durchschnittliche Leistung, die der Bergsteiger aufgrund der verrichteten Hubarbeit erbracht hat?
 c Nimm zur tatsächlichen Leistung des Bergsteigers Stellung.

3 *Ein kleines Laufwasserkraftwerk hat eine Leistung von 1,0 kW. Wie lange muss dieses in Betrieb sein, damit eine Arbeit von $36 \cdot 10^6$ J verrichtet wird?*

4 *Eine elektrische Pumpe (0,20 kW) fördert Schmutzwasser aus dem Pumpensumpf eines Hauses in einen 3,0 m höher gelegenen Abwasserkanal. Wie viele Liter Schmutzwasser werden in 2,0 min in den Kanal gepumpt? (Verwende die Dichte von reinem Wasser.)*

5 *Das Walchenseekraftwerk hat bei einer Fallhöhe von 200 m einen durchschnittlichen Wasserdurchsatz von 84 t pro Stunde. Welche Leistung hat das Kraftwerk bei einem Wirkungsgrad von 85 %?*

MECHANIK DER FLÜSSIGKEITEN UND GASE

MECHANIK DER
FLÜSSIGKEITEN
UND GASE

1 Druck in Flüssigkeiten und Gasen

1.1 Nichts als Druck –
Einführung des Drucks

In den Abbildungen 156.1 – 156.3 wird jeweils der Druck in einer Flüssigkeit (Wasserdruck, Blutdruck) bzw. in einem Gas (Druck der Luft in einem Autoreifen) gemessen. In Flüssigkeiten und Gasen kann offensichtlich ein Druck herrschen.

AUFGABE

Schreibe mit ein paar Worten auf, was du unter dem Begriff Druck verstehst. Besprecht anschließend eure Aussagen in der Klasse.

Um eine Vorstellung zu erhalten, was wir in der Physik unter dem Begriff Druck verstehen, führen wir einige Versuche durch.

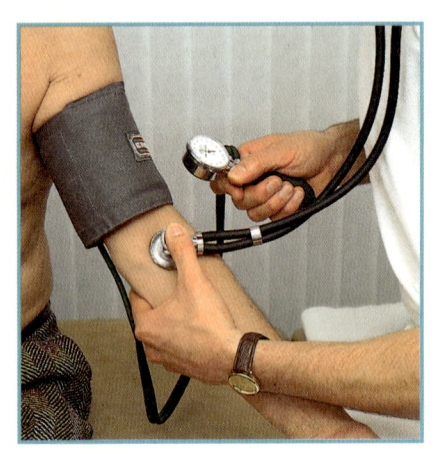

156.1 Messung des Wasserdrucks in einem Einfamilienhaus

Versuch 1

a Wir pumpen einen Fahrradschlauch mit einer Luftpumpe auf und legen ihn auf den Tisch.
b Wir schneiden den Schlauch durch, binden das eine offene Ende zu, füllen den Schlauch mit Wasser und binden das zweite Ende zu.
c Mit einer Nadel stechen wir einige Löcher in den wassergefüllten Schlauch.

In allen drei Fällen üben wir an einer Stelle des Schlauches mit der Hand eine Kraft aus.
Formuliere in allen drei Beispielen deine Beobachtungen.

Versuch 2

Ein aufgeblasener Luftballon befindet sich in einem mit Wasser gefüllten Rundkolben. Der Kolben ist mit einem durchbohrten Stopfen fest abgeschlossen. In der Bohrung des Stopfens steckt ein kurzes Glasrohr, an das über einen Schlauch ein Kolbenprober angeschlossen ist. Der Schlauch ist ganz, der Kolbenprober zur Hälfte mit Wasser gefüllt. Wir üben mit der Hand oder mit einem Wägestück eine Kraft auf den Stempel aus (siehe Abb. 156.4).

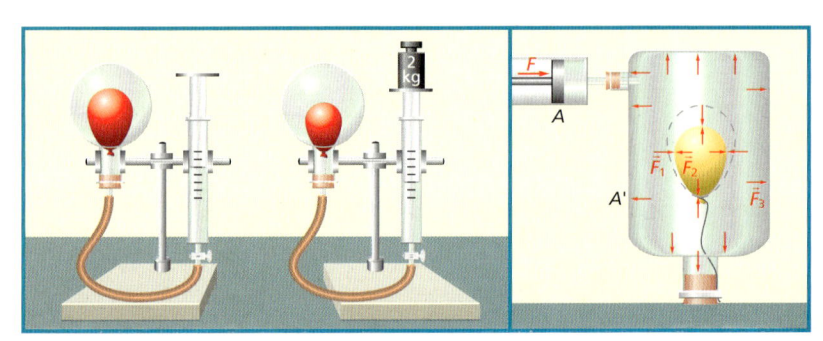

156.2 Messung des Blutdrucks

156.3 Messung des Reifendrucks bei einem Auto

156.4 Versuch 2

156.5 Zu Versuch 2

Beobachtung

Wirkt eine Kraft auf den Stempel, so wird der Ballon gleichmäßig von allen Seiten zusammengedrückt, und zwar umso stärker, je größer dabei der Betrag der Kraft ist.

Versuch 3

Durch die untere, seitliche Öffnung einer Mariotteschen Flasche (Inhalt: 5 Liter) ist durch einen Stopfen ein rechtwinklig gebogenes Glasrohr eingeführt, an dessen einem Ende ein Luftballon, am anderen Ende ein Zwei-Wege-Hahn befestigt ist. Der Luftballon wird bei geöffnetem Hahn aufgeblasen und dann der Hahn verschlossen. Auf die obere Öffnung der Flasche wird sodann ein Stopfen aufgesetzt, in dessen Bohrung ein Fahrradventil eingesetzt ist. Mit einer Fahrradluftpumpe pumpen wir Luft in die Flasche und beobachten den Ballon (siehe Abb. 157.1).

157.1 Zu Versuch 3

Beobachtung

Je mehr Luft in die Flasche gepumpt wird, desto mehr wird der Ballon wieder von allen Seiten gleichmäßig zusammengedrückt.

Das Gemeinsame in unseren Versuchen ist, dass auf eine abgeschlossene Flüssigkeit oder ein abgeschlossenes Gas eine Kraft ausgeübt wird. Durch diese Kraft wird die Flüssigkeit bzw. das Gas in einen besonderen Zustand versetzt. Diesen Zustand nennen wir **Druck**. Wird insbesondere die Kraft auf einen beweglichen Stempel (Versuch 2) ausgeübt, so sprechen wir von **Stempeldruck**. (Aber auch im Versuch 1 können wir die Auflagefläche, auf die wir mit der Hand eine Kraft ausüben, und im Versuch 3 das Ventil als Stempel auffassen). Dieser Stempeldruck bewirkt seinerseits Kräfte („Druckkräfte") auf die Begrenzungsflächen und entsteht durch die Einwirkung der Kraft gleichzeitig und im gleichen Maße überall in der Flüssigkeit bzw. im Gas. Diese Kräfte $\vec{F}_1$ pressen im Versuch 2 zum Beispiel den Ballon zusammen, wobei das Volumen der im Ballon eingeschlossenen Luft verkleinert wird. Die damit verbundene Druckerhöhung in der Luft bewirkt Kräfte $\vec{F}_2$ von innen auf die Ballonhaut, die mit den von außen einwirkenden Kräfte $\vec{F}_1$ im Gleichgewicht sind. Die von innen auf die Gefäßwand wirkenden Kräfte $\vec{F}_3$ rufen entgegengesetzt gerichtete, elastische Kräfte vom gleichen Betrag durch die Glaswand hervor (siehe Abb. 156.5).

Wir versuchen den Druckzustand in einer Flüssigkeit oder in einem Gas mithilfe des **Teilchenmodells** zu verstehen.

Die Teilchen einer **Flüssigkeit** stellen wir uns gegeneinander frei verschiebbar vor. Zwischen den Teilchen wirken abstoßende und anziehende Kräfte, die sich gegenseitig gerade aufheben, wenn sich die Teilchen im Gleichgewichtsabstand voneinander befinden. Wirkt nun auf einen beweglichen Stempel eine Kraft $\vec{F}_1$ so werden Kräfte auf die mit der Stempelfläche (A_1) in Kontakt befindlichen Teilchen ausgeübt, die durch Wechselwirkung zwischen den Teilchen gleichzeitig auf alle Flüssigkeitsteilchen übertragen werden. Dadurch werden die Abstände zwischen den Teilchen geringfügig verkleinert, sodass die

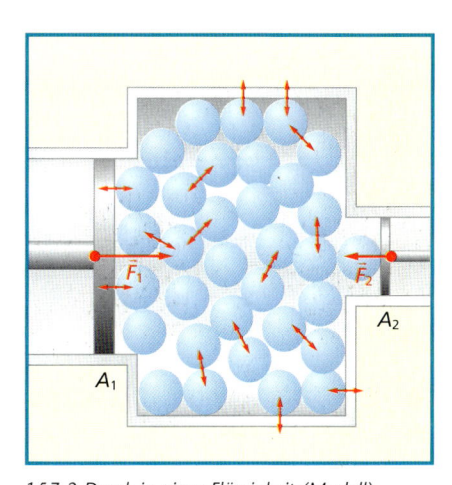

157.2 Druck in einer Flüssigkeit (Modell)

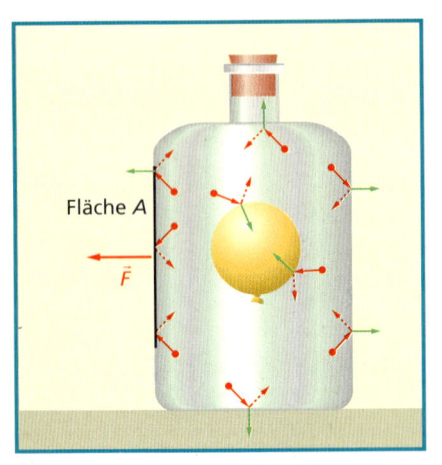

MECHANIK DER FLÜSSIGKEITEN UND GASE

158.1 Druck in einem Gas (Modell)

abstoßenden Kräfte zwischen den Teilchen im gesamten Flüssigkeitsvolumen überwiegen und die ursprünglichen Gleichgewichtsabstände wieder herzustellen versuchen. Diesen in der Flüssigkeit herrschenden Zustand haben wir als Druck bezeichnet. Teilchen, die mit Begrenzungsflächen der Flüssigkeit in Kontakt sind, üben ihrerseits Kräfte auf diese Begrenzungsflächen aus. Die Summe all dieser einzelnen Kräfte ergibt die auf eine Fläche (A_2) einwirkende Kraft $\vec{F}_2$ (siehe Abb. 157.2). Auf eine Fläche von 1 cm² wirkt zu jedem Zeitpunkt die Gesamtheit der Kräfte von etwa $1 \cdot 10^{14}$ Teilchen ein.

Die Teilchen in einem abgeschlossenen **Gas** befinden sich in ständiger, regelloser thermischer Bewegung. Bei ihrem Aufprall auf die Begrenzungswände werden sie von den festen Wänden elastisch reflektiert und üben dabei Kräfte auf die Wände aus. Die Begrenzungswände üben auf die Teilchen Gegenkräfte aus. Die Summe aller in einem bestimmten Zeitpunkt von den aufprallenden Teilchen auf eine Begrenzungsfläche A ausgeübten Kräfte ergibt die durch den Druck des Gases bewirkte Kraft $\vec{F}$. Der Druck und die Kraft $\vec{F}$ hängen von der Heftigkeit der thermischen Bewegung der Teilchen (Temperatur des Gases) und von der Anzahl der Teilchen in einem bestimmten Gasvolumen (Teilchendichte) ab (siehe Abb. 158.1).

ERGEBNIS / Grundwissen

▶ Wird auf eine abgeschlossene Flüssigkeit oder ein abgeschlossenes Gas über einen verschiebbaren Stempel eine Kraft ausgeübt, so herrscht in der Flüssigkeit oder im Gas ein Druck (Stempeldruck). Dieser Druck herrscht überall in der Flüssigkeit oder im Gas im gleichen Maße und bewirkt Kräfte senkrecht auf die Begrenzungsflächen. ◀

Bemerkung

*In der Physik müssen wir zwischen Kraft und Druck streng unterscheiden. In einer Flüssigkeit oder in einem Gas führt eine einwirkende Kraft zu einem besonderen Zustand, den wir als Druck bezeichnen. Infolge dieses Druckzustandes werden wiederum Kräfte auf die Begrenzungsflächen der Flüssigkeit oder des Gases ausgeübt. Kräfte sind neben Betrag und Angriffspunkt durch eine Richtung gekennzeichnet (Kraftpfeil!). Beim Druck ist keine Richtung ausgezeichnet, er herrscht überall in der gesamten Flüssigkeit bzw. im Gas. Der Druck ist also eine **skalare Größe** (ohne Richtung), während die Kraft eine **vektorielle Größe** (mit Richtung) ist.*

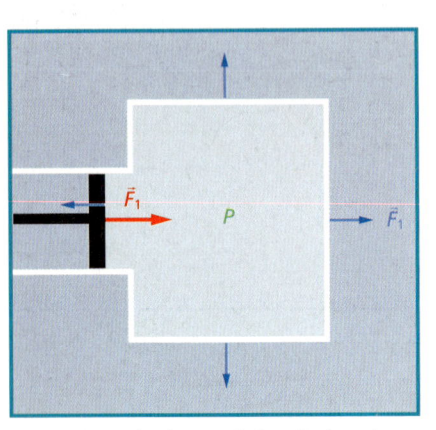

158.2 Unterscheidung zwischen Kraft und Druck

Ursache	⇒	Wirkung
(Stempel-) Kraft $\vec{F}_1$ auf eine abgeschlossene Flüssigkeit/ein abgeschlossenes Gas		Druck in der Flüssigkeit oder im Gas

Ursache	⇒	Wirkung
Druck in der Flüssigkeit oder im Gas		(Druck-) Kraft $\vec{F}_2$ auf Begrenzungsfläche der Flüssigkeit/ des Gases

Druck in
Flüssigkeiten
und Gasen

In der Umgangssprache wird der Begriff Druck in unterschiedlicher Weise, oft missverständlich und oft falsch verwendet. So spricht man von dem „Druck", den eine Pistenwalze oder ein Kettenfahrzeug auf die Unterlage (Schneedecke, Fahrbahn) ausübt oder man sagt, dass eine Brücke dem zu großen Druck bei Belastung nicht standhält. Um den hier eingeführten Druckbegriff kann es sich dabei nicht handeln. Meistens ist dabei die Kraft oder eine Belastung gemeint, mit der ein Körper infolge der auf ihn wirkenden Gewichtskraft auf eine begrenzte Unterlage einwirkt.

1.2 Wir messen den Druck –
Definition der physikalischen Größe Druck

Du vermutest völlig richtig, dass das Wasser in einem Feuerwehrschlauch unter einem größeren Druck steht als in einem Gartenschlauch. Um Drücke miteinander vergleichen bzw. messen zu können, müssen wir den Begriff Druck zu einer messbaren Größe machen, d.h. wir müssen definieren, was wir unter der physikalischen Größe Druck verstehen. Dazu müssen wir uns überlegen, von welchen Einflussgrößen der Druck in einer Flüssigkeit oder in einem Gas abhängt, um einen möglichen Zusammenhang zwischen diesen Größen aufzufinden. Für den Druck führen wir das Größensymbol p ein (engl. pressure $\triangleq$ Druck).

151.1 Gartenschlauch

Versuch 4

An der Innenwand eines hohen und schmalen Standzylinders befestigen wir ungefähr in halber Höhe mit Klebeband ein Aromafläschchen, in dessen Verschlusskappe ein etwa 2 mm breites Loch gebohrt ist. Wir füllen den Standzylinder randvoll mit Wasser und schließen ihn mit einem passenden Gummistopfen ab. Es dringt etwas Wasser in das Fläschchen.

a Wir üben mit der Hand unterschiedlich große Kräfte auf den Stopfen aus.

b Wir wiederholen Versuch a) mit einem breiteren Standzylinder, wobei wir darauf achten, dass das Aromafläschchen in gleicher Tiefe unter der Wasseroberfläche befestigt ist.

159.2 Feuerwehrschlauch
Welcher Druck ist größer?

Beobachtung

a Je größer die auf den Stopfen einwirkende Kraft ist, umso mehr wird die Luft im Fläschchen zusammengedrückt und umso mehr Wasser dringt durch das Loch in das Fläschchen ein.

b Bei größerer Querschnittsfläche des Stopfens müssen wir größere Kräfte ausüben, damit jeweils gleich viel Wasser in das Fläschchen eindringt.

Aufgrund unserer Ergebnisse aus Kapitel 1.1 können wir das eingedrungene Wasservolumen als Maß für den jeweils in der Flüssigkeit herrschenden Druck ansehen und unsere Beobachtungen entsprechend interpretieren.

a Je größer die auf den Stopfen einwirkende Kraft ist, umso größer ist (bei gleicher Stempelfläche) der Druck in der abgeschlossenen Flüssigkeit.

b Der in der abgeschlossenen Flüssigkeit herrschende Druck ist (bei gleicher Kraft) umso kleiner, je größer die Stempelfläche ist.

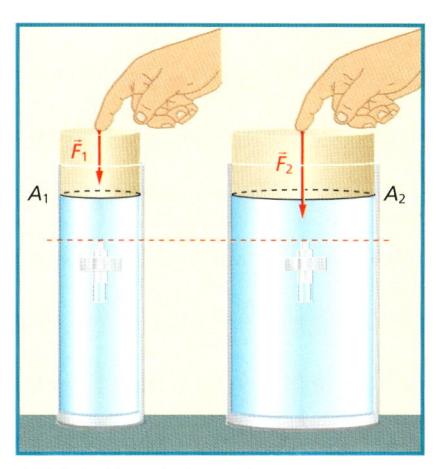

159.3 Zu Versuch 4a und b

MECHANIK DER FLÜSSIGKEITEN UND GASE

Der Druck p in einer abgeschlossenen Flüssigkeit oder in einem abgeschlossenen Gas wird offensichtlich durch den Betrag F der über den Stempel einwirkenden Kraft und durch die Stempelfläche A bestimmt. Um zu einer Definitionsgleichung für die Größe Druck zu gelangen, müssen wir also den Zusammenhang zwischen F und A untersuchen. Dabei ist uns die Richtung dieser Untersuchung bereits vorgegeben: Versuch 4 liefert die Vermutung, dass **bei gleichem Druck** in der abgeschlossenen Flüssigkeit **Kraft F und Stempelfläche A direkt proportional zueinander** sind.

Versuch 5

Zwei Kolbenprober mit unterschiedlichen Querschnittsflächen sind über einen Gummischlauch miteinander verbunden und (zusammen mit dem Schlauch) etwa bis zur Hälfte mit Spiritus gefüllt. Die beiden Stempel mit den Flächen A_1 und A_2 schließen die Flüssigkeit in den beiden Kolbenprobern ab (Abb 160.1). Durch Auflegen von Wägestücken unterschiedlicher Masse auf den Stempel 1 (Fläche A_1) erzeugen wir unterschiedliche Stempelkräfte F_1. Dadurch entsteht in der gesamten Flüssigkeit ein Druck p, der eine Kraft F_2' aus der Flüssigkeit heraus auf den Stempel 2 (Fläche A_2) bewirkt und den Stempel nach oben verschiebt. Durch Auflegen passender Wägestücke auf den Stempel 2 erreichen wir einen Gleichgewichtszustand, der dadurch gekennzeichnet ist, dass beide Stempel nicht verschoben werden. Wir messen also die Kraft F_2' über die durch das jeweilige Wägestück ausgeübte Gewichtskraft F_2 auf den Stempel 2 ($F_2' = F_2$).

Messwerte: Masse des Stempels 1: m_{St1} = 50 g
             Masse des Stempels 2: m_{St2} = 150 g
             Querschnittsfläche des Stempels 1: A_1 = 2,0 cm²
             Querschnittsfläche des Stempels 2: A_2 = 6,0 cm²

Masse m_1 in g (Stempel mit aufgelegtem Wägestück)	Kraft F_1 in N	$\frac{F_1}{A_1}$ in $\frac{N}{cm^2}$	Masse m_2 in g (Stempel mit aufgelegtem Wägestück)	Kraft F_2 in N	$\frac{F_2}{A_2}$ in $\frac{N}{cm^2}$
50	0,50	0,25	150	1,5	0,25
100	1,0	0,50	300	3,0	0,50
150	1,5	0,75	450	4,5	0,75
200	2,0	1,0	600	6,0	1,0
250	2,5	1,3	750	7,5	1,3

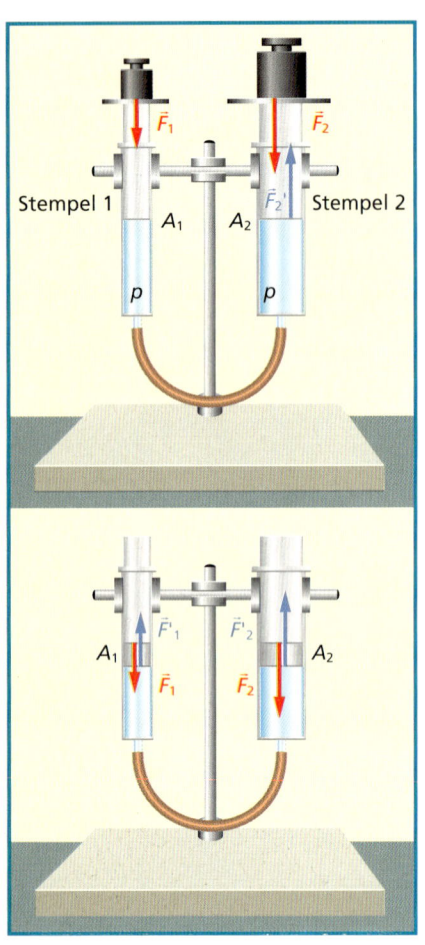

160.1 Zu Versuch 5

Die Messwerte (Tabelle, Spalten 2 und 5) zeigen, dass bei einem bestimmten Druck(-zustand) auf die dreifache Fläche jeweils eine dreifache Kraft wirkt. Versuche mit Kolbenprobern anderer Querschnittsflächen bestätigen dies.
Kraft F und Fläche A sind direkt proportional: $F \sim A$ oder $\frac{F}{A}$ = const.

Die Kraft F_1 auf die Stempelfläche A_1 ruft in der Flüssigkeit den Druck p_1 hervor, welcher eine Kraft F_2' zur Folge hat. Durch eine Kraft F_2 auf Stempel 2 mit der Fläche A_2 ergibt sich ein Gleichgewichtszustand. Betrachten wir die Verhältnisse vom Stempel 2 aus, so können wir sagen:

Die Kraft F_2 auf den Stempel 2 mit der Fläche A_2 ruft in der Flüssigkeit den Druck p_2 hervor, welcher die Kraft F_1' zur Folge hat. Die Kraft F_1 auf den Stempel 1 mit der Fläche A_1 liefert wieder den Gleichgewichtszustand.

Die Drücke p_1 und p_2 sind gleich ($p_1 = p_2$). Diese Tatsache können wir durch Übereinstimmung der Quotientenwerte $\frac{F_1}{A_1}$ und $\frac{F_2}{A_2}$ bei einem bestimmten Druck (-zustand) p beschreiben (Tabelle, Spalten 3 und 6). Somit ist es sinnvoll und mit unseren Versuchsergebnissen im Einklang, den Druck in einer Flüssigkeit oder in einem Gas durch den Quotienten aus dem Betrag F der einwirkenden Kraft und der Fläche A festzulegen.

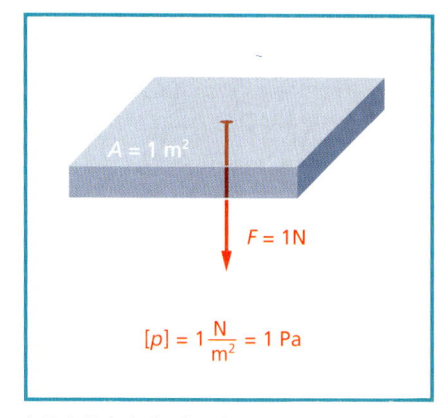

DEFINITION / Grundwissen

▶ Der Druck (Stempeldruck) in einer abgeschlossenen Flüssigkeit oder einem abgeschlossenen Gas ist durch den Quotienten aus dem Betrag F der Kraft senkrecht zur Stempelfläche und der Stempelfläche A festgelegt.

$$p = \frac{F}{A} \quad (\text{Druck} = \frac{\text{Kraft}}{\text{Fläche}}) \blacktriangleleft$$

161.1 Einheit des Drucks

Die Einheit für die **abgeleitete physikalische Größe Druck** ergibt sich aus der Definitionsgleichung.

$$[p] = \frac{[F]}{[A]} \qquad [p] = 1\,\frac{N}{m^2} = 1\,\text{Pa}$$

(Als spezieller Einheitenname ist Pascal (Pa) zu Ehren des französischen Physikers Blaise Pascal festgelegt worden.)

Da die Einheit 1 Pa einem sehr kleinen Druck entspricht (eine Kraft von 1 N wirkt auf eine Fläche von 1 m² ein) und sich deshalb bei Druckberechnungen sehr große Zahlenwerte ergeben würden, wurden für den Druck noch zusätzliche Einheiten festgelegt:

DRUCKEINHEITEN / Grundwissen

▶ $1\,\text{bar} = 1 \cdot 10^5\,\text{Pa} = 1 \cdot 10^5\,\frac{N}{m^2}$

$1\,\text{mbar} = 1 \cdot 10^{-3}\,\text{bar} = 1 \cdot 10^2\,\frac{N}{m^2} = 1 \cdot 10^2\,\text{Pa} = 1\,\text{hPa}$
(Hektopascal)

($1\,\frac{N}{cm^2} = 1 \cdot 10^4\,\text{Pa} = 1 \cdot 10^{-1}\,\text{bar} = 1 \cdot 10^2\,\text{mbar}$) ◀

Blaise Pascal wurde am 19.6.1623 in Clermont-Ferrand während des Dreißigjährigen Krieges geboren. Bereits mit 17 Jahren veröffentlichte er seine erste wissenschaftliche Abhandlung über Kegelschnitte. Mit 22 Jahren konstruierte er die erste funktionsfähige Rechenmaschine mit Zehnerübertrag (Pascaline). Um die von dem italienischen Physiker Evangelista Torricelli vertretene Meinung zu prüfen, dass die Erde von einer nach oben zunehmend dünner werdenden Lufthülle umgeben sei, schickte er im September 1648 seinen Schwager Florin Périer mit einem Druckmessgerät auf den knapp 1000 m hohen Berg Puy de Dome. Wenn Torricellis Vermutung, die im Gegensatz zu der von den meisten Naturforschern seit Aristoteles vertretenen Ansicht stand, zutreffen sollte, so müsste der Luftdruck mit zunehmender Höhe abnehmen.

161.2 Blaise Pascal, 1623 – 1662

MECHANIK DER FLÜSSIGKEITEN UND GASE

Dieses experimentum crucis (grundlegendes Experiment) bestätigte die Auffassung von Torricelli und widerlegte Aristoteles. Weitere wesentliche Erkenntnisse aus dem Bereich der Mechanik der Flüssigkeiten, wie das hydrostatische Paradoxon und das Gesetz für verbundene Gefäße sind mit dem Namen Pascal verbunden. Pascal war auch ein bedeutender Mathematiker. So legte er zusammen mit Pierre de Fermat den Grundstein zur Wahrscheinlichkeitsrechnung und zur Kombinatorik und fand dabei das Pascal'sche Dreieck. Auch in der Geometrie waren die Arbeiten Pascals grundlegend. Im Jahr 1654 zog sich Pascal nach einer religiösen Vision in das Kloster Port Royal bei Paris zurück. Dort verfasste er seine „Pensées" (Gedanken), in denen er sich um einen philosophischen Zugang zur religiösen Wahrheit bemühte. Pascal starb am 19.8.1662.

Um Drücke messen bzw. ein Druckmessgerät konstruieren zu können, müssen wir nach der Definitionsgleichung für den Druck die Kraft F und die Fläche A messen und in den zugehörigen Druck umrechnen. In der Praxis verwendet man **Druckmessgeräte**, so genannte Manometer, die den Druck anzeigen. Grundsätzlich wird bei allen Manometerarten eine Kraft F auf eine definierte Fläche A gemessen und der zugehörige Druck $p = \frac{F}{A}$ auf einer in Druckeinheiten geeichten Skala abgelesen.

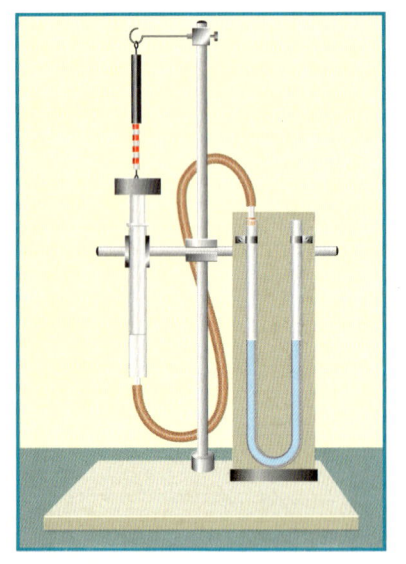

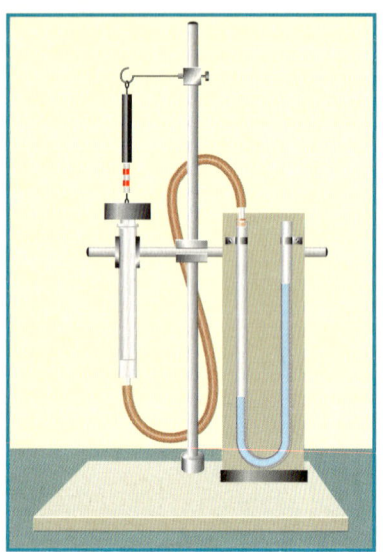

162.1 Flüssigkeitsmanometer

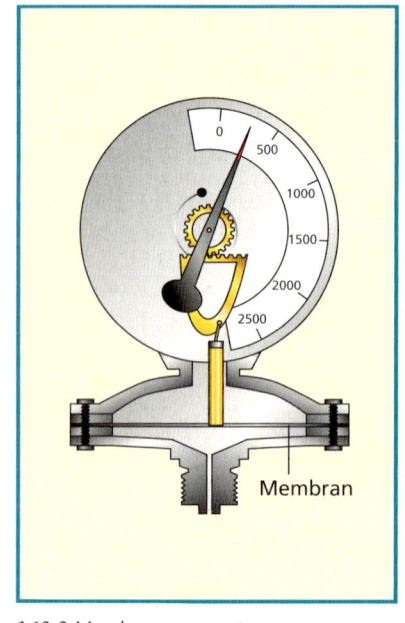

162.2 Membranmanometer

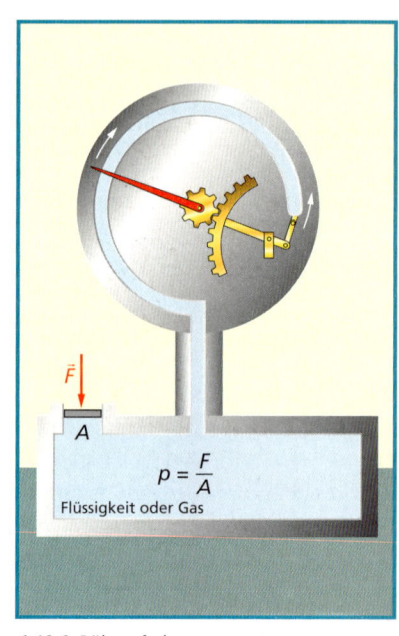

162.3 Röhrenfedermanometer

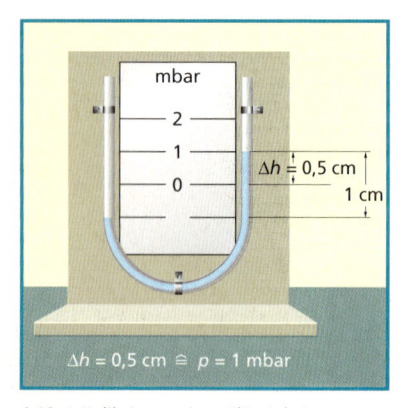

162.4 Kalibrieren eines Flüssigkeitsmanometers

a) Flüssigkeitsmanometer

Ein auf beiden Schenkeln offenes U-Rohr aus Glas ist bis zur Hälfte mit Wasser oder Quecksilber gefüllt. Wirkt auf den Stempel mit der Fläche A eine Kraft vom Betrag F, so entsteht im Gas ein Druck $p = \frac{F}{A}$. Infolge dieses Druckzustandes wirkt eine Kraft auf die Flüssigkeit, wodurch die Flüssigkeitssäule im U-Rohr verschoben wird. Diese Verschiebung Δh ist ein Maß für den Druck p (siehe Abb. 162.2 a)

Wir können ein solches Flüssigkeitsmanometer sehr einfach kalibrieren (eichen). Ein Kolbenprober ist über einen Schlauch mit einem Schenkel des Flüssigkeitsmanometers verbunden. Der Stempel des Kolbenprobers hängt an einem Kraftmesser, der die Gewichtskraft F_G des Stempels anzeigt. Wir markieren den Stand der Flüssigkeitssäule, die in beiden Schenkeln gleich hoch steht. Diese Markierung entspricht dem Druck 0 mbar. Wird der Kraftmesser mit dem daran hängenden Stempel etwas abgesenkt, so zeigt der Kraftmesser die Haltekraft F_H an. Auf die Stempelfläche A wirkt jetzt eine Kraft vom Betrag $F = F_G - F_H$, wodurch in der im Kolbenprober eingeschlossenen Luft der Druck $p = \frac{F}{A}$ entsteht. Im offenen Schenkel des Manometers steigt dadurch der Flüssigkeitsspiegel um Δh (im an den Kolbenprober angeschlossenen Schenkel sinkt er um Δh). Wir markieren diesen Stand und schreiben an diese Marke den aus F und A berechneten Wert für den Druck p. Wiederholen wir dies mehrmals, wobei wir den Kraftmesser jeweils etwas weiter absenken, so erhalten wir eine in der Druckeinheit mbar geeichte Skala.

Im Versuch entspricht einer Verschiebung des Flüssigkeitsspiegels um $\Delta h = 0,5$ cm ein Druck $p = 1$ mbar bzw. einer Höhendifferenz der Flüssigkeitsspiegel in beiden Schenkeln von 1 cm entspricht ein Druck von 1 mbar (siehe Abb. 162.4).

b) Membranmanometer
Die infolge des Drucks in einer Flüssigkeit oder einem Gas auf die Membran ausgeübte Kraft bewirkt eine Verformung der Messmembran. Diese Verformung wird über einen Hebel- oder Zahnradmechanismus mit aufgesetztem Zeiger auf eine Skala übertragen, auf der der Druck abgelesen werden kann. Dieses Gerät lässt sich auf die gleiche Weise kalibrieren wie ein Flüssigkeitsmanometer (siehe Abb. 162.2).

c) Röhrenfedermanometer
Bei diesem Manometertyp wird eine bogenförmige, elastische Metallröhre unter dem Einfluss einer Kraft verbogen, ähnlich einem aufblasbaren Spielzeug-Papierrüssel. Die Röhre ist mit einem Behälter verbunden, in dem sich das Gas oder die Flüssigkeit befindet, dessen bzw. deren Druck gemessen werden soll. Dabei steht die Luft in der Manometerröhre unter dem gleichen Druck wie die Flüssigkeit oder das Gas im Behälter. Der Druck bewirkt Kräfte auf die Manometerröhre, wodurch diese verbogen wird. Ein Hebel- oder Zahnradmechanismus mit angesetztem drehbaren Zeiger überträgt die Verbiegung auf eine in Druckeinheiten geeichte Skala (siehe Abb. 162.3).

AUFGABE

Überprüfe in einem Schülerübungsexperiment die Skalierung eines derartigen Röhrenfedermanometers. Gehe dabei nach dem Verfahren vor, das wir bei der Skalierung eines Flüssigkeitsmanometers verwendet haben.

Um bei den großen Gewichtskräften (Auflagekräften) von Nutzfahrzeugen und Maschinen wie Bagger oder Pistenraupen möglichst geringe Belastungen zu erreichen, werden die Auflageflächen möglichst groß gestaltet. Sollen dagegen die Belastungen groß sein, z. B. bei Straßenwalzen oder bei einem Eispickel, so müssen die gemeinsamen Berührflächen möglichst klein sein.
Bei Dromedaren (Paarhufer) sind die Zehen durch eine Hautfläche miteinander verbunden. Beim Auftreten verhindert dabei die vergrößerte Auflagefläche ein zu tiefes Einsinken in den Sand. Diesen „Trick der Natur" findet man bei vielen Tierarten, z. B. auch bei Fröschen, wobei er bei diesen allerdings noch einen anderen (welchen?) Zweck erfüllt. Beim menschlichen Auge steht das Kammerwasser unter

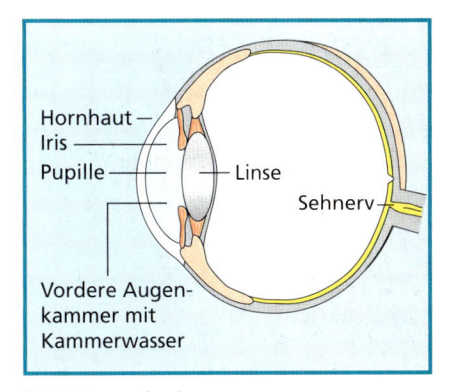

163.1 Augendruck

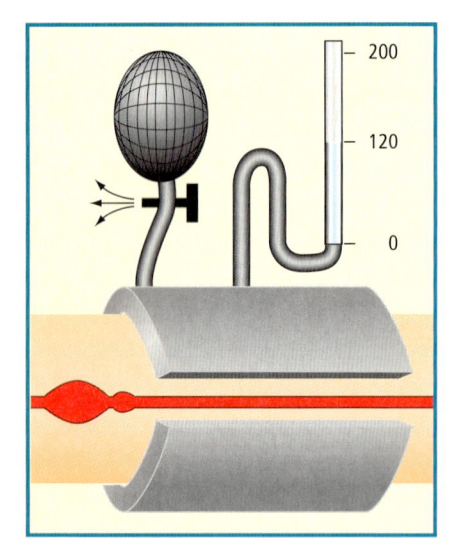

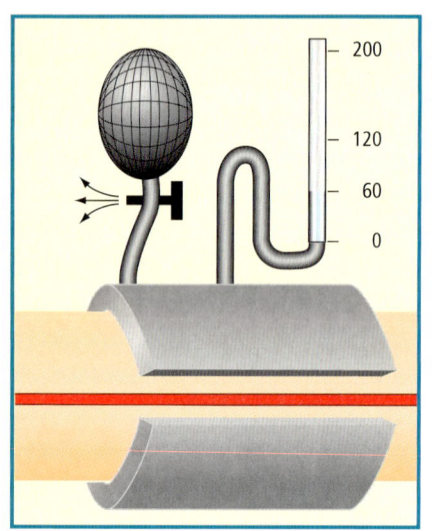

MECHANIK DER FLÜSSIGKEITEN UND GASE

einem Überdruck von 12 – 25 mbar, wodurch die Form des Auges aufrecht erhalten wird. Dieses Kammerwasser wird ständig erneuert. Kann das Kammerwasser nicht abfließen, so kann es im Auge zu einem Überdruck kommen, der zu einer Schädigung des Sehnervs (Grüner Star) führen kann. Aus diesem Grund ist es notwendig, den Augendruck (vor allem im Alter) regelmäßig durch den Arzt überprüfen zu lassen.

Für den menschlichen Blutkreislauf ist der Blutdruck von großer Bedeutung. Der Blutkreislauf ist ein geschlossenes Gefäßsystem, wobei die beiden Vorkammern des Herzens durch Zusammenziehen das Blut in die beiden Herzkammern pumpen, die dann ihrerseits das Blut in das Blutkreislaufsystem pumpen. Bei jedem Pulsschlag ziehen sich die Herzkammern zusammen und pumpen Blut in die Adern. Dabei herrscht in den Adern ein hoher Druck des Blutes (systolischer Druck). In der Zeit zwischen zwei Pulsschlägen werden die Herzkammern wieder von den Vorhöfen aus mit Blut gefüllt, wobei in den Adern ein geringerer Druck (diastolischer Druck) herrscht. Diese beiden Blutdruckwerte geben dem Arzt Hinweise auf den körperlichen Zustand des Patienten. (Bei einem gesunden 20-Jährigen betragen diese beiden Werte 120/80, wobei der systolische Wert mit zunehmendem Alter stetig zunimmt, etwa um den Wert 5 pro Jahrzehnt.) Zur Messung des Blutdrucks wird eine eng anliegende Manschette um den Oberarm gebunden und aufgepumpt. Durch Ablassen von Luft aus der stark aufgeblasenen Manschette stellt der Arzt mit einem Hörgerät (Stethoskop) den Blutdruck fest, bei dem er gerade ein im Rhythmus der Herztätigkeit pulsierendes Klopfen vernehmen kann: systolischer Wert. Wird weiter Luft aus der Manschette abgelassen, kann man den Blutdruck feststellen, bei dem dieses Klopfen gerade noch hörbar ist bzw. gerade verschwindet: diastolischer Blutdruck.

Beispiel 1

*Die Ausflussöffnung eines Wasserhahns hat eine Querschnittsfläche von 0,60 cm². Um das Wasser mit dem Finger am Ausfließen zu hindern, ist eine Kraft von 24 N erforderlich. Unter welchem **Druck** steht das Wasser in der Leitung?*

$$p = \frac{F}{A} \quad \begin{array}{l} F = 24\,N \\ A = 0{,}60\,cm^2 \end{array} \quad p = \frac{24\,N}{0{,}60\,cm^2} \quad p = 40\,\frac{N}{cm^2}$$

$$p = 4{,}0\,bar$$

164.1 Blutdruckmessung

Beispiel 2

*Die Luft in einem Kolbenprober mit der Querschnittsfläche 10 cm² steht unter einem Druck von 2,5 bar. Wie groß ist dabei die auf den Stempel ausgeübte **Kraft**?* ($1\,\frac{N}{cm^2} = 0{,}1\,bar$)

$$F = p \cdot A \quad \begin{array}{l} p = 2{,}5\,bar \\ A = 10\,cm^2 \end{array} \quad F = 2{,}5\,bar \cdot 10\,cm^2$$

$$F = 2{,}5 \cdot 10^5\,\frac{N}{m^2} \cdot 10 \cdot 10^{-4}\,m^2 \quad F = 2{,}5 \cdot 10^2\,N$$

AUFGABEN

1 In der Physik wird zwischen Kraft und Druck unterschieden. Begründe diese Aussage.

2 Im Spritzrohr eines Feuerwehrschlauchs (C-Rohr) steht das Wasser unter einem Druck von 5,0 bar. Die Öffnung des Rohres hat eine Querschnittsfläche von 0,50 cm². Mit welcher Kraft wird das Wasser aus der Rohröffnung gespritzt?

3 Die Tülle eines Gartenschlauchs hat eine Querschnittsfläche von 0,75 cm². Um das Wasser am Ausfließen zu hindern, muss man die Öffnung mit dem Finger mit einer Kraft von 22,5 N zuhalten. Unter welchem Druck steht das Wasser in der Leitung?

4 Durch eine Kraft von 0,50 kN soll in einer abgeschlossenen Flüssigkeit ein Druck von 4,8 bar bewirkt werden. Berechne die Fläche, die der Stempel dabei haben muss.
Warum kommt es dabei auf die Art der Flüssigkeit nicht an?

5 Ein Elefant mit der Gewichtskraft 40 kN und eine Frau auf Stöckelschuhen mit der Gewichtskraft 550 N stehen auf der gleichen Unterlage. Die Fußsohlenfläche des Elefanten beträgt 170 cm², die Fläche eines Schuhabsatzes 3,5 cm². Ermittle die Belastung der Unterlage durch den Elefanten und durch die Frau.

6 Die Raupen eines Baggers haben mit dem Boden eine Berührfläche von 5,0 m². Der Boden, auf dem der Bagger arbeitet, erlaubt eine maximale Belastung von $1,5 \cdot 10^5 \frac{N}{m^2}$. Welche Gewichtskraft darf der Bagger höchstens haben?

7 Die Belastung einer Schallplatte durch den Diamanten des Tonabnehmerkopfs beträgt bis zu $5,0 \cdot 10^8 \frac{N}{m^2}$. Die Auflagekraft des Tonarms beträgt dabei nur etwa 0,020 N. Berechne die Auflagefläche.

8 Begründe vom physikalischen Standpunkt aus die spezielle Form von Reißnägeln, Stechwerkzeugen und Schneidewerkzeugen (Messer, Schere).

MECHANIK DER FLÜSSIGKEITEN UND GASE

2 Der Schweredruck

2.1 Zwanzigtausend Meilen unter dem Meer – *Der Schweredruck*

166.1 Jules Verne

Jules Verne, französischer Schriftsteller, geboren am 8.2.1828 in Nantes, gestorben am 24.3.1905 in Amiens. Er gilt als Begründer des utopisch-technischen Entdeckerromans. Seine Schilderungen wurden zur beliebtesten Jugendliteratur.

„Ich merkte, wie der stählerne Bootskörper erzitterte, wie sich seine Streben verbogen, wie die Fenster nach innen nachzugeben drohten, dem Druck des Wassers weichend. Wenn unser Schiff nicht die Festigkeit gehabt hätte, wäre es augenblicklich zu einem Fladen zusammengepresst worden."

Text aus 20 000 Meilen unter dem Meer

Bekannteste Werke:
- Von der Erde zum Mond, 1865
- 20 000 Meilen unter dem Meer, 1869, verfilmt
- Reise um die Erde in 80 Tagen, 1873, verfilmt
- Michel Strogoff, der Kurier des Zaren, 1876, verfilmt

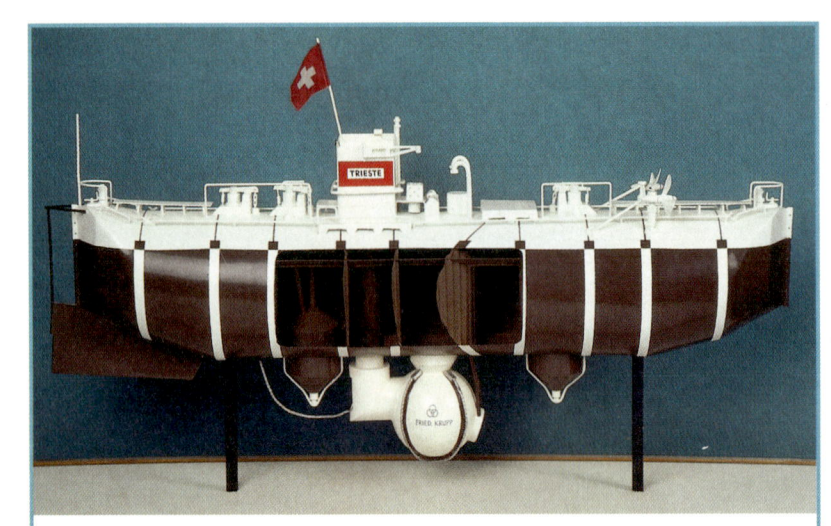

Mit dem Tauchboot Trieste erreichten der Schweizer Jacques Piccard (der Sohn des bekannten Meeresforschers Auguste Piccard) und der Amerikaner Don Walsh am 23. Januar 1960 den Meeresboden des Marianengrabens, der tiefsten bekannten Stelle der Weltmeere.

Der Marianengraben ist mit rund 11 km (10 907 m) die tiefste Stelle des Stillen (Pazifischen) Ozeans. Der Marianengraben ist einer von insgesamt 26 Tiefseegräben, von denen 3 im Atlantischen, 1 im Indischen und 22 im Pazifischen Ozean liegen. Diese Tiefseegräben liegen alle in der Nähe von Kontinentalabhängen und zeichnen sich durch häufige Erdbeben aus.

166.3 Tauchboot Trieste, Nachbildung, Deutsches Museum München

Was ist der Grund für die Befürchtungen des Kapitän Nemo der Nautilus? Warum musste die Wand der Tauchkugel der Trieste aus 12 cm dickem Spezialstahl gefertigt sein?
Wir wollen die Verhältnisse beim Abtauchen eines Tauchkörpers in einer Flüssigkeit in einem Versuch nachspielen.

Versuch 1

Über einen durchbohrten Gummistopfen ziehen wir einen mit gefärbtem Spiritus gefüllten Luftballon. In die Bohrung des Stopfens führen wir ein etwa 40 cm langes Glasrohr ein. In den Ballon sind vorher noch einige kleine Steinchen zur Beschwerung eingegeben worden (Spiritus hat eine geringere Dichte als Wasser!). Als Marianengraben dient uns dabei ein ca. 50 cm hoher, wassergefüllter Standzylinder.

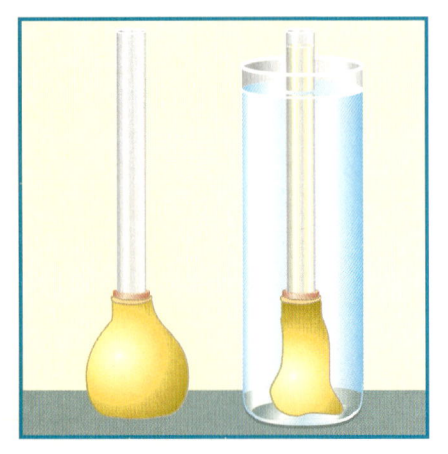

Zunächst üben wir mit der Hand eine Kraft auf den Ballon aus. Wir beobachten dabei, dass der Ballon verformt wird und Flüssigkeit im Steigrohr emporsteigt, und zwar umso mehr, je größer die auf den Ballon ausgeübte Kraft ist.

166.4 Zu Versuch 1

Dann senken wir unser Tauchboot langsam immer tiefer in den wassergefüllten Zylinder ab.

Beobachtung

Mit zunehmender Eintauchtiefe wird der Ballon mehr und mehr verformt, die Höhe der Flüssigkeitssäule im Steigrohr wird größer.

Wir müssen daraus die Schlussfolgerung ziehen, dass in dem Standzylinder in einer bestimmten Wassertiefe ein Druck herrscht, wodurch Druckkräfte auf die Ballonhaut bewirkt werden.
Wir wissen bisher nur, dass wir einen Druckzustand in einer Flüssigkeit oder einem Gas dadurch erreichen, dass auf eine in einem Behälter abgeschlossene Flüssigkeits- oder Gasmenge über einen verschiebbaren Stempel eine Kraft ausgeübt wird. In diesem neuen Fall haben wir es mit einer ruhenden Flüssigkeit mit freier Oberfläche zu tun, auf die offensichtlich, zumindest sichtbar, keine Kraft ausgeübt wird. Wir müssen uns also zunächst mit der Ursache für diesen Druck in einer Flüssigkeit mit freier Oberfläche beschäftigen.
Der Druck p wurde als Quotient aus dem Betrag der senkrecht auf eine Fläche einwirkenden Kraft F und dieser Fläche A festgelegt (Kapitel 1.1). Auch im Fall einer Flüssigkeit mit freier Oberfläche muss diese Festlegung gültig bleiben.

Wir stellen uns in dem Zylinder in einer bestimmten Wassertiefe h eine Fläche A vor. Auf dieser Fläche lastet dann eine Wassersäule mit der Gewichtskraft F_G. Je größer die Wassertiefe h ist, desto größer ist die Gewichtskraft dieser Flüssigkeitssäule. Wir vermuten, dass der Druck in einer bestimmten Eintauchtiefe durch die Gewichtskraft der Flüssigkeitssäule verursacht wird (Abb. 167.1). Wir prüfen diese Vermutung in einem Versuch.

Versuch 2 a

An ein digitales Druckmessgerät ist über einen Gummischlauch eine Messsonde aus Glas mit einem Durchmesser von 5 mm angeschlossen. Wir tauchen die Messsonde in einen mit Wasser gefüllten Standzylinder ein.
Für eine bestimmte Eintauchtiefe h notieren wir den angezeigten Druck p.

Beobachtung

Der vom Druckmessgerät angezeigte Druck wird mit zunehmender Eintauchtiefe h größer.

Durch den Druck p_W im Wasser dringt etwas Wasser in die Messsonde ein, sodass die Luft in der Sonde zusammengepresst wird. Dadurch wird in der eingeschlossenen Luft ein Druck bewirkt, den das Messgerät anzeigt. Das Wasser dringt dabei so weit in die Sonde ein, bis der Druck p_L in der eingeschlossenen Luft gleich dem Druck p_W im Wasser ist. Dann sind die Beträge der auf die Trennfläche A ausgeübten Druckkräfte $F_{p_L} = p_L \cdot A$ und $F_{p_W} = p_W \cdot A$ gleich.

Der Schweredruck

Das Tauchboot Trieste besteht aus einem 20 m langen Auftriebskörper (aus Eisen gefertigt, Wandstärke 0,5 cm, teils mit Benzin, teils mit Wasser gefüllt) und der Tauchkugel, die der Aufenthaltsort der Forscher war (aus Edelstahl gefertigt, Wandstärke 12 cm, Dicke der Plexiglasfensterscheiben 15 cm).
Bei diesem historischen Tauchgang betrug die Sinkgeschwindigkeit des Bootes 1,3 m/s, wobei es nach 4 Stunden und 48 Minuten auf den Meeresboden aufsetzte. Die Forscher berichteten, dass sie dort während ihres etwa eine halbe Stunde dauernden Aufenthalts eine Krabbe und einen Fisch beobachtet haben. Der Aufstieg zur Oberfläche dauerte etwa dreieinhalb Stunden.

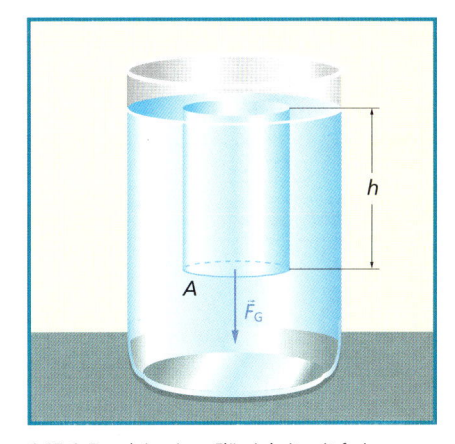

167.1 Druck in einer Flüssigkeit mit freier Oberfläche in der Tiefe h

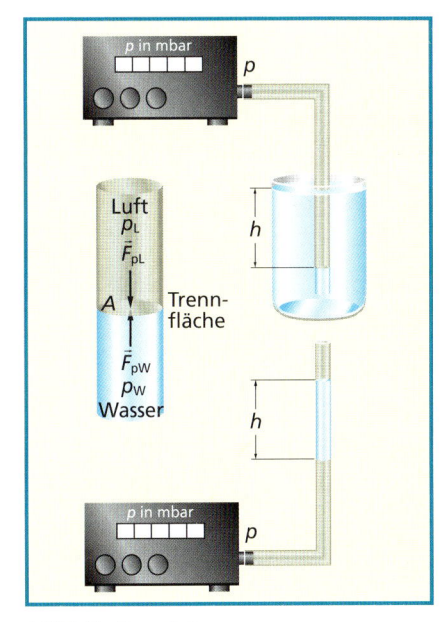

167.2 Zu Versuch 2

MECHANIK DER FLÜSSIGKEITEN UND GASE

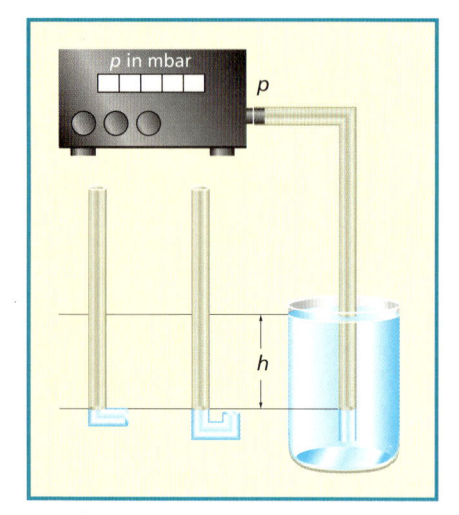

168.1 Zu Versuch 3

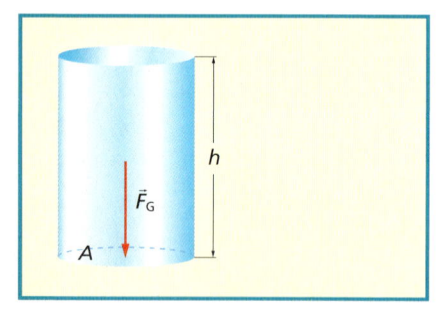

168.2 Gewichtskraft einer Flüssigkeitssäule

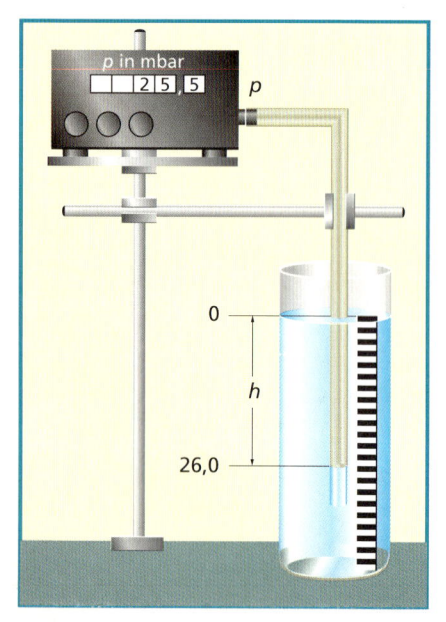

168.3 Zu Versuch 4

Versuch 2 b

Wir bringen in die Messsonde eine Wassersäule der Höhe h und halten die Sonde senkrecht mit der Öffnung nach oben.

Beobachtung

Das Druckmessgerät zeigt den gleichen Druck p wie in Wasser bei der Eintauchtiefe h an.

Der Druck p_W in der Trennfläche A zwischen Luft und Wasser wird durch die Gewichtskraft F_G der über dieser Trennfläche lastenden Wassersäule hervorgerufen: $p = \dfrac{F_{G,\text{Flüssigkeit}}}{A}$.

Diesen Druck in einer Flüssigkeit mit freier Oberfläche, der durch die Gewichtskraft bzw. durch die Schwere der Flüssigkeitssäule bewirkt wird, nennen wir deshalb Schweredruck.

Versuch 3

An das digitale Druckmessgerät schließen wir nacheinander Messsonden an, deren jeweils gleich große Öffnungen nach unten, waagrecht zur Seite und senkrecht nach oben zeigen. Wir messen bei gleicher Eintauchtiefe h jeweils den Schweredruck p.

Beobachtung

Der Schweredruck ist in einer bestimmten Eintauchtiefe unabhängig von der Richtung, in die die Sondenöffnung zeigt, gleich groß.

ERGEBNIS / Grundwissen

▶ In Flüssigkeiten mit freier Oberfläche herrscht ein Schweredruck. Der Schweredruck nimmt mit der Eintauchtiefe zu und ist in einer bestimmten Tiefe richtungsunabhängig.
Ursache des Schweredrucks ist die Gewichtskraft der auf einer gedachten Fläche in einer bestimmten Tiefe lastenden Flüssigkeitssäule. ◀

Wir wissen, dass der Schweredruck mit wachsender Eintauchtiefe zunimmt. Die mit dem zunehmenden Druck größer werdenden Druckkräfte auf Begrenzungsflächen sind der Grund, warum die Staumauern bei Stauseen mit zunehmender Tiefe dicker gebaut werden als weiter oben zur Wasseroberfläche hin. Diesen Zusammenhang zwischen dem Schweredruck p und der Eintauchtiefe h wollen wir in einem Experiment genauer untersuchen.

Versuch 4

Mit der Versuchsanordnung aus Versuch 2 untersuchen wir die Abhängigkeit des Schweredrucks p von der Eintauchtiefe h. Auf dem Mantel des Standzylinders bringen wir ein Maßband an, dessen Nullmarkierung mit dem Wasserniveau im Zylinder übereinstimmt. Versuchsbedingung: gleiche Flüssigkeit (Wasser); ρ = const.

Messwerte:

h in cm	5,0	10,0	16,5	21,0	26,0	31,5	36,0
p in mbar	4,9	9,8	16,1	20,6	25,5	30,8	35,2

Wir werten den Versuch 4 **grafisch** aus, d.h., wir tragen die den Messwertpaaren entsprechenden Punkte in ein Koordinatensystem ein. Der Graph, der den gesetzmäßigen Zusammenhang zwischen den untersuchten Größen p und h darstellt, ist eine **Ursprungsstrecke** (siehe Abb. 169.2).

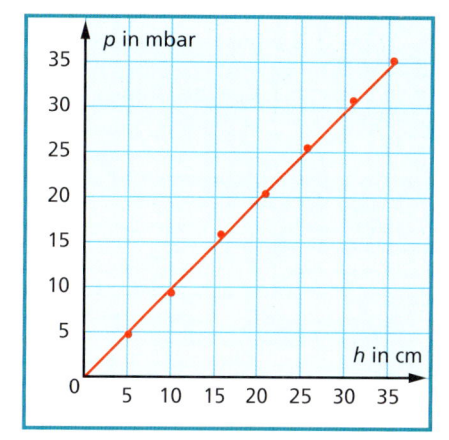

ERGEBNIS / Grundwissen

▶ Der Schweredruck p ist direkt proportional zur Eintauchtiefe h.
$p \sim h$ ◀

Diese Gesetzmäßigkeit gilt nicht nur für Wasser wie in unserem Versuch, sondern für alle Flüssigkeiten.

169.1 Grafische Auswertung von Versuch 4

Vielleicht hast du vermutet, dass der Schweredruck auch davon abhängt, ob er in einem engen oder einem breiten Gefäß oder ob er mit einer Messsonde mit kleinem oder großem Durchmesser gemessen wird. Beides können wir leicht widerlegen.
Wir wiederholen Versuch 4 mit einem schmalen und einem breiten wassergefüllten Gefäß bei jeweils gleicher Eintauchtiefe h. In beiden Fällen erhält man den gleichen Schweredruck.
Dass wir bei gleicher Flüssigkeit und gleicher Eintauchtiefe unabhängig von der Querschnittsfläche A der Messsonde ebenfalls den gleichen Schweredruck messen, wird aus der in Abb. 169.2 dargestellten Überlegung ersichtlich.

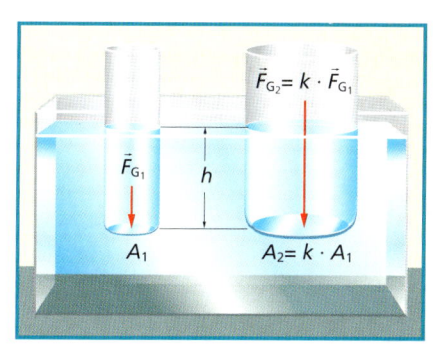

169.2 Gewichtskraft und Fläche werden mit dem gleichen Faktor multipliziert, wenn die Querschnittsfläche A vergrößert wird (h = const.; ρ = const.).

Bei einer Eintauchtiefe h = 10 cm erhalten wir in Versuch 4 einen Schweredruck von 10 mbar (genau: 9,8 mbar). Auf Grund der direkten Proportionalität zwischen p und h (Druck p und Eintauchtiefe h nehmen im gleichen Verhältnis zu) können wir den Druck p in beliebigen Wassertiefen angeben (siehe Tabelle, Abb. 169.3). Auch für andere Flüssigkeiten können wir den Schweredruck in verschiedenen Eintauchtiefen angeben, wenn wir den Druck in einer bestimmten Eintauchtiefe kennen bzw. gemessen haben.

MERKREGEL / Grundwissen

▶ Je 10 m Wassertiefe nimmt der Schweredruck um 1 bar oder um 100 kPa zu. ◀

Beispiel
Schweredruck am Grund des Marianengrabens
Eintauchtiefe: h = 10907 m
Schweredruck: $p = 10907 \text{ m} \cdot \dfrac{1{,}0 \text{ bar}}{10 \text{ m}}$ $p = 1{,}1 \cdot 10^3$ bar

Eintauchtiefe h in m	Schweredruck p in bar
0,10	0,010
1,0	0,10
10	1,0
100	10
1000	100
10000	1000

169.3 Schweredruck in Wasser in Abhängigkeit von der Eintauchtiefe

Druckkraft auf das kreisförmige Sichtfenster der Trieste
($A = 13 \cdot 10^2$ cm^2):
$F = p \cdot A$
$F = 1{,}1 \cdot 10^3 \text{ bar} \cdot 13 \cdot 10^2 \text{ cm}^2$
$F = 1{,}1 \cdot 10^3 \cdot 10^5 \, \dfrac{N}{m^2} \cdot 13 \cdot 10^2 \cdot 10^{-4} \text{ m}^2$
$F = 14 \cdot 10^6$ N

(Diese Kraft entspricht der Gewichtskraft von 1400 Mittelklasseautos der Masse 1000 kg.)

Zusatzinformation
Der Schweredruck in Flüssigkeiten hängt außer von der Eintauchtiefe (Versuch 4) auch noch von der Dichte der Flüssigkeit (der Schweredruck ist direkt proportional zur Dichte) und vom Ort auf der Erde, an dem sich die Flüssigkeit befindet, ab.

170.1 Zu Versuch 1

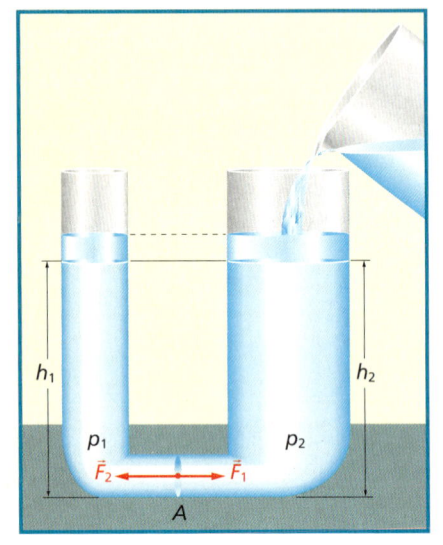

170.2 Zu Versuch 2

Hinweis
In sehr engen Gefäßen gilt diese Gesetzmäßigkeit wegen der Kapillarwirkung, d.h. wegen der anziehenden (Wasser) bzw. abstoßenden (Quecksilber) Kräfte zwischen Gefäßwand und Flüssigkeit nicht.

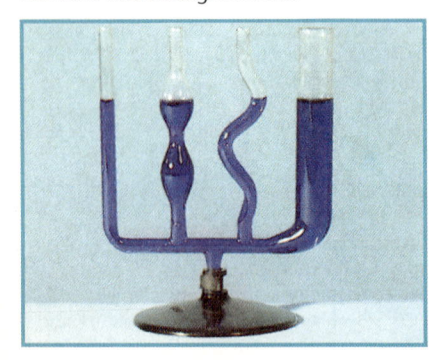

170.3 Demonstrationsgerät

2.2 Wirkungen und Anwendungen des Schweredrucks

Röhren kommunizieren miteinander – Verbundene Gefäße

Versuch 1

Fülle einen etwa 2 m langen (durchsichtigen) Kunststoffschlauch, dessen beide Enden mit einem Glasrohr versehen sind, teilweise mit gefärbtem Wasser. Halte das eine Schlauchende mit der Hand, während das andere Ende von einem Mitschüler in gleicher Höhe gehalten wird. Hebt oder senkt abwechselnd jeweils die beiden Schlauchenden und beobachtet dabei den Wasserspiegel in den beiden angeschlossenen Glasröhren. Formuliere deine Beobachtungen. Wozu könnte man dieses Gerät verwenden?

Um die Verhältnisse genauer zu untersuchen, führen wir einen weiteren Versuch durch.

Versuch 2

Ein U-förmiges Glasrohr, dessen Schenkel oben offen sind und unterschiedliche Querschnittsflächen haben, wird mit Wasser gefüllt. Eine derartige Anordnung, in der zwei oder mehr Gefäße so miteinander verbunden sind, dass eine Flüssigkeit in die einzelnen Gefäße strömen kann, nennen wir verbundene Gefäße.

Beobachtung

Die Flüssigkeit steht in beiden Schenkeln bzw. Gefäßen gleich hoch: $h_1 = h_2$. Gießen wir in das rechte, breitere Gefäß etwas Wasser nach, so stellt sich in beiden Gefäßen ein höherer, jedoch wiederum gleich hoher Flüssigkeitsstand ein.

Mithilfe der für den Schweredruck geltenden Gesetzmäßigkeit können wir die Beobachtung begründen. Wir denken uns dazu in das Verbindungsstück der beiden Schenkel einen dicht abschließenden, reibungslos verschiebbaren Kolben mit der Querschnittsfläche A eingesetzt.

Im linken Schenkel ist der Schweredruck in der Tiefe h_1: $p_1 = c \cdot h_1$
Im rechten Schenkel ist der Schweredruck in der Tiefe h_2: $p_2 = c \cdot h_2$
Die Kräfte $\vec{F}_1$ und $\vec{F}_2$, die von links und rechts auf den Kolben einwirken haben die Beträge:

$$F_1 = c \cdot h_1 \cdot A \quad \text{und} \quad F_2 = c \cdot h_2 \cdot A$$

Die Flüssigkeit in den verbundenen Gefäßen wird nicht verschoben, der Kolben bleibt in Ruhe, wenn die Beträge der beiden Kräfte $\vec{F}_1$ und $\vec{F}_2$ gleich sind:

$$F_1 = F_2$$
$$c \cdot h_1 \cdot A = c \cdot h_2 \cdot A \longrightarrow h_1 = h_2$$

ERGEBNIS / Grundwissen

▶ In verbundenen Gefäßen, die mit der gleichen Flüssigkeit gefüllt sind, liegen die freien Oberflächen der Flüssigkeit in allen Gefäßen in der gleichen Höhe bzw. in einer gemeinsamen waagrechten Ebene. ◀

Verbundene Gefäße finden im Alltag in vielen technischen Geräten und Anlagen Anwendung und sind in der Regel mit der gleichen Flüssigkeit gefüllt.
In Abbildung 170.3 ist ein Versuchsgerät abgebildet, mit dem sich die für verbundene Gefäße geltende Gesetzmäßigkeit anschaulich zeigen lässt.
Die Abbildungen 171.1 – 171.5 zeigen einige Beispiele für die Anwendung verbundener Gefäße.

171.1 Kaffeekanne, Gießkanne

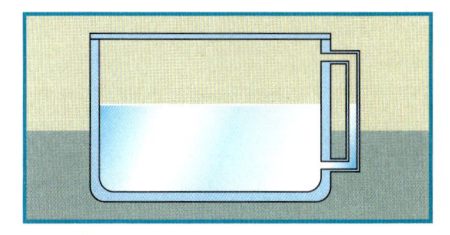

171.2 Flüssigkeitsstandanzeige

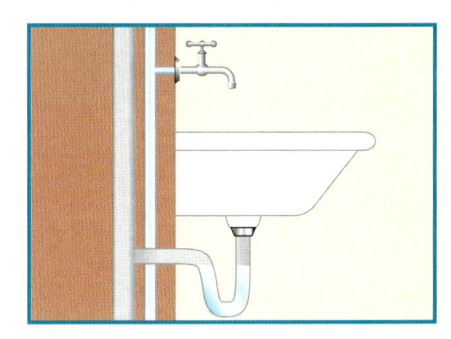

AUFGABE

Erkläre jeweils das Funktionsprinzip der in den Bildern dargestellten Anwendungsbeispiele.

Auch die in der Natur in einigen Gebieten der Erde (z.B. in der Sahara) vorkommenden Artesischen Brunnen stellen verbundene Gefäße dar (siehe Abb. 171.5). Dabei handelt es sich um unterirdische Wasserreservoirs in Talgebieten, die mit Sand, Schotter und Geröll aufgefüllt sind. Zwischen wasserundurchlässigen Tonschichten fließt das Wasser aus den umliegenden Bergregionen zum Reservoir. Von dort steigt es in röhrenförmigen wasserführenden Schichten, die von wasserundurchlässigen Schichten umgeben sind, zur Wasserstelle an der Erdoberfläche auf. Der Name leitet sich von der Grafschaft Artois ab, einer Landschaft im Norden Frankreichs.
Auch das Zusammenspiel zwischen Grundwasserspiegel und Wasserspiegel eines Sees funktioniert nach dem Prinzip verbundener Gefäße. Brunnenschächte stellen zusammen mit dem Grundwasserreservoir verbundene Gefäße dar.

171.3 Geruchsverschluss bei Waschbecken und Toiletten

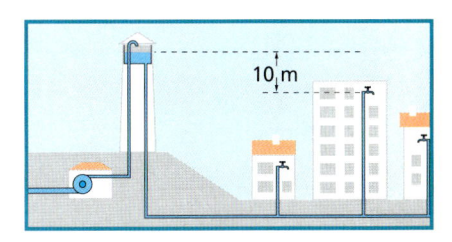

171.4 Wasserversorgungssystem

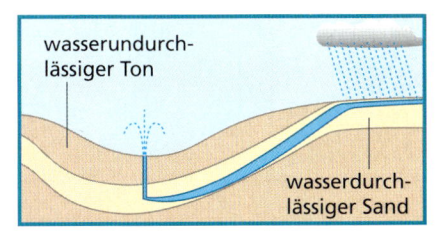

Der Mensch ist für ein Leben unter Wasser nicht geschaffen

Die Forscher der Trieste fanden selbst in über 10 km Meerestiefe noch Lebewesen. Fische, die in der Tiefsee leben, z.B. der Quastenflosser, sind dem dort herrschenden Druck angepasst. Ihr Körper weist keine mit Luft gefüllten Hohlräume auf. Die Schwimmblase, mit der sie im Wasser auf und ab manövrieren, ist mit Fett gefüllt. Werden diese Lebewesen sehr schnell an die Wasseroberfläche gebracht, sodass kein Druckausgleich stattfinden kann, zerplatzen sie. Auch Wale können in große Tiefen abtauchen, das sie in ihrem Körper Fett eingelagert haben. Kalmare haben in ihren bis zu 40 cm großen Augen ein Loch, durch das Wasser fließen kann, sodass ständig ein Druckausgleich zwischen der Umgebung und dem Augeninneren stattfindet und das Auge nicht zerstört wird. Dem Menschen sind Tiefen jenseits von

171.5 Artesischer Brunnen

MECHANIK DER FLÜSSIGKEITEN UND GASE

172.1 Quastenflosser

172.2 Kalmar

172.3 Freitaucher

10 m, ohne zusätzliche Hilfsmittel oder spezielles Training, verschlossen.

Beim **Tauchen** spielt der mit der Wassertiefe zunehmende Druck (1 bar je 10 m) die entscheidende Rolle. Beim Tauchen in einem Schwimmbecken oder in einem See hast du sicher schon die durch den Schweredruck bewirkte Kraft auf das Trommelfell verspürt.

Perlen- oder Schwammtaucher tauchen ohne Tauchhilfen mit angehaltenem Atem bei Tauchzeiten von bis zu vier Minuten in Tiefen bis zu ca. 30 m. Der Weltrekord im Freitauchen liegt derzeit bei 170 m. Dabei wird der Taucher an einem mit einer Tiefenskala versehenen Seil durch Bleigewichte nach unten gezogen. Nach Abnahme der Marke für die erreichte Tiefe wird er mithilfe von Gasballons wieder an die Oberfläche befördert. Ein derartiger Rekordversuch erfordert ein jahrelanges extremes Training, ist immer lebensgefährlich und wird von einem Heer von Hilfstauchern und größtem technischen Aufwand begleitet.

Für untrainierte **Hobby- oder Urlaubstaucher** sind ohne Hilfsmittel Tauchtiefen bis zu 8 m bei Tauchzeiten von etwa 40 s möglich.

Mit **Kleintauchhilfen** kann man etwa eine dreiviertel Stunde bei einer maximalen Tauchtiefe von 12 m (sonst führt der zu viel im Blut gelöste Sauerstoff zu einer Sauerstoffvergiftung) tauchen. Der Taucher atmet dabei über ein Druckregulierungsventil reinen Sauerstoff aus einer Druckflasche (Druck zwischen 200 und 300 bar), wobei er über den Atmungsschlauch auch wieder ausatmet. Das ausgeatmete Kohlenstoffdioxid wird in Kalipatronen chemisch gebunden.

Geübte Sporttaucher führen den Luftvorrat in Pressluftflaschen mit und können damit Tauchtiefen bis zu 90 m erreichen. Über ein Druckventil atmet der Taucher die Luft mit dem der jeweiligen Tauchtiefe genau angepassten Druck ein. Die Sauerstoffaufnahme des Körpers nimmt mit steigendem Druck, also mit der Tauchtiefe, zu, was ab etwa 50 m zu dem so genannten *Tiefenrausch* führen kann. Dieser Tiefenrausch wird durch den zu hohen Stickstoffgehalt im Blut hervorgerufen und führt oft zu einem unkontrollierten, leichtfertigen, die eigenen Fähigkeiten überschätzenden Verhalten. Nach längerem Aufenthalt in großen Tiefen darf das Aufsteigen nur langsam und stufenweise erfolgen, um die so genannte *Caisson-Krankheit* zu vermeiden. Unter dem erhöhten Druck wird Stickstoff im Blut und im Gewebe gebunden. Dieser Stickstoff wird im Blut, durch den raschen Druckabfall beim schnellen Auftauchen bedingt, in Form von Gasblasen frei, die die Blutzirkulation behindern und die Adern verstopfen. Diese Bildung von Gasblasen ist mit dem Öffnen einer Sprudel- oder Limonadeflasche vergleichbar, in der unter erhöhtem Druck Kohlensäure gelöst ist. Nach langen Tauchgängen in großen Tiefen müssen deshalb beim Auftauchen *Dekompressions-* oder *Druckausgleichspausen* eingelegt werden, wobei die Aufenthaltszeiten in der jeweiligen Wassertiefe in so genannten *Dekompressionstabellen* festgeschrieben sind oder auf speziellen Taucheruhren zusammen mit dem Druck und der Tauchtiefe abgelesen werden können. Bei extrem langen Tauchgängen oder bei Tauchunfällen ist der anschließende Aufenthalt in einer *Dekompressionskammer* erforderlich.

Der Schweredruck

Ein Mensch atmet bei jedem Atemzug etwa 3 Liter Luft ein (trainierte Hochleistungssportler wie Ruderer oder Radfahrer 6 – 7 Liter), und das bei jedem äußeren Druck. In 10 m Wassertiefe ist die Atemluft auf die Hälfte des Volumens an der Oberfläche komprimiert, sodass ein Taucher das doppelte Luftvolumen einatmet wie über Wasser. Die üblichen Druckflaschen enthalten 14 Liter Luft unter einem Druck von 200 bar. Über Wasser bei normalem Druck von 1 bar entspricht dies 2800 Liter. Bei ruhiger Atmung (10 Atemzüge pro Minute) verbraucht ein Mensch bei normalem Druck etwa 30 Liter Luft pro Minute, d. h., der Luftvorrat in der Flasche würde für etwas mehr als 93 Minuten reichen. In 10 m Wassertiefe atmet ein Mensch zwar ebenfalls 30 Liter Luft pro Minute ein, da die Luft jedoch auf die Hälfte ihres Volumens komprimiert ist, entspricht dies unter Normaldruck 60 Liter. Der Luftvorrat reicht dann nur für ca. 46 Minuten. In 50 m Wassertiefe sind es nur noch knapp 19 Minuten.

173.1 Taucher mit Pressluftgerät

Für längere Arbeiten unter Wasser, z. B. in Hafenbecken oder zur Wartung und Reparatur von Ölplattformen, werden auch Tauchglocken eingesetzt. Diese sind unten offen, sodass das Wasser eindringt, und zwar so weit, bis der Druck der in der Glocke eingeschlossenen und durch das eingedrungene Wasser komprimierten Luft gleich dem in der jeweiligen Wassertiefe herrschenden Schweredruck ist. Durch Zufuhr von Druckluft (Luft unter erhöhtem Druck) über ein Schlauchsystem kann das Wasser aus der Glocke verdrängt werden, wobei dann der Druck der Luft gleich dem Schweredruck sein muss. Dabei verwendet man allerdings keine gewöhnliche Luft, sondern ein Gasgemisch mit einem großen Anteil an Helium.

Beim Schnorcheln taucht man eigentlich nicht, man schwimmt knapp unter der Wasseroberfläche und atmet über den Schnorchel ein und aus. Taucht man kurzzeitig ab, so läuft der Schnorchel voll Wasser, wobei ein Schwimmventil verhindert, dass Wasser in den Mundraum gelangt. Nach dem Auftauchen bläst man das Wasser im Schnorchel wieder aus. Vielleicht hast du dich schon einmal gewundert, warum Schnorchel nicht mit größeren Schnorchellängen angeboten werden und daran gedacht, die Länge des Schnorchels eigenhändig durch Aufsetzen eines Verlängerungsrohres zu vergrößern. Dies ist einerseits höchst gefährlich und andererseits gesetzlich verboten. Im Handel erhältliche Schnorchel dürfen eine Länge von 35 cm nicht überschreiten. Die Gründe dafür sind einleuchtend: Reicht der Schnorchel über die Wasseroberfläche, so herrscht in der Lunge der normale Druck von 1 bar ≙ 1000 hPa. In 1 m Wassertiefe herrscht ein Druck von 1,1 bar ≙ 1100 hPa. Dieser Druckunterschied muss beim Atmen durch die Brustmuskulatur ausgeglichen werden. Bei einer Schnorchellänge, die über die gesetzlich zugelassene hinausgeht, kann dieser Druckunterschied nicht mehr kompensiert werden, die Lunge würde zusammengepresst und die Atemfunktion eingeschränkt werden. Zum anderen würde die verbrauchte Atemluft im Schnorchel verbleiben und beim darauffolgenden Atemzug wieder eingeatmet werden. Das effektive Luftvolumen im Schnorchel muss also möglichst klein sein, weil ansonsten kein Luftaustausch stattfindet und die verbrauchte Atemluft im Schnorchel nur pendelt. Außerdem sollte beim Schnorcheln eine Unterwasserbrille getragen

173.2 Dekompressionstabelle

173.3 Schnorcheltaucher

MECHANIK DER FLÜSSIGKEITEN UND GASE

werden, da das menschliche Auge für das Sehen unter Wasser nicht geeignet ist. (Das die Augen umgebende Wasser ändert die Brechkraft der Augenlinse so, dass Gegenstände nicht mehr auf der Netzhaut abgebildet und dadurch nicht scharf gesehen werden.)

Talsperren und Staumauern von künstlichen oder natürlichen Seen stellen einerseits einen massiven Eingriff in die Natur dar, sind andererseits aber auch für die Wasserversorgung, als Schutz vor Überschwemmungen und zur Bereitstellung elektrischer Energie für den Menschen von großer Bedeutung. Wegen des mit der Wassertiefe proportional zunehmenden Schweredrucks müssen die Staumauern zur Sohle hin eine zunehmende Wandstärke aufweisen, um den in größeren Tiefen auf sie einwirkenden Kräften standhalten zu können.

174.1 Staumauer Kaprun

AUFGABEN

1 Bestimme den Schweredruck in einem See für eine Wassertiefe von 3 m, 5 m, 10 m und 30 m.
Berechne für die angegebenen Wassertiefen jeweils die Kraft
  a auf das menschliche Trommelfell ($A = 0{,}50$ cm^2),
  b auf den menschlichen Brustkorb ($A = 1200$ cm^2).
Warum spielt dabei die Größe des Sees keine Rolle?

2 Der Wasserbehälter einer Wasserversorgungsanlage eines Ortes liegt 610 m über dem Meeresspiegel.
  a Welcher Druck herrscht in einem Hydranten, wenn dieser 530 m über dem Meeresspiegel liegt?
  b Wie groß ist der Wasserdruck im 5. Stockwerk (20 m) eines Hauses?
  c Welche Kraft übt in diesem Stockwerk das Wasser auf den Hahn der Wasserleitung aus, wenn das Leitungsrohr einen Innendurchmesser von 0,50 Zoll hat (1 Zoll $\cong$ 2,54 cm)?

3 Bei einer Eintauchtiefe von 10 cm beträgt der Schweredruck in Quecksilber 13,3 kPa. Bestimme den Druck für 20 cm, 50 cm, 75 cm, 1,0 m und 10 m.

4 Nenne weitere Beispiele von Geräten, deren Funktionsweise auf der für verbundene Gefäße geltenden Gesetzmäßigkeit beruht.

3 Druck in Gasen

3.1 Wir leben auf dem Grund eines Luftozeans – *Der Luftdruck*

Existenz und Ursache des Luftdrucks

Wenn die Aussage in der Überschrift so richtig ist, dann müssen wir in der uns umgebenden Luft Feststellungen machen können, die ähnlich denen sind, wie wir sie vom Schweredruck in Flüssigkeiten her kennen. Insbesondere müsste sich dieser Schweredruck in Luft durch Kräfte äußern, die auf die Begrenzungsflächen von Körpern ausgeübt werden, die von Luft umgeben sind.
Diese Vermutung überprüfen wir in einigen Versuchen.

175.1 Lufthülle der Erde

Versuch 1

Die Öffnung eines leeren 50-Liter-Ölkanisters (kann man sich bei einer Tankstelle besorgen) verschließen wir mit einem durchbohrten Gummistopfen. In die Bohrung des Stopfens schieben wir ein kurzes Glasrohr, das über einen Druckschlauch mit dem Ansaugstutzen einer Vakuumpumpe verbunden wird. Dann nehmen wir die Pumpe in Betrieb.

Beobachtung

Nachdem etwa eine halbe Minute Luft aus dem Kanister evakuiert wurde, wird dieser mit einem lauten Knall verformt und von außen fast völlig zusammengedrückt.

Versuch 2

Ein hohes Trinkglas oder ein etwa 30 cm hoher Standzylinder wird mit Wasser gefüllt. (Entgegen der weit verbreiteten Meinung spielt es dabei keine Rolle, ob das Gefäß randvoll oder nur bis etwas unter dem Rand gefüllt ist.) Decke das Gefäß mit einer Postkarte oder einem Bierdeckel ab und drehe es mit Schwung auf den Kopf, wobei du die Abdeckung mit einer Hand leicht gegen den Gefäßrand drückst. Nimm dann die Hand von der Abdeckung. Du kannst das Gefäß sogar vorsichtig in alle Richtungen drehen. (Ungeübten, die diesen Zaubertrick zum ersten Mal ausprobieren, sei empfohlen, die Vorführung über einem Abflussbecken oder einer großen Wasserwanne vorzunehmen.)

Beobachtung

Obwohl auf die Abdeckung die Gewichtskraft des im Gefäß enthaltenen Wasservolumens einwirkt, fällt diese nicht ab und es fließt kein Wasser aus. Auch wenn das Gefäß waagrecht oder schräg gehalten wird, fließt kein (oder kaum) Wasser aus.

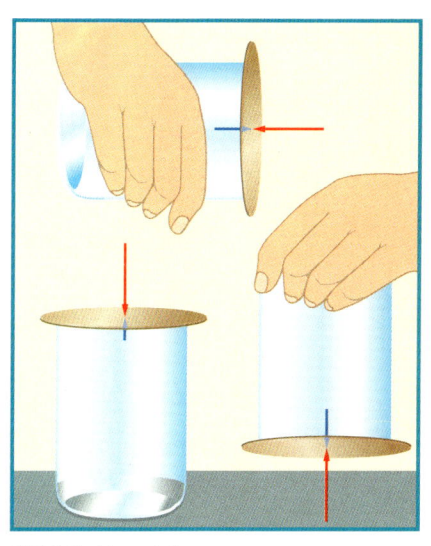

175.2 Zu Versuch 2

Versuch 3

Auf das Mittelloch des Gummitellers einer Vakuumpumpe stellen wir ein 5-kg-Wägestück. Durch das seitliche, kleinere Loch führen wir einen gut abgedichteten Gummischlauch ein. Auf den Teller stellen wir dann einen Rezipienten. Wir entfernen durch Ansaugen mit dem Mund über den Schlauch etwas Luft aus dem Rezipienten und klemmen den Schlauch dann ab.
Du kannst die Anordnung äußerst vorsichtig am Knauf des Rezipienten anheben, ohne dass der Teller mit dem darauf stehenden Wägestück abfällt.

In allen drei Versuchen müssen wir die Ursache für die jeweilige Beobachtung in einer **Kraft** sehen, die jeweils von außen, aus der umgebenden Luft, auf die Körper einwirkt.
Die Ursache dieser Kraft sehen wir dabei in der Tatsache, dass in der uns umgebenden Luft ein Schweredruck herrscht, wie wir ihn von einer Flüssigkeit mit freier Oberfläche her bereits kennen. Diesen **Schweredruck in der Luft** bezeichnen wir als Luftdruck.

Unsere Erde ist von einer Lufthülle, der Atmosphäre, umgeben. An den Luftteilchen greifen Gewichtskräfte (Gravitationskraft der Erde) an, die verhindern, dass sich die Teilchen von der Erde weg ins Weltall entfernen. Wenn wir uns aus dieser Lufthülle einen zylinderförmigen, nach oben unbegrenzten Ausschnitt mit der Grundfläche $A = 1\ m^2$ vorstellen, so können wir uns die Entstehung des Schweredrucks der Luft – wie in Flüssigkeiten auch – dadurch erklären, dass auf die Grundfläche A die Gewichtskraft F_G der darüber lastenden Luftsäule einwirkt.

Der Luftdruck ist festgelegt durch $p_{Luft} = \dfrac{F_{G,\ Luft}}{A}$.

Der Luftdruck ist (wie bei jedem gasförmigen Körper) durch die Zahl der Teilchen in einem bestimmten Volumen sowie durch die Geschwindigkeit bestimmt, mit der sich die Luftteilchen bei ihrer regellosen thermischen Bewegung bewegen. In größeren Höhen über der Erdoberfläche sind die auf die Teilchen wirkenden Gewichtskräfte geringer, sodass sie im Mittel größere Abstände voneinander einnehmen können. Die Anzahl der Teilchen in einem bestimmten Volumen (**Teilchendichte**) und damit (bei gleichbleibender mittlerer Geschwindigkeit der Teilchen) auch der Luftdruck sind an der Erdoberfläche, also am Grund des Luftozeans, am größten und nehmen mit zunehmender Höhe zunächst schnell und dann immer langsamer ab. In der Umgangssprache wird dieser Umstand etwas ungenau mit der Formulierung „in höheren Lagen wird die Luft immer dünner" beschrieben.

Da die Teilchendichte und damit auch die Dichte ρ der Luft mit zunehmender Höhe über der Erdoberfläche abnehmen, gilt das Gesetz, dass der Schweredruck (Luftdruck) direkt proportional zur Höhe ist, wie wir dies bei Flüssigkeiten kennen gelernt haben, für den Luftdruck nicht. Bei Flüssigkeiten können wir wegen deren Inkompressibilität auch für größere Tiefen eine annähernd konstante Dichte annehmen, was für Gase nicht gilt. Es besteht zwar ein gesetz-

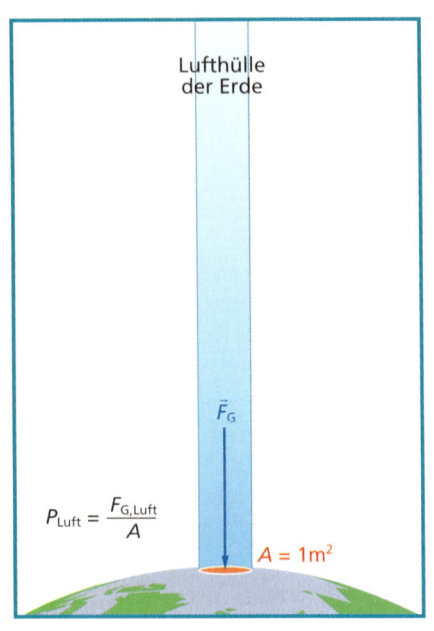

176.1 Ursache des Luftdrucks

mäßiger Zusammenhang zwischen Luftdruck und Höhe, unsere mathematischen Kenntnisse reichen jedoch noch nicht aus, um eine entsprechende Größengleichung formulieren zu können.

Der Luftdruck äußert sich, wie jeder Druck, durch Kräfte auf die Begrenzungsflächen von Körpern, die recht beträchtlich sein können, wie wir in Versuch 1 sehen konnten. Der Grund, warum wir diese Kräfte nicht spüren, liegt darin, dass in den Hohlräumen und Zellen des menschlichen Körpers derselbe Druck herrscht wie in der uns umgebenden Luft. In Versuch 1 haben wir im Kanister zunächst den gleichen Druck wie in der umgebenden Luft: $p_{innen} = p_{außen}$. Die Beträge der Kräfte F_{innen} und $F_{außen}$ von innen und von außen sind gleich und heben sich gegenseitig auf: Der Körper wird nicht verformt. Durch das Evakuieren der Luft wird die Teilchendichte und damit der Druck p_{innen} verringert. Da $p_{außen} > p_{innen}$ ist, ist auch $F_{außen} > F_{innen}$: Der Kanister wird von außen zusammengepresst.

Messung des Luftdrucks

In einem Versuch wollen wir jetzt die Größe des Luftdrucks ermitteln. Erst dann können wir über die Kräfte, die infolge des Luftdrucks auf Körper einwirken, entsprechende Aussagen machen.

Versuch 4

Ein Kraftmesser, der an einem stabilen Stativaufbau befestigt ist, wird auf null justiert. An den Kraftmesser wird ein Aluminiumzylinder mit der Querschnittsfläche A befestigt, der sich in einem Glasrohr nahezu reibungsfrei bewegen kann und dieses weitgehend abdichtet. Das Glasrohr sitzt mit der unteren Öffnung auf dem Ansaugstutzen einer Vakuumpumpe.

Zunächst befindet sich der Zylinder in Ruhe, weil im Glasrohr oberhalb und unterhalb des Zylinders der gleiche Druck (äußerer Luftdruck) herrscht und damit die Kräfte auf Deck- und Bodenfläche des Zylinders den gleichen Betrag haben. Wir evakuieren die im Glasrohr unterhalb des Zylinders befindliche Luft so lange, bis sich die Lage des Zylinders und die Kraftmesseranzeige nicht mehr ändern. Dann ist der Druck im Rohr unterhalb des Zylinders (fast) null. Auf die Deckfläche des Zylinders wirkt die durch den Luftdruck bewirkte Kraft $F_{p,\,Luft}$ ein.

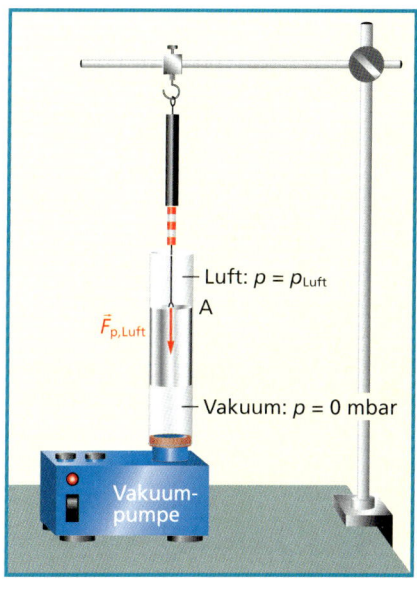

177.1 Zu Versuch 4, Messung des Luftdrucks

Messwerte

Zylinderdurchmesser $d = 1{,}58$ cm (mit Schieblehre gemessen)
Querschnittsfläche $A = r \cdot r \cdot \pi \qquad A = 0{,}79$ cm $\cdot\, 0{,}79$ cm $\cdot\, 3{,}14$
$\qquad\qquad\qquad\qquad\qquad A = 1{,}96$ cm^2
Kraft $F_{p,\,Luft} = 18{,}6$ N (vom Kraftmesser angezeigt)

Implosionsgefahr!

Die Größe des Luftdrucks erhalten wir dann aus $p_{Luft} = \dfrac{F_{P,\,Luft}}{A}$:

$p_{Luft} = \dfrac{18{,}6\ \text{N}}{1{,}96\ \text{cm}^2} \quad p_{Luft} = 949$ mbar $\quad$ oder $\quad p_{Luft} = 949$ hPa
$\qquad\qquad\qquad\qquad\qquad\qquad\qquad p_{Luft} = 0{,}949$ bar (≈ 1 bar)

Der Luftdruck am Versuchsort beträgt 0,949 bar bzw. ungefähr 1 bar.

MECHANIK DER FLÜSSIGKEITEN UND GASE

Der Luftdruck hängt nicht nur von der Höhe ab, er ändert sich auch am gleichen Ort in Abhängigkeit von der Wetterlage mit der Zeit. Man hat deshalb einen sog. Normaldruck vereinbart.

Festlegung

▶ Den über mehrere Jahre hinweg ermittelten durchschnittlichen Luftdruck für einen beliebigen Messort in Meereshöhe (Normalnull; NN) nennt man Normaldruck. Der Normaldruck p_{Normal} beträgt 1013 mbar bzw. 1013 hPa. ◀

Wetterlagen, bei denen p_{Luft} deutlich über p_{Normal} liegt, bezeichnet man üblicherweise als Hochdrucklagen, solche mit p_{Luft} deutlich unter p_{Normal} als Tiefdrucklagen (jeweils auf Meereshöhe bezogen). Für München mit einer Höhe von 530 m über NN beträgt der durchschnittliche Luftdruck 948 mbar, wobei dieser i. Allg. zwischen 975 mbar (Hoch) und 920 mbar (Tief) schwankt.

In 5,5 km Höhe beträgt der Luftdruck nur noch die Hälfte, in 11 km Höhe nur noch ein Viertel des Luftdrucks am Boden.

Dass sich der Luftdruck mit der Höhe ändert und dass insbesondere schon relativ geringe Höhenänderungen beobachtbare Luftdruckänderungen bewirken, können wir mit einem einfachen Versuch nachweisen.

Versuch 5

Die Öffnung einer Mariott'schen Flasche ($V > 5$ l) ist mit einem durchbohrten Gummistopfen verschlossen. In die Bohrung des Stopfens ist ein Drei-Wege-Hahn eingesetzt. An den waagrechten Anschluss des Drei-Wege-Hahns wird über einen Gummischlauch ein Flüssigkeitsmanometer angeschlossen.

a Wir gehen mit dieser Anordnung an die tiefste Stelle unseres Schulhauses. Dort öffnen wir am Hahn kurz die Verbindung 1 – 2, schließen diese und dann die Verbindung 1 – 3. Dadurch konservieren wir gewissermaßen den an der tiefsten Stelle des Gebäudes herrschenden Luftdruck. Die Flüssigkeit im Manometer steht in beiden Schenkeln gleich hoch.

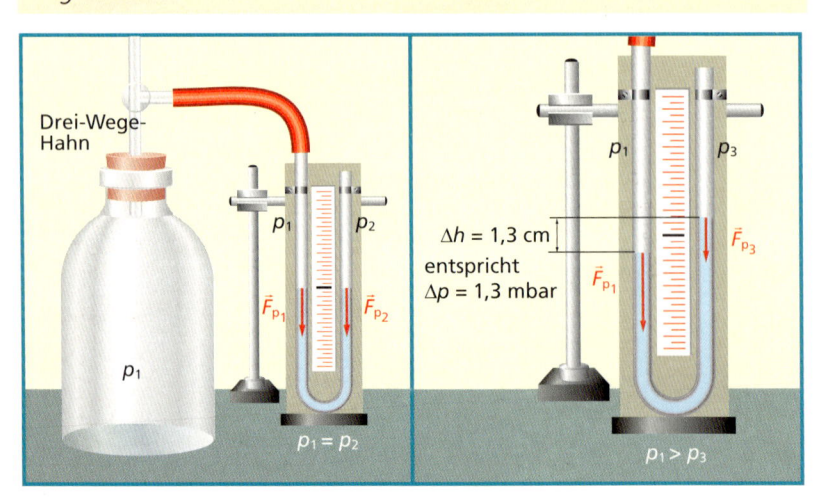

178.1 Zu Versuch 5

b Ohne an dieser Anordnung etwas zu verändern, steigen wir mit dieser zur höchsten Stelle des Schulhauses hoch. (Die Höhendifferenz sollte dabei etwa 10 m betragen.)

Beobachtung

Im Schenkel, der mit der Flasche verbunden ist, sinkt der Flüssigkeitsspiegel, im anderen, offenen Schenkel steigt er. Die Höhendifferenz Δh der Flüssigkeitsspiegel in beiden Schenkeln beträgt bei der Steighöhe von etwa 10 m ungefähr 1,3 cm.

Die Flüssigkeitssäule im U-Rohr wird dabei so weit verschoben, bis die Summe aus dem geringeren Luftdruck p_3 und dem Schweredruck der Wassersäule der Höhe Δh gleich dem in der Flasche konservierten Druck p_1 ist. Die Druckdifferenz $p_1 - p_3$ zwischen dem tiefsten und dem höchsten Punkt entspricht aber gerade dem Schweredruck der Wassersäule mit der Höhe Δh. Der Schweredruck einer Wassersäule der Höhe $\Delta h = 1{,}3$ cm beträgt 1,3 mbar. In unserem Versuch erhalten wir bei einer Höhendifferenz von 10 m eine Änderung (Verringerung) des Luftdrucks um 1,3 mbar.

c Stellt man am höchsten Punkt des Gebäudes durch Öffnen der Verbindung 1 – 2 einen Druckausgleich her, schließt diese Verbindung wieder und öffnet anschließend die Verbindung 1 – 3, so erhält man beim Hinabsteigen zum tiefsten Punkt eine entsprechende Luftdruckerhöhung.

In der nebenstehenden Tabelle und im Diagramm ist die Abhängigkeit des Luftdrucks von der Höhe über dem Meeresspiegel (NN) dargestellt (siehe Abb. 179.1 und 179.2).

Höhe in m	p in mbar
0	1013
500	950
1000	900
2000	800
3000	700
5000	550
9000	300
10000	260
15000	120
20000	55

179.1 Abhängigkeit des Luftdrucks von der Höhe über NN

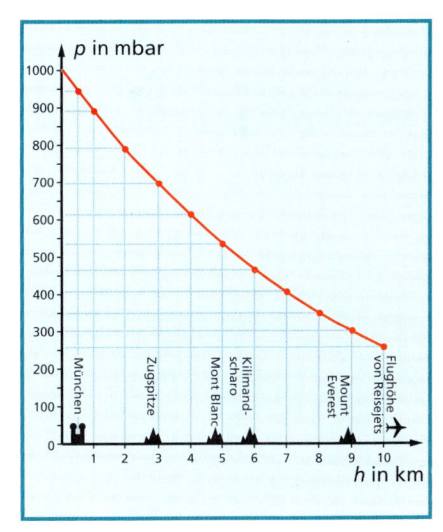

ERGEBNIS / Grundwissen

▶ In der uns umgebenden Luft (Lufthülle der Erde) herrscht ein Schweredruck, der Luftdruck.
Ursache dieses Luftdrucks ist die Gewichtskraft F_G der über einer bestimmten Fläche A lastenden Luftsäule.

$$p_{\text{Luft}} = \frac{F_G}{A}$$

Der Normaldruck (durchschnittlicher Luftdruck in Meereshöhe) beträgt 1013 mbar oder 1013 hPa.
Der Luftdruck nimmt mit zunehmender Höhe über dem Meeresspiegel (NN) ab.
Er ist außerdem von der jeweiligen Wetterlage abhängig (Hoch- bzw. Tiefdruck). ◀

179.2 Abhängigkeit des Luftdrucks von der Höhe über NN

3.2 Beispiele und Anwendungen für die Wirkungen des Luftdrucks

Mit einer ähnlichen Versuchsanordnung, wie wir sie in Versuch 5 (Seite 178) verwendet haben, bei der das Flüssigkeitsmanometer mit Quecksilber statt mit Wasser gefüllt war, schickte **Blaise Pascal** im Jahr 1648 seinen Schwager Florin Périer auf den 976 m hohen Berg Puy de Dôme. Mit diesem experimentum crucis (entscheidendes Experiment) bestätigte Pascal seine Überzeugung, dass mit zunehmender Höhe eine Abnahme des Luftdrucks feststellbar sein müsse. Sechs Jahre später demonstrierte der Magdeburger Baumeister und Bürgermeister **Otto von Guericke** vermutlich auf dem Reichstag zu Regensburg im Jahr 1654 auf sehr eindrucksvolle Weise die Kräfte, die infolge des Luftdrucks auf Körper wirken. Eine aus zwei Halbkugeln zusammengesetzte und luftleer gepumpte Kupferkugel mit einer Querschnittsfläche von 13,9 dm^2 konnte durch 16 Pferde, wobei jeweils acht Pferde an einer der beiden Halbkugeln zogen, nicht auseinandergezogen werden. Eine Nachbildung der Magdeburger Halbkugeln ist an der Außenfront des Europäischen Patentamtes in München angebracht.

Otto von Guericke war wie **Nikolaus Kopernikus** der Ansicht, dass sich die Erde mit den übrigen Planeten um die Sonne bewege. Nach seiner Überzeugung konnte diese Bewegung der Planeten jedoch nur in einem Vakuum erfolgen. Um diese Theorie zu unterstützen, war der Nachweis eines leeren Raumes, eines Vakuums, von dessen Existenz er überzeugt war, dringend erforderlich. Dieses Ziel vor Augen, konstruierte er 1650 nach vielen theoretischen Überlegungen und zahlreichen Missversuchen als Erster eine funktionsfähige Luftpumpe (Kolbenluftpumpe), mit der es ihm gelang, einen luftverdünnten Raum herzustellen. Damit konnte er seinen Zeitgenossen die Wirkungen der Luft bzw. des Luftdrucks demonstrieren und so zusammen mit Pascal, Torricelli u.a. wesentlich dazu beitragen, den seit der Antike (Aristoteles) vorherrschenden „horror vacui", den Abscheu bzw. die Angst vor dem Nichts, vor der absoluten Leere, zu überwinden. Auf der Grundlage von Versuchsbeobachtungen fanden sie für das Unerklärbare, Geheimnisvolle eine natürliche Erklärung. Guericke hat auch als Erster ein brauchbares Verfahren zur experimentellen Bestimmung der Dichte von Luft angegeben.

Den historischen Versuch mit den Magdeburger Halbkugeln von Otto von Guericke können wir im Unterricht mit einem Demonstrationsgerät leicht nachvollziehen.

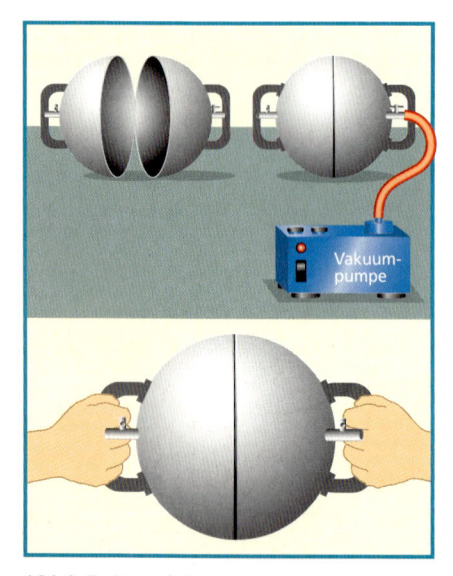

180.1 Otto von Guericke (1602 – 1686) deutscher Ingenieur, Jurist und Naturwissenschaftler

180.2 Guerickes historischer Versuch mit den Magdeburger Halbkugeln

180.3 Zu Versuch 1

Versuch 1

Zwei jeweils mit einem Ventil versehene Demonstrationshalbkugeln, die aufeinandergesetzt und durch einen Gummiring gut abgedichtet sind, werden mit einer Vakuumpumpe evakuiert. Zwei kräftigen Schülern gelingt es nicht, die beiden Halbkugeln an den angebrachten Griffen auseinanderzureißen.

Druck in Gasen

AUFGABE

Bestimme die Querschnittsfläche der verwendeten Halbkugeln und den momentanen Luftdruck. Berechne damit die Kraft, mit der beide Halbkugeln zusammen gehalten werden.

Wir führen noch einen Versuch durch, der die Wirkung von Druckunterschieden auf eindrucksvolle Weise zeigt.

Versuch 2

Wir stellen einen „Schokokuss" unter den Rezipienten einer Vakuumpumpe und evakuieren die Luft. Anschließend lassen wir über das Regulierventil am Pumpenteller wieder langsam Luft in den Rezipienten einströmen. Statt des Schokokusses kannst du auch einen schwach aufgeblasenen Luftballon verwenden.

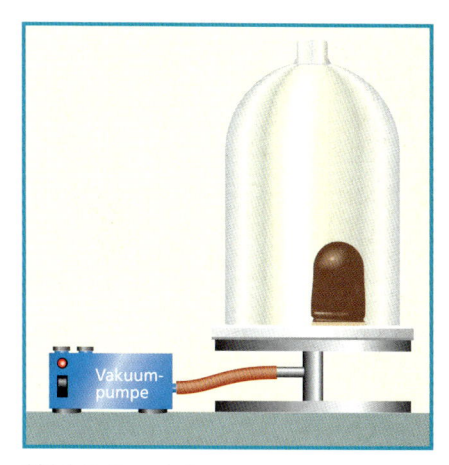

181.1 Zu Versuch 2

AUFGABE

Formuliere deine Beobachtungen und begründe sie.

Implosionsgefahr!

Der Normaldruck von 1,0 bar entspricht ziemlich genau dem Schweredruck in einer Wassertiefe von 10 m. Dies bedeutet, dass die durch den Luftdruck bewirkte Kraft der Gewichtskraft einer 10 m hohen Wassersäule das Gleichgewicht halten muss. Dies wollen wir in einem Versuch nachweisen, der ebenfalls von Guericke zuerst demonstriert wurde.

Versuch 3

Einen 10 m langen, durchsichtigen Kunststoffschlauch befestigen wir mit Stativmaterial senkrecht im Treppenhaus oder an der Außenfront des Schulgebäudes. (Du kannst am Schlauch im Abstand von jeweils 1 m Markierungsringe anbringen.) Das untere Schlauchende wird zunächst mit einem Stopfen verschlossen. Durch die obere Öffnung füllen wir den Schlauch mithilfe eines Trichters vorsichtig und unter ständigem Schütteln, sodass sich keine Luftblasen im Schlauch befinden, randvoll mit gefärbtem Wasser und verschließen dann diese Öffnung mit einem zweiten Stopfen. Nachdem das untere Schlauchende in einer mit Wasser gefüllten Wanne festgemacht wurde, wird unter Wasser der Stopfen aus der Öffnung entfernt.

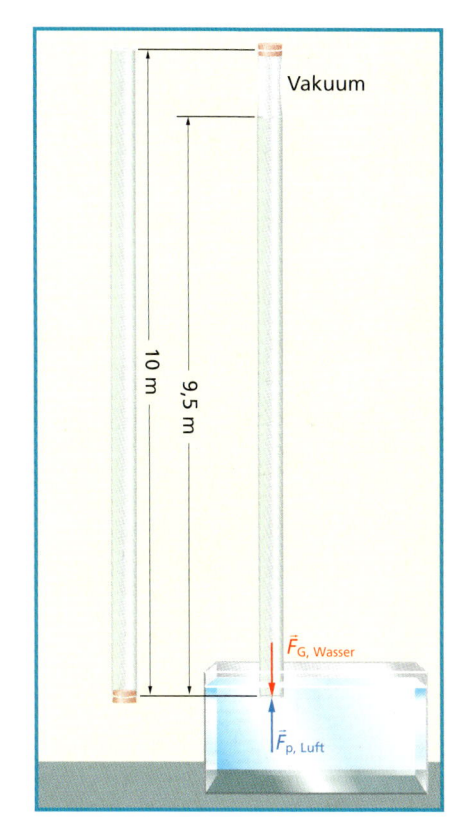

Beobachtung

Die Wassersäule im Schlauch sinkt etwas ab, der obere Schlauchabschnitt, in dem sich kein Wasser mehr befindet, wird von außen zusammengedrückt (warum?). Die Wassersäule im Schlauch bleibt bei einer Höhe von etwa 9,5 m stehen.

Begründung

An unserem Versuchsort hält die durch den Luftdruck bewirkte Kraft $F_{p, Luft}$ der Gewichtskraft $F_{G, Wasser}$ einer etwa 9,5 m hohen Wassersäule das Gleichgewicht. Dies entspricht einem Luftdruck von 0,95 bar, wie wir ihn an unserem Versuchsort in Versuch 4 aus Kap. 3.1 bestimmt haben.

181.2 Zu Versuch 3

MECHANIK DER FLÜSSIGKEITEN UND GASE

182.1 Quecksilberbarometer

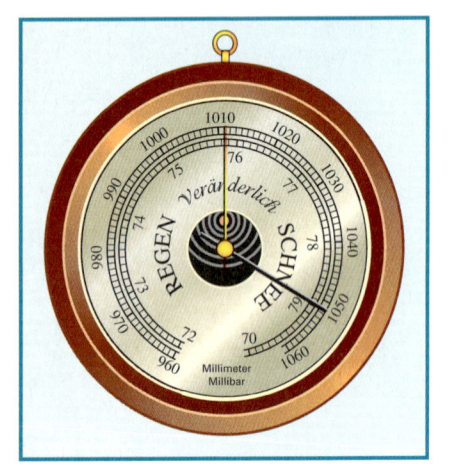

182.2 Dosenbarometer

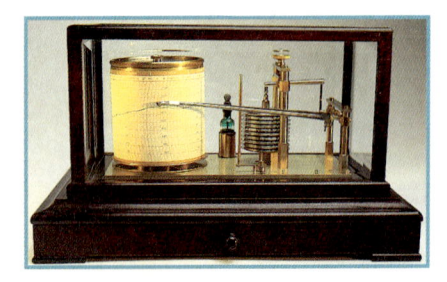

182.3 Barograph

Mit dieser Versuchsanordnung kannst du über einen längeren Zeitraum hinweg die von den jeweiligen Wetterbedingungen abhängigen Luftdruckschwankungen sehr genau verfolgen. Otto von Guericke hatte diese von ihm selbst als „Wettermännchen" bezeichnete Versuchsanordnung an seinem Haus angebracht und soll damit im Dezember 1660 aufgrund eines sehr schnellen und deutlichen Luftdruckabfalls ein verheerendes Unwetter vorausgesagt haben.

Dieser Versuch 3 wurde 1643 von **Evangelista Torricelli** (1608 – 1647, italienischer Physiker und Mathematiker) durchgeführt, allerdings nicht mit Wasser, sondern mit Quecksilber. Torricelli erhielt im Versuch eine Quecksilbersäule der Höhe 76,5 cm und zog daraus die Schlussfolgerung, dass auch Luft „schwer" sei.

Geräte zur **Messung des Luftdrucks** heißen Barometer (griech: baros ≙ Druck). Damit man den Luftdruck an verschiedenen Orten unabhängig von deren unterschiedlicher Höhenlage miteinander vergleichen kann, werden Barometer entweder so kalibriert, dass sie einen Luftdruck messen, als würde sich der Messort auf Meereshöhe befinden oder der jeweils registrierte Luftdruckwert wird auf Meereshöhe umgerechnet.

Die Funktionsweise eines Quecksilberbarometers beruht auf dem Torricelli-Versuch. Ein solches Quecksilberbarometer ist ein Flüssigkeitsbarometer (U-Rohr) mit einem langen, oben zugeschmolzenen Schenkel. Der Raum über der Quecksilbersäule in diesem Schenkel ist luftleer. Der zweite, verkürzte Schenkel ist oben offen, sodass die durch den Luftdruck bewirkte Kraft auf die Quecksilberoberfläche einwirkt. Bei einem bestimmten Luftdruck am Messort stellt sich eine bestimmte Höhendifferenz Δh der Quecksilberniveaus in beiden Schenkeln ein. Der Barometerstand Δh kann dabei über einen Spiegelmaßstab mit Noniusteilung auf 0,1 mm genau abgelesen werden. Dem abgelesenen Barometerstand Δh entspricht bei einer bestimmten, ebenfalls gemessenen Umgebungstemperatur der zugehörige und in mbar bzw. hPa anzugebende Luftdruck. Einer Quecksilbersäule der Länge 1,0 mm entspricht ein Druck von 1,33 mbar.

Da die Handhabung von Quecksilber problematisch ist, verwendet man in der Praxis, wenn es nicht auf äußerst exakte Messungen ankommt, zur einfachen und bequemen Luftdruckmessung sog. Dosenbarometer. Auf die gewellte (Oberflächenvergrößerung) und elastische Deckfläche einer luftleeren Metalldose wirkt eine durch den Luftdruck hervorgerufene Kraft ein. Durch diese Kraft wird die Deckfläche in Abhängigkeit vom momentanen Luftdruck mehr oder weniger stark verformt bzw. durchgebogen. Diese Verformung wird über einen Hebelmechanismus und einen daran befestigten, drehbar gelagerten Zeiger auf eine mithilfe eines Quecksilberbarometers in mbar oder hPa kalibrierte Skala abgebildet.

Befestigt man am Zeiger einen Schreibstift, so kann man damit Luftdruckveränderungen über einen längeren Zeitraum (einige Tage oder Wochen) hinweg aufzeichnen. Bei derartigen Barographen liegt das Schreibpapier auf einer drehbar gelagerten Walze, wobei deren Rotationsgeschwindigkeit den Aufzeichnungszeitraum bestimmt.

Zunehmend werden in der Praxis auch digitale Barometer verwendet. Dabei wird der aktuelle Luftdruck über einen Drucksensor registriert und in ein elektrisches Signal umgewandelt. Der Höhe dieses Signals (elektrischer Spannungswert) entspricht ein bestimmter Luftdruckwert, der auf einer Anzeigeeinheit ziffernmäßig (digital) dargestellt wird.

Es gibt heute Armbanduhren, die nicht nur Zeit- und Datumsanzeige sowie Stoppuhrfunktionen aufweisen sondern auch Temperatur-, Luftdruck- und Höhenmessungen erlauben, sowie auf einem grafischen Display ein Druck- bzw. Höhenprofil über mehrere Stunden hinweg aufzeichnen. Beides kann sich bei Wanderungen im Gebirge als durchaus zweckmäßig erweisen. Luftdruck- und Höhenangaben dieser Uhren sind erstaunlich präzise (Höhe: ± 5 m; Druck: ± 1 mbar). Die Höhenmessung erfolgt dabei über eine Druckmessung. Der Luftdruck wird dabei mittels eines Drucksensors registriert und der gemessene Wert durch einen integrierten Rechnerchip mithilfe einer barometrischen Höhenformel in eine entsprechende Höhenangabe umgerechnet. Verlässlich sind diese Angaben jedoch nur, wenn am Ausgangsort beim aktuellen Luftdruck die Ausgangshöhe eingestellt wird.

Der Luftdruck schwankt täglich und ist in der **Wetterkunde** von großer Bedeutung. Neben den Beobachtungen über Bewölkung, Luftfeuchtigkeit, Windrichtung und -stärke, Niederschläge und Temperatur wird auch der Luftdruck in Wetterkarten eingetragen. Dabei werden Orte mit gleichem Luftdruck durch Linien, Isobaren (isos; griech.: gleich; barys; griech.: schwer), verbunden, wobei es sich zeigt, dass bestimmte Bereiche durch einen hohen, andere durch einen besonders tiefen Druck charakterisiert sind. Erstere werden als Hochdruckgebiete (kurz: Hoch; H), letztere als Tiefdruckgebiete (kurz: Tief; T) bezeichnet. Durch unterschiedliche Sonneneinstrahlung bewirkte unterschiedliche Lufttemperaturen sind für die Ausbildung von Hoch- oder Tiefdruckgebieten verantwortlich. Wegen des Druckunterschieds strömt die Luft von einem Hoch zu einem Tief,

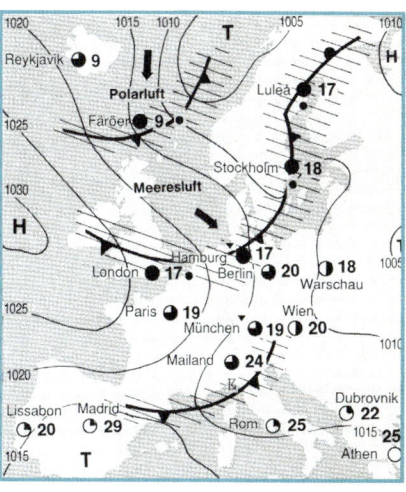

183.1 Wetterkarte

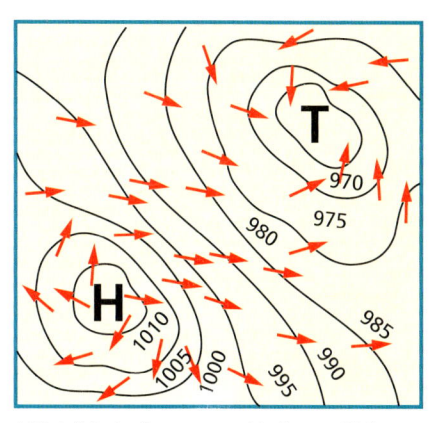

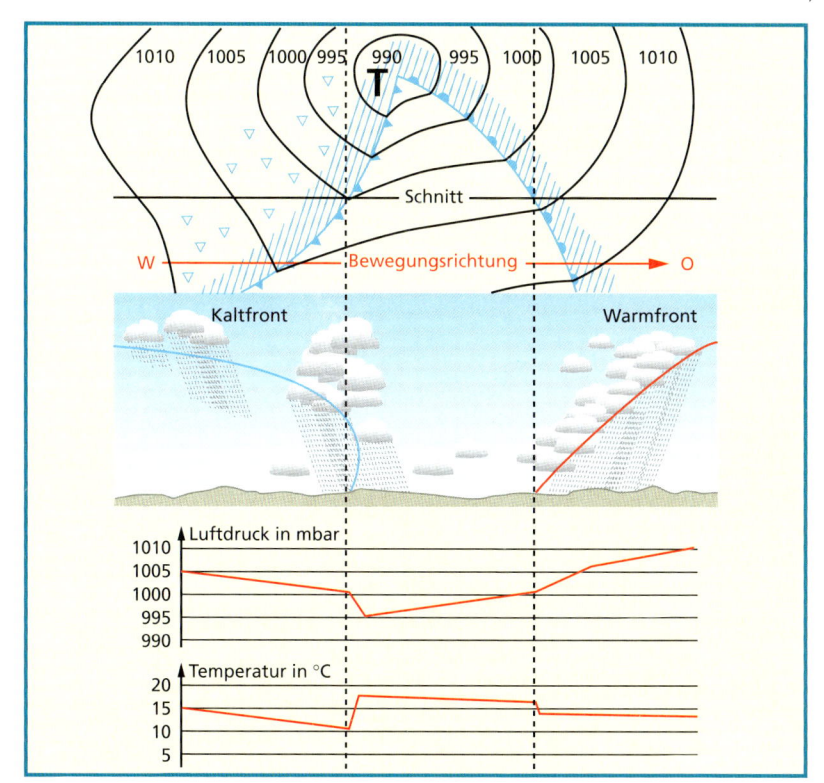

183.3 Änderung des Wetters

183.2 Windströmung vom Hoch zum Tief

wobei die Luftströmung bzw. der Wind dabei umso stärker ist je größer der Druckunterschied ist. Die Luft strömt dabei allerdings nicht auf direktem Weg, also senkrecht zu den Isobaren vom Hoch zum Tief, sondern schräg, fast parallel dazu. Der Grund dafür liegt in der Tatsache, dass die strömenden Winde einerseits durch die Rotation der Erde abgelenkt, andererseits durch Reibung mit der Erdoberfläche abgebremst bzw. gestört werden. Dabei gilt folgende, von dem niederländischen Wetterkundler Ballot (1817 – 1899) aufgestellte Regel:

Auf der Nordhalbkugel der Erde strömt die Luft im Uhrzeigersinn spiralförmig aus dem Hochdruckgebiet aus und im Gegenuhrzeigersinn in ein Tiefdruckgebiet ein. Auf der Südhalbkugel liegen die Verhältnisse genau umgekehrt. In einem Tiefdruckgebiet herrscht eine nach oben, im Hochdruckgebiet nach abwärts gerichtete Luftbewegung. Die aufsteigende Luft im Tief kühlt sich ab, kondensiert, während die im Hoch absinkende Luft Erwärmung und Wolkenauflösung bedeutet. Hochdruckgebiete sind deshalb meist durch heiteres, sonniges, oft wolkenloses Wetter ausgezeichnet, während es in Tiefdruckgebieten wechselhaft, unbeständig, oft regnerisch und stürmisch ist. Die Grenzen, an denen verschiedene Luftmassen aufeinander treffen, bezeichnet man als **Wetterfronten**. Man spricht von einer **Warmfront**, wenn Warmluft gegen Kaltluft vordringt und von einer **Kaltfront**, wenn Kaltluft gegen Warmluft vordringt. Wenn eine derartige Front über ein Gebiet hinwegzieht, ändert sich das Wetter in diesem Gebiet meist sprunghaft.

Der **Passagierraum von Flugzeugen** ist als Druckkabine ausgestaltet, in die zusätzlich Luft gepumpt wird. In der bei Reiseflugzeugen üblichen Flughöhe zwischen 10000 und 12000 m herrscht ein Luftdruck von etwa 250 hpa, der das Atmen unmöglich machen würde. Innerhalb der Druckkabine sorgt man für einen Druck um die 850 hPa, der einem Luftdruck in ca. 1500 m Höhe entspricht.

Beispiel
Die beiden Halbkugeln in Versuch 1 haben eine wirksame Querschnittsfläche von 154 cm². *Der Luftdruck beträgt bei Versuchsdurchführung* 960 mbar.
Kraft, mit der die beiden Halbkugeln zusammengehalten werden:

$F = p_{Luft} \cdot A$ $\quad F = 960 \text{ mbar} \cdot 154 \text{ cm}^2$
$\quad\quad\quad\quad\quad\quad F = 960 \cdot 10^2 \cdot 10^{-4} \frac{N}{cm^2} \cdot 154 \text{ cm}^2$
$\quad\quad\quad\quad\quad\quad F = 1{,}48 \cdot 10^3 \text{ N}$

In Wirklichkeit ist die Kraft etwas geringer, weil die Luft aus den Halbkugeln nicht völlig evakuiert werden kann.

Überdruck und Unterdruck
Wenn du in den Reifen deines Fahrrades ein Loch fährst und die Luft ausströmt, so ist der Druck im platten Reifen keineswegs 0 bar. Im Schlauch verbleibt Luft mit einem Druck, der gleich dem äußeren Luftdruck $p_L \approx 1$ bar ist. Wenn die Luft im intakten Reifen unter einem Druck von 4 bar steht, spricht man von einem **Überdruck** (gegenüber dem äußeren Normaldruck). Wenn du aus dem platten Reifen durch Glattstreichen noch Luft herauspresst, so steht die im Schlauch verbleibende Luft unter einem **Unterdruck**.

184.1 Zu Versuch 9
Überdruck und Unterdruck

Versuch 9

Wir ziehen den Stempel eines Kolbenprobers etwa zur Hälfte heraus und schließen an dessen Öffnung ein Manometer an (siehe Abb. 184.1)

a Wirkt auf dem Stempel keine Kraft ein, so steht die Luft im Kolbenprober unter dem Druck $p = p_{Luft} = 1$ bar. Das Manometer zeigt 1 bar an.

b Üben wir auf den Stempel eine Kraft aus, sodass das Manometer einen Druck von 2 bar anzeigt, so steht die im Kolbenprober eingeschlossene Luft unter einem **Überdruck** von 1 bar (gegenüber dem Außendruck).

Die Druckdifferenz aus dem Druck p, unter dem sich die eingeschlossene Luft befindet, und dem Außendruck p_L bezeichnet man als **Überdruck**: $p_ü = p - p_L$.

c Ziehen wir den Stempel mit einer Kraft weiter aus dem Kolben heraus, sodass das Manometer einen Druck von 0,6 bar anzeigt, so steht die Luft im Kolbenprober (bei vergrößertem Volumen) unter einem **Unterdruck** von 0,4 bar.

Die Druckdifferenz aus dem Außendruck p_L und dem Druck p, unter dem sich die eingeschlossene Luft befindet, bezeichnet man als **Unterdruck**: $p_u = p_L - p$.

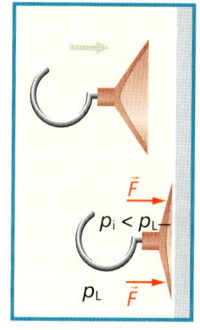

185.1 Saugnapf   185.2 Spritzflasche

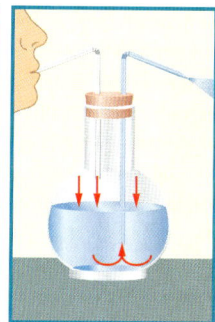

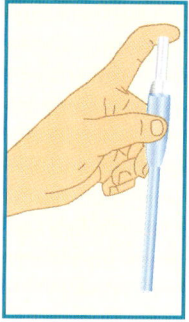

185.3 Stechheber   185.4 Injektionsspritze

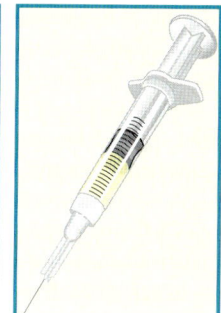

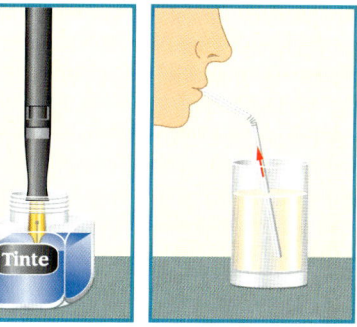

185.5 Trinken mit Strohhalm   185.6 Füllen eines Federhalters

Wenn ein Autoreifen auf 2,8 bar aufgepumpt ist, so befindet sich die Luft im Reifen unter dem Überdruck von 1,8 bar. Die Reifen von Rennrädern für Bahnwettbewerbe sind mit einem Überdruck von 10 bis 12 bar aufgepumpt. (Manometer an Tankstellen zeigen stets den Überdruck an.)

Bei einer eingeschlossenen Gasmenge führt eine Volumenvergrößerung zu einem Unterdruck, eine Volumenverminderung zu einem Überdruck gegenüber dem ursprünglichen Druck.
Diesen Überdruck $p_ü$ oder den Unterdruck p_u können wir auch mit einem offenen Flüssigkeitsmanometer (siehe Abb. 184.1) bestimmen.

In Flüssigkeiten mit freier Oberfläche ist der tatsächliche Druck p, hydrostatischer Druck genannt, gleich der Summe aus dem Schweredruck p_s in einer bestimmten Eintauchtiefe h und dem an der Flüssigkeitsoberfläche herrschenden Luftdruck p_L: $p = p_s + p_L$.
Tatsächlicher (hydrostatischer) Druck in einer Wassertiefe von 20 m:
(Der Schweredruck in 20 m Wassertiefe beträgt bekanntlich 2,0 bar.)
$p = p_s + p_L$ $p = 2,0$ bar $+ 1,0$ bar $p = 3,0$ bar.

In den Abbildungen 185.1 – 185.6 sind einige im Alltag verwendete Geräte dargestellt, deren Funktionsprinzip auf den Wirkungen des Luftdrucks beruht. In allen angegebenen Beispielen wird dabei jeweils ein Unterdruck gegenüber dem Außendruck im Gerät herbeigeführt. Der Betrag der Kraft $F_{außen}$ infolge des Außendrucks ist dann jeweils größer als der Betrag der Kraft F_{innen} infolge des im Gerät herrschenden Unterdrucks.
Die resultierende Kraft $F = F_{außen} - F_{innen}$ führt dann zur jeweils gewünschten und beobachtbaren Wirkung.

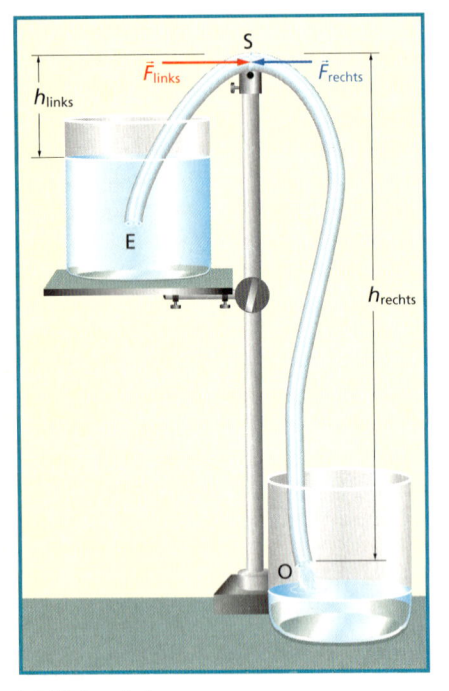

MECHANIK DER FLÜSSIGKEITEN UND GASE

AUFGABE

Beschreibe den Verwendungszweck (dieser ergibt sich in fast allen Fällen aus der angegebenen Bezeichnung) sowie die Funktionsweise der auf Seite 185 dargestellten Geräte.

Eine weitere im Alltag gebräuchliche Anwendung, deren Funktionsweise auf der Existenz und der Wirkung des Luftdrucks beruht, ist der **Winkel- oder Saugheber** (siehe Abb. 186.1), der zum Umfüllen von Flüssigkeiten von einem Behälter in einen anderen verwendet wird. Bei diesem taucht das kürzere Ende eines abgewinkelten Rohres (oder Schlauches) in die Flüssigkeit. Im längeren, offenen Ende stellt man durch „Ansaugen" (z.B. mit dem Mund; äußerste Vorsicht bei Benzin oder giftigen Flüssigkeiten!) einen Unterdruck her. Im höchsten Punkt des Flüssigkeitshebers wirkt dann von links eine Kraft vom Betrag $F_{links} = (p_{Luft} - c \cdot h_{links}) \cdot A$ und von rechts eine Kraft mit dem Betrag $F_{rechts} = (p_{Luft} - c \cdot h_{rechts}) \cdot A$. So lange $h_{rechts} > h_{links}$ ist, so lange also die Ausflussöffnung O tiefer liegt als die Eintrittsöffnung E, wird die Flüssigkeit im Rohr von E über den höchsten Punkt S nach O bewegt, weil dann $F_{links} > F_{rechts}$ ist. Verantwortlich für die Bewegung der Flüssigkeit ist die resultierende Kraft aus

$$F_{res} = F_{links} - F_{rechts} = (p_{Luft} - c \cdot h_{links}) \cdot A - (p_{Luft} - c \cdot h_{rechts}) \cdot A$$

$$F_{res} = c \cdot A \cdot (h_{rechts} - h_{links})$$

186.1 Saugheber

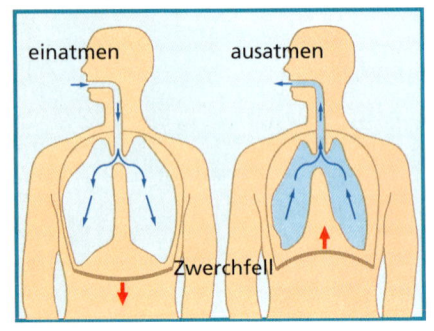

Die resultierende Kraft $\vec{F}_{res}$, die für die Bewegung der Flüssigkeit verantwortlich ist, ist also vom Luftdruck unabhängig.

Auch unsere **Atmung** beruht auf den Auswirkungen des Luftdrucks. Beim Einatmen wird das Brustvolumen durch die Brustmuskulatur und vor allem durch eine Wölbung des Zwerchfells nach unten vergrößert. Dadurch entsteht in den Lungenflügeln ein Unterdruck, wodurch Atemluft in die Lunge einfließen kann. Beim Ausatmen wird das Brustvolumen durch die Muskulatur und durch eine Wölbung des Zwerchfells nach oben verringert, wodurch in den Lungenflügeln ein Überdruck bewirkt wird, sodass die verbrauchte Atemluft ausströmt (siehe Abb. 186.2).

186.2 Ein- und Ausatmen

Um Flüssigkeiten nach oben zu befördern oder Behälter zu evakuieren werden **Pumpen** benutzt.
In Abbildung 186.3 ist eine Wasserpumpe dargestellt, wie man sie heute noch häufig in Gärten findet. In einer derartigen **Saugpumpe** wird ein Unterdruck erzeugt, sodass das Wasser von unten in die Pumpe einströmen kann.

AUFGABE

Beschreibe die Funktionsweise dieser Saugpumpe. Gehe dabei auf die Vorgänge während der Abwärts- und der Aufwärtsbewegung des Kolbens sowie auf die Funktion der beiden Ventile ein.
Eine solche Pumpe kann das Wasser nur aus einer Tiefe von etwa 10 m fördern bzw. nur um etwa 10 m hochheben. Gib dafür eine Begründung.
Erkläre, warum die Bezeichnung „Saugpumpe" eigentlich nicht richtig bzw. unglücklich gewählt ist.

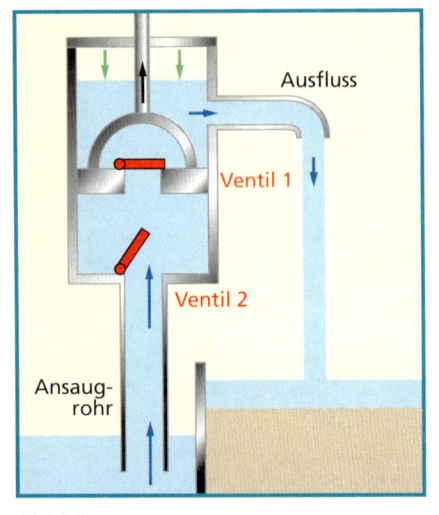

186.3 Saugpumpe

Flüssigkeitspumpen, die mit einem Überdruck arbeiten, werden als Druckpumpen bezeichnet. Mit **Druckpumpen** kann das Wasser um mehr als 10 m angehoben werden, wobei diese Pumpen jedoch so aufgestellt werden müssen, dass der Abstand zum Grundwasserspiegel nicht mehr als 10 m (in der Praxis weniger als 10 m) beträgt.

AUFGABE

Beschreibe die Funktionsweise der in den Abbildungen 187.1 bis 187.3 dargestellten Pumpentypen. (Membranpumpen werden u.a. in Autos zur Treibstoffförderung eingesetzt.)

Bei **Luft- oder Gaspumpen** unterscheidet man zwischen **Verdichtungs- und Verdünnungspumpen**.
Ein typischer Vertreter von Luftverdichtungspumpen ist die aus dem Alltag bekannte **Fahrradpumpe**. Der bewegliche Stempel bei einer Fahrradpumpe besteht aus einer biegsamen Leder- oder Kunststoffscheibe.

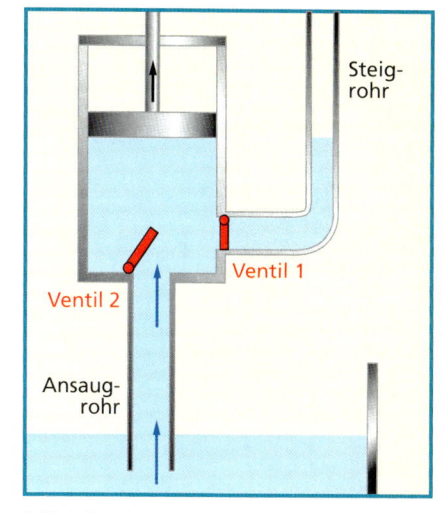

187.1 Druckpumpe

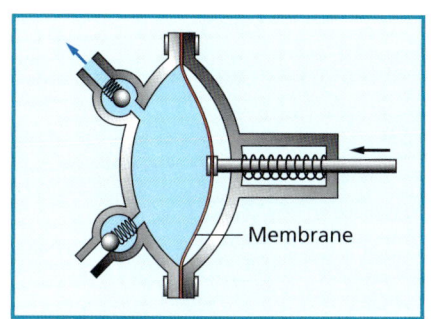

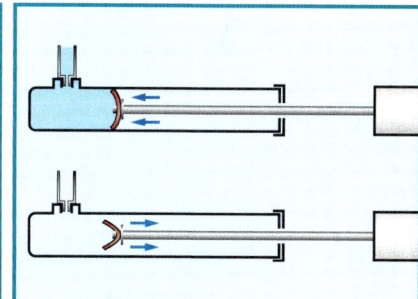

187.2 Membranpumpe

187.3 Ölförderpumpe

187.4 Fahrradluftpumpe

AUFGABE

Beschreibe die Wirkungsweise der in Abb. 187.4 in einer Prinzipzeichnung dargestellten Fahrradluftpumpe.

Als Beispiel für Verdünnungspumpen sei die **Kapsel- oder Drehschieberpumpe** genannt (siehe Abb. 187.5). Mit derartigen Pumpen lässt sich ein Enddruck von 0,001 mbar erreichen. In einem Hohlzylinder dreht sich dabei ein exzentrisch gelagerter Vollzylinder, der den Hohlzylinder in M berührt. Zwei im Vollzylinder geführte Schieber S_1 und S_2 werden durch eine Feder auseinandergedrückt und gleiten entlang der Innenwand des Hohlzylinders. Dabei schieben sie das über den Saugstutzen A eingeströmte Gas (Luft) vor sich her und bewegen dieses durch das Ventil B nach außen oder in einen Vorratsbehälter. Das Gas strömt bei A in den Hohlzylinder, weil bei der Rotation des Vollzylinders mit den beiden Schiebern im Gasvolumen V' ein Unterdruck erzeugt wird. Entsprechend entsteht bei der Rotation im Gasvolumen V'' ein Überdruck, durch den das Gas über B nach außen transportiert wird.

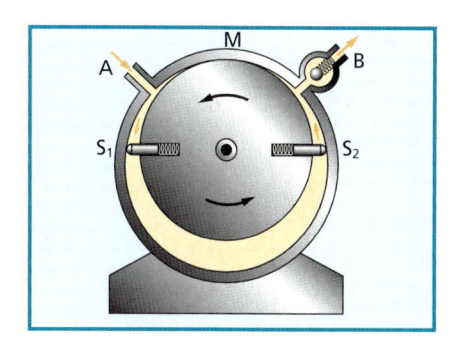

187.5 Kapselpumpe

MECHANIK DER
FLÜSSIGKEITEN
UND GASE

AUFGABEN

1 Wir groß war die Kraft beim historischen Versuch von Otto v. Guericke ($A = 1400$ cm^2; $p_{Luft} = 1,0$ bar)?

2 Beschreibe die Wirkungsweise der in der Abbildung 188.1 dargestellten Spritzflasche und Sprühdose.

3 Aus einer Milchdose fließt keine Milch aus, wenn nur ein Loch in den Deckel gestoßen wird. Bei zwei Löchern dagegen fließt die Milch aus. Gib dafür eine Begründung.
Wie kann man aus der mit nur einem Loch versehenen Dose trotzdem Milch zum Ausfließen bringen?

4 Warum verspürt man bei schnellem Höhenwechsel (z.B. bei Passfahrten) Kräfte auf das Trommelfell?

5 *Versuch:* Spüle eine Plastikflasche (1 Liter) mit heißem Wasser aus und verschließe sie luftdicht. Formuliere die Beobachtung und begründe deine Beobachtung.

6 *Versuch:* Wirf in eine Milchflasche (aus Glas) ein brennendes Zündholz und setze auf die Flaschenöffnung ein geschältes, weich gekochtes Ei. Beobachte und begründe deine Beobachtung.
Wie bekommt man das Ei unzerstört wieder aus der Flasche?
(Zu diesem Versuch ist etwas Übung erforderlich!)

7 Fernsehbildröhren sind praktisch luftleer. Wie groß ist die Kraft, die bei einem Luftdruck von 950 mbar auf eine Bildröhre mit den Maßen $b = 70$ cm und $h = 45$ cm einwirkt?

8 *Versuch:* Bestimme dreimal am Tag über einen Zeitraum von zwei Wochen hinweg den Luftdruck und stelle diesen in Abhängigkeit von der Zeit in einem Diagramm grafisch dar.

9 *Versuch:* Evakuiert man die Luft aus dem Rezipienten, so fließt das Wasser aus dem Rundkolben über das gebogene Glasrohr in das Becherglas. Lässt man in den Rezipienten wieder vorsichtig Luft einströmen, so fließt das Wasser wieder in den Rundkolben zurück (siehe Abb. 188.2).
Begründe diese Tatsache.

10 In Abbildung 188.3 ist ein sog. „Giftheber" dargestellt, mit dem man ohne Gefahr giftige Flüssigkeiten umfüllen kann. Beschreibe die Wirkungsweise.

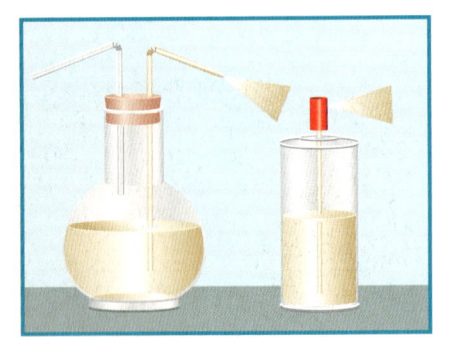

188.1 Zu Aufgabe 2: Spritzflasche – Sprühdose

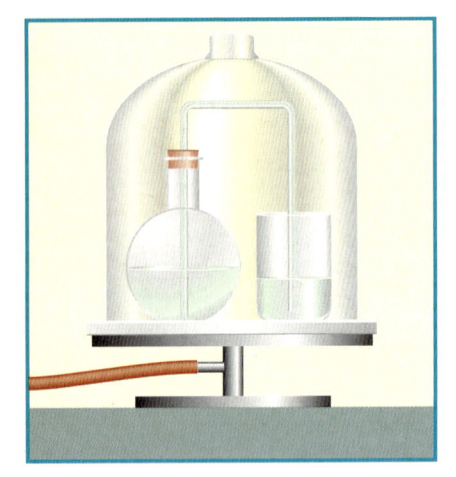

188.2 Zu Aufgabe 9

Implosionsgefahr!

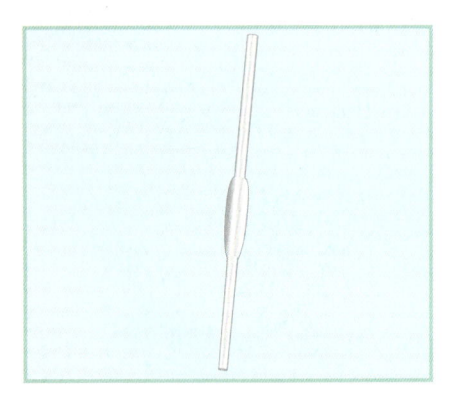

188.3 Zu Aufgabe 10: Giftheber

4 Der Auftrieb

4.1 Eine Kraft, die Auftrieb schafft –
Das Archimedische Gesetz

Große Ozeanschiffe aus Eisen schwimmen im Wasser, während eine Eisenkugel in Wasser zu Boden sinkt. Wie ist dieses scheinbar widersprüchliche Verhalten zu verstehen?

Um eine vorläufige Erklärung zu finden, kannst du den folgenden Versuch durchführen.

189.1 Ozeanschiff auf See

Versuch 1

Aus zwei Plastilinstangen (Masse einer Stange: m = 100 g) formen wir zwei Kugeln. Die eine Kugel walzen wir wie einen Pizzateig aus und biegen die Ränder etwa 2 cm nach oben, sodass ein Schiffchen entsteht. Beide Körper, die Kugel und das Schiffchen, erfahren die gleiche Gewichtskraft. Ein breites Becherglas füllen wir zur Hälfte mit Wasser und markieren den Wasserstand (Markierung 1).
a Bringe die Plastilinkugel in das Wasser und lasse sie los.
b Setze das Schiffchen vorsichtig auf der Wasseroberfläche ab.
c Du kannst das Schiffchen sogar mit irgendwelchen Körpern vorsichtig beladen.

189.2 Zu Versuch 1

Bei den drei Teilversuchen machen wir folgende

Beobachtungen

a Die Plastilinkugel sinkt in Wasser auf den Boden des Gefäßes. Der Wasserspiegel im Becherglas steigt (Markierung 2), weil die Kugel ein ihrem Eigenvolumen entsprechendes Wasservolumen verdrängt.
b Das Schiffchen schwimmt, der Wasserspiegel steigt etwas höher als bei a (Markierung 3). Das schwimmende Schiffchen verdrängt offensichtlich ein größeres Wasservolumen als die Kugel.
c Das beladene Schiffchen sinkt etwas tiefer ein, schwimmt aber immer noch, wobei der Wasserspiegel noch etwas mehr ansteigt. Das beladene Schiff verdrängt also ein größeres Wasservolumen als das unbeladene Schiff.

Auf den schwimmenden Körper (unser Plastilinschiffchen) wirkt die Gewichtskraft, und zwar unabhängig davon, ob der Körper auf einem Tisch steht oder in Wasser schwimmt. Wenn das Schiff in Wasser schwimmt und nicht zu Boden sinkt wie die Kugel, dann muss auf diesen schwimmenden Körper zusätzlich zur Gewichtskraft noch eine weitere Kraft wirken. Diese Kraft muss entgegengesetzt zur Gewichtskraft gerichtet sein und den gleichen Betrag wie diese haben. Wäre der Betrag dieser Kraft nämlich größer bzw. kleiner als der der Gewichtskraft, so würde sich eine resultierende Kraft ergeben, die das Schiff etwas mehr aus dem Wasser heben bzw. etwas tiefer einsinken lassen würde, und zwar so weit, bis die Beträge dieser Kraft und der Gewichtskraft gleich sind.

Um zu klären, ob diese Gegenkraft auf die Plastilinkugel nicht wirkt, die in Wasser untergeht, führen wir einen weiteren Versuch durch.

Versuch 2

Wir hängen die Plastilinkugel aus Versuch 1 mit einem dünnen Faden an einen Kraftmesser und tauchen sie schrittweise in Wasser ein.

Beobachtungen

- *Der Kraftmesser zeigt die Haltekraft F_H in Luft bzw. die auf die Kugel wirkende Gewichtskraft F_G (genauer: deren Beträge) an.*
- *Sobald die Kugel in Wasser eintaucht, zeigt der Kraftmesser eine zunehmend geringere Haltekraft F_H an.*
- *Taucht die Kugel vollständig in Wasser ein, so zeigt der Kraftmesser eine bestimmte minimale Haltekraft F_H an, die sich auch bei zunehmender Eintauchtiefe nicht mehr ändert.*

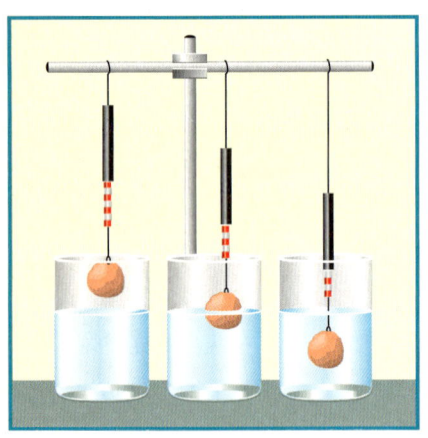

190.1 Zu Versuch 2

Auch auf die Kugel wirkt also eine der Gewichtskraft F_G entgegengesetzt gerichtete Kraft, die umso größer ist, je mehr der Körper in Wasser eintaucht, je größer also das vom eintauchenden Körper verdrängte Wasservolumen ist. Der Betrag dieser Kraft ist aber offensichtlich kleiner als der Betrag der Gewichtskraft.

Wir bezeichnen diese Kraft als Auftriebskraft. Erscheinungen, die ihre Ursache im Auftreten von Auftriebskräften haben, bezeichnen wir als Auftrieb.

ERGEBNIS 1 / Grundwissen

▶ • Ein ganz oder teilweise in Wasser eintauchender Körper erfährt eine Auftriebskraft F_A, die der Gewichtskraft F_G des Körpers entgegengesetzt gerichtet ist.
- Der Betrag der Auftriebskraft F_A ist umso größer, je größer das vom Körper verdrängte Wasservolumen V ist.
- Den Betrag der Auftriebskraft erhalten wir als Differenz der Haltekräfte in Luft und in Wasser.

$$F_A = F_{\text{Halte, Luft}} - F_{\text{Halte, Wasser}}$$ ◀

Um entscheiden zu können, ob ein Körper in Wasser (oder in einer anderen Flüssigkeit) schwimmt oder sinkt, müssen wir die Auftriebskraft F_A kennen, die der Körper in Wasser erfährt. Wir müssen uns also

Der Auftrieb

ein Experiment überlegen, das es uns ermöglicht, das vom Körper verdrängte Wasservolumen bzw. dessen Gewichtskraft direkt mit der Auftriebskraft zu vergleichen.

Versuch 3

Für einen quaderförmigen Körper aus Aluminium bestimmen wir das Volumen V sowie die Gewichtskraft F_G bzw. die Haltekraft $F_{H,Luft}$ in Luft ($F_G = F_{H, Luft}$). An einem Kraftmesser hängend wird der Körper einmal vollständig, ein zweites Mal genau zur Hälfte in Wasser eingetaucht.

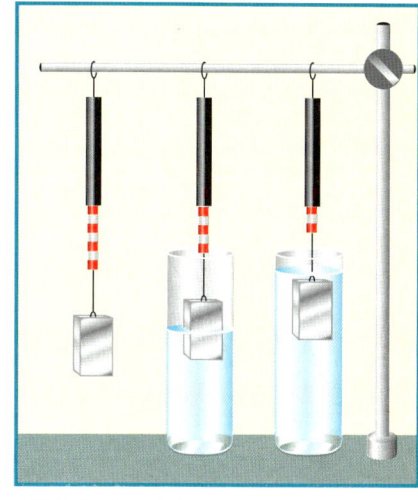

Für beide Fälle lesen wir am Kraftmesser die Haltekraft $F_{H, Wasser}$ in Wasser (Tabelle, Zeile 2) ab und bestimmen die Gewichtskraft $F_{G,W}$ des vom eintauchenden Körper verdrängten Wasservolumens (Tabelle, Zeile 4).
Die Auftriebskraft F_A, die der Körper in Wasser erfährt, erhalten wir jeweils als Differenz $F_{H, Luft} - F_{H, Wasser}$ der Haltekräfte in Luft und in Wasser (Tabelle, Zeile 5).

Volumen des Körpers: 300 cm³ Haltekraft in Luft $F_{H, Luft} = F_G = 8{,}0$ N	Völlig eingetauchter Körper	Halb eingetauchter Körper
Haltekraft in Wasser $F_{H, Wasser}$	5,0 N	6,5 N
Volumen des verdrängten Wassers	300 cm³	150 cm³
Gewichtskraft des verdrängten Wasservolumens $F_{G,W}$	3,0 N	1,5 N
Auftriebskraft F_A ($F_A = F_{H, Luft} - F_{H, Wasser}$)	3,0 N	1,5 N

191.1 Tabelle zu Versuch 3

191.2 Zu Versuch 3

Beobachtung

Wir stellen fest, dass für beide Fälle die Beträge von Auftriebskraft F_A und Gewichtskraft $F_{G,W}$ des vom eintauchenden Körper verdrängten Wasservolumens übereinstimmen. Wiederholen wir den Versuch, wobei jeweils unterschiedliche Teilvolumina des Körpers (z.B. ein Viertel, drei Viertel, ein Drittel) in Wasser eintauchen, so erhalten wir das gleiche Ergebnis.

Der Versuch 3 erlaubt es uns, das Ergebnis 1 zu präzisieren, indem wir jetzt auch über den Betrag der Auftriebskraft eine Aussage machen können.

ERGEBNIS 2 / Grundwissen

▶ Der Betrag der Auftriebskraft F_A, die ein ganz oder teilweise in Wasser eintauchender Körper erfährt, ist gleich dem Betrag der Gewichtskraft des vom Körper verdrängten Wasservolumens.

$$F_A = F_{G,\text{ verdrängtes Wasservolumen}}$$ ◀

Da Gewichtskraft und Masse (am gleichen Ort) direkt proportional zueinander sind ($F_G = c \cdot m$), können wir das Ergebnis 2 noch etwas verallgemeinern:

$F_A = F_{G,\text{ verdrängtes Wasservolumen}}$

$\downarrow \quad F_G = c \cdot m \quad F_G = c \cdot \rho \cdot V$

$F_A = c \cdot \rho_{\text{Wasser}} \cdot V_{\text{Wasser}}$

$\downarrow \quad V_{\text{verdrängtes Wasservolumen}} = V_{\text{Körper}}$

$F_A = c \cdot V_{\text{Körper}} \cdot \rho_{\text{Wasser}}$

ERGEBNIS 3 / Grundwissen

▶ $\quad F_A \quad = \quad c \quad \cdot \quad V_{\text{Körper}} \quad \cdot \quad \rho_{\text{Wasser}}$
Betrag der   Konstante   Volumen des   Dichte von
Auftriebskraft   eintauchenden   Wasser
                           Körpers

Dieses Gesetz wurde von Archimedes (287 – 211 v. Chr.) aufgestellt und trägt deshalb seinen Namen: Archimedisches Gesetz. ◀

Wir wissen, dass die Gewichtskraft eines Körpers (in unserem Versuch die Gewichtskraft des vom eintauchenden Körper verdrängten Wasservolumens) vom Ort abhängt. Mit der Konstanten c im Archimedischen Gesetz wird der Ort berücksichtigt, an dem sich die Flüssigkeit (hier: Wasser) befindet.
Der Wert dieser Konstanten beträgt für Mitteleuropa:

$$c = 9{,}81 \; \frac{\text{N}}{\text{kg}}$$

(Als Näherungswert können wir mit $10 \; \frac{\text{N}}{\text{kg}}$ rechnen.)

Zusatzinformation

Würden wir Versuch 3 auch mit anderen Flüssigkeiten (z. B. Spiritus, Glycerin, Quecksilber, usw.) durchführen, so würden wir das gleiche Ergebnis erhalten. Dabei würden sich lediglich die Gewichtskraft des verdrängten Flüssigkeitsvolumens, die Haltekraft in Flüssigkeit und damit die Auftriebskraft von den in Wasser gemessenen Werten unterscheiden. Im Ergebnis 3 müssten wir nur die Dichte ρ_{Wasser} von Wasser durch die Dichte $\rho_{\text{Flüssigkeit}}$ der jeweiligen Flüssigkeit ersetzen, um das Gesetz für Flüssigkeiten allgemein zu erweitern.
Dass die Auftriebskraft von der Dichte der Flüssigkeit abhängt, wollen wir noch in einem zusätzlichen Versuch nachweisen.

Versuch 4

Wir tauchen den an einem Kraftmesser hängenden Aluminiumkörper aus Versuch 3 ($F_G = F_{H,\text{ Luft}} = 8{,}0$ N) vollständig

a in Wasser ($\rho_W = 1{,}0 \; \frac{\text{kg}}{\text{dm}^3}$),   **b** in Spiritus ($\rho_{Sp} = 0{,}80 \; \frac{\text{kg}}{\text{dm}^3}$) ein.

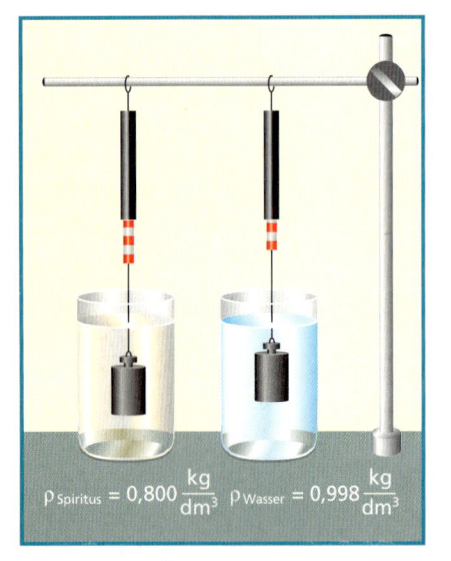

192.1 Zu Versuch 4

Beobachtung

a Haltekraft in Wasser $F_{H,W} = 5{,}0$ N
b Haltekraft in Spiritus $F_{H,Sp} = 5{,}6$ N

Damit erhalten wir für die Auftriebskraft
a in Wasser $F_{A,W} = 3{,}0$ N
b in Spiritus $F_{A,S} = 2{,}4$ N

ERGEBNIS

▶ Die Auftriebskraft, die ein (vollständig) in eine Flüssigkeit eintauchender Körper erfährt, ist umso größer, je größer die Dichte der Flüssigkeit ist. ◀

Unsere Messwerte zeigen, dass sich die Auftriebskräfte in den beiden Flüssigkeiten Wasser und Spiritus genau so verhalten wie die entsprechenden Flüssigkeitsdichten:

$$\frac{F_{A,W}}{F_{A,Sp}} = \frac{\rho_W}{\rho_{Sp}} \quad (= \frac{5}{4})$$

Dies bedeutet, dass die Auftriebskraft direkt proportional zur Dichte der Flüssigkeit ist ($V_{Körper}$ = const. und gleicher Ort): $F_A \sim \rho_{FL}$

Beispiel

Ein Quader aus Aluminium ($\rho_{Aluminium} = 2{,}7 \frac{kg}{dm^3}$) hat die Abmessungen
$a = 10{,}0$ cm, $b = 4{,}0$ cm, $c = 4{,}0$ cm.
Volumen des Körpers: $V_K = a \cdot b \cdot c$ $V_K = 10{,}0$ cm $\cdot$ 4,0 cm $\cdot$ 4,0 cm
$V_K = 0{,}16$ dm³
Gewichtskraft des Körpers mit einem Kraftmesser gemessen:
$F_G = 4{,}2$ N

a Wir tauchen den Körper, an einem Kraftmesser hängend, in Wasser genau bis zur Hälfte ein.
Verdrängtes Wasservolumen: $V_1 = 0{,}080$ dm³
Auftriebskraft: $F_{A,1} = F_{G,\text{verdrängtes Wasservolumen}}$ $F_{A,1} = 0{,}80$ N
Haltekraft: $F_{H,1} = F_G - F_{A,1}$ $F_{H,1} = 4{,}2$ N $- 0{,}80$ N
$F_{H,1} = 3{,}4$ N
Diese Haltekraft zeigt der Kraftmesser auch an.

b Wir tauchen den Körper vollständig in Wasser ein.
Verdrängtes Wasservolumen: $V_2 = V_K$ $V_2 = 0{,}16$ dm³
Auftriebskraft: $F_{A,2} = F_{G,\text{verdrängtes Wasservolumen}}$ $F_{A,2} = 1{,}6$ N
Haltekraft: $F_{H,2} = F_G - F_{A,2}$ $F_{H,2} = 4{,}2$ N $- 1{,}6$ N
$F_{H,2} = 2{,}6$ N
Diese Haltekraft zeigt der Kraftmesser wiederum an.

4.2 Hier irrte Galilei –
Die Ursache der Auftriebskraft

Galileo Galilei (1564 – 1642) glaubte das Zustandekommen der Auftriebskraft folgendermaßen erklären zu können:
Der Körper taucht in Wasser ein, worauf das Wasser ausweicht und das Flüssigkeitsniveau im Behälter erhöht wird. Das Wasser als schwerer Körper widersetzt sich dieser Niveauanhebung und hebt so den eingetauchten Körper etwas aus dem Wasser heraus.
Wir können mit einem einfachen Versuch diese Erklärung von Galilei widerlegen.

> **Versuch 1**
>
> *In ein randvoll mit Wasser gefülltes Becherglas tauchen wir langsam einen an einem Kraftmesser hängenden Körper ein. Während des Eintauchens fließt Wasser über und wenn der Körper völlig eingetaucht ist, hat dieser gerade das seinem Eigenvolumen entsprechende Wasservolumen verdrängt. Obwohl gerade die Wassermenge, die nach Galilei den Körper anhebt, die also für die Auftriebskraft verantwortlich ist, aus dem Becherglas entfernt ist, erfährt der Körper eine Auftriebskraft, die wir am Kraftmesser als Differenz der Haltekräfte in Luft und Wasser ablesen können.*

194.1 Zu Versuch 1

Wir werden jetzt versuchen, eine Erklärung für das Zustandekommen der Auftriebskraft zu finden. Dazu betrachten wir einen zylinderförmigen Körper, der vollständig in Wasser eintaucht.
In Kapitel 2.1 haben wir erfahren, dass in Flüssigkeiten ein Schweredruck p herrscht, der proportional zur Eintauchtiefe h zunimmt. Der Druck p_1 in der Tiefe h_1 ist geringer als der Druck p_2 in der Tiefe h_2. Infolge des Drucks p_1 wirkt auf die Deckfläche A des Körpers die Druckkraft $F_1 = p_1 \cdot A$ und infolge des Drucks p_2 auf die Grundfläche A des Körpers die Druckkraft $F_2 = p_2 \cdot A$.
Die Druckkräfte auf die Mantelfläche des Körpers haben für jede Tiefe den gleichen Betrag und sind paarweise entgegengesetzt gerichtet, sodass sie sich gegenseitig jeweils aufheben.
Da $F_2 > F_1$ ist, erhalten wir eine resultierende Kraft $\vec{F} = \vec{F}_1 \oplus \vec{F}_2$ mit dem Betrag $F = F_2 - F_1$. Diese Kraft $\vec{F}$ ist die Auftriebskraft, die auf den Körper wirkt. Damit haben wir die Existenz der Auftriebskraft mit Hilfe des in unterschiedlichen Eintauchtiefen unterschiedlichen Schweredrucks in Wasser erklärt.

Angeblich soll Archimedes um 250 v. Chr. von dem in Syrakus (damals eine griechische Stadt auf Sizilien) herrschenden König Hieron den Auftrag erhalten haben, festzustellen, ob die von einem Goldschmied gefertigte Königskrone aus reinem Gold sei oder ob das Gold in betrügerischer Absicht mit minderwertigen Metallen vermischt worden sei. Durch die Überprüfung durfte die Krone nicht beschädigt werden. Es wird berichtet, dass Archimedes die Lösung dieses Problems und damit das Archimedische Gesetz (vgl. unser Ergebnis 1) gefunden hat, als er im Bad sitzend feststellte, dass sein Körper in Wasser leichter ist als außerhalb der Badewanne. Von höchs-

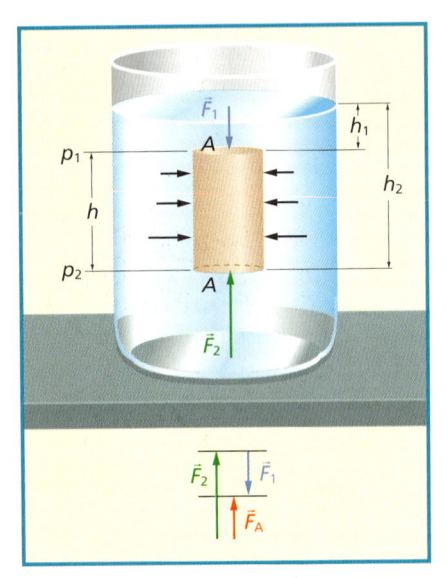

194.2 Erklärung für das Zustandekommen der Auftriebskraft

Der Auftrieb

ter Freude erfüllt soll er aus dem Bad gesprungen sein und mit dem Ruf heureka, heureka ($ενρηκα$, griech.: ich habe es gefunden) durch die Straßen von Syrakus gelaufen sein. Die Idee, die ihm beim Baden gekommen war, setzte er in einem Experiment um, das wir jetzt nachvollziehen wollen.

> **Versuch 2**
>
> *Modelliere aus Plastilin eine Krone, wobei du an einigen Stellen Stückchen aus einem leichteren Material (z. B. Holz oder Styropor) von außen nicht sichtbar daruntermischst. Forme dann aus Plastilin eine Kugel, die in Luft die gleiche Gewichtskraft erfährt wie die Krone. (Du kannst beide Körper auch noch goldfarben anmalen.) Führe dann den Versuch entsprechend dem klassischen Archimedischen Experiment durch.*

Archimedes fertigte einen Klumpen aus reinem Gold an, der in Luft genauso „schwer" war wie die zu untersuchende Krone. Er hängte beide Körper an den Enden einer gleicharmigen Hebelstange auf. Der Hebel befand sich im Gleichgewicht. Dann senkte er den Hebel so weit ab, dass beide Körper in einer darunter aufgestellten und mit Wasser gefüllten Wanne vollständig in Wasser eintauchten. Er stellte in diesem Versuch fest, dass sich der Hebel mit der Seite, an der die Krone befestigt war, nach oben, mit der anderen Seite, an der die Kugel hing, nach unten bewegte (Abb. 195.3).

195.1 Archimedes im Bad

Auf die Krone, die in Luft die gleiche Gewichtskraft erfährt wie der Goldklumpen, wirkt in Wasser eine größere Auftriebskraft als auf den Klumpen: $F_{A, Krone} > F_{A, Goldklumpen}$.
Dies bedeutet, dass die Krone ein größeres Wasservolumen verdrängt, also ein größeres Volumen hat als der Klumpen: $V_{Krone} > V_{Goldklumpen}$
Die auf beide Körper wirkenden Gewichtskräfte sind auch in Wasser unverändert gleich: $F_{G, Krone} = F_{G, Goldklumpen}$

$$c \cdot \rho_{Krone} \cdot V_{Krone} = c \cdot \rho_{Goldklumpen} \cdot V_{Goldklumpen} \longrightarrow \frac{\rho_{Krone}}{\rho_{Goldklumpen}} = \frac{V_{Goldklumpen}}{V_{Krone}}$$

Da $\frac{V_{Goldklumpen}}{V_{Krone}} < 1$, ist auch $\frac{\rho_{Krone}}{\rho_{Goldklumpen}} < 1$, und das heißt:

$\rho_{Krone} < \rho_{Goldklumpen}$

Der Krone müssen also andere Metalle beigemengt worden sein, sodass sie eine geringere mittlere Dichte als reines Gold aufwies. Durch diesen Versuch gelang es Archimedes, den Goldschmied als Betrüger zu entlarven. Was mit dem Goldschmied geschah, ist nicht überliefert.

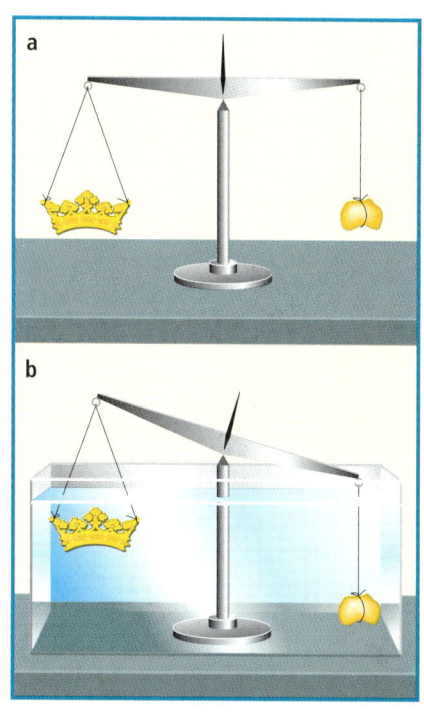

Archimedes wurde 287 v. Chr. geboren und war wohl der bedeutendste Wissenschaftler der Antike, dessen Leistungen sowohl in der Mathematik als auch in der Physik für die damalige Zeit herausragend waren, wobei es ihm zudem gelang, seine Erkenntnisse für technische Anwendungen nutzbar zu machen. Auf mathematischem Gebiet ersann er ausgeklügelte Methoden zur Flächen- und Volumenbestimmung mathematischer Figuren und Körper. Die Kreiszahl π wurde von ihm außerordentlich genau bestimmt, wobei der Archimedische Wert $\frac{22}{7}$ als einer der exaktesten

195.2 Zu Versuch 2; Versuch des Archimedes
a in Luft: $F_{G, Krone} = F_{G, Klumpen}$
b in Wasser: $F_{A, Krone} > F_{A, Klumpen}$

Näherungswerte gilt. In der Physik ist sein Name mit der Einführung des Begriffs Schwerpunkt eines Körpers verbunden, er fand das Hebelgesetz, das die Konstruktion von Balkenwaagen erlaubte und natürlich das Auftriebsgesetz. Außerdem konstruierte er ein pneumatisch betriebenes Planetarium, das die Bewegungen des Fixsternhimmels, der Planeten und der Erde veranschaulichte. Dieses Planetarium war die einzige Siegestrophäe, die der römische Feldherr Marcellus nach der Eroberung von Archimedes' Vaterstadt Syrakus im Jahr 212 v. Chr. mit nach Rom zurücknahm. Für seine Heimatstadt konstruierte Archimedes ein ausgeklügeltes Bewässerungssystem, wobei die ebenfalls von ihm entworfene Archimedische Schraube zur Wasserbewegung eingesetzt wurde. Im Krieg mit den Römern konstruierte er eine Reihe von Verteidigungswaffen, die vornehmlich auf der Anwendung des Hebels und des Flaschenzuges basierten. In diesem Zusammenhang soll auch der legendäre Ausspruch des Archimedes „Gebt mir einen genügend langen Hebelarm und einen festen Punkt im Universum, dann kann ich die Erde aus den Angeln heben" erfolgt sein. Mit riesigen, von ihm selbst konstruierten Hohlspiegeln konzentrierte er die Sonnenstrahlung auf die Schiffe der römischen Flotte und setzte sie in Brand. Obwohl er vom Befehlshaber der römischen Armee zu einer Person erklärt wurde, die unter allen Umständen geschützt werden müsse, wurde er im Jahr 212 v. Chr. nach der Eroberung von Syrakus und der anschließenden Plünderung der Stadt von einem einfachen römischen Soldaten getötet. Dieser fühlte sich offenbar durch den Ausspruch „noli turbare circulos meos" (lateinisch: störe meine Kreise nicht) von Archimedes, der gerade geometrische Figuren in den Sand zeichnete, herausgefordert und beleidigt.

AUFGABEN

1 Beschreibe einen Versuch, mit dem die auf einen vollständig in eine Flüssigkeit eintauchenden Körper wirkende Auftriebskraft bestimmt werden kann.

2 Ein massiver Körper aus Aluminium ($\rho_{Alu} = 2{,}7 \; \frac{kg}{dm^3}$) hat in Luft eine Gewichtskraft $F_G = 1{,}50$ N.
Bestimme die Auftriebskraft und die Haltekraft, wenn der Körper vollständig in Wasser eingetaucht wird.

3 Eine Tauchkugel mit dem Volumen $V = 5{,}00$ m³ wird unter Wasser durch ein Stahlseil mit einer Haltekraft von 45,0 kN getragen. Wie groß ist die Belastung des Seils, wenn die Tauchkugel aus dem Wasser gehoben ist? (Faustregel: $F_G = 10$ N entspricht $m = 1{,}0$ kg)

4 a Ein Eisen- und ein Messingzylinder haben die gleiche Masse $m = 1{,}0$ kg und hängen an den Enden einer gleicharmigen Hebelstange (siehe Abb. 196.1). Was geschieht, wenn beide Körper in Wasser eingetaucht werden? Begründe deine Antwort.
b Das Wasser in dem Behälter, in den der Messingzylinder eingetaucht wird, soll durch eine andere Flüssigkeit ersetzt werden, sodass der Hebel nach dem Eintauchen der beiden Körper ebenfalls im Gleichgewicht ist. Welche Dichte muss diese Flüssigkeit haben?

5 Erkläre, warum ein Körper aus Eisen schwimmen kann.

6 Beschreibe das Archimedische Gesetz anhand einer Skizze mit eigenen Worten.

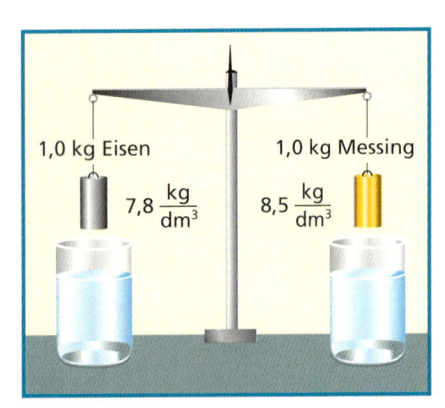

196.1 Zu Aufgabe 4

4.3 Wie Unterseeboote wieder auftauchen können –
Sinken, Schweben, Steigen, Schwimmen

Wovon hängt es ab, ob ein Körper, z. B. ein Unterseeboot oder eine Tauchkugel, in Wasser auf den Grund absinkt, schwebt, an die Wasseroberfläche aufsteigt oder dort schwimmt?

Versuch 1

Wir halten eine Eisenkugel und eine gleich große (gleiches Volumen) Holzkugel unter Wasser fest und lassen sie los.

Unsere Erfahrung sagt uns, und das beobachten wir auch, dass die Holzkugel aufsteigt und an der Wasseroberfläche schwimmt, wobei ein Teil der Kugel in Wasser eintaucht, während die Eisenkugel zu Boden sinkt.
Da beide Körper gleiches Volumen haben, also das gleiche Wasservolumen verdrängen, wenn sie vollständig eintauchen, erfahren sie auch die gleiche Auftriebskraft. Das Verhalten eines Körpers in einer Flüssigkeit hängt offensichtlich vom Zusammenwirken der auf den Körper einwirkenden Gewichtskraft $\vec{F}_G$ und Auftriebskraft $\vec{F}_A$ ab. Wie wir einen Körper in Wasser zum Schweben bringen, zeigen wir in einem weiteren Versuch.

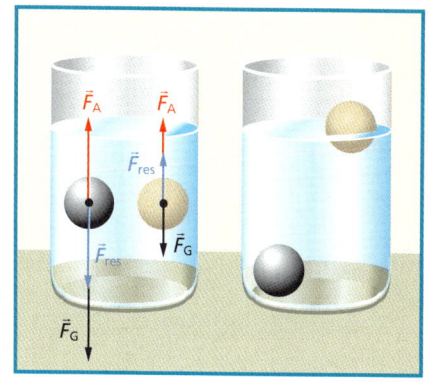

Versuch 2

Auf den Boden eines Standzylinders legen wir ein rohes Ei und füllen den Zylinder dann mit Wasser. Das Ei bleibt dabei am Boden liegen. Wir lösen unter ständigem Umrühren langsam Kochsalz in Wasser auf. Anschließend geben wir wieder reines Wasser zu.

Beobachtung

Bei einer bestimmten Salzkonzentration schwebt das Ei in der Salzlösung. (Bei weiterer Erhöhung der Salzkonzentration steigt das Ei an die Wasseroberfläche, bei Verdünnung der Konzentration durch Zugießen von Wasser sinkt es wieder auf den Boden des Gefäßes.)

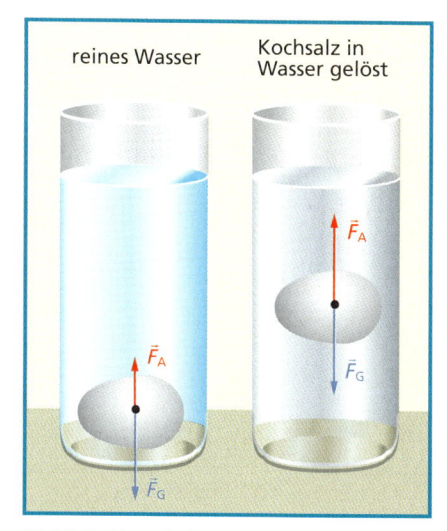

Der Schwebezustand des Körpers ist offenbar dadurch gekennzeichnet, dass in der Flüssigkeit an der Stelle, an der der Körper schwebt, die Beträge von Gewichtskraft F_G und Auftriebskraft F_A gerade gleich sind.
Die beiden Versuch lassen uns zunächst drei Fälle unterscheiden:

	Betrag der resultierenden Kraft F_{res}	Körper
$F_A > F_G$	≠ 0 N, nach oben gerichtet	steigt
$F_A < F_G$	≠ 0 N, nach unten gerichtet	sinkt
$F_A = F_G$	= 0 N	schwebt

Mit einem Unterseeboot kann man jede dieser drei Schwimmphasen realisieren und es kann auch an der Wasseroberfläche schwimmen. Um zu verstehen, wie dies bei einem U-Boot erreicht werden kann, bauen wir uns ein Modell-U-Boot, mit dem wir die drei verschiedenen Schwimmphasen simulieren können.

Gummi-
schlauch

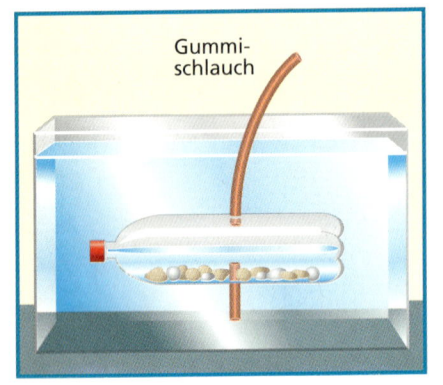

198.1 Zu Versuch 3: Modell-U-Boot

Versuch 3

Eine leere, verschlossene Plastikflasche oder Aluminiumdose wird an zwei gegenüberliegenden Stellen des Mantels mit Löchern versehen. In das eine (untere) Loch wird ein kurzes (2 – 3 cm) Schlauchstück, in das zweite (obere) ein langer (ca. 30 cm) Gummischlauch dicht eingepasst. In die Flasche wird etwas Ballastmaterial, z. B. kleine Kieselsteinchen, gegeben, sodass der Körper auf der Wasseroberfläche schwimmt ohne unterzugehen. Mit diesem Modell-U-Boot führen wir in einer 30 – 40 cm hohen und mit Wasser gefüllten Glaswanne die folgenden Teilversuche durch:

a Das obere Schlauchende O wird zugehalten und der Körper in Wasser gelegt.
   Beobachtung
   Das Boot schwimmt.
b O wird geöffnet.
   Beobachtung
   Durch das untere Schlauchende U dringt Wasser ein; das Boot taucht tiefer ein.
c Sobald das Boot vollständig in Wasser eingetaucht ist, wird O wieder verschlossen.
   Beobachtung
   Es dringt kein Wasser mehr durch U ein; das Boot schwebt.
d O wird wieder geöffnet.
   Beobachtung
   Es dringt weiter Wasser durch U ein; das Boot sinkt auf den Boden der Wanne.
e Durch das obere Schlauchende O wird vorsichtig Luft eingeblasen.
   Beobachtung
   Die eingeblasene Luft verdrängt Wasser aus dem Boot; das Boot steigt.
f Während das Boot steigt, können wir durch Verschließen von O erreichen, dass das Boot in einer bestimmten Höhe wieder schwebt.
g Durch O wird weiter Luft eingeblasen.
   Beobachtung
   Das beim Sinken eingedrungene Wasser wird fast vollständig verdrängt; das Boot steigt weiter und schwimmt schließlich wieder auf der Wasseroberfläche.

Erklärung

a Der in Wasser eintauchende Teil des Körpers verdrängt gerade ein solches Wasservolumen, dass die dadurch bewirkte Auftriebskraft F_A gleich der Gewichtskraft F_G des gesamten Körpers ist.
b Durch das eindringende Wasser wird die Gewichtskraft des Bootes erhöht. Gleichzeitig wird durch die größere Wasserverdrängung die Auftriebskraft erhöht. Während der Eintauchphase ist stets $F_A = F_G$.
c Das Boot verdrängt ein Wasservolumen, das gleich seinem Eigenvolumen ist. Die Auftriebskraft ist größer als bei a und b und bleibt unverändert, so lange der Körper sich vollständig unter Wasser befindet. Die Auftriebskraft F_A ist gleich der Gewichtskraft F_G (Boot zusammen mit eingedrungenem Wasser).

d Die Gewichtskraft nimmt durch das eindringende Wasser weiter zu, sodass jetzt $F_G > F_A$ ist.

e – g Durch das Anblasen wird das eingeströmte Wasser zunehmend aus dem Boot verdrängt. Die Gewichtskraft wird stetig verringert, sodass das Boot schwebt ($F_A = F_G$), steigt ($F_A > F_G$) und schließlich wieder schwimmt.

Ob ein Körper in Wasser sinkt, schwebt oder aufsteigt und schwimmt, wird durch die Beträge der Gewichtskraft F_G des Körpers und der Auftriebskraft F_A, die der Körper erfährt, bzw. durch die Dichten des Körpers (ρ_K) und der Flüssigkeit (ρ_{Fl}) bestimmt.

ERGEBNIS / Grundwissen

Sinken	$F_A < F_G$	$\rho_{Fl} < \rho_K$
Schweben	$F_A = F_G$	$\rho_{Fl} = \rho_K$
Steigen	$F_A > F_G$	$\rho_{Fl} > \rho_K$

199.1 Schematischer Aufbau eines U-Bootes

Bei einem **Unterseeboot** erfolgen die Unterwassermanöver genauso wie bei unserem Modell-U-Boot. Beim Abtauchen wird die Gewichtskraft dadurch vergrößert, dass man so viel Wasser in die Tauchtanks einfließen läßt (Lenzen), dass das Boot gerade schwebt. Bei der Unterwasserfahrt kann es dann durch Tiefenruder in jede Wassertiefe gesteuert werden. Diese Tiefenruder sind Flügel am Bootsheck, die bei Fahrt durch Schrägstellen zusätzliche Auf- oder Abtriebskräfte bewirken. Das eigentliche Bootsinnere bildet der Druckkörper, in dem der normale Luftdruck für die Besatzung aufrecht erhalten wird und der außerordentlich stabil konstruiert ist, um den enormen Druckkräften in größeren Tauchtiefen standzuhalten. (In 100 m Wassertiefe beträgt die Druckkraft auf 1 Quadratmeter Wandfläche des Bootes etwa $1 \cdot 10^6$ N.)
Die Tauchtanks sind außerhalb des Druckkörpers angeordnet. Im Schwebezustand in einer bestimmten Tiefe wird durch Einblasen von Pressluft die Wassermenge in den Tauchtanks automatisch konstant gehalten. Beim Auftauchen wird ebenfalls durch Pressluft das gesamte Wasser aus den Tanks gedrückt (Anblasen). Bei einer Unterwasserfahrt sorgen **Trimmzellen** für die stabile Waagrechtstellung des Bootes.

199.2 Fisch in Wasser schwimmend

Auch **Fische** manövrieren in Wasser ähnlich. Sie besitzen eine mit Luft gefüllte Schwimmblase, die gerade so gebläht ist, dass der Fisch in einer bestimmten Wassertiefe schwebt. Bewegt sich der Fisch tiefer, indem er durch Flossenbewegungen für einen zusätzlichen Abtrieb sorgt, so wird die Schwimmblase zusammengedrückt. Dadurch verdrängt der Fisch ein geringeres Wasservolumen, wodurch die Auftriebskraft kleiner wird. Ohne Flossenbewegungen würde der Fisch weiter sinken. Er verhindert dies, indem er Sauerstoff und Kohlendioxid in die Schwimmblase abgibt, sodass er auch in dieser größeren Tiefe gerade schweben kann. Beim Aufsteigen in geringere Wassertiefen dehnt sich die Schwimmblase wegen des geringeren Scheredrucks aus. Der Fisch gibt dann entweder über einen verschließbaren Schlauch Gas aus der Schwimmblase ab (Forellen) oder Gas aus der Schwimmblase wird im Blut gelöst (Barsche).

MECHANIK DER FLÜSSIGKEITEN UND GASE

a geflutet, mit Schiff

b leer; Dock mit Schiff angehoben
200.1 Schwimmdock

200.2 Tankschiff

200.3 Fischerboot

Ein **Schwimmdock**, wie es in Schiffswerften zur Reparatur oder zur Überholung von Schiffen eingesetzt wird, liegt mit gefluteten Tanks tief unter Wasser, sodass das Schiff in das Dock hineingesteuert werden kann. Mittels Pressluft wird das Wasser aus den Tanks verdrängt, sodass das Dock mit dem Schiff angehoben wird.

Wir haben uns jetzt noch mit dem Fall zu beschäftigen, dass ein Körper im Wasser schwimmt. Dieser Fall ist gegenüber den bisher behandelten dadurch ausgezeichnet, dass nicht das gesamte Volumen des jeweiligen Körpers, sondern nur das Teilvolumen des in die Flüssigkeit eintauchenden Teils des Körpers für die Auftriebskraft verantwortlich ist. Die Bedingung für das Schwimmen (die Gewichtskraft des schwimmenden Körpers ist gleich der Gewichtskraft des vom eintauchenden Teil des Körpers verdrängten Flüssigkeitsvolumens) kennen wir bereits. Interessant ist in diesem Zusammenhang aber die Frage, wie tief ein schwimmender Körper in einer Flüssigkeit eintaucht. Dies ist für Boote, Flöße und Tankschiffe durchaus von Bedeutung. Um darüber Aufschluss zu bekommen, müssen wir ein Experiment durchführen, in dem wir jeweils das vom in die Flüssigkeit eintauchenden Teil des schwimmenden Körpers verdrängte Flüssigkeitsvolumen bzw. dessen Gewichtskraft messen und mit der Gewichtskraft des gesamten Körpers vergleichen können.

Versuch 4

In einem Versuch entsprechend Abbildung 201.2 wird der am Kraftmesser 1 hängende Körper (z. B. ein Holzquader) so abgesenkt, dass er in dem randvoll mit Wasser gefüllten Überlaufgefäß schwimmt. Aus dem Überlaufgefäß fließt dann Wasser, dessen Volumen gleich dem Volumen des unter Wasser befindlichen Teils des Körpers ist, in ein am Kraftmesser 2 hängendes leeres Becherglas.

Beobachtung

Ausgangssituation	Anzeige Kraftmesser 1	F_{G_1}
	Anzeige Kraftmesser 2	0 N
Körper schwimmt	Anzeige Kraftmesser 1	0 N
	Anzeige Kraftmesser 2	F_{G_2}

Der Kraftmesser 2 zeigt die Gewichtskraft F_{G_2} des verdrängten Flüssigkeitsvolumens an und diese ist gleich der Gewichtskraft F_{G_1} des Körpers bzw. gleich der Auftriebskraft, die der schwimmende Körper erfährt.

ERGEBNIS / Grundwissen

▶ Ein in einer Flüssigkeit schwimmender Körper taucht in dieser so tief ein, dass der Betrag der Auftriebskraft gleich dem Betrag der Gewichtskraft des Körpers ist.

$$F_A = F_{G,\text{ verdrängte Flüssigkeit}} = F_{G,\text{ Körper}}$$ ◀

Beispiel

Ein Eichenholzbrett mit den Maßen $l = 100$ cm, $b = 30$ cm und $d = 5{,}0$ cm und der Gewichtskraft $F_G = 1{,}1 \cdot 10^2$ N schwimmt im Wasser.

1. Volumen des Bretts: $\quad V = l \cdot b \cdot d$
   $V = 100 \text{ cm} \cdot 30 \text{ cm} \cdot 5{,}0 \text{ cm} \quad V = 15 \text{ dm}^3$
2. Auftriebskraft bei völlig unter Wasser getauchtem Brett:
   $F_A = F_{G,\text{ verdrängtes Wasservolumen}} \quad\quad F_A = 1{,}5 \cdot 10^2$ N
3. Auftriebskraft F_A^* bei schwimmendem Holzbrett:
   $F_A^* = F_{G,\text{ Brett}} \quad\quad F_A^* = 1{,}1 \cdot 10^2$ N
4. Haltekraft, um das Brett vollständig unter Wasser zu halten:
   $F_G + F_{\text{Halte}} = F_A \quad F_{\text{Halte}} = F_A - F_G$
   $F_{\text{Halte}} = 1{,}5 \cdot 10^2 \text{ N} - 1{,}1 \cdot 10^2 \text{ N} \quad F_{\text{Halte}} = 40$ N
5. Eintauchtiefe des schwimmenden Bretts:
   Für den Sonderfall, dass der in Wasser schwimmende Körper quaderförmig und homogen ist, können wir aus der Bedingung für das Schwimmen (Ergebnis zu Versuch 4) eine einfache Beziehung für die Eintauchtiefe h herleiten (Abb. 201.3; Beispielaufgabe).
   $F_{G,\text{ verdrängtes Wasser}} = F_{G,\text{ Körper}}$
   Da am gleichen Ort die Gewichtskraft F_G direkt proportional zur Masse m ist ($F_G = c \cdot m$), können wir schreiben:
   $m_{\text{verdrängtes Wasser}} = m_{\text{Körper}} \rightarrow \rho_{\text{Wasser}} \cdot V_{\text{verdrängtes Wasser}} = \rho_{\text{Körper}} \cdot V_{\text{Körper}}$
   $\rho_{\text{Wasser}} \cdot l \cdot b \cdot h = \rho_{\text{Körper}} \cdot l \cdot b \cdot d$
   $\rho_{\text{Wasser}} \cdot h = \rho_{\text{Körper}} \cdot d$

$$h = \frac{\rho_{\text{Körper}}}{\rho_{\text{Wasser}}} \cdot d$$

$$h = \frac{0{,}70 \frac{\text{kg}}{\text{dm}^3}}{1{,}0 \frac{\text{kg}}{\text{dm}^3}} \cdot 5{,}0 \text{ cm} \quad h = 3{,}5 \text{ cm}$$

201.1 Isarfloß

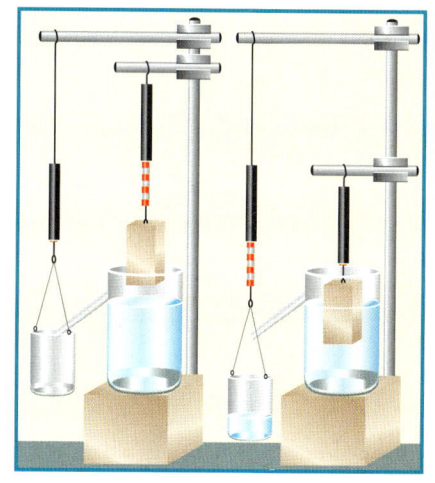

201.2 Zu Versuch 4

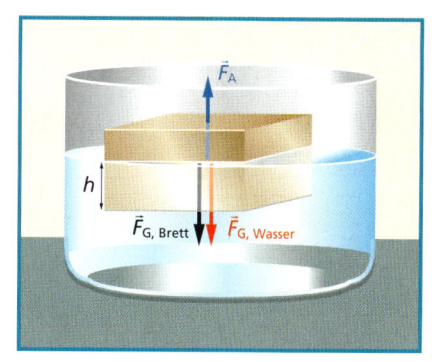

Die Eintauchtiefe eines schwimmenden Körpers hängt in der gleichen Flüssigkeit (ρ_{Fl} = konst.) vom Betrag F_G der Gewichtskraft des Körpers und bei gleichem Körper (F_G = konst.) von der Dichte der Flüssigkeit ab. Dazu führen wir einen weiteren Versuch durch.

Versuch 5

Ein Reagenzglas wird so mit Bleischrot gefüllt, dass es in Wasser ohne unterzugehen aufrecht stehend schwimmt. Am Reagenzglas markieren wir die Eintauchtiefe (Wasseroberfläche). Dann bringen wir das Reagenzglas nacheinander in Spiritus, Salzwasser und Glycerin.

Beobachtung

201.3 Zur Beispielaufgabe

Das Reagenzglas schwimmt in allen Flüssigkeiten, wobei es in Spiritus etwas tiefer, in Salzwasser und in Glycerin etwas weniger tief als in Wasser eintaucht.

ERGEBNIS

▶ Die Eintauchtiefe eines schwimmenden Körpers ist umso größer, je kleiner die Dichte der Flüssigkeit ist. ◀

Der Auftrieb

MECHANIK DER FLÜSSIGKEITEN UND GASE

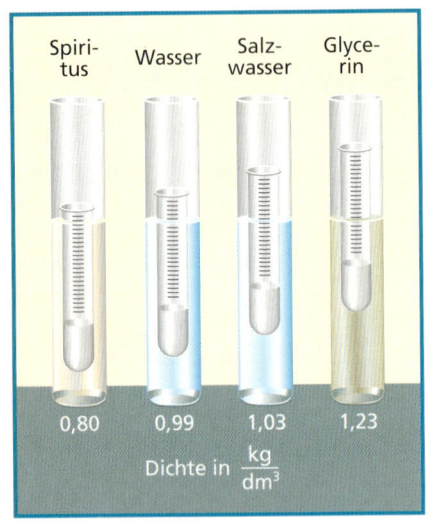

202.1 Zu Versuch 5

202.2 Aräometer

Dieses Ergebnis nutzt man in der Praxis zur schnellen Feststellung der Dichte einer Flüssigkeit mit Hilfe einer **Senkwaage (Aräometer)**. Dabei handelt es sich um einen spindelförmigen Hohlkörper aus Glas, in dem unten Bleischrot eingefüllt ist, sodass er senkrecht in der jeweiligen Flüssigkeit mit einer bestimmten Eintauchtiefe schwimmt. Im Inneren des Aräometers ist eine in Dichteeinheiten geeichte Skala angebracht. Der Skalenwert, der mit dem äußeren Flüssigkeitsspiegel bzw. mit der Eintauchtiefe übereinstimmt, entspricht der Dichte der Flüssigkeit. Aräometer gibt es entsprechend dem jeweiligen Einsatzbereich mit verschiedenen Feinskalen für unterschiedliche Dichteintervalle bzw. -bereiche. Mit derartigen Dichteprüfern werden in der Praxis außerdem auch der Fettgehalt von Milch, der Zuckergehalt von Weinen, der Säuregehalt von Autobatterien und die Konzentration des Frostschutzmittels im Kühlwasserkreislauf eines Automotors bestimmt.

202.3 Schwimmer

202.4 Schwimmen im Toten Meer

Die Dichte des menschlichen Körpers hängt außer vom individuellen Körperbau auch von der mit dem Atmen verbundenen Lungenfüllung mit Luft ab. Der Mittelwert beträgt $1{,}01\, \frac{kg}{dm^3}$ (die Dichte des menschlichen Körpers liegt zwischen $0{,}989\, \frac{kg}{dm^3}$ und $1{,}04\, \frac{kg}{dm^3}$) und ist damit geringfügig größer als die Dichte von Süßwasser. Durch Schwimm- oder Paddelbewegungen mit Händen und Füßen werden zusätzliche Auftriebskräfte bewirkt, die den Körper über Wasser halten. In Meerwasser mit extrem hohem Salzgehalt, z.B. im Toten Meer ($\rho \approx 1{,}05\, \frac{kg}{dm^3}$), schwimmt der Mensch auf dem Wasser und kann dabei sogar Zeitung lesen, wie Abb. 202.4 zeigt.

Im Jahr 1912 ereignete sich durch den Zusammenstoß der Titanic mit einem Eisberg eine der größten Katastrophen der Schifffahrt. Die Gefahr für Schiffe bei der Begegnung mit Eisbergen liegt in der Tatsache, dass sich etwa $\frac{6}{7}$ ($\approx 86\,\%$) des Eisberges unter Wasser und dort weit zur Seite hin erstrecken und nur etwa $\frac{1}{7}$ ($\approx 14\,\%$) über der Wasseroberfläche sichtbar ist. Eisberge haben infolge von Lufteinschlüssen eine geringere Dichte ($\rho_{Eisberg} = 0{,}89\, \frac{kg}{dm^3}$) als normales Eis ($\rho_{Eis} = 0{,}91\, \frac{kg}{dm^3}$) und tauchen deshalb in Meerwasser ($\rho_{Meerwasser} = 1{,}03\, \frac{kg}{dm^3}$) weniger tief ein.

Der Auftrieb

Sporttaucher, Surfer, Langstreckenschwimmer und Triathleten müssen sich bei längerem Aufenthalt im Wasser vor Auskühlung schützen. Dazu tragen sie Neopren-Anzüge aus aufgeschäumtem Gummimaterial mit einer Stärke von 5 – 8 mm. Durch diese Anzüge wird die Auftriebskraft stark vergrößert, was sich beim Schwimmen als vorteilhaft erweist, beim Tauchen aber eher hinderlich ist. Taucher kompensieren diese zusätzliche Auftriebskraft durch das Anlegen von Bleigürteln, wobei man i. A. davon ausgeht, dass je Millimeter Dicke der Neoprenschicht 1 kg Blei erforderlich ist.

203.1 Schwimmender Eisberg

AUFGABEN

[*Hinweis: Setze für die Proportionalitätskonstante c im Archimedischen Gesetz jeweils* $10\,\frac{N}{kg}$.]

1 In eine randvoll mit Wasser gefüllte Wanne wird
   a ein quaderförmiger Körper aus Messing,
   b ein quaderförmiger Körper aus Holz,
   jeweils mit den Maßen l = 10,0 cm, b = 6,0 cm und d = 5,0 cm, gelegt.
   Beschreibe, was in beiden Fällen geschieht und begründe deine Antwort.
   Berechne für beide Fälle die Auftriebskraft.
   Bestimme die Eintauchtiefe des Holzquaders.

2 Führe folgenden Versuch durch:
   Fülle aus einer frischen Sprudelflasche kohlensäurehaltiges Mineralwasser in ein Trinkglas und gib dann einige Rosinen in das Mineralwasser.
   Beschreibe und erkläre deine Beobachtungen.

3 Ein Holzklotz mit der Gewichtskraft F_G = 60 N schwimmt in Wasser. Um ihn vollständig unter Wasser zu halten, ist eine Kraft von 20 N erforderlich. Bestimme das Volumen des Körpers. (ρ_{Holz} = 0,70 $\frac{kg}{dm^3}$)

4 a Wie tief sinkt ein schwimmendes Holzbrett der Dicke 20,0 cm in Wasser ein? (ρ_{Holz} = 0,70 $\frac{kg}{dm^3}$)

   b Ein Floß aus dem gleichen Holz hat eine Fläche von 40 m². Wie stark darf es belastet werden, wenn es höchstens 25 cm tief in Wasser einsinken darf?

5 In einem Baggersee schwimmt ein Badefloß, das aus 10 dicht aneinander gefügten Holzbalken der Länge 5,0 m und der Querschnittsfläche 9,0 dm² gefertigt ist. (ρ_{Holz} = 0,70 $\frac{kg}{dm^3}$)

   a Wie tief taucht das Floß in Wasser ein?

   b Wie tief taucht das Floß ein, wenn sich darauf 5 Menschen mit einer Gesamtmasse von 350 kg gleichmäßig verteilen?

203.2 Neopren-Anzug

6 In einer mit Wasser gefüllten Wanne schwimmt ein mit einem Stein beladenes Modellschiff. Wie ändert sich der Wasserspiegel in der Wanne, wenn die Ladung vom Schiff ins Wasser geworfen wird?

7 Ein Schlauchboot ist in einem Sportartikelkatalog folgendermaßen ausgezeichnet: Länge 3,20 m, Breite 1,30 m, Gewicht 10 kg, Nutzlast 300 kg, 5 Luftkammern.
  a Warum haben Schlauchboote mehrere Luftkammern?
  b Berechne die Eintauchtiefe des Bootes bei voller Beladung. (Wir nehmen der Einfachheit halber an, dass das Schlauchboot eine quaderförmige Form hat.)

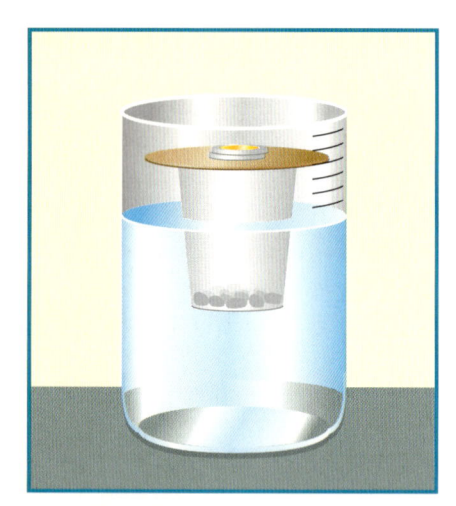

8 Experiment
Beschwere einen leeren Joghurtbecher mit Nägeln oder mit Bleischrot, sodass er aufrecht in einem mit Wasser gefüllten Becherglas schwimmt. Decke den Becher mit einem Stück Karton (Bierfilz) ab und markiere die Eintauchtiefe.
Lege dann nach und nach Münzen der gleichen Art (z. B. 1 Euro) auf die Abdeckung und markiere jeweils die Eintauchtiefe.
Bestimme die Masse einer Münze und bringe dann am Becherglas eine in Gramm geeichte Maßskala an.
Du kannst diese Konstruktion als Briefwaage verwenden. Sie ist unter der Bezeichnung Archimedische Briefwaage in Spielzeugläden und Physikboutiquen erhältlich.

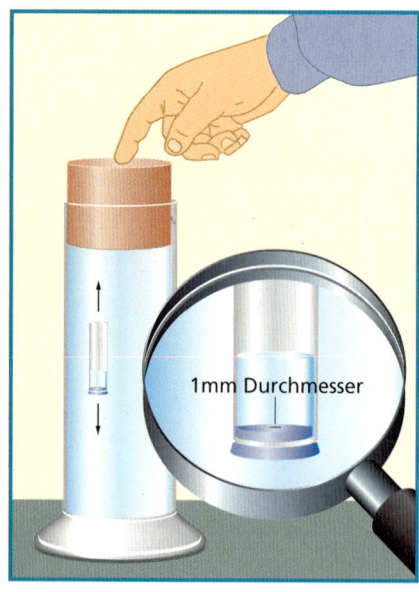

204.1 Zu Aufgabe 8

9 Experiment
Bohre in die Verschlusskappe eines Aromafläschchens ein Loch mit einem Durchmesser von etwa 1 mm. Setze dieses Fläschchen mit der Kappe nach unten in einen engen, mit Wasser gefüllten Standzylinder und verschließe diesen mit einem Gummistopfen.
Übst du dann mit der Hand auf den Gummistopfen eine mehr oder weniger große Druckkraft aus, so kannst du diesen Cartesischen Taucher zum Sinken, Schweben und zum Aufsteigen bewegen. Noch interessanter und leichter zu durchschauen wird der Versuch, wenn du in das Aromafläschchen ein paar Körnchen Natrium-Fluoreszein gibst.
Beobachte und begründe das Verhalten des Tauchkörpers.

10 Wir nehmen an, die Dichte von Wasser würde nur $0{,}50 \frac{kg}{dm^3}$ betragen.
Was würde sich dann im Hinblick auf Auftrieb und Schwimmen verändern?

204.2 Zu Aufgabe 9

Projekte

1. Wesentliche Punkte für die Planung, Durchführung und Präsentation von Projekten

- Genaue Festlegung von Ziel und Umfang des Projektes
- Welche weiteren Fächer können zum geplanten Projekt einen Beitrag leisten? (Unterschiedliche Aspekte des Themas)
- Informationsbeschaffung zum Projektthema: Bücher, Zeitschriften, Internet, öffentliche Stellen, Firmen und Betriebe, Befragungen und Interviews
- Materialbeschaffung: Geräte, Experimente, Bilder, Plakate, Poster, Folien, Filme, eventuell Einsatz des Computers für Experimente, Simulationen, Erklärungen, Aufgaben
- Aufteilung der gesamten Arbeit auf einzelne Gruppen
  Welche Gruppe bearbeitet welchen Teil des Projekts?
- Aufteilung auf einzelne Stationen: Teilaspekt des Projekts, Experimente bzw. Handversuche, Fragen, Aufgaben, Rätsel, Kurzreferate, Veranschaulichungshilfen
  Reihenfolge der Bearbeitung der einzelnen Stationen
- Zeitliche Planung: Wie viel Zeit steht für die einzelnen Gruppen bzw. an den verschiedenen Stationen zur Verfügung?
- Wie werden die wesentlichen Informationen und Ergebnisse, die durch die einzelnen Gruppen oder an den einzelnen Stationen erarbeitet wurden, anschaulich präsentiert? Den anderen Gruppen, der ganzen Klasse, mehreren Klassen?
- In welcher Form werden wesentliche Informationen und Ergebnisse im Physikheft festgehalten?
- Zeit für Fragen und Diskussionen einplanen
- An welchen Stellen ist die Unterstützung durch den Lehrer erforderlich?
- Organisatorischer und zeitlicher Plan – am besten in grafischer Form als Ablaufdiagramm – für die Vorbereitung und die Durchführung des Projekts
  Zusammenführen der einzelnen Teilarbeiten (Gruppen, Stationen) in einer Schlussbesprechung, am besten durch einen Koordinator (Lehrer oder ausgewählter Schüler bzw. ausgewählte Schülerin)
- Nach dem Projekt: Analyse der gesamten Arbeit mit allen Beteiligten

2. Projektvorschläge

- Bau eines Fernrohres mit Himmelsbeobachtungen
- Projekt Fotoapparat (Lochkamera, geschichtliche Entwicklung der Fotografie, Zusammenhang zwischen den einzelnen Komponenten des Fotoapparates und dem Bild bzw. der Bildgestaltung)
- Kraft, Arbeit, Energie, Leistung in Physik, Technik, Haushalt und im Sport
- Das Fahrrad
- Luftdruckmessung (Bau eines Messgerätes, Beobachtung des Luftdrucks über einen längeren Zeitraum zusammen mit Wetterbeobachtung)

Stichwortverzeichnis

ABBE, E. 44
Abbildung, optische 21
Adhäsionskraft 124
Aggregatzustand 87
Akkommodation 29
Altersweitsichtigkeit 30
Angriffspunkt einer Kraft 61
Aräometer 202
Arbeit 139 ff.
ARCHIMEDES 194 f.
Archimedisches Gesetz 192
artesischer Brunnen 171
Atmosphäre der Erde 176
Atmung 186
Atom 87
Atomdurchmesser 93
Auftrieb 189 ff.
Auftriebskraft 190, 194
Auge 28 ff., 163

Barometer 182
Belichtungszeit 34
Betrag einer Kraft 61
Bewegungsenergie 147
Bild, reelles 22
Bildkonstruktion 24
Bildpunkt 22
Bildweite 22, 26
Blendenzahl 38
Blutkreislauf 164
Brechwert 33
Brennpunkt 19
Brennpunktstrahl 20
Brennweite 19
Brille 30 ff.

Camera obscura 21

DALTON J. 88
Dekompression 172
Dichte 99 ff., 108
Diffusion 89, 91
Dioptrie 33
divergent 8
Druck 156 ff., 161
Druckausgleich 172
Druckkraft 157
Druckmessgeräte 162

EASTMANN, G. 34
Eigenbewegung von Teilchen 90
Einheit der Arbeit 141
– der Kraft 69
– der Länge 46
– der Leistung 153
– des Drucks 161
Energie 145
Energieumwandlung 148 f.

Fadenpendel 149
Fernpunkt 30
Fernrohr 41 ff.
Fernrohr, terrestrisches 44
feste Rolle 133
Festkörper 94
Flaschenzug 133 ff.
Flüssigkeit 157
Flüssigkeiten 95
Fotoapparat 34 ff.

GALILEI, G. 16, 194
gasförmige Körper 97
Gegenkraft 75
Gegenstandspunkt 21
Gegenstandsweite 22, 26
Gewichtskraft 57, 63, 65
Gleichgewicht von Kräften 73
Gleichgewichtsbedingung für Kräfte 59
Gleichheitsbedingung für Massen 84
Gleitreibung 121
Gleitreibungszahl 127
Gravitation 63
Grundgröße 46, 86
GUERICKE, O. v. 180
gültige Ziffern 116

Haftreibung 121
Halbschatten 12
Hangabtriebskraft 137
Hochdrucklage 178, 183
Hubarbeit 142
Hydrostatischer Druck 185

Innere Energie 149
Iris 28

Joule
JOULE, J. P. 141
Jupitermond 16

KEPLER J. 41, 72
Kernschatten 12
Kilogramm 84
kinetische Energie 147
Kleinbildkamera 34
kommunizierende Röhren 170
Konkavlinse 19
Konstellation 14
konvergent 9
Konvexlinse 19
KOPERNIKUS, N. 72, 180
Kraft 56 ff.
Kraftmesser 70
Kraftrichtung 61
Kraftvektor 62
Kraftwandler 135
Kraftwirkung 58
Kraftzerlegung 137
Kurzsichtigkeit 30

Lageenergie 147
Länge 46 ff.
Längenmessgeräte 50
Laser 10
Leistung 152 ff.
Leuchtdiode 6
LEUKIPP 87
Lichtabsorbtion 7
Lichtbündel 8
Lichtemission 6
Lichtempfänger 6
Lichtgeschwindigkeit 16
Lichtquelle 6
Lichtreflexion 7
Lichtstrahl 11
Linse, optische 18 ff.
Lochkamera 34
lose Rolle 134
Luftdruck 175 ff.

Manometer 162
Masse 82 ff.
Maßzahl 46
Medium, optisches 11

Messfehler 52
Messgenauigkeit 50, 115
Messung des Luftdrucks 177, 182
Messvorschrift 46
Messzylinder 100
Meter 47
Mittelebene, optische 19
Mittelpunktsstrahl 20, 25
Modellflüssigkeit 96
Mondfinsternis 14
Mondphase 14

Nahpunkt 30
Negativbild 34
Neumond 14
Newton 69
NEWTON, I. 69, 71
Noniusskala 51
Normaldruck 178
Normalkraft 121, 137
Normkörper 69, 84

Objektiv 35, 41
Okular 41

Parallaxenfehler 51
parallel 10
Parallelstrahl 20, 25
Pascal 161
PASCAL, B. 161, 180
Perpetuum mobile 145
Pferdestärke 154
PICCARD, A. 166
Positivbild 34
potentielle Energie 147
Pumpen 186 f.
Pupille 28

Regenbogenhaut 28
Reibung 120 ff.
Reibungsarbeit 42
Reibungsgesetz 125 ff.
Reibungskraft 57
Reibungskräfte 121
Rollreibung 121
RÖMER, O. 16

Sammellinse 18 f.
Schärfentiefe 37
Schatten 12
Scherenschnitt 12
Schiebelehre 51
schiefe Ebene 137
Schnorcheln 173
Schraubenmikrometer 51
Schweben 197
Schwere 63, 65
Schweredruck 166 ff., 176
Schwimmen 197
Sehweite, deutliche 30
Sehwinkel 42
Seismograf 81
selbstleuchtender Körper 6
Senkwaage 202
Sinken 197
Sonnenfinsternis 14
Spannenergie 146
Spiegelteleskop 43
Stäbchen 28
Staumauer 174
Steigen 197
Stempeldruck 157
STEVIN, S. 48
SWINDEN, H. V. 48
System, metrisches 47

TALBOT, W. H. 34
Talsperre 174
Tauchboot 166
Tauchen 172
Teilchenmodell 87 ff., 108, 157
Tiefdrucklage 178, 183
TORRICELLI, E. 161, 182
Trägheit 72
Trägheitsgesetz 79
Turbine 151

Überdruck 184
Überlaufmethode 101
Umkehrprisma 44
Unterdruck 184
Unterseeboot 197 ff.

Verbundene Gefäße 170
Verdrängungsmethode 101
Verformungsarbeit 143
Vergrößerung 42
VERNE, J. 166
Vollmond 14
Volumenbestimmung 99 ff., 116
Volumeneinheiten 101

Waage 85
Watt 153
WATT, J. 154
Wechselwirkungsgesetz 75, 77
Wetterkunde 183
Wirkungsgrad 144
Wirkungslinie einer Kraft 62

Zapfen 28
Zerstreuungslinse 18
Ziffern, sichere und unsichere 53
Ziliarmuskel 29

Bildnachweis

Able, W., München: S. 139.1
akg-images, Berlin: S. 133.1, 166.1
AP, Frankfurt/M: S. 172.3 (Jim Edds)
Aräometerfabrikation Wilhelm Keiner, Schmiedefeld a. Rstg.: S. 202.2
Astrofoto Bildagentur, Sörth: S. 14.2, 15.3, 44.1, 71.1, 175.1
Augusta Radsport-Vertrieb, Augsburg: S. 120.3
Bildarchiv Huber, Garmisch-Partenkirchen: S. 73.1, 88.1c
Bilderbox, Thening, S. 139.5, 156.2, 156.3, 174.1
blickwinkel, Witten: S. 172.2 (H. Goethel)
Blos, W., Wemding: S. 151.1
Bongarts Sportfotografie, Hamburg: S. 46.1, 56.1–56.4, 57.1, 57.2, 79.1, 120.1, 146.2
Cambridge University Press 1987: S. 93.2, 93.3
ddp-Bilderdienst, München: S. 197.1 (Jens Koehler), 200.2 (Fabian Matzerath)
Deutsches Museum, München: S. 34.1, 69.1, 72.1, 72.2, 141.1, 145.1, 154, 161.2, 166.3, 180.1, 180.2, Umschlagfotos
Donoslowic, Ivan: S. 89.1
dpa, Frankfurt/M: S. 111.3, 120.2
Ernhofer, R., Oberschleißheim: S. 132.2
Feuerlein, R./Dr. H. Näpfel, Fürth: S. 35.1
Fotostudio Taube, Heilbronn: S. 93.1
fs-online, Oberglatt/Schweiz: S. 130.1
GAFF Fotoarchiv, Berlin: S. 120.5
getty images Deutschland GmbH, München: S. 5
Greiner & Meyer, Braunschweig: S. 199.2
IFA-Bilderteam, München: S. 11.3 (BCI), 88.1a
illuscope digital solutions AG, Wien: S. 159.2
JWL-Aqualung GmbH, Rielasingen: S. 203.2
Krupp Stahl AG, Essen: S. 142.2
Kugelfischer Georg Schäfer & Co., Schweinfurt: S. 131.3
Lackner-Ronge, Gerlinde, München: S. 40.1
Leica Camera AG: S. 35.2
Magazin Die Bildagentur, München: S. 189.1 (Joachim Berke), 200.3 (Oswald Eckstein)
MAN GHH, Heilbronn: S. 139.6
Mauritius Bildagentur, Mittenwald: S. 14.1 (Photri), 62.2 (Arthur), 120.6, 139.3, 173.1 (SST)
MEV, Augsburg: S. 16.1, 85.1, 85.3, 88.1b, 139.2, 155, 173.3, 202.3, 203.1
Möller Therm GmbH, Kreuzwertheim: S. 182.1
Motor-press, Stuttgart ©auto-motor und sport: S. 143.2
Okapia; Frankfurt/M: S. 7.1 (NA/Jeff Lepore)
Opel AG, Rüsselsheim: S. 81.1
Picture Press, Hamburg: S. 201.1
PTB, Braunschweig: S. 47.2, 84.2
Reisefotografie Werner Otto, Oberhausen: S. 115.1
Schmidt-Thomé, J., München: S. 59.1
Soehnle Waagen GmbH, Murrhardt: S. 85.2
Steiner, D., Neufahrn: S. 156.1
Sven Simon, Essen: S. 120.4
Tauber, W., Edling: S. 139.4
The Image Bank, München: S. 45
UMIST, Manchester: S. 195.1
Voith Siemens Hydro Power Generation, Heidenheim: S. 151.2, 151.3
Wildlife, Hamburg: S. 172.1 (D. J. Buerkel)
ZEFA, Düsseldorf: S. 151.1, 202.4 (Havlicek)

Trotz entsprechender Bemühungen ist es nicht in allen Fällen gelungen, den Rechteinhaber ausfindig zu machen. Gegen Nachweis der Rechte zahlt der Verlag für die Abdruckerlaubnis die gesetzlich geschuldete Vergütung.